PHILOSOPHICAL GREEK: AN INTRODUCTION

PHILOSOPHICAL GREEK

AN INTRODUCTION

BY

FRANCIS H. FOBES

Πάντες ἄνθρωποι τοῦ εἰδέναι ὀρέγονται φύσει
Ἀριστοτέλης ἐν πρώτῳ τῶν Μετὰ τὰ Φυσικά 980a21

All men by nature desire to know

THE UNIVERSITY OF CHICAGO PRESS
CHICAGO & LONDON

International Standard Book Number: 0-226-25620-0
Library of Congress Catalog Card Number: 57-8580

THE UNIVERSITY OF CHICAGO PRESS, CHICAGO 60637
The University of Chicago Press, Ltd., London

*All rights reserved. Protected by the International Copyright Union. Published in 1957. Sixth Impression 1973
Printed in the United States of America*

To
HARRY AUSTRYN WOLFSON

PREFACE

The last thirty or forty years have seen the publication of a number of books designed to introduce the beginner in Greek, not to prose narrative, but to some other kind of writing, Plato, for instance, or Homer, or even, as in the case of one of the best of these books, to writing of several very different kinds. The chief aim of the present book is to acquaint the beginner with technical philosophical terms and to give him practice in reading Greek that deals with philosophical ideas; the book is intended, however, not only for students of philosophy but also for students of linguistics, literary criticism, physics, biology, or of other disciplines in which the acquisition of a technical vocabulary is of importance.

The author holds out no promise of "Greek Without Tears". He has followed the old-fashioned order in his presentation of forms and of syntax; in the first twenty-four lessons the paradigms are given in the body of the book as well as in the paradigm sections (381-473) at the back. He has not hesitated to manufacture Greek forms for the paradigms (for a particularly flagrant instance see the forms of ὀρύττω in §§ 134-136) or, in the first part of the book, to concoct Greek sentences for translation into English, or to repeat the timeworn "beneficial lie" about the sign of the first aorist active (§ 86). He has not dodged technical grammatical terms. He has not tried to make the lessons of equal length. He has not always presented the material in the order in which the beginner should study it; in §§ 31-32, for instance, he has made many general statements about the Greek verb which serve little immediate purpose but which, as the student progresses, will form a frame within which the parts of the verb may eventually combine to constitute an intelligible picture. The Aristotelian passages do not purport to contain, in every case, the gist of their respective arguments; they are in part little more than drill material for the acquisition of the vocabulary. Although they have been so chosen as to touch on many of Aristotle's chief doctrines, they are not intended as an abridged statement of Aristotelian philosophy.

For the main idea of the book, and for help in selecting the Aristotelian passages, the author is indebted to Professor Harry Austryn Wolfson of Harvard University; in interpreting the passages the author has drawn freely upon Sir David Ross's editions of the *Metaphysics* and the *Physics* and upon the late R. D. Hicks's edition of the *De Anima*; also upon the Smith-Ross translation of Aristotle into English. Professor F. Stuart Crawford of Boston University, Professor Wendell V. Clausen of Amherst College, and Professor Benedict Einarson and Dr. Eric Hamp of the University of Chicago have been so kind as to go through the greater part of the book in manuscript and have placed the author under great obligation by freeing the book from numerous errors. The author is under obligation also to Professor Thomas F. Gould of Amherst College, who has made a number of valuable suggestions.

F. H. F.

Amherst, Mass.

CONTENTS

Lesson	Sections		Page
I.	1- 17	Introduction: Letters, Syllables, Accents.	1
II.	18- 24	The First Declension: Oxytone Feminine Nouns in ᾱ	7
III.	25- 30	The First Declension: Oxytone Feminine Nouns in η	10
IV.	31- 39	Ω-Verbs: Present Indicative Active . . .	12
V.	40- 47	The Second Declension: Oxytone Masculine, Feminine, and Neuter Nouns and Adjectives; Article	17
VI.	48- 54	Ω-Verbs: Future Indicative Active . . .	20
VII.	55- 59	The First Declension: Proparoxytone Feminine Nouns	23
VIII.	60- 64	The First Declension: Paroxytone and Properispomenon Feminine Nouns . . .	25
IX.	65- 68	The Second Declension: Proparoxytone and Paroxytone Masculine, Feminine, and Neuter Nouns and Adjectives . .	27
X.	69- 74	Ω-Verbs: Imperfect Indicative Active . .	30
XI.	75- 78	The Second Declension: Properispomenon Masculine, Feminine, and Neuter Nouns and Adjectives	33
XII.	79- 83	The First Declension: Masculine Nouns	35
XIII.	84- 91	Ω-Verbs: Aorist Indicative Active	37
XIV.	92-103	Ω-Verbs: Perfect and Pluperfect Indicative Active	41
XV.	104-110	Ω-Verbs: Stems in λ, μ, ν, ρ	46
XVI.	111-120	The Third Declension: Nouns with Mute Stems	49
XVII.	121-126	The Third Declension: Nouns with Nasal or Liquid Stems or with Stems in σ .	53
XVIII.	127-132	The Third Declension: Nouns with Vowel or Diphthong Stems	57

Lesson	Sections		Page
XIX.	133-144	Ω-Verbs: Indicative of Perfect Middle System	60
XX.	145-154	Ω-Verbs: Present, Imperfect, Future, and Aorist Indicative Middle and Passive	66
XXI.	155-162	Pronouns: Intensive and Demonstrative Pronouns	70
XXII.	163-169	Participles: Active Participles; ἑκών, ἄκων, πᾶς	74
XXIII.	170-176	Participles: Middle and Passive Participles; Uses of the Participle	79
XXIV.	177-184	Pronouns: Relative, Interrogative, and Indefinite Pronouns; Enclitics; Indicative of εἰμί	84
XXV.	185-189	Ω-Verbs: Indicative, Infinitives, and Participles of Verbs in άω	88
XXVI.	190-193	Ω-Verbs: Indicative, Infinitives, and Participles of Verbs in έω and όω	90
XXVII.	194-201	Pronouns: Personal, Reflexive, and Reciprocal Pronouns; εἷς, οὐδείς, μηδείς; Double Negatives	92
XXVIII.	202-207	The Third Declension: Adjectives of Third and First Declensions; Adjectives of Third Declension	95
XXIX.	208-219	Adjectives: Comparison of Adjectives; Formation and Comparison of Adverbs	97
XXX.	220-226	Ω-Verbs: Subjunctive	101
XXXI.	227-231	Ω-Verbs: Subjunctive (Concl.)	104
XXXII.	232-237	Ω-Verbs: Optative	107
XXXIII.	238-242	Ω-Verbs: Optative (Concl.)	109
XXXIV.	243-247	Conditional Sentences; Numerals	112
XXXV.	248-253	Contract Nouns and Adjectives; Object Clauses	114
XXXVI.	254-260	Ω-Verbs: Imperative	116
XXXVII.	261-265	MI-Verbs: τίθημι	119
XXXVIII.	266-269	MI-Verbs: δίδωμι	122
XXXIX.	270-273	MI-Verbs: ἵστημι	124
XL.	274-277	MI-Verbs: δείκνῡμι	127
XLI.	278-281	Irregular MI-Verbs: εἰμί, εἶμι, φημί	130
XLII.	282-285	Irregular MI-Verbs: ἵημι, κεῖμαι, κάθημαι	132

Lesson	Sections		Page
XLIII.	286-297	Indirect Discourse and Indirect Questions; What is "Happiness"? *Ethica Nicomachea* i. 1097a13-24	134
XLIV.	298-302	Temporal Clauses; What is "Happiness"? (Cont.), *Ethica Nicomachea* i. 1097a24-b6	138
XLV.	303-308	The Infinitive; What is "Happiness"? (Cont.), *Ethica Nicomachea* i. 1097b6-21	141
XLVI.	309-314	Verbal Adjectives; What is "Happiness"? (Cont.), *Ethica Nicomachea* i. 1097b22-34	145
XLVII.	315-318	Uses of the Accusative; What is "Happiness"? (Concl.), *Ethica Nicomachea* i. 1097b34-1098a12, 1098a15-18	148
XLVIII.	319-325	Uses of the Genitive; A Teleological Approach to Biology, *De Partibus Animalium* i. 639a1-11	150
XLIX.	326-333	Uses of the Dative; A Teleological Approach to Biology (Cont.), *De Partibus Animalium* i. 639a12-23	153
L.	334-336	A Teleological Approach to Biology (Concl.), *De Partibus Animalium* i. 639a23-640b4	156
LI.	337	The Categories, *Categoriae* 4-5. 1b25-2a19	160
LII.	338	The Predicables, *Topica* i. 103b7-35 . . .	161
LIII.	339	The Causes, *Metaphysica* Δ. 1013a24-35 .	162
LIV.	340	Chance and Spontaneity, *Physica* ii. 195b 31-36, 196b10-197a21, 197a32-35 . . .	163
LV.	341	Chance and Spontaneity (Concl.), *Physica* ii. 197a36-b22, 198a1-4	165
LVI.	342	Nature, *Physica* ii. 192b8-34	166
LVII.	343	Nature (Concl.), *Physica* ii. 193a9-12, 28-31, 193b6-12	167
LVIII.	344	Change and Motion, *Physica* iii. 200b12-15, 200b26-201a8, 201a10-15	168
LIX.	345	Change, *Physica* v. 224a212-28, 224a30-b6, 224b11-13, 16-22	169
LX.	346	The Infinite, *Physica* iii. 203b30-204a7, 206a25-29, 206a33-b27, 206b33-207a10 .	170
LXI.	347	Place, *Physica* iv. 208b1-22, 27-29, 209a2-22, 209a29-b11, 209b21-33, 210b32-211a6, 211b5-212a6, 212a14-21	172

Lesson	Sections		Page
LXII.	348	The Void, *Physica* iv. 213a12-14, 15-19, 213b31-34, 214a16-22, 217b20-28 . . .	176
LXIII.	349	Time, *Physica* iv. 218b9-20, 219a1-10, 219b 2-9, 220a24-26, 221a26-b7, 223a29-b1, 223b20-23.	177
LXIV.	350	Continuity, *Physica* vi. 231a21-b20 . . .	179
LXV.	351	The Prime Mover, *Physica* viii. 251a8-21, 23-27, 251b10-13, 19-28, 254b7-24, 257a 25-27, 258b4-9, 259a6-13, 267b17-26 . .	180
LXVI.	352	The Soul, *De Anima* ii. 412a3-b22, 413a 20-b4	183
LXVII.	353	Charmides Desires a Cure for the Headache, *Charmides* 153a-157c	185
LXVIII.	354	Μενάνδρου Γνῶμαι Μονόστιχοι	190
	355-380	Some Consonant Changes	193
	381-398	Paradigms: Nouns.	197
	399-410	Paradigms: Adjectives	204
	411-422	Paradigms: Participles	209
	423	Paradigms: Cardinal Numbers and οὐδείς	213
	424	Numerals	214
	425	Article	216
	426-435	Paradigms: Pronouns	217
	436-473	Paradigms: Verbs	220
	474	Verb Endings	249
	475-479	Some Present Stems	251
	480	Some Noun Suffixes	252
	481-489	Conditional Sentences	253
	490	Verbs Introducing Indirect Discourse . .	256
	491-506	Word Lists	257
	507	Some Correspondences in Mutes.	263

Abbreviations 264
Greek-English Vocabulary. 265
English-Greek Vocabulary. 298
English Index. 315
Greek Index 321

I. INTRODUCTION

Letters, Syllables, Accents

> Ἀρχὴ δέ τοι ἥμισυ παντός.
> Γνώμη ἀδέσποτος.
> *Well begun is half done.*

1. The Ionic Alphabet. Attic Greek, the language spoken by the Athenians of the fifth and fourth centuries B.C., was written during the fifth century in an alphabet that failed to distinguish certain marked differences of sound. This alphabet was officially supplanted in 403 B.C. by the Ionic alphabet of twenty-four capital letters. Rapid writing of these letters led to cursive forms, and eventually, in the ninth century of our era, to a minuscule book hand from a late stage of which the present small letters have developed.

Form		Equivalent	Name		Sound
A	α	a	ἄλφα	alpha	*a*ha
B	β	b	βῆτα	bēta	*b*eg
Γ	γ	g	γάμμα	gamma	*g*o *or* si*n*g (6)
Δ	δ	d	δέλτα	delta	*d*ealt
E	ε	ĕ	ἒ ψῑλόν	epsīlon	[*l*a*y*ette] *e*pisode (2)
Z	ζ	dz	ζῆτα	zēta	a*dz*e (7)
H	η	ē	ἦτα	ēta	[th*e*re] pr*ey* (2)
Θ	θ	th	θῆτα	thēta	[*at h*ome] *th*in (6)
I	ι	i	ἰῶτα	iōta	bel*i*eve
K	κ	k, c	κάππα	kappa	*c*ap
Λ	λ	l	λάμβδα	lambda	*l*amb
M	μ	m	μῦ	mū	*m*en
N	ν	n	νῦ	nū	*n*ow
Ξ	ξ	x	ξῖ	xī	wa*x*
O	ο	ŏ	ὂ μῑκρόν	omīcron	[*French* m*o*t] s*o*ft (2)
Π	π	p	πῖ	pī	*p*ick
P	ρ	r	ῥῶ	rhō	*r*ow
Σ	σ, ς final	s	σῖγμα	sīgma	*s*ignal

I

Form	Equivalent	Name		Sound
Τ τ	t	ταῦ	tau	*t*own
Υ υ	u, y	ὖ ψῑλόν	ūpsīlon	*French u, German ü*
Φ φ	ph	φῖ	phī	[to*p h*inge] gra*ph*ic (6)
Χ χ	ch	χῖ	chī	[li*k*e *h*im] German Bu*ch* (6)
Ψ ψ	ps	ψῖ	psī	gy*ps*um
Ω ω	ō	ὦ μέγα	ōmega	[*French* encore] tone (2)

2. The vowels are α, ε, η, ι, ο, υ, ω.

ε and ο are always short; η and ω are always long. Few English-speaking scholars try to give to ε, η, ο, ω their ancient values, which are roughly indicated by the bracketed words above (1); whereas in English the short e-sounds and short o-sounds are open, and the long e-sounds and long o-sounds are closed, the opposite was the case in Greek.

α, ι, υ are sometimes short and sometimes long. In this book small α, ι, υ, when they are long, are marked ᾱ, ῑ, ῡ unless they have the circumflex accent (ᾶ, ῖ, ῦ), which stands only on a syllable long by nature (8).

In three diphthongs (αυ, ευ, ηυ) υ was sounded like Latin u.

3. The diphthongs are:

Form			Sound	Example	Latin Form
Αι	αι		*ai*sle	Αἰθήρ, αἰθήρ	aethēr
Ει	ει		*ei*ght	Εἰρήνη, εἰρήνη	Irēnē
Οι	οι		*oi*l	Οἶστρος, οἶστρος	oestrus
Υι	υι		*French* lui	Ἅρπυιαι, ἅρπυιαι	harpyiae
Αυ	αυ		*ou*r	Αὔρᾱ, αὔρᾱ	aura
Ευ	ευ		eh'-oo	Εὐκλείδης, εὐκλείδης	Euclīdēs
Ηυ	ηυ		ēh'-oo	Ηὕρηκα, ηὕρηκα	eurēka
Ου	ου		gr*ou*p	Μοῦσα, μοῦσα	Mūsa
Αι	ᾳ	[ᾱ + ι]	ᾱ	Ἅιδης, ᾅδης	Hādēs
				Θρᾷξ, θρᾷξ	Thraex *or* Thrāx
Ηι	ῃ	[η + ι]	η	Ἠιών, ἠών	
				Κλῇθρα, κλῇθρα	clātra
Ωι	ῳ	[ω + ι]	ω	Ὠιδή, ᾠδή	ōdē
				Κωμῳδίᾱ, κωμῳδίᾱ	cōmoedia

All diphthongs are long. In the last three ("improper diphthongs") the first vowel is itself long, and soon after the classical period the ι ceased to be sounded; this ι is "adscript" with capitals, "subscript" with small letters.

4. A vowel or diphthong beginning a word always has a **breathing**: rough (‛) if the vowel or diphthong is preceded by the sound *h*, smooth (’) if it is not. The breathing goes with the second letter of a proper diphthong and with the first letter of an improper diphthong; it stands over a small letter and in front of a capital. Words beginning with υ, υι, or ρ always have rough breathings.

ἡδονή	(hēdonē)	*pleasure*	Αἵμων	(Haimōn)	*Haemon*
ἀγορά	(agorā)	*market*	Αἴσωπος	(Aisōpos)	*Aesop*
ἰδέα	(ideā)	*form*	Ἅιδης or ᾅδης	(Hādēs)	*Hades*
Ἑλληνικός	(Hellēnikos)	*Greek*	ᾠδή or ᾨιδή	(ōdē)	*ode*
Ἀθηναῖος	(Athēnaios)	*Athenian*	ὕλη	(hȳlē)	*material*
αἷμα	(haima)	*blood*	υἱός	(huios)	*son*
αἰτία	(aitiā)	*cause*	ῥυθμός	(hrythmos)	*rhythm*

5. The consonants of the classical period are shown in TABLE I, p. 4. The only consonants that can stand at the end of a word are ν, ρ, ς (including ξ and ψ); all other final consonants are dropped.

6. The mutes or stops (explosive sounds) form three *classes* (*labial, palatal, dental*), in which the explosion takes place at the lips, at the palate, at the teeth and tongue respectively. They form three *orders* (*smooth* or *voiceless*, *middle* or *voiced*, *rough* or *aspirate*); in the first of these the explosion is not accompanied by vibration of the vocal chords, in the second it is, in the third it is not and is followed by an h-sound ($\varphi = \pi$‛; $\chi = \varkappa$‛; $\theta = \tau$‛).

The values of φ, χ, θ in the classical period are indicated by bracketed words above (1); the later values (fricative) are generally adopted in the classroom.

γ before κ, γ, χ, or ξ is nasal; cf. *n* in *bank, lingo, anchor, Manx*.

7. ζ, ξ, and ψ are double consonants; ζ was originally pronounced *dz* or *zd*.

8. There are as many **syllables** in a word as there are separate vowels or diphthongs. When a word is divided into its syllables, any group of consonants that can begin a word is put with a following vowel:

TABLE I

CONSONANTS OF THE CLASSICAL PERIOD

	mute			double	nasal (voiced)	liquid		sibilant (voiceless)
	smooth (voiceless)	middle (voiced)	rough (voiceless)			(voiced)	(voiceless)	
labial	π p	β b	φ pʰ	(voiceless) ψ ps	μ m			
palatal	κ, c k, c	γ g	χ cʰ	(voiceless) ξ x	γ-nasal ng			
dental	τ t	δ d	θ tʰ	(voiced) ζ dz	ν n	λ, ρ l, r	ῥ hr	σ s

ὄγδοος *eighth*, γι-γνώ-σκω *I come to know*, ἔ-θνος *nation*, κέ-κτη-μαι *I have acquired*, λί-μνη *marshy lake*, ἅ-πτε-σθαι *to touch*, ἐ-χθές *yesterday*. But compounds divide at the point of union: εἰσ-άγω *I introduce*.

A syllable is *long by nature* if it contains a long vowel or a diphthong: τῑ-μή *honor*, τρεῖς *three*; *long by position* if it contains a short vowel followed by a double consonant (ζ, ξ, ψ) or by two consonants (except a mute followed by a liquid or a nasal): ἄ-ξι-ος (-◡◡) *worthy*, ἄγ-γε-λος (-◡◡) *messenger*, ἀ-γρός (◡◡ or -◡) *field*. But β, γ, δ before μ or ν, and generally before λ, "make position": δόγ-μα (-◡) *decree*. In a compound word whose first part ends with a mute and whose second part begins with a liquid or nasal any two consonants make position; cf. ἐκ-λείπει (---) *he abandons* with ἔ-κλεπτε (◡-◡ or --◡) *he was stealing*.

9. The marks of **accent** are said to have been invented by Aristophanes of Byzantium (ca. 200 B.C.) to designate inflection or pitch; the syllables of most Greek words had strong differences of pitch and (probably) slight differences of stress. These marks were not regularly used, however, until many centuries later, by which time the language had become strongly stressed. In most classrooms, as in Modern Greek, the accented syllable is stressed and the inflection is disregarded.

10. The acute accent (´), which stands only on one of the last three syllables of a word, indicated a high pitch: ὑπερβολή a *throwing beyond, hyperbole*. The grave accent (`), which stands only on the last syllable, indicated a low pitch: ὑπερβολὴ ἦν *it was an hyperbole*. The circumflex (˜), which stands only on one of the last two syllables and only on a long vowel or a diphthong, indicated that the syllable began on a high pitch and ended on a low: ὑπερβολῆς *of an hyperbole*. Syllables on which no accent is written had low pitch: ὑπερβολή was pronounced ὑπὲρβὸλή.

Greek words are named according to their accent:

oxytone (ὀξύ-τονος *sharp-toned*) (with acute on the last syllable, the "ultima"):	θεά	*goddess*
paroxytone (with acute on the next to the last syllable, the "penult"):	αἰτίᾱ	*cause*
proparoxytone (with acute on the third syllable from the end, the "antepenult"):	θάλαττα	*sea*
perispomenon (περι-σπώμενον *drawn around*) (with circumflex on ultima):	θεᾶς	*of a goddess*

properispomenon (with circumflex on penult): πεῖρα *trial*
barytone (βαρύ-τονος *deep-toned*) (with no accent
   on ultima): αἰτίᾱ *cause*
θάλαττα *sea*
πεῖρα *trial*

11. The antepenult, if accented, takes the acute, as βασίλεια *queen*; but it can have no accent if the ultima is long, as βασιλείᾱς *of a queen*.

12. If the vowel of the penult is long and the vowel of the ultima is short, the penult, if accented, takes the circumflex, as κῆρυξ (--) *herald*, οἰκεῖος (--ᴗ) *domestic*; in all other cases the penult, if accented, takes the acute, as φύλαξ (ᴗ-) *watcher*, βασιλείᾱ (ᴗᴗ--) *kingship*, δέλτα (-ᴗ) *delta*, ἀγγέλου (-ᴗ-) *of a messenger*.

13. The ultima, if accented, takes the acute if its vowel is short, as ἀδελφός *brother*, ἕξ *six*; otherwise the acute or circumflex, as ἀρετή *virtue*, ἀρετῆς *of virtue*. The acute of an oxytone word is changed to the grave when the word is followed immediately, i.e. without punctuation, by another word (except an enclitic) in the same sentence, as ἀρετὴ φυσική *natural virtue*.

14. In determining the accent final αι and final οι are counted as short except in the optative (31, 234) and in the adverb οἴκοι *at home*: βασίλειαι *queens*, βασιλεῖαι *kingships*, ἄγγελοι *messengers*, οἶκοι *houses*, παύσαι *may he check*, ὑγιαίνοι *may he be healthy*.

15. A **proclitic** (προ-κλίνω *lean forward*) is a monosyllable having no accent and connected closely with the following word: ἡ ἀγορᾱ́ *the market*.

16. An **enclitic** (ἐγ-κλίνω *lean on*) is a monosyllable or dissyllable connected closely with the preceding word and usually (179) losing its accent: ἀγορᾱ́ τε Lat. *forumque*, ἀγοραί τινες *some markets*.

17. The marks of **punctation** are comma (,), colon (·), period (.), interrogation mark (;).

II. THE FIRST DECLENSION (A-STEMS)

Oxytone Feminine Nouns in ā

Ἐν ἀρχῇ ἦν ὁ λόγος.
    Ἐκ τοῦ κατὰ Ἰωάννην Ἁγίου Εὐαγγελίου i. 1.
In the beginning was the Word.

18. There are three declensions (a-stems, o-stems, stems in a consonant or in ι or υ); three numbers (singular, dual, plural); five cases (nominative, genitive, dative, accusative, vocative). In the dual of all declensions the accusative and the vocative are like the nominative, and the dative is like the genitive; in the plural of all declensions the vocative is like the nominative.

The dual, which is not commonly used, indicates a pair: τὼ ὀφθαλμώ *the eyes*.

The genitive, dative, and accusative are called *oblique* cases.

Of the ablative, instrumental, and locative cases few traces remain. *Separation* is expressed by the genitive. *Instrument* and *place where* are expressed by the dative. Locatives, as in Latin, are better treated as adverbs: χαμαί *on the ground*, Lat. *humī*.

19. The name of a living creature may by its form indicate the sex (ὁ λέων *the lion*, ἡ λέαινα *the lioness*), or the sex may be indicated by the article only (ὁ βοῦς *the ox*, ἡ βοῦς *the cow*), or the sex may not be indicated either by the form or by the article (ἡ χελῑδών *the swallow*, whether male or female; ὁ ἀετός *the eagle*, whether male or female); a name of this last sort is called *epicene*.

Names of rivers, winds, and months are generally masculine; names of countries, towns, islands, trees, qualities, and conditions are generally feminine.

In the first declension most nouns are feminine, ending in ᾱ, η, or ᾰ; the rest are masculine, ending in ᾱς or ης; when ε, ι, or ρ precedes, feminines generally end in ᾱ or ᾰ and masculines generally end in ᾱς.

20. Feminines in ā:

		goddess	army	market	
Sing.	N.	θεά	στρατιά	ἀγορά	stēlla
	G.	θεᾶς	στρατιᾶς	ἀγορᾶς	stēllae
	D.	θεᾷ	στρατιᾷ	ἀγορᾷ	stēllae
	A.	θεάν	στρατιάν	ἀγοράν	stēllam
	V.	θεά	στρατιά	ἀγορά	stēlla
Dual	N. A. V.	θεά	στρατιά	ἀγορά	
	G. D.	θεαῖν	στρατιαῖν	ἀγοραῖν	
Plur.	N. V.	θεαί	στρατιαί	ἀγοραί	stēllae
	G.	θεῶν	στρατιῶν	ἀγορῶν	stēllārum
	D.	θεαῖς	στρατιαῖς	ἀγοραῖς	stēllīs
	A.	θεάς	στρατιάς	ἀγοράς	stēllās

21. Oxytones of the first and second declensions take the circumflex in the genitive and dative of all numbers. For the genitive singular cf. the old Latin genitive in *pater familiās*.

22.   VOCABULARY

ἀγορά, ᾶς, ἡ[1] [**agora**[2]], *market, market place*.
γενεά, ᾶς, ἡ [**gene**alogy], *race, birth*.
διαφορά, ᾶς, ἡ, *di*FFERENCE,[2] *DIFFERENTIA*.[2]
ἔχει, *he, she,* or *it has*.
ἔχουσι, *they have*.
ἡ (nom. sing. fem. of def. art.[3]), THE.
ἦν, *he, she, it,* or *there was* (470).
ἦσαν, *they* or *there were*.
θεά, ᾶς, ἡ [**the**ology, Doro**thea**], *goddess*.

μεταφορά, ᾶς, ἡ, *trans*FERENCE, **metaphor**.
μῑκρά, ᾶς[4] [**microphone**], *small, little, slight*.
νευρά, ᾶς, ἡ [**neur**algia, NERVE], *bowstring*.
στρατιά, ᾶς, ἡ [**strat**egy], *army*.
φορά, ᾶς, ἡ [BEAR, Lat. FERO], *locomotion, movement, TRANSLATIO*.
ὦ (interj., with voc.), O (usually not to be translated).

23. (1) γενεαί, γενεᾷ, γενεαῖς. (2) μεταφοράν, μεταφοραῖν, μεταφορῶν. (3) διαφορᾶς, διαφοράς, διαφοραῖς. (4) στρατιῶν μῑκρῶν, μῑκράν νευράν.

---

1. The gender of a noun is shown by placing after it the art. ὁ (masc.), ἡ (fem.), or τό (neut.); see 425.   2. Words in **boldface** type are derived from the Greek. Words in SMALL CAPITALS are either (like "bear") cognate with the Greek or (like "difference") derived from Latin words cognate with the Greek, i. e. the word in small capitals and the Greek word are derived from a common ancestor. Words in *ITALIC CAPITALS* are technical Lat. equivalents of Greek philosophical terms. 3. Greek has no indef. art.; ἀγορά = *market* or *a market*.   4. First declension forms of adjectives are used to modify only fem. nouns. Adjectives modifying masc. or neut. nouns have other forms, which will be given later (42).

(5) ἦσαν θεαί, ἦν ἀγορά. (6) ἔχουσι μῑκρὰν στρατιάν; (7) ὦ θεά, ὦ θεαί. (8) ἦσαν διαφοραὶ μῑκραί; (9) ἡ ἀγορὰ μῑκρὰ ἦν. (10) φορὰ ἦν. (11) ἦσαν γενεαί.

24. (12) Of movements, of a movement. (13) He has small armies. (14) Has he a market? (15) Have they bowstrings? (16) There were small bowstrings. (17) Was there a difference? (18) They have small markets. (19) She was a goddess. (20) The motion was slight. (21) O goddess. (22) It was a metaphor.

III. THE FIRST DECLENSION (A-STEMS)

Oxytone Feminine Nouns in η

> Κακῆς ἀπ' ἀρχῆς γίγνεται τέλος κακόν.
> Εὐρῑπίδου ἀπόσπασμα 32.
> *A bad beginning makes a bad ending.*

25. If the nominative singular ends in η (19), η is kept throughout the singular.

26. Feminines in η:

		plan	*a long life*		*the beautiful form*	
S.	N.	βουλή	ζωή μακρά	ἡ	καλή	μορφή
	G.	βουλῆς	ζωῆς μακρᾶς	τῆς	καλῆς	μορφῆς
	D.	βουλῇ	ζωῇ μακρᾷ	τῇ	καλῇ	μορφῇ
	A.	βουλήν	ζωήν μακράν	τήν	καλήν	μορφήν
	V.	βουλή	ζωή μακρά		καλή	μορφή
D.	N. A. V.	βουλά	ζωά μακρά	τώ	καλά	μορφά
	G. D.	βουλαῖν	ζωαῖν μακραῖν	τοῖν	καλαῖν	μορφαῖν
P.	N. V.	βουλαί	ζωαί μακραί	αἱ	καλαί	μορφαί
	G.	βουλῶν	ζωῶν μακρῶν	τῶν	καλῶν	μορφῶν
	D.	βουλαῖς	ζωαῖς μακραῖς	ταῖς	καλαῖς	μορφαῖς
	A.	βουλάς	ζωάς μακράς	τάς	καλάς	μορφάς

27. The article is inflected in all three genders but has no vocative (425). ἡ and αἱ are proclitic (15). In the dual the masculine forms τώ, τοῖν are used in place of the feminine.

28. VOCABULARY

ἀγαθή, ῆς [**Agatha**], *good, brave.*
ἀρετή, ῆς, ἡ, *goodness, courage, VIRTUS.*
βουλή, ῆς, ἡ, *plan, plot, senate.*

δέ (adversative conj., postpos. [1]), *but, and.*
ζωή, ῆς, ἡ [**zoö**logy], *life.*

---

[1]. A postpositive word is a word that never stands first in a sentence or clause.

καί (copul. conj.), *and*; as adv., *also, even*; καί . . . καί, *both . . . and.*
κακή, ῆς [**cac**ophony], *bad, cowardly.*
κακίᾱ, ᾱς, ἡ, *badness, cowardice, vice.*
καλή, ῆς [**cal**isthenics], *beautiful, noble, honorable*; καλῶς (adv.), *beautifully.*
μακρά, ᾱς [**macron**, **macro**cosm], *long.*
μορφή, ῆς, ἡ [**morpho**logy], *form.*
Περσική, ῆς, **Persian**.
πομπή, ῆς, ἡ [**pomp**], *procession.*
σκηνή, ῆς, ἡ [**scene**], *tent, booth, stage.*
στολή, ῆς, ἡ, *robe, dress,* **stole**.

τε (τ' or θ' in elision: 50) [Lat. -QUE] (copul. conj., encl.), *and*; τε . . . καί or τε καί, *both . . . and.*
τροπή, ῆς, ἡ [**trope**, helio**trope**, **trophy**, Lat. **tropaeum**, Late Lat. **trophaeum**], *turn, rout.*
φυγή. ῆς, ἡ [FUGITIVE], *flight*, Lat. FUGA.
φωνή, ῆς, ἡ [tele**phone**], *sound, voice, speech.*
ψῡχή, ῆς, ἡ [**psycho**logy], *soul, life, ANIMA.*

29. (1) μακρὰ ἦν ἡ Περσικὴ πομπή. (2) ἡ τῆς θεᾶς στολὴ καλὴ ἦν. (3) αἱ δὲ βουλαὶ καλαὶ ἦσαν. (4) ἀγαθὴν ψῡχὴν ἔχει. (5) καὶ κακὴ καὶ μακρὰ ἦν ἡ φυγή. (6) ἔχουσι φωνὴν καὶ ψῡχήν; (7) ἡ Περσικὴ τροπὴ κακὴ ἦν. (8) αἱ θεαὶ καλὴν βουλὴν ἔχουσι. (9) τροπὴ ἦν τῆς κακῆς στρατιᾶς. (10) ἀγαθαὶ καὶ καλαὶ ἦσαν. (11) ἡ δὲ μορφὴ καλὴ ἦν. (12) ἀρετὴν ἔχει ἡ στρατιά. (13) καλαὶ δὲ ἦσαν αἱ ἀρεταί.

30. (14) Of the virtues, for a life, to the form. (15) Of a tent, for voices, of forms. (16) The Persian robes were both long and beautiful. (17) But the plan was bad. (18) Have they brave souls? (19) And it was a long and brave life. (20) The tents were long. (21) The flight was cowardly. (22) It has both voice and form. (23) There was a long motion. (24) Was the race noble? [1]

---

1. The first two elements in a direct question in English are generally the first two in Greek.

IV. Ω-VERBS [1]

Present Indicative Active

Σκηνὴ πᾶς ὁ βίος.
    Παλλάδα ἐπίγραμμα προτρεπτικόν ('Ἀνθολογίᾱ Παλᾱτίνη x. 72).
All the world's a stage.

31. The Greek verb has

Three *Voices*:
    Active
    Middle (indicating action on oneself, for oneself, or on something belonging to oneself)
    Passive

Four *Finite Moods*:
    Indicative
    Subjunctive (220-223, 228)
    Optative (232-234, 239)
    Imperative

Infinitives
Participles
Verbal Adjectives (309-311)

Seven *Tenses*:
    Present: *I instruct, I am instructing,* or *I keep instructing* ⎫
    Future: *I shall instruct* or *I will instruct* ⎬ Primary
    Perfect: *I have instructed*
    Future Perfect (rare in active): *I shall have died,* i.e. *I shall be dead* ⎭

    Imperfect: *I instructed, I was instructing,* or *I tried to instruct* ⎫
    Aorist: *I instructed* ⎬ Secondary
    Pluperfect: *I had instructed* ⎭

Three *Numbers*:
    Singular: first, second, and third persons
    Dual: second and third persons
    Plural: first, second, and third persons

---

1. Ω-vbs. are vbs. in which the first pers. sing. of the pres. ind. act. ends in ω; in MI-vbs. this form ends in μι, e.g. τίθημι *put*.

32. Common to all forms is the verb *stem*, which, though sometimes changing, carries the permanent meaning. To this stem may be added one or more prefixes and suffixes, which, singly or in combination, indicate
in the finite moods, *Person and Number, Tense, Mood, Voice*;
in the infinitives, *Tense, Voice*;
in the participles, *Case, Number, Gender, Tense, Voice*;
in the verbal adjectives, *Case, Number, Gender, Voice*.

The **prefixes** are, in finite moods:
Augment, which occurs only in secondary tenses of the indicative;
Reduplication, which occurs only in the present, aorist, perfect, and perfect middle systems (see TABLE II, p. 14).

The **suffixes** are, in finite moods:
Tense Sign;
Thematic (or "*Variable*") *Vowel*, which is ο in the optative, elsewhere ο or ω before suffixes beginning with μ or ν, ε or η before suffixes beginning with other letters;
Mood Sign (in optative only);
Personal Endings. Of these there are, in the indicative, subjunctive, and optative, four sets: *primary active, primary middle and passive, secondary active,* and *secondary middle and passive*. In the imperative there are two sets: *active* and *middle and passive*.

The first person plural perfect indicative active of παιδεύω is πε-παιδεύ-κα-μεν, which is made up of reduplication, verb stem, tense sign, and personal ending. The first person plural pluperfect indicative middle of παιδεύω is ἐ-πε-παιδεύ-μεθα, which is made up of augment, reduplication, verb stem, and personal ending. The first person plural future optative middle of παιδεύω is παιδευ-σ-ο-ί-μεθα, which is made up of verb stem, tense sign, thematic vowel, mood sign, and personal ending.

The **principal parts** of a regular verb are:

(1) First person singular present indicative active
(2) First person singular future indicative active
(3) First person singular aorist indicative active
(4) First person singular perfect indicative active
(5) First person singular perfect indicative middle
(6) First person singular aorist indicative passive.

From these six parts it is possible to derive all of the many hundreds of forms.

Table II

Systems	Tenses		
	Active	Middle	Passive
1. Present	Present Imperfect	Present Imperfect	Present Imperfect
2. Future	Future	Future	
3. First Aorist	First Aorist	First Aorist	
4. Second Aorist	Second Aorist	Second Aorist	
5. First Perfect	First Perfect First Pluperfect		
6. Second Perfect	Second Perfect Second Pluperfect		
7. Perfect Middle		Perfect Pluperfect Future Perfect	Perfect Pluperfect Future Perfect
8. First Passive			First Aorist First Future
9. Second Passive			Second Aorist Second Future
Number of tenses	6	7	7

33. Present Indicative Active:

		instruct	*send*	*pursue*	*tell*
S.	1	παιδεύ-ω	πέμπ-ω	διώκ-ω	φράζ-ω
	2	παιδεύ-εις	πέμπ-εις	διώκ-εις	φράζ-εις
	3	παιδεύ-ει	πέμπ-ει	διώκ-ει	φράζ-ει
D.	2	παιδεύ-ε-τον	πέμπ-ε-τον	διώκ-ε-τον	φράζ-ε-τον
	3	παιδεύ-ε-τον	πέμπ-ε-τον	διώκ-ε-τον	φράζ-ε-τον
P.	1	παιδεύ-ο-μεν	πέμπ-ο-μεν	διώκ-ο-μεν	φράζ-ο-μεν
	2	παιδεύ-ε-τε	πέμπ-ε-τε	διώκ-ε-τε	φράζ-ε-τε
	3	παιδεύ-ουσι(ν)	πέμπ-ουσι(ν)	διώκ-ουσι(ν)	φράζ-ουσι(ν)

34. The thematic vowel is here $^ε/o$. This added to the verb stem παιδευ gives the *present tense stem* παιδευ$^ε/o$. Only in the dual and in the first and second persons plural of this inflection can the component parts (verb stem, thematic vowel, primary active personal ending) be readily distinguished. In the third person plural the ending was originally ντι (cf. Latin *am-a-nt*); before the final ι the τ softened to σ (cf. *nation*); and before this σ the ν disappeared (371), leaving no trace except the *compensatory lengthening* of o to ου. See 474.4.

35. The accent here, as in most verb forms, is *recessive*; i. e. it *recedes* from end of the word as far as the rules of accent allow (11).

36. The present infinitive active is παιδεύ-ειν, formed by adding εν to the present tense stem παιδευε (34); εε contracts to ει.

37. VOCABULARY

ἁρπάζω (477) [**harpy**], *seize, plunder.*
διώκω, *pursue.*
εἰς [**eis**odic] (procl. prep.), IN*to* (with acc. = Lat. IN with acc.).
ἐν [**en**clitic] (procl. prep.), IN (with dat. = Lat. IN with abl.).
ἐξ before vowel, ἐκ before consonant [**ex**odus, **ec**stasy] (procl. prep.), *out of* (with gen. = Lat. EX with abl.).
κελεύω, *order, command, urge* (with acc. of pers. and inf.).
μή (neg. particle), *not* (in protases of conditions, with subjv., with impv., and with inf. except in indir. disc.).
οὐ before consonant, οὐκ before smooth breathing, οὐχ before rough breathing, οὔ at end of clause (neg. particle, procl.), *not.*
οὕτως before vowel, οὕτω before consonant (adv.), *thus, so, as aforesaid.*
παιδεύω [**ped**agogue], *train, instruct.*
πέμπω [πομπή¹], *send.*
φράζω (φραδ-yω: 377, 477) [**phrase**], *tell.*
φυλακή, ῆς, ἡ [**pro**phylactic], *garrison, guard.*
ὧδε (adv.), *thus, as follows.*

---

1. When a vb. and a noun or adj. of the first or second declension are derived from the same root (the vb. not being derived from the noun or adj., and the noun or adj. not being derived from the vb.), an e-sound in the pres. of the vb. is frequently paralleled by the corresponding o-sound in the noun or adj.: λέγω λόγος, λείπω λοιπός, σπεύδω σπουδή.

38. (1) οὐ πέμπομεν τὰς νευράς. (2) φράζετον, φράζετε, οὐ φράζεις. (3) τὴν δὲ φυλακὴν κελεύουσι τὰς στολὰς μὴ ἁρπάζειν.[1] (4) ἐν δὲ τῇ μῑκρᾷ ἀγορᾷ οὐ διώκει. (5) οὕτως ἁρπάζουσι τὰς Περσικὰς στολάς. (6) ἐκ τῆς ἀγορᾶς διώκει τὴν κακὴν φυλακήν. (7) ἐν ταῖς ἀγοραῖς ἦσαν νευραὶ μακραὶ καὶ καλαί. (8) τὰς δὲ σκηνὰς ὧδε ἁρπάζομεν. (9) οὐ κελεύεις οὕτω παιδεύειν; (10) εἰς τὴν ἀγορὰν πέμπετε τὴν ἀγαθὴν φυλακήν.

39. (11) Were there Persian dresses in the small market? (12) We send the bowstrings in the following way. (13) I urge sending the guards out of the markets. (14) They are not pursuing the garrisons into the Persian market. (15) Is she not seizing the beautiful robes? (16) Has the soul a voice and a form? (17) They are sending robes for the goddess. (18) But in the market there was a Persian garrison. (19) Is he not pursuing and plundering? (20) He is sending the robe into the market.

---

1. A dependent vb. stands ordinarily at the end of its clause.

V. THE SECOND DECLENSION (O-STEMS)

Oxytone Masculine, Feminine, and Neuter Nouns and Adjectives; Article

Μηδὲν ἄγᾱν.
Nothing in excess.

40. Most nouns of the second declension are masculine (ending in ος) or neuter (ending in ον); a few are feminine (ending in ος).

41. Most adjectives of the second and first declensions end in ος (when modifying masculines), ᾱ (when modifying feminines), ον (when modifying neuters) if the ος is preceded by ε, ι, or ρ; otherwise in ος, η, ον. Some, including most compounds, have only two sets of endings, the feminine being like the masculine: βάρβαρος *barbarian*, βάρβαρος *feminine*, βάρβαρον *neuter*.

42. *the beautiful river* *the long road*

ὁ	καλὸς	ποταμός	ἡ	μακρὰ̄	ὁδός	servus
τοῦ	καλοῦ	ποταμοῦ	τῆς	μακρᾶς	ὁδοῦ	servī
τῷ	καλῷ	ποταμῷ	τῇ	μακρᾷ	ὁδῷ	servō
τὸν	καλὸν	ποταμόν	τὴν	μακρὰ̄ν	ὁδόν	servum
	καλὲ	ποταμέ		μακρὰ̄	ὁδέ	serve
τὼ	καλὼ	ποταμώ	τὼ	μακρὰ̄	ὁδώ	ambo
τοῖν	καλοῖν	ποταμοῖν	τοῖν	μακραῖν	ὁδοῖν	
οἱ	καλοί	ποταμοί	αἱ	μακραί	ὁδοί	servī
τῶν	καλῶν	ποταμῶν	τῶν	μακρῶν	ὁδῶν	servōrum
τοῖς	καλοῖς	ποταμοῖς	ταῖς	μακραῖς	ὁδοῖς	servīs
τοὺς	καλοὺς	ποταμούς	τὰ̄ς	μακρὰ̄ς	ὁδούς	servōs

the beautiful drink

τὸ	καλὸν	ποτόν	bellum
τοῦ	καλοῦ	ποτοῦ	bellī
τῷ	καλῷ	ποτῷ	bellō
τὸ	καλὸν	ποτόν	bellum
	καλὸν	ποτόν	bellum

the beautiful drink

τώ	καλώ	ποτώ
τοῖν	καλοῖν	ποτοῖν

τά	καλά	ποτά	bella
τῶν	καλῶν	ποτῶν	bellōrum
τοῖς	καλοῖς	ποτοῖς	bellīs
τά	καλά	ποτά	bella

small			*narrow*		
μῑκρός	μῑκρά	μῑκρόν	στενός	στενή	στενόν
μῑκροῦ	μῑκρᾶς	μῑκροῦ	στενοῦ	στενῆς	στενοῦ
μῑκρῷ	μῑκρᾷ	μῑκρῷ	στενῷ	στενῇ	στενῷ
μῑκρόν	μῑκράν	μῑκρόν	στενόν	στενήν	στενόν
μῑκρέ	μῑκρά	μῑκρόν	στενέ	στενή	στενόν
μῑκρώ	μῑκρά	μῑκρώ	στενώ	στενά	στενώ
μῑκροῖν	μῑκραῖν	μῑκροῖν	στενοῖν	στεναῖν	στενοῖν
μῑκροί	μῑκραί	μῑκρά	στενοί	στεναί	στενά
μῑκρῶν	μῑκρῶν	μῑκρῶν	στενῶν	στενῶν	στενῶν
μῑκροῖς	μῑκραῖς	μῑκροῖς	στενοῖς	στεναῖς	στενοῖς
μῑκρούς	μῑκράς	μῑκρά	στενούς	στενάς	στενά

43. ὁ and οἱ, like ἡ and αἱ, are proclitic (15). In all neuter words (whether of the second or of the third declension) the nominative, accusative, and vocative are the same in the singular, the same in the dual, and the same in the plural. For the accent of the genitive and dative see 21.

44. Adjectives, adverbs, prepositional phrases, and possessive genitives, when they directly modify a noun that has an article, stand ordinarily in an attributive position (i.e., the modifier immediately follows the article). The first attributive position is the normal one:

ἡ στενὴ ὁδός *the narrow road*
αἱ τότε ὁδοί *the roads of that time*
τὸ ἐν τῷ ποταμῷ φυτόν *the plant in the river*
ὁ τοῦ ἀδελφοῦ ἀγρός *the brother's field*
οἱ τότε (sc. ἄνθρωποι) *the men of that time*

If the noun has greater emphasis, the modifier stands in the second attributive position:

ἡ ὁδὸς ἡ στενή *the road, the narrow one* (I mean)
τὸ φυτὸν τὸ ἐν τῷ ποταμῷ *the plant, the one in the river* (I mean)

Rarely, and when the modifier is added as an afterthought to a noun that is at first envisaged as indefinite, the modifier stands in the third attributive position:

φυτὰ τὰ ἐν τοῖς ἀγροῖς *plants, I mean the plants in the fields*

Any other position is called predicate position:

ἐν τοῖς ἀγροῖς τὰ φυτά *the plants are in the fields*
ἡ ὁδὸς στενή *the road is narrow*
τὰ καλὰ τῶν φυτῶν (partit. gen.) *plants that are beautiful*
τὸ φυτόν μου (poss. gen. of personal pron.) *my plant* (194)
οἱ ἀγροὶ αὐτοῦ (poss. gen. of personal pron.) *his fields* (155.3)

45. VOCABULARY

ἀγρός, οῦ, ὁ [AGRIculture, ACRE], *field, country* (as opposed to city), Lat. AGER.
ἄγριος, ᾱ, ον [ἀγρός], *living in the fields, wild,* Lat. AGRESTIS.
ἀδελφός, οῦ, ὁ [Phil**adelphia**], *brother.* (Voc. sing. ἄδελφε.)
ἀθροίζω (477), *collect* (trans.).
ἀριθμός, οῦ, ὁ [**arithmetic**], *number.*
θεός, οῦ, ὁ, ἡ, *god, goddess.* (Nom. sing. used for voc. sing.)
ὁ, ἡ, τό (article), THE. Had originally dem. force, which it retained in certain phrases, e.g. ὁ μὲν ... ὁ δέ *the one ... the other,* οἱ μὲν ... οἱ δέ *some ... others,* ὁ μὲν ... ἡ δέ *he ... she,*

ὁ δέ *and he.* Used as a weak poss. in cases where it is plain who the possessor is: πέμπει τὸν ἀδελφόν *he sends his brother.* Often generic: τὰ φυτά *plants.*
ὁδός, οῦ, ἡ [**ex**odus, meth**od**, peri**od**], *road, journey.*
ποταμός, οῦ, ὁ [Meso**potamia**], *river.*
στενός, ή, όν [**steno**graphy], *narrow.*
τότε (dem. pronom. adv.), *at that time, then* (always temporal).
τρέπω [τροπή], *turn* (trans.).
φανερός, ά, όν [**phanero**gam], *visible, evident.*
φυτόν, οῦ, τό [neo**phyte**], *plant.*

46. (1) ἐν τοῖς ἀγροῖς ἀθροίζουσιν οἱ ἀδελφοὶ στρατιάν. (2) ὁ δὲ Περσικὸς θεὸς φανερὸς οὐκ ἦν. (3) μῖκρὸν ἦν τὸ ἐν τῷ ἀγρῷ φυτόν. (4) μῖκροὶ οἱ ἀριθμοί. (5) ἡ ἐκ τῶν ἀγρῶν ὁδὸς μακρὰ ἦν. (6) τὴν στρατιὰν τὴν τοῦ ἀδελφοῦ εἰς τοὺς ἀγροὺς τρέπει. (7) τὰ δὲ τότε φυτὰ μῖκρὰ ἦν.[1] (8) ἦν τὰ ἐν τῷ ποταμῷ φυτὰ φανερά; (9) κελεύει τὸν ἀδελφὸν τὴν στρατιὰν εἰς τὸν ποταμὸν τρέπειν. (10) τότε δὲ φανεροὶ ἦσαν οἱ ἐκ τῆς φυλακῆς ἀδελφοί.

47. (11) The brothers are collecting plants in the fields. (12) Was not the river narrow? (13) Was the number small? (14) The gods and goddesses were not visible (masc.). (15) The brothers' field was small and narrow. (16) At that time there was a procession in the road. (17) Is not your brother turning the procession out of the road? (18) Then the Persian tents were visible. (19) Are you collecting plants? (20) The life of the plants was long.

---
1. Neut. plur. subjects, having once had collective meaning, take sing. verbs.

VI. Ω-VERBS

Future Indicative Active

Ἔργον ἐστὶ σπουδαῖον εἶναι.
   Ἀριστοτέλης ἐν τῷ δευτέρῳ τῶν Νῑκομαχείων 1109a24.
It is no easy task to be good.

48. (1) In verbs whose stems end in a diphthong, a long vowel, or a mute (TABLE I, p. 4) the future indicative active is made up of verb stem, tense sign (σ), thematic vowel (ε/ο), and primary active personal endings (474): παιδευ-σ-ο-μεν, πεμπ-σ-ο-μεν, διωκ-σ-ο-μεν, φραδ-σ-ο-μεν. παιδευσε/ο is called the *future tense stem*. For the effect of σ on a preceding mute see 358-360.

instruct	*send*	*pursue*	*tell*
παιδεύ-σ-ω	πέμψ-ω	διώξ-ω	φρά-σ-ω
παιδεύ-σ-εις	πέμψ-εις	διώξ-εις	φρά-σ-εις
παιδεύ-σ-ει	πέμψ-ει	διώξ-ει	φρά-σ-ει
παιδεύ-σ-ε-τον	πέμψ-ε-τον	διώξ-ε-τον	φρά-σ-ε-τον
παιδεύ-σ-ε-τον	πέμψ-ε-τον	διώξ-ε-τον	φρά-σ-ε-τον
παιδεύ-σ-ο-μεν	πέμψ-ο-μεν	διώξ-ο-μεν	φρά-σ-ο-μεν
παιδεύ-σ-ε-τε	πέμψ-ε-τε	διώξ-ε-τε	φρά-σ-ε-τε
παιδεύ-σ-ουσι(ν)	πέμψ-ουσι(ν)	διώξ-ουσι(ν)	φρά-σ-ουσι(ν)

(2) In some verbs the σ of the future is dropped between vowels, and the vowels are contracted:

 ἐλαύνω (ἐλα) *drive* ἐλα-σ-ω ἐλῶ
 καλέω (καλε) *call*   καλε-σ-ω καλῶ

The resulting future is inflected like the present of a contract verb in άω or έω (185, 452, 454).

(3) Certain other verbs add the tense sign σε (not σ), and, the σ remaining, the vowels are contracted:

 πλέω (πλεϝ: 129.3) *sail* πλεϝ-σε-ο-μαι πλευσοῦμαι

(4) Verbs of more than two syllables in ίζω have futures in ιέω, the last two vowels being contracted:

 κιθαρίζω *play the cithara* κιθαρι-εω κιθαριῶ

49. The future infinitive active is formed by adding εν to the future tense stem: παιδευ-σ-ε-εν gives παιδεύσειν *to be about to instruct*; πεμπ-σ-ε-εν gives πέμψειν; διωκ-σ-ε-εν gives διώξειν; φραδ-σ-ε-εν gives φράσειν.

50. Elision. A short vowel may sometimes be elided when the next word begins with a vowel. Oxytone prepositions and conjunctions, also τινά (178) and ποτέ (152), lose their accent with the elided vowel: ἐπ' ἀδελφόν *against a brother*, ἀλλ' εἶπεν (ἀλλὰ εἶπεν) *but he said*, τίς ποτ' ἀνθρώπων (τίς ποτε ἀνθρώπων) *who, pray, of men*, οὔτε ποτ' εἰς *nor ever into*. Other oxytones throw the acute back on the penult: φήμ' ἐγώ (φημὶ ἐγώ) *I say*, πόλλ' ἔπαθον (πολλὰ ἔπαθον) *much did I suffer*. A smooth mute is roughened before a rough breathing: ἀφ' ὁδοῦ (ἀπὸ ὁδοῦ) *from a road*. ὅτι, περί, and πρό do not suffer elision.

51. ν movable. Most words ending in σι (including ξι and ψι), ἐστί *is*, ἤει *went*, all third person singular pluperfects active (ending in ει), and all verbs of the third person singular ending in ε, may add ν movable before a vowel or at the end of a sentence: πέμψουσιν ἄγγελον or ἄγγελον πέμψουσιν *they will send a messenger*.

52. VOCABULARY

ἀπό [**apo**logy, OFF, OF] (prep.), *from* (with gen.).
ἀρχή, ῆς, ἡ [**arche**type, mon**archy**], *beginning, principle, rule, province*.
γράφω, γράψω [**graphic**], *write, draw, paint*.
Ἑλληνικός, ή, όν, **Hellenic**, *Greek*.
ἐπί (prep.), *on, upon, in the case of* (with gen.); *on, besides, by, at* (with dat.); *upon, to, against* (with acc.).
ἐπιστολή, ῆς, ἡ, *letter*, **epistle**.
κλέπτω (κλεπ-γω: 477), κλέψω [**clepto**maniac, LIFT, shopLIFTER], *steal*.
λέγω, λέξω [**dia**lect], *say* (with acc. or with ὅτι or ὡς: 286-294); *mention* (with acc.); *call* (with double acc.).

λείπω, λείψω [**ec**lipse], *leave* (trans.), *be missing* (intrans.).
λύω, λύσω [**ana**lyse, LOSE, Lat. LUO], LOOSE, *break, destroy*.
νῦν (adv. and particle), NOW, *at present, as things are*, Lat. NUNC.
ὅτι (conj.), *that, because*. (Does not suffer elision.)
οὖν (inferential particle, postpos.), *in fact, therefore, accordingly*; δὲ οὖν, *at any rate*.
πείθω, πείσω, *persuade* (with acc. or with acc. and inf.).
ποτόν, οῦ, τό [sym**posium**, POTION], *drink*.

53. (1) τῇ φυλακῇ γράψομεν ἐπιστολήν. (2) ἀπὸ τῶν ὁδῶν, ἐξ ὁδοῦ, ἐφ' ὁδόν (50). (3) καλὴ ἦν ἡ ἀρχὴ τῆς πομπῆς. (4) γράψει ὁ θεὸς ἐπιστολὴν Ἑλληνικήν; (5) λέγει οὖν ὅτι κλέψουσιν. (6) νῦν δὲ λύομεν τὴν Ἑλληνικὴν στρατιάν. (7) λείψουσιν οὖν τὰς νευράς. (8) πείσεις δὲ τὴν φυλακὴν ἐπιστολὰς γράφειν; (9) τότε δ' οὐκ ἦν ποτά. (10) λέγουσιν οὖν ὅτι οἱ θεοὶ οὐ κλέπτουσιν.

54. (11) Has he a province now? (12) He orders the garrison not to steal. (13) Accordingly we shall urge writing (use infinitive) a long letter. (14) He says that they will write a letter. (15) I shall say that they have a small province. (16) Are you persuading the guard not to steal? (17) At any rate they say that he has a large province. (18) Does he say that he is collecting plants? (19) We shall not steal the Persian letters. (20) It was not a Greek drink.

VII. THE FIRST DECLENSION (A-STEMS)

Proparoxytone Feminine Nouns

Μέγας γὰρ ὁ ἀγών, ὦ φίλε Γλαύκων, μέγας, οὐχ ὅσος δοκεῖ.
Πλάτωνος Πολιτείας x. 608b.
For great is the issue, my dear Glaucon, aye, greater than doth appear.

55. In proparoxytone feminine nouns of the first declension the nominative, accusative, and vocative singular have ᾰ; if the ᾰ is preceded by ε, ι, or ρ, the genitive and dative singular have ᾱ; otherwise, η. The accent of the nominative singular of nouns and of adjectives must be learned from the dictionary. Whereas the accent of verbs is recessive (35), the accent of most nouns is persistent, i. e. it stays on the same syllable as in the nominative singular so long as the quantity of the ultima permits, and the accent of most adjectives stays on the same syllable as in the nominative singular masculine so long as the quantity of the ultima permits (11). In the genitive plural all first declension nouns have ῶν, which is from ἄων, originally āsōm, whence also Lat. ārum; whereas in Latin the s between vowels became r, in Greek it was lost, ἄων (10) becoming ῶν with circumflex ('' = ˜).

queen	*sabre*	*sea*
βασίλεια	μάχαιρα	θάλαττα
βασιλείᾱς	μαχαίρᾱς	θαλάττης
βασιλείᾳ	μαχαίρᾳ	θαλάττῃ
βασίλειαν	μάχαιραν	θάλατταν
βασίλεια	μάχαιρα	θάλαττα
βασιλείᾱ	μαχαίρᾱ	θαλάττᾱ
βασιλείαιν	μαχαίραιν	θαλάτταιν
βασίλειαι	μάχαιραι	θάλατται
βασιλειῶν	μαχαιρῶν	θαλαττῶν
βασιλείαις	μαχαίραις	θαλάτταις
βασιλείᾱς	μαχαίρᾱς	θαλάττᾱς

56. The dative with the verb *to be*, or with similar verbs, may denote the possessor: τῇ βασιλείᾳ ἦν μάχαιρα *the queen had a sabre*. In this construction the emphasis is generally on the fact of possession, whereas a predicate genitive of possession emphasises the possessor: τῆς βασιλείας ἦν ἡ μάχαιρα *the sabre belonged to the queen.*

57. VOCABULARY

ἄγω, ἄξω [ped**ago**gue], *drive, lead,* Lat. AGO.

ἀλήθεια, ᾱς, ἡ, *truth;* τῇ ἀληθείᾳ, *in truth, really.*

βασίλεια, ᾱς, ἡ [**basilica**], *queen.*

ἐνέργεια, ᾱς, ἡ [**energy**], *activity* (as opposed to δύναμις *potentiality*), *actualization, actuality,* ACTUS, ACTUALITAS.

ἐνταῦθα (dem. pronom. adv.), *here, there.*

ἔτι (adv. of time and degree), *yet, still, further.*

θάλαττα, ης, ἡ [**thalasso**cracy], *sea.*

μάχαιρα, ᾱς, ἡ, *sabre, knife.*

μέν (postpos. particle), *on the one hand.* Often not to be translated; its function is to contrast the word or clause or sentence with which it stands with something that is to follow (with δέ). See 45.

μετά (prep.), *with, in company with* (with gen.); *behind, after* (with acc.). In composition, sharing *in* or *with,* time *after,* search *after,* or change *from one place to another* (as in μεταφορά a *transference* [of a word] *from one application to another*).

ποῦ (interrog. pronom. adv.), *where.*

σπεύδω, σπεύσω, *hasten* (trans. and intrans.).

σύν [**syn**od, **sym**pathy] (prep.), *with, with the help of* (with dat.).

ὑγίεια, ᾱς, ἡ [**hygiene**], *health.*

58. (1) ὁ μὲν ἐνταῦθα ἦν, ὁ δ᾽ οὔ. (2) ἡ δὲ βασίλεια ἄξει τὴν Περσικὴν στρατιάν. (3) ὁ δὲ τῇ ἀληθείᾳ θεὸς ἦν. (4) ἐνταῦθα δ᾽ ἦν ἡ ἐνέργεια. (5) ποῦ ἦσαν αἱ τῆς φυλακῆς μάχαιραι; (6) μετὰ τῆς βασιλείας ἦσαν θεοὶ καὶ θεαί. (7) λέγεις οὖν ὅτι ὑγίειαν ἔχουσιν. (8) φορὰ μὲν ἦν, φωνὴ δ᾽ οὔ. (9) καλὴ μὲν ἡ [1] ἀρετή, καλὴ δ᾽ ἡ ὑγίεια. (10) τὴν φυλακὴν κελεύει ἡ βασίλεια μαχαίρᾱς πέμπειν.

59. (11) The gods command the queen to hasten. (12) Were there really plants in the sea? (13) The Persian queen still has the small sabre. (14) Some of the dresses were Greek and some were not. (15) They say that there was no road from the river. (16) The queen says that she will hasten against the Greek army. (17) With the help of the gods they will lead the army away from the sea. (18) But there was little activity here. (19) The gods command the queen not to pursue the Persian garrison. (20) They are hastening with the queen away from the river.

---

1. Generic.

VIII. THE FIRST DECLENSION (A-STEMS)

Paroxytone and Properispomenon Feminine Nouns

> Ἄνευ γὰρ ἀρετῆς οὐ ῥᾴδιον φέρειν ἐμμελῶς
> τὰ εὐτυχήματα.
> Ἀριστοτέλης ἐν τετάρτῳ Νῑκομαχείων
> 1124a30-31.
> *For without virtue it is not easy to bear gracefully the goods of fortune.*

60. Paroxytone feminine nouns of the first declension may be divided into three groups: those ending in ᾱ (ε, ι, or ρ preceding), those ending in η (some letter other than ε, ι, or ρ preceding), and those ending in ᾰ (some letter other than ε, ι, or ρ preceding). Those in ᾱ and in η are inflected like θεᾱ́ (20) and βουλή (26) respectively except for accent. Those in ᾰ are inflected like θάλαττα (55) except for accent.

Properispomenon feminine nouns of the first declension (ending in ᾰ) may be divided into two groups: those in which the ᾰ is preceded by ε, ι, or ρ and those in which the ᾰ is preceded by some other letter. Those of the first group are inflected like βασίλεια (55) except for accent. Those of the second group are inflected like θάλαττα (55) except for accent.

The accent of the nominative singular may show the quantity of a final α (as in πεῖρᾰ *trial*, χώρᾱ *country*) or it may not (as in δόξᾰ *opinion*, ῥίζᾰ *root*): if the α of πεῖρα were long, the accent of the penult could not be circumflex (12); if the α of χώρα were short, the accent of the penult could not be acute (12); since o is always short, the acute is the only possible accent for the penult of δόξα whatever the quantity of the ultima (10); if the ι of ῥίζα were long, the acute would show the α to be long (12); since the ι is short, the accent shows nothing about the length of the α. But when a final α is not preceded by ε, ι, or ρ, it must be short, since a final ᾱ is only found after ε, ι, or ρ.

61.

spectacle	force	country	battle	root	trial	Muse
θεᾱ́	βίᾱ	χώρᾱ	μάχη	ῥίζα	πεῖρα	Μοῦσα
θεᾶς	βίᾱς	χώρᾱς	μάχης	ῥίζης	πείρᾱς	Μούσης
θεᾷ	βίᾳ	χώρᾳ	μάχῃ	ῥίζῃ	πείρᾳ	Μούσῃ
θεᾱ́ν	βίᾱν	χώρᾱν	μάχην	ῥίζαν	πεῖραν	Μοῦσαν
θεᾱ́	βίᾱ	χώρᾱ	μάχη	ῥίζα	πεῖρα	Μοῦσα

spectacle	force	country	battle	root	trial	Muse
θέᾱ	βίᾱ	χώρᾱ	μάχᾱ	ῥίζᾱ	πείρᾱ	Μοῦσᾰ
θέαιν	βίαιν	χώραιν	μάχαιν	ῥίζαιν	πείραιν	Μούσαιν
θέαι	βίαι	χῶραι	μάχαι	ῥίζαι	πεῖραι	Μοῦσαι
θεῶν	βιῶν	χωρῶν	μαχῶν	ῥιζῶν	πειρῶν	Μουσῶν
θέαις	βίαις	χώραις	μάχαις	ῥίζαις	πείραις	Μούσαις
θέᾱς	βίᾱς	χώρᾱς	μάχᾱς	ῥίζᾱς	πείρᾱς	Μούσᾱς

62. VOCABULARY

ἀπο-λείπω, ἀπολείψω, *leave by going away from, abandon* (trans.); *cease* (intrans.).
βίᾱ, ᾱς, ἡ, *force*; βίᾳ (dat. of manner as adv.), *by force, violently*.
γάρ (causal particle, postpos.), *for*.
γνώμη, ης, ἡ [**gnomic**], *opinion, purpose, maxim*, SENTENTIA.
δή (postpos. particle), *in truth, to be sure, now*.
δόξα, ης, ἡ [ortho**dox**, para**dox**, **dox**ology], *opinion* (what seems to be the case to the person spoken of), *reputation* (what seems to others to be the case with the person spoken of), *expectation, fame*.
εἶ (2d sing. pres. ind. of εἰμί), *you are*.
ἐκ-λείπω, ἐκλείψω [**eclipse**], *leave by going out of, abandon*.

ἐπεί (temporal and causal conj.), *when, since, because*.
ἐπειδή (temporal and causal conj.), *when, since, because*.
θέᾱ, ᾱς, ἡ [**theatre**], *spectacle, sight*.
κώμη, ης, ἡ, *village*.
μάχη, ης, ἡ [μάχαιρα, logo**machy**], *battle*.
οἰκίᾱ, ᾱς, ἡ [**eco**nomy, di**oc**ese, WICK (*village*), VICINITY], *house*.
παρά [**par**allel] (prep.), *from the side of* (with gen.); *at the side of* (with dat.); *to the side of, along by, beyond, besides, contrary to* (with acc.).
πεῖρα, ᾱς, ἡ [**pir**ate, em**pir**ical], *trial, attempt*, exPERIENCE.
ῥίζα, ης, ἡ, *root*.
χώρᾱ, ᾱς, ἡ, *country, space*.

63. (1) τότε δ᾽ ἀπολείψουσι τὰς οἰκίας. (2) βίᾳ γὰρ πέμπει τὴν φυλακὴν εἰς τὴν κώμην. (3) ἡ δὲ γνώμη ἦν καλή. (4) ἐκλείψει οὖν ἡ φυλακὴ τὴν χώρᾱν; (5) ἡ δόξα ἡ τῆς Ἑλληνικῆς φυλακῆς καλὴ ἦν. (6) παρὰ τῆς βασιλείᾱς πέμψομεν τοὺς ἀδελφούς. (7) λέγεις ὅτι ἡ θέᾱ καλὴ ἦν; (8) παρὰ δόξαν ἀθροίζει στρατιὰν Περσικήν. (9) ἐν τῇ κώμῃ ἦσαν οἰκίαι καλαί. (10) αἱ ἐν τῇ χώρᾳ οἰκίαι καλαὶ ἦσαν.

64. (11) Have the plants long roots? (12) The garrison was at the side of the queen. (13) The garrison was small but the battle was long (use μέν...δέ). (14) When the brothers were in the village, there was a beautiful sight. (15) You will not steal, for you are good. (16) Will he say that the attempt was noble? (17) They will leave the letter in the queen's house. (18) Therefore he is collecting his (45) army by violent means. (19) The country was small but beautiful (use μέν...δέ). (20) He says he will pursue the garrison along the river.

IX. THE SECOND DECLENSION (O-STEMS)

Proparoxytone and Paroxytone Masculine, Feminine, and Neuter Nouns and Adjectives

> ῾Ρᾷον ἐρωτᾶν ἢ ἀποκρίνεσθαι.
> Πλάτωνος Πολιτείας i. 336c.
> *It is easier to ask questions than to answer them.*

65. Proparoxytone and paroxytone nouns and adjectives of the second declension differ from oxytones (40-43) in accent only (11, 12, 14). In the feminines of such adjectives the nominative plural and genitive plural are accented like the masculine: ἄξιαι, ἀξίων. The feminine noun ἀξία *worth* would have ἀξίαι, ἀξιῶν (55).

messenger	*inquiry*	*drug*	*horse, mare*	*child*
ἄγγελος (ὁ)	μέθοδος (ἡ)	φάρμακον (τό)	ἵππος (ὁ, ἡ)	τέκνον (τό)
ἀγγέλου	μεθόδου	φαρμάκου	ἵππου	τέκνου
ἀγγέλῳ	μεθόδῳ	φαρμάκῳ	ἵππῳ	τέκνῳ
ἄγγελον	μέθοδον	φάρμακον	ἵππον	τέκνον
ἄγγελε	μέθοδε	φάρμακον	ἵππε	τέκνον
ἀγγέλω	μεθόδω	φαρμάκω	ἵππω	τέκνω
ἀγγέλοιν	μεθόδοιν	φαρμάκοιν	ἵπποιν	τέκνοιν
ἄγγελοι	μέθοδοι	φάρμακα	ἵπποι	τέκνα
ἀγγέλων	μεθόδων	φαρμάκων	ἵππων	τέκνων
ἀγγέλοις	μεθόδοις	φαρμάκοις	ἵπποις	τέκνοις
ἀγγέλους	μεθόδους	φάρμακα	ἵππους	τέκνα

young   *worthy*

νέος	νέᾱ	νέον	ἄξιος	ἀξίᾱ	ἄξιον
νέου	νέᾱς	νέου	ἀξίου	ἀξίᾱς	ἀξίου
νέῳ	νέᾳ	νέῳ	ἀξίῳ	ἀξίᾳ	ἀξίῳ
νέον	νέᾱν	νέον	ἄξιον	ἀξίᾱν	ἄξιον
νέε	νέᾱ	νέον	ἄξιε	ἀξίᾱ	ἄξιον
νέω	νέᾱ	νέω	ἀξίω	ἀξίᾱ	ἀξίω
νέοιν	νέαιν	νέοιν	ἀξίοιν	ἀξίαιν	ἀξίοιν

young

νέοι	νέαι	νέα
νέων	νέων	νέων
νέοις	νέαις	νέοις
νέους	νέας	νέα

worthy

ἄξιοι	ἄξιαι	ἄξια
ἀξίων	ἀξίων	ἀξίων
ἀξίοις	ἀξίαις	ἀξίοις
ἀξίους	ἀξίας	ἄξια

topmost

ἄκρος	ἄκρᾱ	ἄκρον
ἄκρου	ἄκρᾱς	ἄκρου
ἄκρῳ	ἄκρᾳ	ἄκρῳ
ἄκρον	ἄκρᾱν	ἄκρον
ἄκρε	ἄκρᾱ	ἄκρον
ἄκρω	ἄκρᾱ	ἄκρω
ἄκροιν	ἄκραιν	ἄκροιν
ἄκροι	ἄκραι	ἄκρα
ἄκρων	ἄκρων	ἄκρων
ἄκροις	ἄκραις	ἄκροις
ἄκρους	ἄκρᾱς	ἄκρα

friendly

φίλος	φίλη	φίλον
φίλου	φίλης	φίλου
φίλῳ	φίλῃ	φίλῳ
φίλον	φίλην	φίλον
φίλε	φίλη	φίλον
φίλω	φίλᾱ	φίλω
φίλοιν	φίλαιν	φίλοιν
φίλοι	φίλαι	φίλα
φίλων	φίλων	φίλων
φίλοις	φίλαις	φίλοις
φίλους	φίλᾱς	φίλα

66. VOCABULARY

ἄγγελος, ου, ὁ [**angel**, ev**angel**], *messenger*.

ἄκρος, ᾱ, ον [**acro**polis], *topmost, outermost, consummate* (in attrib. position); *the top of* (in pred. position); ἄκρον, ου, τό, *height, summit, extreme, first or last term of a syllogism*.

ἄξιος, ᾱ, ον [**axiom**], *worth, worthy* (abs. or with gen. of measure).

ἔργον, ου, τό (earlier Ϝέργον: 129.3), WORK, *deed, function*.

ἵππος, ου, ὁ [**hippo**drome, Philip, Lat. EQUUS], *horse*; ἡ, *mare, cavalry*.

λίθος, ου, ὁ [mono**lith**], *stone*.

λόγος, ου, ὁ [λέγω, **logic**], *sentence, discourse, story, reason, ratio, rule, rational principle, definition.* (Any explanation or account that can be put into words is a λόγος, and λόγος is also used of the words in which the explanation or account is put.)

μέθοδος, ου, ἡ [μετά + ὁδός, **method**], a *following after, pursuit of knowledge, inquiry*.

νέος, ᾱ, ον, *young*, NEW, Lat. NOVUS.

ὄργανον, ου, τό [ἔργον, **organ**], *instrument*.

πιστεύω, πιστεύσω, *trust* (with dat.), Lat. FIDO.

πιστός, ή, όν [πείθω], *trustworthy*, FAITH*ful*.

τέκνον, ου, τό, *child*.

τόπος, ου, ὁ [**topo**graphy, **topic**], *place, region* (as opposed to χώρᾱ *space*).

φάρμακον, ου, τό [**pharmacy**], *drug, cure*.

φίλος, η, ον [**Philip**, Anglo**phile**], *friendly, dear*; φίλος, ου, ὁ, *friend*.

φίλιος, ᾱ, ον (or ος, ον: 41), *friendly* (as opposed to what belongs to the enemy; used esp. of countries).

67. (1) ὁ τῶν τέκνων ἄγγελος πιστὸς ἦν τοῖς φίλοις. (2) λέγεις δ' ὅτι λίθοι ἐν τῷ τόπῳ ἦσαν; (3) καλὸν μὲν ἦν τὸ ὄργανον, καλὸν δὲ τὸ ἔργον.

(4) φάρμακα νέα καὶ καλὰ πέμψομεν τοῖς πιστοῖς. (5) πιστεύσει τὰ τῆς βασιλείας τέκνα τοῖς ἀγγέλοις; (6) λέγομεν οὖν ὅτι ἡ μέθοδος ἀξία ἦν. (7) ἡ δ' ἄκρᾱ χώρᾱ οὐκ ἦν καλή. (8) τὰ μὲν ὄργανα τὰ τοῦ τέκνου καλὰ ἦν, τὰ δὲ ἔργα κακά. (9) τοῖς ἐν τῇ κώμῃ φίλοις λίθους καὶ φάρμακα πέμψεις. (10) οἱ ἐν τῷ τόπῳ [1] οὐκ ἀπολείψουσι τὰ τέκνα.

68. (11) The children in the village have beautiful horses. (12) He will persuade the garrison to trust the messengers. (13) He says the mares were young and brave. (14) But there was truth in the messengers' words. (15) Accordingly they say that they will not send the stones out of the country. (16) The child has health and virtue. (17) The deed was worthy of the instrument. (18) Now therefore they are writing their letters. (19) I say that he will not steal the children's horses. (20) The horses in the procession did not belong (56) to the brothers.

---

1. *The men in the place* (44).

X. Ω-VERBS

Imperfect Indicative Active

> Ἀεὶ καλὸς πλοῦς ἔσθ', ὅταν φεύγῃς κακά.
> Σοφοκλῆς Φιλοκτήτῃ 641.
> *It's always fair sailing when you're running away from trouble.*

69. All secondary tenses of the indicative except some pluperfects (95) have *augment*, which is *syllabic* (a prefixed ε) in verbs beginning with a consonant (παιδεύω, ἐ-παίδευ-ο-ν) or *temporal* (a lengthening of the initial vowel or diphthong) in verbs beginning with a vowel or with a diphthong. Verbs beginning with ρ double the ρ after the syllabic augment (ῥίπτω, ἔ-ρρῑπτ-ο-ν).
In temporal augment

α	becomes η	ἁρπάζω	seize	ἥρπαζ-ο-ν
ε	becomes η	ἐλαύνω	drive	ἤλαυν-ο-ν
ι	becomes ῑ	ἱκετεύω	implore	ἱκέτευ-ο-ν
ο	becomes ω	ὁρίζω	bound	ὥριζ-ο-ν
υ	becomes ῡ	ὑφαίνω	weave	ὕφαιν-ο-ν
αι	becomes ῃ	αἱρέω	take	(ᾕρε-ο-ν) ᾕρουν
ᾳ	becomes ῃ	ᾄδω	sing	ᾖδ-ο-ν
αυ	becomes ηυ	αὔξω	increase	ηὔξ-ο-ν
ευ	becomes ηυ	εὑρίσκω	find	ηὕρισκ-ο-ν
or remains	ευ			εὕρισκ-ο-ν
οι	becomes ῳ	οἰκέω	dwell	(ᾤκε-ο-ν) ᾤκουν

A verb beginning with a long vowel or with ει or ου is not augmented.[1] There are no verbs beginning with υι. Some verbs appear to have both syllabic and temporal augment: ὁράω *see*, ἐ-ώρων; ἁλίσκομαι *be taken*, aorist ἑ-άλων.

70. In verbs compounded with a preposition the augment stands between the preposition and the verb. Before ε all prepositions except περί and πρό elide the final vowel (50), and ἐν, ἐξ, and σύν resume their proper

---

[1]. εἰκάζω *portray* (ᾔκαζ-ο-ν) is the only exception.

forms if they have been changed in the present: ἀπο-πέμπω *send off*, ἀπ-έπεμπον; περι-πατέω *walk about*, περι-επάτουν; προ-βαίνω *step forward*, προ-έβαινον; ἐμ-βαίνω (ν before a π-mute becomes μ) *step in*, ἐν-έβαινον; ἐκ-λείπω (σ disappears between consonants; cf. Latin *ecferō*) *abandon*, ἐξ-έλειπον; συμ-πράττω *help do*, συν-έπραττον. Exceptions to this rule are καθ-έζομαι *sit down*, ἐ-καθ-εζόμην; καθ-ίζω *seat*, ἐ-κάθ-ιζον; καθ-εύδω *sleep*, ἐ-κάθ-ευδον. Some compound verbs have double augment: ἀμφισ-βητέω *dispute*, ἠμφ-εσβήτουν.

71. The imperfect indicative active of παιδεύω is made up of augment (ἐ), present tense stem (παιδευ^ε/ο: 34), and secondary active personal endings (474).

instruct	*send*	*pursue*	*tell*
ἐ-παίδευ-ο-ν	ἔ-πεμπ-ο-ν	ἐ-δίωκ-ο-ν	ἔ-φραζ-ο-ν
ἐ-παίδευ-ε-ς	ἔ-πεμπ-ε-ς	ἐ-δίωκ-ε-ς	ἔ-φραζ-ε-ς
ἐ-παίδευ-ε(ν)	ἔ-πεμπ-ε(ν)	ἐ-δίωκ-ε(ν)	ἔ-φραζ-ε(ν)
ἐ-παιδεύ-ε-τον	ἐ-πέμπ-ε-τον	ἐ-διώκ-ε-τον	ἐ-φράζ-ε-τον
ἐ-παιδευ-έ-την	ἐ-πεμπ-έ-την	ἐ-διωκ-έ-την	ἐ-φραζ-έ-την
ἐ-παιδεύ-ο-μεν	ἐ-πέμπ-ο-μεν	ἐ-διώκ-ο-μεν	ἐ-φράζ-ο-μεν
ἐ-παιδεύ-ε-τε	ἐ-πέμπ-ε-τε	ἐ-διώκ-ε-τε	ἐ-φράζ-ε-τε
ἐ-παίδευ-ο-ν	ἔ-πεμπ-ο-ν	ἐ-δίωκ-ο-ν	ἔ-φραζ-ο-ν

72. VOCABULARY

ἄνθρωπος, ου, ὁ, ἡ [**anthropo**logy, phil**anthropy**], *man, human being* (as opposed to god or beast), Lat. *homo*.
ἀνθρωπικός, ή, όν [ἄνθρωπος], *human*.
ἀνθρώπινος, η, ον (or ος, ον), *human*.
ἀπο-πέμπω, ἀποπέμψω, *send* OFF, *send away*.
βάρβαρος, ον (41), **barbarian**, *not Greek, foreign*; βάρβαρος, ου, ὁ, **barbarian**, *foreigner*.
βαρβαρικός, ή, όν [βάρβαρος], **barbaric**, *foreign*.
βασίλειον, ου, τό [βασίλεια], *palace* (commonly in plur. with sing. meaning).
δένδρον, ου, τό [philo**dendron**], *tree*.
θύρᾱ, ᾱς, ἡ, DOOR; plur., DOOR *with two wings, gate*.

κωλύω, κωλύσω, *hinder, prevent* (with acc., or acc. and inf.).
παύω, παύσω [**pause**, FEW], *stop* (trans.).
πεδίον, ου, τό, *plain*.
πόλεμος, ου, ὁ [**polemic**], *war*.
πολέμιος, ᾱ, ον (or ος, ον) [πόλεμος], *hostile*; οἱ πολέμιοι, *the enemy*.
πράττω (πρᾱγ-yω: 477), πράξω [**practice**], *do, fare*.
σοφίᾱ, ᾱς, ἡ [σοφός], *wisdom, knowledge*.
σοφός, ή, όν [**sophist, philosopher**], *wise, clever*.
σῴζω (σω), σώσω [creo**sote**], *save, preserve*.
τέχνη, ης, ἡ [**technical**], *art*.
φύλλον, ου, τό, *leaf*, Lat. FOLIUM (378).

73 (1) τότε δὲ πόλεμος ἦν. (2) τοὺς βαρβάρους ἀπέπεμπον οἱ ἐκ τῆς κώμης ἄνθρωποι. (3) ἀπεπέμπετε τοὺς συμμάχους ἀπὸ τῆς χώρας. (4) τὰ δένδρα μῑκρὰ φύλλα ἔχει. (5) σοφῶν δ' ἀνθρώπων (320.1) ἦν μὴ ἀποπέμπειν τοὺς πιστοὺς συμμάχους. (6) οἱ βάρβαροι οὐκ ἔσῳζον τὰ ἐν τῷ πεδίῳ δένδρα. (7) τοῖς συμμάχοις πιστοὶ ἦσαν οἱ σοφοί. (8) αἱ θύραι τῶν βασιλείων μῑκραὶ ἦσαν. (9) ἄνθρωποι μὲν ἦσαν, σοφοὶ δ' οὔ. (10) κωλύσει τοὺς ἐν τῷ πεδίῳ τοὺς ἵππους παύειν.

74. (11) The art is long (44). (12) We tried (31) to stop the barbarians' horses. (13) The men were barbarians but they were wise. (14) The barbarian has wisdom but he has not virtue (58.8). (15) Wise men have arts and virtues. (16) The Persian allies were faithful to their queen. (17) They say that the barbarian's palace was small but beautiful. (18) There were wars in the country at that time. (19) The allies have houses and palaces in the plain. (20) Trees have roots and leaves.

XI. THE SECOND DECLENSION (O-STEMS)

Properispomenon Masculine, Feminine, and Neuter Nouns and Adjectives

> Ἀναρχίας δὲ μεῖζον οὐκ ἔστιν κακόν.
> Σοφοκλέους Ἀντιγόνης 672.
> *There is no evil worse than anarchy.*

75. Properispomenon nouns and adjectives of the second declension differ from oxytones (40-43), paroxytones, and proparoxytones (65) in accent only. σῖτος is irregular in that the plural is neuter. In feminine adjectives the genitive plural is accented like the masculine: θείων. The feminine noun θεία *aunt* would have θειῶν.

grain		*divine*		
σῖτος (ὁ)		θεῖος	θεία	θεῖον
σίτου		θείου	θείας	θείου
σίτῳ		θείῳ	θείᾳ	θείῳ
σῖτον		θεῖον	θείαν	θεῖον
σῖτε		θεῖε	θεία	θεῖον
σίτω		θείω	θεία	θείω
σίτοιν		θείοιν	θείαιν	θείοιν
σῖτα		θεῖοι	θεῖαι	θεῖα
σίτων		θείων	θείων	θείων
σίτοις		θείοις	θείαις	θείοις
σῖτα		θείους	θείας	θεῖα

island	*gift*	*evident*		
νῆσος (ἡ)	δῶρον (τό)	δῆλος	δήλη	δῆλον
νήσου	δώρου	δήλου	δήλης	δήλου
νήσῳ	δώρῳ	δήλῳ	δήλῃ	δήλῳ
νῆσον	δῶρον	δῆλον	δήλην	δῆλον
νῆσε	δῶρον	δῆλε	δήλη	δῆλον
νήσω	δώρω	δήλω	δήλα	δήλω
νήσοιν	δώροιν	δήλοιν	δήλαιν	δήλοιν

island	gift		evident	
νῆσοι	δῶρα	δῆλοι	δῆλαι	δῆλα
νήσων	δώρων	δήλων	δήλων	δήλων
νήσοις	δώροις	δήλοις	δήλαις	δήλοις
νήσους	δῶρα	δήλους	δήλᾱς	δῆλα

76.   VOCABULARY

ἀγοράζω (477), ἀγοράσω [ἀγορά], *buy.*
ἀνά [**ana**lysis] (prep.), *up, over, throughout* (with acc.); in composition, *up, back, again.*
ἀν-άγω (70), ἀνάξω, *lead up, bring back.*
ἀπ-άγω, ἀπάξω, *lead away, lead back.*
ἄρα (inferential particle, postpos.), *then, accordingly.*
δίκη, ης, ἡ [syn**dic**], *right, justice, deserts.*

δίκαιος, ᾱ, ον (or ος, ον) [δίκη], *right, just.*
δῶρον, ου, τό, *gift, bribe,* Lat. DONUM.
ζῷον, ου, τό [**zoö**logy], *animal, creature.*
θεῖος, ᾱ, ον [θεός], *divine.*
νῆσος, ου, ἡ [Pelopon**nese**], *island.*
οἶκος, ου, ὁ [οἰκίᾱ], *house, dwelling.*
πλοῖον, ου, τό, *boat.*
πρῶτος, η, ον, FIRST; πρῶτον (acc. as adv.), FIRST, *at* FIRST.
σῖτος, ου, ὁ [para**site**] (plur. σῖτα, τά), *grain, food.*

77. (1) ἀγοράσομεν ἐν τῇ φιλίᾳ νήσῳ πλοῖον καὶ ζῷα. (2) ἀπῆγον οἱ νεοῖτα τῶν ἀγγέλων ζῷα; (3) ἡ μὲν δίκη θείᾱ, ἡ δὲ ἀρετὴ ἀνθρωπίνη. (4) λέγουσιν οἱ πρῶτοι ἄγγελοι ὅτι σῖτος ἐν τοῖς πλοίοις οὐκ ἦν. (5) ἀπολείψομεν ἄρα τὰ δῶρα τὰ καλά. (6) δικαίᾱ μὲν ἦν, θείᾱ δ' οὔ. (7) πρῶτοι ἀνὰ τοὺς ἀγροὺς ἀνήγομεν τὰ ζῷα. (8) λέγει τὰ τέκνα ὅτι οἱ ἀδελφοὶ τοὺς πρώτους ἵππους ἀγοράζουσιν. (9) ἐν κώμῃ μῑκρᾷ ἦν τὰ βασίλεια. (10) τῇ δὲ βασιλείᾳ τὰ βασίλεια οἶκος ἦν.

78. (11) There was a house on (ἐν) the small island. (12) The child says there are stones in the boat. (13) At first the children will abandon their gifts. (14) Truth is a gift of the gods. (15) At present he is writing a letter to his brother. (16) The people on the island (67.10) have no horses. (17) We will persuade them to trust the people from the islands. (18) The people from the fields bought horses, and those from the village [bought] [1] boats. (19) The horses in the field were not visible. (20) Virtue is a gift of the gods.

---

1. In the English-Greek sentences square brackets are used either, as here, to indicate a word that should not be translated into Greek, or, as at 231.19, to indicate a word that English idiom does not require but that Greek idiom does.

XII. THE FIRST DECLENSION (A-STEMS)

Masculine Nouns

> Ἄνθρωπον ζητῶ.
> Διογένης.
> *I am looking for a man.*

79. Masculine nouns of the first declension end in ᾱς if ε, ι, or ρ precedes; otherwise in ης (19).

young man	son of Atreus	citizen	poet	Persian	
νεᾱνίᾱς	Ἀτρείδης	πολίτης	ποιητής	Πέρσης	nauta
νεᾱνίου	Ἀτρείδου	πολίτου	ποιητοῦ	Πέρσου	nautae
νεᾱνίᾳ	Ἀτρείδῃ	πολίτῃ	ποιητῇ	Πέρσῃ	nautae
νεᾱνίᾱν	Ἀτρείδην	πολίτην	ποιητήν	Πέρσην	nautam
νεᾱνίᾱ	Ἀτρείδη	πολῖτα	ποιητά	Πέρσα	nauta
νεᾱνίᾱ	Ἀτρείδᾱ	πολίτᾱ	ποιητά	Πέρσᾱ	
νεᾱνίαιν	Ἀτρείδαιν	πολίταιν	ποιηταῖν	Πέρσαιν	
νεᾱνίαι	Ἀτρεῖδαι	πολῖται	ποιηταί	Πέρσαι	nautae
νεᾱνιῶν	Ἀτρειδῶν	πολῑτῶν	ποιητῶν	Περσῶν	nautārum
νεᾱνίαις	Ἀτρείδαις	πολίταις	ποιηταῖς	Πέρσαις	nautīs
νεᾱνίᾱς	Ἀτρείδᾱς	πολίτᾱς	ποιητάς	Πέρσᾱς	nautās

80. The genitive singular ending ου is borrowed from the second declension. The vowel of the vocative singular is generally the same as the vowel of the nominative singular; but ᾰ occurs in nouns in της, in names indicating nationality, and in compounds: πολῖτα, Πέρσᾰ, παιδοτρίβᾰ.

81.   VOCABULARY

Ἀτρείδης, ου, ὁ, *son of* **Atreus**.
δεσπότης, ου, ὁ, *master, lord,* **despot**. (Voc. sing. δέσποτα.)
ἔχω (σεχ), impf. εἶχον from ἔσεχον, ἕξω, *have.* (σεχ becomes ἐχ [373]; the rough breathing then changes to smooth just as a rough mute would change to a smooth mute; see 367. In the impf. σ disappears between vowels, and εε contracts to ει.)

ἤδη (adv.), *already.*
ἴσος, η, ον [**iso**sceles], *equal to, equal;* ἴσως (adv.), *equally, perhaps.*
κιθαρίζω (477), κιθαριῶ (48.4), *play the* **cithara**.
κιθαριστής, οῦ, ὁ, **cithara** *player.*
κινδῡνεύω, κινδῡνεύσω (denominative vb., from κίνδῡνος), *face danger, risk* (with cogn. acc. or with inf.).
κίνδῡνος, ου, ὁ, *danger, risk.*

μετ-έχω, μεθέξω, *share in* (with partit. gen.). (τ' is written θ.)
νεᾱνίᾱς, ου, ὁ [νέος], *young man.*
παιδοτρίβης, ου, ὁ [παιδεύω], *gymnastic master, trainer.*
παίω, παίσω [ana**paest**], *strike.*

παρασκευάζω (477), παρασκευάσω, *prepare, provide, render.*
Πέρσης, ου, ὁ, **Persian**.
ποιητής, οῦ, ὁ, *maker,* **poet**.
πολίτης, ου, ὁ [**politics**], *citizen.*
στρατιώτης, ου, ὁ [στρατιά], *soldier.*

82. (1) τὰ τοῦ στρατιώτου δῶρα τοῖς τοῦ Πέρσου ἴσα ἦν. (2) οὐ μῑκρὸν κίνδῡνον κινδῡνεύετε. (3) ἴσως δ' οἱ πολῖται στρατιώτᾱς οὐκ ἔχουσιν. (4) πολίτης μὲν ἦν ἀγαθός, κιθαριστὴς δὲ κακός. (5) εἶχεν ὁ δεσπότης καὶ σῖτον καὶ πλοῖα; (6) ἡ μὲν τῶν Περσῶν γνώμη καλὴ ἦν, ἡ δὲ τῶν Ἀτρειδῶν οὔ. (7) ἴσως δ' οὐκ ἦσαν λίθοι ἐν τῷ τόπῳ. (8) οἱ δ' ἄρα κιθαρισταὶ πολῖται ἀγαθοὶ ἦσαν. (9) οἱ μὲν νέοι μεθέξουσι τῶν κινδῡνων, οἱ δὲ ποιηταὶ οὔ. (10) πείσομεν τὸν Πέρσην στρατιώτᾱς ἐπὶ τὴν κώμην πέμπειν.

83. (11) The young man was not master of the house. (12) He says that the citizens will share in the danger. (13) The gymnastic masters do not strike the young men. (14) The citizens will prepare gifts for the poets but not for the cithara players. (15) Perhaps the Persians already have horses. (16) Did they strike the small children? (17) At first the Greek soldiers had boats. (18) Perhaps both the soldiers and the gymnastic masters have food. (19) The children are already bringing back their gifts. (20) He says that he will prevent the children from facing danger.

XIII. Ω-VERBS

Aorist Indicative Active

> Ὀλίγοι ἔμφρονες πολλῶν ἀφρόνων φοβερώτεροι.
> Πλάτωνος Συμποσίου 194b.
> *A few intelligent people are more formidable than many fools.*

84. The aorist indicative expresses a simple past occurrence and implies nothing as to length of time: ἔπαισα τὸν δεσπότην *I struck my master* (a single act), ἐπαίδευσα τὸν δεσπότην *I instructed my master* (possibly a long process but regarded as a single act). In verbs denoting a state the aorist commonly indicates *entrance into* the state: βασιλεύω *I am king*, ἐβασίλευσα *I became king*, ἔχω *I have*, ἔσχον (from stem σχ: 174) *I got*.

85. Some aorists active are weak or *first* aorists, some are strong or *second* aorists. The difference is one of formation, not of meaning; but if a verb has both a first aorist active and a second aorist active, the former is generally transitive and the latter intransitive. ἀπο-βάλλω (*I throw off*) has only a second aorist active ἀπ-έβαλον, which therefore is still transitive (*I threw off*); φύω (*I produce*) has both a first aorist active ἔφῡσα and a second aorist active ἔφῡν; whereas, therefore, ἔφῡσα means *I produced*, ἔφῡν means *I grew* (intrans.).

86. The first aorist indicative active is made up of augment, verb stem, first aorist tense sign (σα or α [1]), and secondary active personal endings (474): ἐ-παιδεύ-σα-μεν (tense stem παιδευσα). The second aorist indicative active is ordinarily made up of augment, verb stem, thematic vowel (if the verb stem ends in a consonant), and secondary active personal endings: λείπω (λειπ, λοιπ, λιπ) *I leave* (transitive), ἔ-λιπ-ο-ν (tense stem λιπᵉ/o) *I left* (transitive). In the first aorist indicative active the first person singular has no personal ending, and in the third person singular the final α of the tense stem is replaced by ε.

Indo-European roots which contain short *e* in some forms often show short *o* in others and absence of *e* or *o* in others. (These alterations are

---

[1]. σ or — in the inf. act. and in the subjv.

called "vowel gradation", and one speaks of the *e-grade*, the *o-grade*, and the *weak* or *zero grade* of the root.) Hence the vowel changes in English strong verbs, e.g. *sing, sang, sung*. In Greek the *e-grade* shows ε, the *o-grade* ο, and the *weak grade* nothing, e.g. πετ, ποτ, πτ; λειπ, λοιπ, λιπ; γεν, γον, γν or γα. When in the *weak grade* in Indo-European an *m* or *n* could not be pronounced as a consonant, it became vocalic (m̥, n̥, as in the second syllable of *madam, hidden*); but these sounds both became α in Greek. Most frequently the *e-grade* is used in presents, and the *weak grade* in second aorists: λείπω, ἔλιπον; φεύγω, ἔφυγον; ἔχω, ἔσχον.

instruct	*send*	*pursue*	*tell*	*leave*
ἐ-παίδευ-σα	ἔ-πεμψα	ἐ-δίωξα	ἔ-φρα-σα	ἔ-λιπ-ο-ν
ἐ-παίδευ-σα-ς	ἔ-πεμψα-ς	ἐ-δίωξα-ς	ἔ-φρα-σα-ς	ἔ-λιπ-ε-ς
ἐ-παίδευ-σε(ν)	ἔ-πεμψε(ν)	ἐ-δίωξε(ν)	ἔ-φρα-σε(ν)	ἔ-λιπ-ε(ν)
ἐ-παιδεύ-σα-τον	ἐ-πέμψα-τον	ἐ-διώξα-τον	ἐ-φρά-σα-τον	ἐ-λίπ-ε-τον
ἐ-παιδευ-σά-την	ἐ-πεμψά-την	ἐ-διωξά-την	ἐ-φρα-σά-την	ἐ-λίπ-έ-την
ἐ-παιδεύ-σα-μεν	ἐ-πέμψα-μεν	ἐ-διώξα-μεν	ἐ-φρά-σα-μεν	ἐ-λίπ-ο-μεν
ἐ-παιδεύ-σα-τε	ἐ-πέμψα-τε	ἐ-διώξα-τε	ἐ-φρά-σα-τε	ἐ-λίπ-ε-τε
ἐ-παίδευ-σα-ν	ἔ-πεμψα-ν	ἐ-δίωξα-ν	ἔ-φρα-σα-ν	ἔ-λιπ-ο-ν

87. The aorist infinitive does not indicate past time except in indirect discourse.

The first aorist infinitive active is formed by substituting for the α of the aorist tense stem (86) the ending αι (accent always on the penult):

παιδεύω	ἐ-παίδευ-σα	παιδεῦ-σ-αι
ἀγοράζω	ἠγόρα-σα	ἀγορά-σ-αι
φαίνω	ἔ-φην-α	φῆν-αι

The second aorist infinitive active (in the verbs which we have studied so far) is formed by adding εν to the aorist tense stem (accent always on the last syllable):

λείπω	ἔ-λιπ-ο-ν	(λιπ-έ-εν) λιπεῖν

88. The first three principal parts (32) of the verbs thus far studied are as follows:

ἀγοράζω		ἀγοράσω	ἠγόρασα
ἄγω	(ἀγ)	ἄξω	ἤγαγον (98)
ἀθροίζω		ἀθροίσω	ἤθροισα
ἁρπάζω	(ἁρπαγ)	ἁρπάσω	ἥρπασα
γράφω	(γραφ)	γράψω	ἔγραψα
διώκω	(διωκ)	διώξω	ἐδίωξα
ἔχω	(σεχ, σχ, σχη)	ἕξω or σχήσω	ἔσχον
κελεύω	(κελευ)	κελεύσω	ἐκέλευσα
κιθαρίζω		κιθαριῶ	ἐκιθάρισα
κινδῡνεύω	(κινδῡνευ)	κινδῡνεύσω	ἐκινδύνευσα
κλέπτω	(κλεπ)	κλέψω	ἔκλεψα
κωλύω	(κωλῡ)	κωλύσω	ἐκώλῡσα
λέγω	(λεγ)	λέξω	ἔλεξα
λείπω	(λειπ, λιπ)	λείψω	ἔλιπον
λύω	(λῡ)	λύσω	ἔλῡσα
παίω	(παι)	παίσω	ἔπαισα
παρασκευάζω		παρασκευάσω	παρεσκεύασα
παύω	(παυ)	παύσω	ἔπαυσα
πείθω	(πειθ)	πείσω	ἔπεισα
πέμπω	(πεμπ)	πέμψω	ἔπεμψα
πιστεύω	(πιστευ)	πιστεύσω	ἐπίστευσα
πράττω	(πρᾱγ)	πράξω	ἔπρᾱξα
σπεύδω	(σπευδ)	σπεύσω	ἔσπευσα
σώζω	(σω)	σώσω	ἔσωσα
τρέπω	(τρεπ)	τρέψω	ἔτρεψα
φράζω	(φραδ)	φράσω	ἔφρασα

89. VOCABULARY

ἀγγεῖον, ου, τό, *receptacle, vessel.*
ἄλλος, η, ο [**allo**pathy], *other, another,* ELSE, Lat. ALIUS; with art., *the other, the rest, the rest of the;* ἄλλος ... ἄλλος, *one ... another;* ἄλλως (adv.), *otherwise, differently.*
ἀλλότριος, ᾱ, ον, *belonging to another,* ALIEN, *strange,* Lat. ALIENUS.
δέκα (indecl.) [**deca**logue], TEN, Lat. DECEM.
δῆλος, η, ον, *plain, evident.*
δοῦλος, ου, ὁ, *slave.*
ἕξ (indecl.), SIX, Lat. SEX.
θῡμός, οῦ, ὁ, *soul, heart, spirit.*
ἰᾱτρεύω, ἰάτρευσα [ἰᾱτρός], *treat medically, cure.*
ἰᾱτρός, οῦ, ὁ [ped**iatrics**, psych**iatry**], *healer, physician, surgeon.*
ξένος, ου, ὁ, *stranger, guest, host, guest friend.*
οἶνος, ου, ὁ, *wine.*
περί [**peri**od, **peri**scope] (prep.), *concerning, about* (with gen.); *round, about* (of persons, with dat.); *round, about* (of place, person, or thing, with acc.). (Never suffers elision.)
υἱός (or ὑός), οῦ, ὁ, SON.
φοβερός, ά, όν [φοβος], *fearful, terrible.*
φόβος, ου, ὁ [hydro**phobia**], *fear, terror.*

90. (1) ἄλλα δ' ἀγγεῖα δέκα εἶχεν ὁ δοῦλος. (2) περὶ τοὺς ἰατροὺς ἦσαν ξένοι. (3) ἐν ἀγγείῳ μῑκρῷ ἦν ὁ τοῦ ἰᾱτροῦ οἶνος. (4) ὁ τοῦ ξένου υἱὸς δοῦλος οὐκ ἦν. (5) ἐν τοῖς ἀγροῖς ἦσαν κῶμαι ἕξ. (6) ἰᾱ́τρευσαν οἱ ἰᾱτροὶ τὸν τοῦ δούλου θῡμόν; (7) τότε δὲ φόβος ἦν τοῖς ἐν τοῖς ἀγροῖς. (8) μετέσχον δὲ καὶ οἱ ξένοι τοῦ ἀλλοτρίου οἴνου; (9) περὶ μὲν τοῦ σίτου ἐλέγομεν, περὶ δὲ τοῦ οἴνου οὔ. (10) τοῖς ἐν τῇ ὁδῷ φανεροὶ οὐκ ἦσαν οἱ κιθαρισταί.

91. (11) It is evident that (ὅτι) the slave is not going to steal the vessels. (12) The stranger's heart was brave, but the slave's [was] not. (13) Around the son's house (acc.) there was a guard. (14) Did he write a letter to his son? (15) They say that they chased the children out of the fields. (16) He (ὁ μὲν) had six children and she [had] ten. (17) The Persians *bought* grain; the others *stole* it. (18) The queen says she did not get the other gifts. (19) The slaves led other guests into the house. (20) It was not plain to the others that he was talking about his guest friend.

XIV. Ω-VERBS

Perfect and Pluperfect Indicative Active

Ὁ θεὸς καὶ ἡ φύσις οὐδὲν μάτην ποιοῦσιν.
Ἀριστοτέλους Περὶ Οὐρανοῦ i. 271a33.
God and nature create nothing that has not its use.
(J. L. Stocks.)

92. The perfect tense denotes an action that has been completed; the pluperfect, an action that, at some past time, had been completed. In both perfect and pluperfect the emphasis is generally not so much on the action as on the resulting state: θνῄσκει (pres.) *is dying*, τέθνηκε (pf.) *is dead*, ἐτεθνήκει (plpf.) *was dead*.

93. The perfect active system comprises the perfect active and the pluperfect active (Table II, p. 14). Only two Attic verbs (θνῄσκω and ἵστημι) have a future perfect active; instead of a future perfect active verb Greek uses regularly a perfect active participle (164) with the future of εἰμί.

Some perfects active and pluperfects active are *first* perfects and *first* pluperfects; some are *second*. The difference is one of formation, not of meaning; but if a verb has both a first perfect system and a second perfect system, the former is generally transitive and the latter intransitive. ἄγω (*I lead*) has only a second perfect, ἦχα *I have led* (pluperfect ἤχη *I had led*). πείθω (*I persuade*) has both a first perfect, πέπεικα *I have persuaded* (pluperfect ἐπεπείκη *I had persuaded*), and a second perfect, πέποιθα *I trust* (pluperfect ἐπεποίθη *I trusted*). ἀπόλλῡμι (*I destroy*) has both a first perfect, ἀπολώλεκα *I have destroyed*, and a second perfect ἀπόλωλα *I am destroyed*.

94. The perfect indicative active is made up of *reduplication* (98.1), verb stem, perfect active tense sign (κα in first perfects, α in second perfects), and primary active personal endings (474):

παιδεύω (παιδευ)   πε-παιδεύ-κα-μεν   (tense stem πεπαιδευκα)
ἐλπίζω (ἐλπιδ)   ἠλπί-κα-μεν   (tense stem ἠλπικα)
πράττω (πρᾱγ)   πε-πρᾱ́γ-α-μεν   (tense stem πεπρᾱγα)

95. The pluperfect indicative active is made up of augment (if the reduplicated perfect begins with a consonant or if, having "Attic" reduplication [98.1c], it begins with α or ο), reduplication (98.1), verb stem, pluperfect active tense sign (in first pluperfects κη [in first and second persons singular, from κεα], κει [in third person singular, from κεε], κε [in dual and plural]; in second pluperfects η [in first and second persons singular, from εα], ει [in third person singular, from εε], ε [in dual and plural]), and secondary active personal endings (474):

παιδεύω	(παιδευ)	ἐ-πε-παιδεύ-κε-μεν
ἐλπίζω	(ἐλπιδ)	ἠλπί-κε-μεν
πράττω	(πρᾱγ)	ἐ-πε-πρᾱγ-ε-μεν
ἄγω	(ἀγ)	ἤχ-ε-μεν

96. Stems ending in a τ-mute (τ, δ, θ) usually form a first perfect and drop the mute before κ (365):

κομίζω	(κομιδ)	κε-κομί-κα-μεν	(tense stem κεκομικα)
πείθω	(πειθ)	πε-πεί-κα-μεν	(tense stem πεπεικα)

97. Most π-mute and κ-mute stems form second perfects. In second perfects the mute is usually roughened if it is not already rough, and an ε in the verb stem is changed to ο (86):

πέμπω	(πεμπ, πομπ)	πε-πόμφ-α-μεν	(tense stem πεπομφα)
θλίβω	(θλιβ, θλιβ)	τε-θλίφ-α-μεν	(tense stem τεθλιφα)
πλέκω	(πλεκ, πλοκ, πλακ)	πε-πλόχ-α-μεν	(tense stem πεπλοχα)
ἄγω	(ἀγ)	ἤχ-α-μεν	(tense stem ἦχα)

98. (1) Reduplication in the perfect (and perfect middle) system takes the following forms:

(a) In all verbs beginning with a single simple consonant (except ρ) and in most verbs beginning with a mute followed by a liquid or nasal (λ, μ, ν, ρ) reduplication consists of the initial consonant followed by ε; an initial rough mute (Table I, p. 4) is changed to the corresponding smooth:

παιδεύω	(παιδευ)	*instruct*	πε-παίδευ-κα	ἐ-πε-παιδεύ-κη
φύω	(φῡ, φυ)	*grow (trans.)*	πέ-φῡ-κα	ἐ-πε-φύ-κη
χόω	(χοϜ)	*heap up*	κέ-χω-κα	ἐ-κε-χώ-κη
θύω	(θῡ, θυ)	*sacrifice*	τέ-θυ-κα	ἐ-τε-θύ-κη
γράφω	(γραφ)	*write*	γέ-γραφ-α	ἐ-γε-γράφ-η
θλίβω	(θλῑβ, θλιβ)	*squeeze*	τέ-θλιφ-α	ἐ-τε-θλίφ-η

(b) In most other verbs reduplication is like the augment (69):

ῥίπτω	(ῥῑπ)	*throw*	ἔ-ρρῑφ-α	ἐ-ρρῑφ-η
στέλλω	(στελ, σταλ)	*send*	ἔ-σταλ-κα	ἐ-στάλ-κη
ζητέω	(ζητε)	*seek*	ἐ-ζήτη-κα	ἐ-ζητή-κη
ἁρπάζω	(ἁρπαγ)	*seize*	ἥρπα-κα	ἡρπά-κη
αἱρέω	(αἱρε)	*take*	ᾕρη-κα	ᾑρή-κη

(c) In some verbs beginning with α, ε, or ο, followed by a single consonant, reduplication ("Attic") takes the form of prefixing the first two letters and augmenting the original initial vowel; verbs beginning with ε take no additional augment in the pluperfect:

ἀκούω	(ἀκου for ἀκοϜ)	*hear*	ἀκ-ήκο-α	ἠκ-ηκό-η
ἔρχομαι	(ἐρχ, ἐλυθ)	*go*	ἐλ-ήλυθ-α	ἐλ-ηλύθ-η
ὄμνῡμι	(ὀμ, ὀμο)	*swear*	ὀμ-ώμο-κα	ὠμ-ωμό-κη

(2) Reduplication in the present system is rare. It takes the form of prefixing the initial consonant plus ι: γι-γνώ-σκω, δί-δω-μι.

(3) Reduplication in the aorist systems is extremely rare. It resembles "Attic" reduplication but lacks the lengthening of the initial vowel of the verb stem:

ἄγω	(ἀγ)	*lead*	ἤγαγον (ἀγαγ augmented)
φέρω	(φερ, ἐνεκ, ἐνεγκ)	*bear*	ἤνεγκα and ἤνεγκον

99. Perfect Indicative Active:

instruct	*send*	*pursue*	*tell*
πε-παίδευ-κα	πέ-πομφ-α	δε-δίωχ-α	πέ-φρα-κα
πε-παίδευ-κα-ς	πέ-πομφ-α-ς	δε-δίωχ-α-ς	πέ-φρα-κα-ς
πε-παίδευ-κε(ν)	πέ-πομφ-ε(ν)	δε-δίωχ-ε(ν)	πέ-φρα-κε(ν)
πε-παιδεύ-κα-τον	πε-πόμφ-α-τον	δε-διώχ-α-τον	πε-φρά-κα-τον
πε-παιδεύ-κα-τον	πε-πόμφ-α-τον	δε-διώχ-α-τον	πε-φρά-κα-τον
πε-παιδεύ-κα-μεν	πε-πόμφ-α-μεν	δε-διώχ-α-μεν	πε-φρά-κα-μεν
πε-παιδεύ-κα-τε	πε-πόμφ-α-τε	δε-διώχ-α-τε	πε-φρά-κα-τε
πε-παιδεύ-κᾱσι(ν)	πε-πόμφ-ᾱσι(ν)	δε-διώχ-ᾱσι(ν)	πε-φρά-κᾱσι(ν)

Pluperfect Indicative Active:

ἐ-πε-παιδεύ-κη	ἐ-πε-πόμφ-η	ἐ-δε-διώχ-η	ἐ-πε-φρά-κη
ἐ-πε-παιδεύ-κη-ς	ἐ-πε-πόμφ-η-ς	ἐ-δε-διώχ-η-ς	ἐ-πε-φρά-κη-ς
ἐ-πε-παιδεύ-κει(ν)	ἐ-πε-πόμφ-ει(ν)	ἐ-δε-διώχ-ει(ν)	ἐ-πε-φρά-κει(ν)

ἐ-πε-παιδεύ-κε-τον   ἐ-πε-πόμφ-ε-τον   ἐ-δε-διώχ-ε-τον   ἐ-πε-φρά-κε-τον
ἐ-πε-παιδευ-κέ-την   ἐ-πε-πομφ-έ-την   ἐ-δε-διωχ-έ-την   ἐ-πε-φρα-κέ-την
ἐ-πε-παιδεύ-κε-μεν   ἐ-πε-πόμφ-ε-μεν   ἐ-δε-διώχ-ε-μεν   ἐ-πε-φρά-κε-μεν
ἐ-πε-παιδεύ-κε-τε   ἐ-πε-πόμφ-ε-τε   ἐ-δε-διώχ-ε-τε   ἐ-πε-φρά-κε-τε
ἐ-πε-παιδεύ-κε-σαν   ἐ-πε-πόμφ-ε-σαν   ἐ-δε-διώχ-ε-σαν   ἐ-πε-φρά-κε-σαν

100. First and second perfect infinitives active end in (κ)έ-ναι (474):

παιδεύω   πε-παίδευ-κα   πεπαιδευκέναι
πράττω   πέ-πρᾱγ-α   πεπρᾱγέναι

The accent (as always with the ending ναι) is on the penult. There are no imperfect or pluperfect infinitives.

101. VOCABULARY

ἄρχω (ἀρχ), ἄρξω, ἦρξα [**arch**angel], *rule* (with partit. gen.); *be first* (with ptc.); *begin* (with partit. gen., inf., or ptc.).

βάπτω (βαφ: 477), βάψω, ἔβαψα [**bap**tize], *dip, dye.*

βλάπτω (βλαβ: 477), βλάψω, ἔβλαψα, βέβλαφα, *harm.*

βουλεύω, βουλεύσω, ἐβούλευσα, βεβούλευκα [βουλή], *plan, plot* (with inf.).

θηρεύω, θηρεύσω, ἐθήρευσα, τεθήρευκα [θηρίον], *hunt, catch.*

θηρίον, ου, τό, *wild animal,* Lat. FERA.

θύω (θῠ, θυ), θύσω, ἔθῡσα, τέθυκα, *sacrifice.*

ὅμοιος, ᾱ, ον [**homoeo**pathy], *like, similar* (with dat.); ὁμοίως (adv.), *in like manner.*

ὅμως (particle), *all the same, nevertheless.*

πάνυ (adv.), *very, wholly.*

πρό [**pro**logue, FOR, FORE, Lat. PRO] (prep.), *be*FORE (of place or time), *in behalf of, in preference to* (with gen.). (Never suffers elision.)

πρός [**pros**elyte] (prep.), *from a position facing, by* (in swearing, with gen.); *in a position facing, near, at, besides* (with dat.); *to a position facing, to, against* (with acc.).

προσ-αγορεύω, προσαγορεύσω, etc. [ἀγορεύω *harangue,* ἀγορά], *address, greet; address as, greet, call* (with double acc.).

συν-έχω, συνέξω, συνέσχον, συνέσχηκα, *hold together, confine.*

τάττω (ταγ-γω: 477), τάξω, ἔταξα, τέταχα [**tact**ics, **tax**idermy, syn**tax**], *post, assign, order, marshal.*

φύω, φύσω, ἔφῡσα [BE], *produce*; ἔφῡν (465), *grew* (intrans.); πέφῡκα, *be by nature.*

ὡς (rel. pronom. adv.), *as*; as conjunctive adv., *as soon as* (298-299).

ὥσπερ (emphatic rel. pronom. adv.), *just as.*

102. (1) τοῦ πρὸς τοὺς ξένους λόγου ἦρχεν ὧδε. (2) λέγομεν ὅτι τὰς νήσους καὶ πρὸ τοῦ πολέμου ἐβεβλάφετε. (3) τεθύκᾱσιν οἱ δοῦλοι τάς τε τῶν δεσποτῶν ἵππους καὶ τὰ ἄλλα ζῷα; (4) ὅμως δ' ἐν ταῖς ἐπιστολαῖς τοὺς φίλους προσαγορεύσομεν. (5) ὥσπερ θηρία τεθηρεύκᾱσιν οἱ νεᾱνίαι, οὕτως ἀνθρώπους οἱ στρατιῶται. (6) φύλλα φύσει τὰ πρὸ τοῦ οἴκου δένδρα. (7) εἰς τὸν ποταμὸν ἔβαψαν οἱ Ἀτρεῖδαι τὰς μαχαίρᾱς. (8) βουλὰς πάνυ δικαίᾱς πρὸς ταῦτα βεβούλευκας. (9) τὸ ὅμοιον τῷ ὁμοίῳ φίλον. (10) πρὸς τὴν τῶν πολεμίων ἵππον τοὺς νέους τῶν στρατιωτῶν ἐτετάχεμεν.

103. (11) The gods held the citizens together. (12) The barbarians used to address their physicians as gods. (13) The child will not harm the boats. (14) Nevertheless they say that the man in the boat stole the gifts. (15) We had caught ten wild animals near the river. (16) The barbarians were dipping their bowstrings in the river. (17) Men (use generic article) rule slaves, and gods [rule] men. (18) Have you already sacrificed to the gods? (19) We grew as the leaves [grew]. (20) The cithara player's letter was very long.

XV. Ω-VERBS

Stems in Λ, Μ, Ν, Ρ

> Βέλτερον ὑφ' ἑτέρου ἢ ὑφ' ἑαυτοῦ ἐπαινέεσθαι.
> Δημόκριτος.
> *Another's praise is better than self-praise.*

104. From verb stems in λ, ν, ρ the present is ordinarily formed by adding the tense sign y:

ἀγγέλλω (ἀγγελ) *announce*	is from ἀγγελ-y-ω
φαίνω (φαν) *show*	is from φαν-y-ω
τείνω (τεν, τα from tṇ [*t* followed by vocalic *n*]) *stretch*	is from τεν-y-ω
φθείρω (φθερ, φθορ, φθαρ) *destroy*	is from φθερ-y-ω
κρίνω (κριν, κρι) *distinguish*	is from κριν-y-ω
αἰσχύνω (αἰσχυν) *disgrace*	is from αἰσχυν-y-ω

The *y* is assimilated to a preceding λ (378), but jumps a preceding ν or ρ to form with a preceding α the diphthong αι (376). If ν or ρ is preceded by ε, ι, or υ, the *y* disappears, and these vowels are lengthened in compensation to ει, ῑ, ῡ.

From most stems in μ and from a few stems in λ, ν, ρ the present is formed (as in παιδεύω) without a tense sign:

δέμ-ω [TIMBER, Lat. DOMUS] *build*	μέν-ω *re*MAIN
μέλ-ω *concern*	φέρ-ω BEAR

105. In verbs whose stems end in λ, μ, ν, or ρ the future active is ordinarily formed by adding the tense sign εσ; after the disappearance of the intervocalic σ (375) the ε contracts with the following vowel:

ἀγγέλλω	ἀγγελ-έσ-ω	ἀγγελῶ
τείνω	τεν-έσ-ω	τενῶ
φαίνω	φαν-έσ-ω	φανῶ
φθείρω	φθερ-έσ-ω	φθερῶ
μένω (μεν, μενη)	μεν-έσ-ω	μενῶ
νέμω (νεμ, νεμη) *distribute*	νεμ-έσ-ω	νεμῶ

106. In the first aorist active of these verbs the tense sign σα loses its σ, and the vowel of the verb stem is lengthened in compensation (α to η [after ι or ρ to ᾱ], and ε to ει):

φαίνω	ἐ-φαν-σα	ἔφηνα
περαίνω (περαν) *accomplish*	ἐ-περαν-σα	ἐπέρᾱνα
ἀγγέλλω	ἠγγελ-σα	ἤγγειλα
τείνω	ἐ-τεν-σα	ἔτεινα
φθείρω	ἐ-φθερ-σα	ἔφθειρα
δέμω	ἐ-δεμ-σα	ἔδειμα
μένω	ἐ-μεν-σα	ἔμεινα
κρίνω	ἐ-κριν-σα	ἔκρῑνα
αἰσχύνω	ἠσχυν-σα	ᾔσχῡνα

107. Perfects active of these verbs are formed in various ways:

	First Perfect	*Second Perfect*
ἀγγέλλω (ἀγγελ)	ἤγγελκα	
βάλλω (βαλ, βλη) *throw*	βέβληκα	
μέλω (μελ, μελη)	μεμέληκα	
τέμνω (τεμ, ταμ, τμη) *cut*	τέτμηκα	
θνῄσκω (θνη, θνα, θαν) *die*	τέθνηκα	τέθνατον (466)
κρίνω (κριν, κρι)	κέκρικα	
μένω (μεν, μενη)	μεμένηκα	
φαίνω (φαν)	πέφαγκα (369)	πέφηνα (intrans.)
τείνω (τεν, τα)	τέτακα	
κτείνω (κτεν, κτον, κταν) *kill*		ἔκτονα
φθείρω (φθερ, φθορ, φθαρ)	ἔφθαρκα	δι-έφθορα (intrans.)

108. VOCABULARY

αἰσχύνω (αἰσχυν: 477), αἰσχυνῶ, ᾔσχῡνα, *disgrace*.

ἀπο-κτείνω (κτεν, κτον: 477), ἀποκτενῶ (105), ἀπέκτεινα, ἀπέκτονα, *kill*.

ἀπο-νέμω (νεμ, νεμη), ἀπονεμῶ (105), ἀπένειμα, ἀπονενέμηκα [νόμος], *distribute*.

κρίνω (κριν, κρι: 477), κρινῶ, ἔκρῑνα, κέκρικα [**critic, crisis**], *distinguish, pick out, judge, try* in court, Lat. CERNO.

μένω (μεν, μενη), μενῶ (105), ἔμεινα, μεμένηκα, *remain, last*, Lat. MANEO.

μή-τε (copul. conj.), *and not*, Lat. neQUE; μήτε ... μήτε, *neither ... nor*.

νόμος, ου, ὁ [metro**nome**], *custom, law*.

περαίνω (περαν: 477), περανῶ, ἐπέρᾱνα [πέρας *limit, end*], *accomplish*.

οὔ-τε (copul. conj.), *and not*, Lat. neQUE; οὔτε ... οὔτε, *neither ... nor*.

τείνω (τεν, τα: 477, 86), τενῶ, ἔτεινα, τέτακα, *stretch, exTEND*, Lat. TENDO (trans. and intrans.).

ὑφαίνω (ὑφαν: 477), ὑφανῶ, ὕφηνα [WEB], WEAVE.

φέρω (φερ, οἰ, ἐνεκ, ἐνεγκ), οἴσω, ἤνεγκα (98.3) and ἤνεγκον (trans. by exception; cf. 85), ἐνήνοχα [meta**phor**, BURDEN, BIER, BIRTH, Lat. FERO, FUR], BEAR, *bring, carry*.

φθείρω (φθερ, φθορ, φθαρ: 477), φθερῶ, ἔφθειρα, ἔφθαρκα [φθορά], *destroy*.

φθορᾱ́, ᾶς, ἡ, *destruction, decay, passing away*, CORRUPTIO.

109. (1) οὔτε τοὺς νόμους οὔτε τοὺς πολίτας ᾔσχῦναν. (2) ἀπέκτεινον δὲ στρατιώτᾱς. (3) δῶρα καλὰ τοῖς φίλοις ἀπενείματε. (4) οἱ μὲν ἤδη κεκρίκᾱσιν, οἱ δ' οὔ. (5) τῷ δὲ παιδοτρίβῃ δῶρα ἤνεγκε τὰ τέκνα. (6) μένουσιν οἱ νόμοι. (7) οἱ κιθαρισταὶ ἐπέρᾱναν τὴν ὁδόν. (8) αἱ μὲν ὕφαινον, αἱ δ' οὔ. (9) τὰ τέκνα τὰς νευρὰς τείνει. (10) περὶ φθορᾶς γέγραφεν.

110. (11) You had not destroyed either the boats or the houses. (12) I will not disgrace my children. (13) The young man will carry the letters into the house. (14) For men there is destruction, but for gods [there is] not. (15) The trainers say that he did not finish his journey. (16) The cithara player had picked out ten of the children. (17) He did not remain in that place. (18) The enemy have not killed the citizens. (19) She was weaving and he was writing. (20) He had ordered the soldiers not to steal.

XVI. THE THIRD DECLENSION

Nouns with Mute Stems

> Εὕρηκα, εὕρηκα.
> Ἀρχιμήδης.
> *I have found it, I have found it!*

111. The case endings of the third declension are:

		Masculine and Feminine		Neuter	
S.	N.	-ς or —	(-s or —)	—	(—)
	G.	-ος	(-is)	-ος	(-is)
	D.	-ι	(-ī)	-ι	(-ī)
	A.	-α or -ν	(-em)	—	(—)
	V.	-ς or —	(-s or —)	—	(—)
D.	N. A. V.	-ε		-ε	
	G. D.	-οιν		-οιν	
P.	N. V.	-ες	(-ēs)	-α	(-a)
	G.	-ων	(-um)	-ων	(-um)
	D.	-σι	(-ibus)	-σι	(-ibus)
	A.	-ας or -νς	(-ēs)	-α	(-a)

112. The stem of a noun of the third declension can ordinarily be found by dropping the genitive singular ending ος; but note 367.

113. Monosyllabic stems of the third declension are accented on the ultima in the genitive and dative of all numbers; the endings οιν and ων are circumflexed.

114. π-mute and κ-mute stems (always masculine or feminine):

thief	*vein*	*herald*	*battle line*
κλώψ (ὁ)	φλέψ (ἡ)	κῆρυξ (ὁ)	φάλαγξ (ἡ)
κλωπός	φλεβός	κήρυκος	φάλαγγος
κλωπί	φλεβί	κήρυκι	φάλαγγι
κλῶπα	φλέβα	κήρυκα	φάλαγγα
κλώψ	φλέψ	κῆρυξ	φάλαγξ

	thief	*vein*	*herald*	*battle line*
R	κλῶπε	φλέβε	κήρῡκε	φάλαγγε
O	κλωποῖν	φλεβοῖν	κηρῡκοιν	φαλάγγοιν
R	κλῶπες	φλέβες	κήρῡκες	φάλαγγες
O	κλωπῶν	φλεβῶν	κηρῡκων	φαλάγγων
O	κλωψί(ν)	φλεψί(ν)	κήρυξι(ν)	φάλαγξι(ν)
R	κλῶπας	φλέβας	κήρῡκας	φάλαγγας

115. τ-mute stems (masculine, feminine, or neuter):

night	*grace*	*hope*	*bird*
νύξ (ἡ)	χάρις (ἡ)	ἐλπίς (ἡ)	ὄρνῑς (ὁ, ἡ)
νυκτός	χάριτος	ἐλπίδος	ὄρνῑθος
νυκτί	χάριτι	ἐλπίδι	ὄρνῑθι
νύκτα	χάριν	ἐλπίδα	ὄρνῑν
νύξ	χάρι	ἐλπί	ὄρνῑ
νύκτε	χάριτε	ἐλπίδε	ὄρνῑθε
νυκτοῖν	χαρίτοιν	ἐλπίδοιν	ὀρνίθοιν
νύκτες	χάριτες	ἐλπίδες	ὄρνῑθες
νυκτῶν	χαρίτων	ἐλπίδων	ὀρνίθων
νυξί(ν)	χάρισι(ν)	ἐλπίσι(ν)	ὄρνῑσι(ν)
νύκτας	χάριτας	ἐλπίδας	ὄρνῑθας

old man	*body*	*giant*
γέρων (ὁ)	σῶμα (τό)	γίγᾱς (ὁ)
γέροντος	σώματος	γίγαντος
γέροντι	σώματι	γίγαντι
γέροντα	σῶμα	γίγαντα
γέρον	σῶμα	γίγαν
γέροντε	σώματε	γίγαντε
γερόντοιν	σωμάτοιν	γιγάντοιν
γέροντες	σώματα	γίγαντες
γερόντων	σωμάτων	γιγάντων
γέρουσι(ν)	σώμασι(ν)	γίγᾱσι(ν)
γέροντας	σώματα	γίγαντας

τ-mutes and ν disappear before σ (360, 371). When ντ disappears, the preceding vowel is lengthened in compensation (372). τ-mutes are dropped when final (5).

116. General Rules for Masculine and Feminine Nouns with Mute Stems:

The nominative singular adds ς.

The accusative singular adds α.

The vocative singular is like the nominative.

Exceptions in some T-mute Stems:

But stems in οντ (always masculine) generally drop τ (5) and lengthen the last vowel: γεροντ-, γέρων.

But barytones (10) in ις or ῑς drop the τ-mute and add ν: χαριτ-, χάριν.

But in stems in ιδ, ιτ, ῑθ, ντ it is like the stem: ἐλπιδ-, ἐλπί (5); χαριτ-, χάρι; γεροντ-, γέρον.

117. Some neuters are inflected like σῶμα in all cases except the nominative, accusative, and vocative singular:

limit	*water*	*knee*
πέρας	ὕδωρ	γόνυ
πέρατος	ὕδατος	γόνατος
πέρατι	ὕδατι	γόνατι
πέρας	ὕδωρ	γόνυ
πέρας	ὕδωρ	γόνυ
πέρατε	ὕδατε	γόνατε
περάτοιν	ὑδάτοιν	γονάτοιν
πέρατα	ὕδατα	γόνατα
περάτων	ὑδάτων	γονάτων
πέρασι(ν)	ὕδασι(ν)	γόνασι(ν)
πέρατα	ὕδατα	γόνατα

118. VOCABULARY

αἷμα, ατος, τό [an**aemia**], *blood*.
ἄρχων, οντος, ὁ, *ruler, commander,* **archon**.
γέρων, οντος, ὁ, *old man*.
γίγᾱς, αντος, ὁ [**gigantic**], **giant**.
γόνυ, ατος, τό, KNEE, Lat. GENU.
εἰσί(ν) (encl.), *are* (3d plur. pres. ind. of εἰμί).
ἐλπίς, ιδος, ἡ, *hope*.

ἐστί(ν)[1] (encl.), *is* (3d sing. pres. ind. of εἰμί).
ἔναιμος, ον [ἐν + αἷμα: 41], *with blood* IN *one*; ἔναιμα, τά, *red-blooded animals*.
θρίξ (θριχ: 367), τριχός, ἡ [**trichinosis**], *hair*.
κῆρυξ, ῡκος, ὁ, *herald*.
κλώψ, κλωπός, ὁ [κλέπτω, LIFT], *thief*.

1. ἔστι at the beginning of a sentence; when it signifies existence or possibility; and after οὐκ, μή, εἰ, καί, ἀλλά, τοῦτο, and the adv. ὡς.

κτῆμα, ατος, τό [κτάομαι *acquire*], a *possession*.
νύξ, νυκτός, ἡ, NIGHT, Lat. NOX.
ὄνομα, ατος, τό [syn**onym**], NAME, NOUN, *word*, Lat. NOMEN, *NOMEN*.
ὄρνῑς, ῑθος, ὁ, ἡ [**orni**tho**logy**], *bird*.
πέρας, ατος, τό [περαίνω], *limit, end*.
σχῆμα, ατος, τό [ἔχω, **scheme**], *shape, form, appearance*.
σῶμα, ατος, τό [**somatic**, chromo**some**], *body*.

ὕδωρ, ατος, τό [**hydro**gen, WET, Lat. UNDA], WATER.
φάλαγξ,, αγγος, ἡ [**phalanx**], *battle line*.
φλέψ, φλεβός, ἡ [**phle**bitis, **phleb**otomy], *vein*.
χάρις, ιτος, ἡ [eu**charis**t], *favor, gratitude*; χάριν ἔχω, *be grateful*; χάριν (acc. as adv., usually postpos.), *for the sake of* (with gen.).
χρῶμα, ατος, τό [**chromatic**, **chromo**some], *color*.

119. (1) αἷμα λέγουσιν οἱ σοφοὶ τὴν ψῡχήν. (2) ἐκ τῆς οἰκίας τὰ κτήματα οἴσουσιν οἱ κήρῡκες. (3) τοῦ δ' ἄρχοντος χάριν ἐκιθαρίζετε. (4) ἔναιμοί εἰσιν (179.3) οἱ ὄρνῑθες. (5) πέρας οὐκ ἔχει τὰ κακά. (6) ἦν ὁ γέρων κλώψ; (7) τὰ δ' ἔναιμα τρίχας ἔχει. (8) ἔσωσεν ὁ γέρων τὸ σῶμα; (9) τὰ σχήματα καλὰ ἦν. (10) τρίχες δ' οὐκ ἦσαν.

120. (11) The doctors treat the slaves at night (322.4). (12) The thieves did not kill the herald. (13) There was no water in the place. (14) Red-blooded animals have veins. (15) The old men were grateful. (16) Nevertheless the Greek battle line was small. (17) The veins were colorless ("There was not color to the veins"). (18) The doctor will treat the old man's knees. (19) At that time the heralds were without hope. (20) Birds have no hair.

XVII. THE THIRD DECLENSION

Nouns with Nasal or Liquid Stems or with Stems in Σ

> Κτῆμα ἐς αἰεί.
> Θουκῡδίδου Ἱστοριῶν i. 22. 4.
> *A possession forever.*

121. Regular nasal or liquid stems:

contest	a divinity	month	salt	wild animal	air	fire
ἀγών (ὁ)	δαίμων (ὁ, ἡ)	μήν (ὁ)	ἅλς (ὁ, ἡ)	θήρ (ὁ)	ἀήρ (ὁ)	πῦρ (τό)
ἀγῶνος	δαίμονος	μηνός	ἁλός	θηρός	ἀέρος	πυρός
ἀγῶνι	δαίμονι	μηνί	ἁλί	θηρί	ἀέρι	πυρί
ἀγῶνα	δαίμονα	μῆνα	ἅλα	θῆρα	ἀέρα	πῦρ
ἀγών	δαῖμον	μήν	ἅλς	θήρ	ἀήρ	πῦρ
ἀγῶνε	δαίμονε	μῆνε	ἅλε	θῆρε	ἀέρε	
ἀγώνοιν	δαιμόνοιν	μηνοῖν	ἁλοῖν	θηροῖν	ἀέροιν	
ἀγῶνες	δαίμονες	μῆνες	ἅλες	θῆρες	ἀέρες	
ἀγώνων	δαιμόνων	μηνῶν	ἁλῶν	θηρῶν	ἀέρων	
ἀγῶσι(ν)	δαίμοσι(ν)	μησί(ν)	ἁλσί(ν)	θηρσί(ν)	ἀέρσι(ν)	
ἀγῶνας	δαίμονας	μῆνας	ἅλας	θῆρας	ἀέρας	

Note that in regular masculines and feminines having nasal or liquid stem

(1) The nominative singular does not ordinarily add ς but instead lengthens the last vowel of the stem. (In ἅλς the nominative could not be like the stem, since Greek words do not end in λ: 5.) Hence the nominative singular does not show the quantity of the last vowel of the stem: cf. ἀγών (ἀγων) with ἡγεμών (ἡγεμον), μήν (μην) with φρήν (φρεν), θήρ (θηρ) with ἀήρ (ἀερ).

(2) The accusative singular always adds α.

(3) The vocative singular is like the nominative in oxytones (ἀγών, μήν), like the stem in barytones (δαῖμον).

122. "Syncopated" EP-stems:

father		*mother*	*daughter*	*man*
πατήρ	pater	μήτηρ	θυγάτηρ	ἀνήρ
πατρός	patris	μητρός	θυγατρός	ἀνδρός
πατρί	patrī	μητρί	θυγατρί	ἀνδρί
πατέρα	patrem	μητέρα	θυγατέρα	ἄνδρα
πάτερ	pater	μῆτερ	θύγατερ	ἄνερ
πατέρε		μητέρε	θυγατέρε	ἄνδρε
πατέροιν		μητέροιν	θυγατέροιν	ἀνδροῖν
πατέρες	patrēs	μητέρες	θυγατέρες	ἄνδρες
πατέρων	patrum	μητέρων	θυγατέρων	ἀνδρῶν
πατράσι(ν)	patribus	μητράσι(ν)	θυγατράσι(ν)	ἀνδράσι(ν)
πατέρας	patrēs	μητέρας	θυγατέρας	ἄνδρας

When a nasal is followed by *l* or *r*, a voiced mute of the same class (6) is frequently developed in many languages; hence the δ in ἀνήρ when the ε is dropped. Cf. *tender* (Lat. *tener*).

Note that "syncopated" EP-stems resemble other P-stems and are like ἀήρ except that

(1) The genitive and dative singular lack the ε.
(2) The vocative singular is like the stem.
(3) The dative plural has ρασι, not ερσι.
(4) The accentuation is irregular.

123. Σ-stems:

	race			*trireme*	
	γένος (τό)	genus		τριήρης (ἡ)	
(γένε(σ)-ος)	γένους	generis	(τριήρε(σ)-ος)	τριήρους	
(γένε(σ)-ι)	γένει	generī	(τριήρε(σ)-ι)	τριήρει	
	γένος	genus	(τριήρε(σ)-α)	τριήρη	
	γένος	genus		τριῆρες	
(γένε(σ)-ε)	γένει		(τριήρε(σ)-ε)	τριήρει	
(γενέ(σ)-οιν)	γενοῖν		(τριηρέ(σ)-οιν)	τριήροιν	
(γένε(σ)-α)	γένη	genera	(τριήρε(σ)-ες)	τριήρεις	
(γενέ(σ)-ων)	γενῶν	generum	(τριηρέ(σ)-ων)	τριήρων	
(γένε(σ)-σι)	γένεσι(ν)	generibus	(τριήρε(σ)-σι)	τριήρεσι(ν)	
(γένε(σ)-α)	γένη	genera		τριήρεις	

Aristotle   *wing*

Ἀριστοτέλης (ὁ)		κέρας (τό)	
Ἀριστοτέλους	(κέρα(σ)-ος)	κέρως	
Ἀριστοτέλει	(κέρα(σ)-ι)	κέραι	
Ἀριστοτέλη(ν)		κέρας	
Ἀριστότελες		κέρας	
	(κέρα(σ)-ε)	κέρᾱ	
	(κερά(σ)-οιν)	κερῷν	
	(κέρα(σ)-α)	κέρᾱ	
	(κερά(σ)-ων)	κερῶν	
	(κέρᾱτ-σι)	κέρᾱσι(ν)	
	(κέρα(σ)-α)	κέρᾱ	

Note that in stems in σ

(1) The letter before the σ is always a vowel; hence, when the σ disappears between vowels (375), there is an opportunity for contraction.

(2) When an *a*-sound meets an *e*-sound, the one that comes first prevails: γένε(σ)-α γένη, κέρα(σ)-ε κέρᾱ.

(3) An *o*-sound prevails over an *a*-sound or an *e*-sound (whatever the order): γένε(σ)-ος γένους, γενέ(σ) οιν γενοῖν, γενέ(σ) ων γενῶν, κέρα(σ)-ος κέρως, κερά(σ)-οιν κερῷν, κερά(σ)-ων κερῶν.

(4) ε + ε = ει.

(5) When σσ results from inflection, as in the dative plural, one σ is dropped.

(6) The accent of τριήροιν and τριήρων is irregular (for τριηροῖν, τριηρῶν).

(7) The accusative plural of τριήρης has a nominative plural ending.

124.   VOCABULARY

ἀγών, ῶνος, ὁ [ἄγω, **agony**], *contest, games*.
ἀήρ, ἀέρος, ὁ, **air**.
ἅλς, ἁλός, ὁ, SALT, Lat. SAL; ἡ, *sea*.
ἀνήρ, ἀνδρός, ὁ [poly**andry**, **Andrew**], *man*, Lat. *vir*.
Ἀριστοτέλης, ους, ὁ, **Aristotle**.
γέ (encl. particle), *at least*.
γένος, ους, τό, *race, stock*, KIN, *class*, Lat. GENS, GENUS, *GENUS*.
δαίμων, ονος, ὁ, ἡ [**demon**], *a divinity*.
ἡγεμονίᾱ, ᾱς, ἡ [ἡγεμών], **hegemony**.
ἡγεμών, όνος, ὁ, ἡ, *leader, guide*.
θήρ, θηρός, ὁ [θηρίον], *wild animal*, Lat. FERA.

θυγάτηρ, τρός, ἡ, DAUGHTER.
κέρας (κερᾱτ), ᾱτος, τό [rhino**ceros**], HORN, Lat. CORNU.
κέρας (κερασ), κέρως, τό, *wing* of an army, Lat. CORNU; ἐπὶ κέρως, *in column*.
κρέας (κρεασ), κρέως, τό [**creo**sote], *meat*.
μήν, μηνός, ὁ, [**moon**], MONTH, Lat. MENSIS.
μήν (postpos. particle), *surely, truly*.
μήτηρ, τρός, ἡ, MOTHER, Lat. MATER.
πάθημα, ατος, τό [Lat. PATIOR], *anything that befalls one, suffering, affection*.

πάθος, ους, τό [**pathos**, sym**pathy**, Lat. patior], *anything that befalls one, experience, accident, suffering*, PASSION.
πατήρ, τρός, ὁ, FATHER, Lat. pater.
πῦρ, πυρός, τό (sing. only) [**pyre**], FIRE.

ῥῆμα, ατος, τό, WORD, *phrase*, *VERBUM*.
ῥήτωρ, ορος, ὁ [ῥῆμα, **rhetoric**], *speaker*.
τριήρης, ους, ἡ, TRIREME.
φρήν, φρενός, ἡ, *diaphragm, heart* (as seat of passions or of mental faculties).

125. (1) ὁ δαίμων τὰς τοῦ ἡγεμόνος φρένας ἔβλαψεν. (2) τοῦ ἀέρος ἄρχουσιν οἱ ὄρνιθες. (3) τῆς τοῦ[1] Ἀριστοτέλους θυγατρὸς υἱὸς ἦν ὁ ῥήτωρ. (4) οὐ μὴν φεύγουσιν οἱ ἄνδρες. (5) ποῦ δ' ἦσαν τό τε κρέας καὶ ὁ ἅλς; (6) οἵ γε ῥήτορες τὸ γένος οὐκ ᾔσχῡναν. (7) ἦν ὁ ἀγὼν περὶ τῆς ψῡχῆς; (8) ἡ τοῦ Πλάτωνος μήτηρ θυγάτηρ ἦν τοῦ ἡγεμόνος. (9) τὰ τοῦ πατρὸς ῥήματα νόμος ἐστὶ τοῖς τέκνοις. (10) ἐπὶ κέρως ἦγεν ὁ ἡγεμὼν τῶν βαρβάρων.

126. (11) Where were the triremes at that time? (12) Some wild animals have horns, some [have] not. (13) There was no fire in the village. (14) The suffering was terrible. (15) The speaker's mother remained there ten months. (16) Were the mothers plotting evil against their daughters? (17) Both the man's father and his brother were brave. (18) Certainly there are no wild animals there. (19) The orators's words are beautiful. (20) At present there are games in the villages.

---

1. The article is often used with names of persons or places well known or already introduced.

XVIII. THE THIRD DECLENSION

Nouns with Vowel or Diphthong Stems

> Ὅ τι καλὸν φίλον ἀεί.
> Εὐρῑπίδου Βάκχαις 881.
> *A thing of beauty is a joy forever.*

127. Stems in I and Y:

	state		*fish*		*town*
	πόλις (ἡ)		ἰχθῦς (ὁ)		ἄστυ (τό)
	πόλεως		ἰχθύος		ἄστεως
(πόλε-ι)	πόλει		ἰχθύι	(ἄστε-ι)	ἄστει
	πόλιν		ἰχθῦν		ἄστυ
	πόλι		ἰχθῦ		ἄστυ
(πόλε-ε)	πόλει		ἰχθύε	(ἄστε-ε)	ἄστει
	πολέοιν		ἰχθύοιν		ἀστέοιν
(πόλε-ες)	πόλεις		ἰχθύες	(ἄστε-α)	ἄστη
	πόλεων		ἰχθύων		ἄστεων
	πόλεσι(ν)		ἰχθύσι(ν)		ἄστεσι(ν)
	πόλεις	(ἰχθυ-νς)	ἰχθῦς	(ἄστε-α)	ἄστη

128. Diphthong stems:

old woman		*king*	*ship*	*ox, cow*
γραῦς (ἡ)		βασιλεύς (ὁ)	ναῦς (ἡ)	βοῦς (ὁ, ἡ)
γρᾱός		βασιλέως	νεώς	βοός
γρᾱΐ	(βασιλέ-ι)	βασιλεῖ	νηΐ	βοΐ
γραῦν		βασιλέᾱ	ναῦν	βοῦν
γραῦ		βασιλεῦ	ναῦ	βοῦ
γρᾶε		βασιλῆ	νῆε	βόε
γρᾱοῖν		βασιλέοιν	νεοῖν	βοοῖν
γρᾶες	(βασιλῆ-ες)	βασιλῆς or βασιλεῖς	νῆες	βόες
γρᾱῶν		βασιλέων	νεῶν	βοῶν
γραυσί(ν)		βασιλεῦσι(ν)	ναυσί(ν)	βουσί(ν)
γραῦς		βασιλέᾱς	ναῦς	βοῦς

57

129. Note that in masculine and feminine vowel and diphthong stems of the third declension

(1) The nominative singular adds ς.

(2) The vocative singular is like the stem.

(3) The υ of ευ, αυ, ου represents an original F (digamma = w), which disappears between vowels and is elsewhere vocalized.

(4) The accent of the genitive singular and plural of stems in ι and ῠ is an exception to 11.

130.   VOCABULARY

ἀλλά [ἄλλος] (adversative conj.), *but* (stronger than δέ), *well*.
ἄστυ, εως, τό, *town*.
βάλλω (βαλ, βλη: 378), βαλῶ (105), ἔβαλον, βέβληκα [pro**blem**, hyper**bole**], *throw, pelt, shoot*.
βασιλεύς, έως, ὁ [**basilica**], *king*.
βασιλεύω, βασιλεύσω, ἐβασίλευσα, *be king* (βασιλεύς), *rule* (with gen. or dat.).
βοῦς, βοός, ὁ, ἡ [**bu**colic, hecatom**b**], *ox, cow,* Lat. BOS.
γραῦς, γραός, ἡ [γέρων], *old woman*.
γυνή, γυναικός, ἡ [**gynaeco**logy, miso**gynist**], *woman, wife* (398).
ἐκ-βάλλω, ἐκβαλῶ, ἐξέβαλον, ἐκβέβληκα, *throw out, expel, exile*.
ἐλαύνω (ἐλα: 478), ἐλῶ (ἐλά-σω), ἤλασα, ἐλήλακα (98.1c) [**elastic**], *drive, ride, march*.
ἔλεος, ου, ὁ [**eleemo**synary, **alms**], *pity*.
ἔλλειψις, εως, ἡ, (ἐν-λειπ-σις: 370), **ellipse**, a *falling short, defect, deficiency*.
ἐντεῦθεν [ἐνταῦθα] (dem. pronom. adv.), *hence, thence, thereupon*.

ἐξ-ελαύνω, ἐξελῶ, ἐξήλασα, ἐξελήλακα, *drive out, march on*.
ἕξις (σεχ-σις: 373), εως, ἡ [ἔχω *have, be*, **hectic**], a *having, state* or *habit of body* or *of mind, HABITUS*.
ἱππεύς, έως, ὁ [ἵππος], *horseman, knight*.
ἰχθύς, ύος, ὁ (epicene) [**ichthy**ology], *fish*.
κάθαρσις, εως, ἡ [καθαίρω (καθαρ) *purify*, **cathartic**], *purification, evacuation*.
ναῦς, νεώς, ἡ [**nautical, nausea**], *ship,* Lat. NAVIS.
παῖς, παιδός, ὁ, ἡ [**pe**dagogue, ortho**paedic**], *child, boy, girl* (398).
πόλις, εως, ἡ [acro**polis**, metro**polis**, necro**polis**, cosmo**politan**], *state, city*.
πρᾶξις (πρᾱγ-σις), εως, ἡ [πράττω, **practice**], a *doing*, a *doing well* or *ill*.
τάξις (ταγ-σις), εως, ἡ [τάττω], *arrangement, order, division, battle line*.
τραγῳδία, ᾶς, ἡ [τράγος *he-goat* + ᾠδός (from ἀοιδός) *singer*], **tragedy**.
φύσις, εως, ἡ [φύω], *nature, thing, entity, NATURA*

131. (1) τοὺς ἱππέας ἐκ τοῦ ἄστεως ἐξέβαλεν ὁ βασιλεύς. (2) ἡ τῆς ψυχῆς ἕξις κακὴ ἦν. (3) οἱ δὲ γέροντες καὶ αἱ γρᾶες ἐν τῇ πόλει μεμενήκᾱσιν. (4) ἐντεῦθεν ἐξήλαυνον ἡμέρᾱς δέκα ἐπὶ τὸν ποταμόν. (5) αἱ δὲ παῖδες τὰς γυναῖκας λίθοις ἔβαλλον. (6) ὅμως δ' ἱππέων τάξις εἰς τὴν χώρᾱν ἐλήλακεν. (7) ἀλλ' ἡ γραῦς ἐλαύνει τὰς βοῦς εἰς τὸ ἄστυ. (8) ἔλλειψις ἦν ῥημάτων τε καὶ ὀνομάτων. (9) φύσει νόμος βασιλεὺς ἀνθρώπων. (10) δι' ἐλέου καὶ φόβου περαίνει ἡ τραγῳδία τὴν τῶν παθημάτων κάθαρσιν.

132. (11) When they were preparing their ships for (εἰς) battle, the general did not hinder. (12) Were there fish in the water? (13) Some of the king's actions were honorable, some [were] not. (14) We threw the oxen out of the ship into the sea. (15) But surely there were no oxen in the ship! (16) Pity and fear are affections of the soul. (17) Are you writing about Greek tragedy? (18) The women say the old man is a thief. (19) The old woman has not educated either her sons or her daughters. (20) The king says he had no ships.

XIX. Ω-VERBS

Indicative of Perfect Middle System

> Πρὸς κέντρα μὴ λάκτιζε.
> Αἰσχύλου Ἀγαμέμνονος 1624.
> *Kick not against the pricks.*

133. The middle voice (31) indicates action *on* oneself (παύομαι *I stop myself*, whereas the passive παύομαι means *I am stopped*), *for* oneself (ἀγοράζομαι *I buy for myself*), or *on something belonging to* oneself (παρασκευάζομαι τὰ πλοῖα *I prepare my boats*).

The perfect middle system comprises the perfect middle and passive, the pluperfect middle and passive, and the future perfect middle and passive.

134. The perfect indicative middle and passive is made up of reduplication (98.1), verb stem, and primary middle personal endings (474). The perfect middle tense stem is πεπαιδευ.

παιδεύω (παιδευ)	ἰατρεύω (ἰατρευ)	ὀρύττω (ὀρυχ) *dig*
πε-παίδευ-μαι	ἰάτρευ-μαι	ὀρ-ώρυγ-μαι (137)
πε-παίδευ-σαι	ἰάτρευ-σαι	ὀρ-ώρυξαι
πε-παίδευ-ται	ἰάτρευ-ται	ὀρ-ώρυκ-ται
πε-παίδευ-σθον	ἰάτρευ-σθον	ὀρ-ώρυχ-θον
πε-παίδευ-σθον	ἰάτρευ-σθον	ὀρ-ώρυχ-θον
πε-παιδεύ-μεθα	ἰατρεύ-μεθα	ὀρ-ωρύγ-μεθα
πε-παίδευ-σθε	ἰάτρευ-σθε	ὀρ-ώρυχ-θε
πε-παίδευ-νται	ἰάτρευ-νται	ὀρ-ωρυγ-μένοι εἰσί(ν)

135. The pluperfect indicative middle and passive is made up of augment (if the reduplicated perfect begins with a consonant or if, having "Attic" reduplication [98.1.c], it begins with α or ο), reduplication, verb stem, and secondary middle personal endings (474).

ἐ-πε-παιδεύ-μην	ἰατρεύ-μην	ὠρ-ωρύγ-μην (137)
ἐ-πε-παίδευ-σο	ἰάτρευ-σο	ὠρ-ώρυξο
ἐ-πε-παίδευ-το	ἰάτρευ-το	ὠρ-ώρυκ-το

ἐ-πε-παίδευ-σθον	ἰᾱτρευ-σθον	ὠρ-ώρυχ- θον
ἐ-πε-παιδεύ-σθην	ἰᾱτρεύ-σθην	ὠρ-ωρύχ- θην
ἐ-πε-παιδεύ-μεθα	ἰᾱτρεύ-μεθα	ὠρ-ωρύγ-μεθα
ἐ-πε-παιδεύ-σθε	ἰᾱτρεύ-σθε	ὠρ-ώρυχ- θε
ἐ-πε-παίδευ-ντο	ἰᾱτρευ-ντο	ὀρ-ωρυγ-μένοι ἦσαν

136. The future perfect indicative middle and passive (this tense is lacking in regular verbs whose stems end in λ, ν, or ρ [1]) is made up of reduplication, verb stem (a short final vowel of the perfect middle tense stem being lengthened: e.g. λελῡ́σομαι from λελῠ, tense sign (σ), thematic vowel ($^{\varepsilon}/\mathrm{o}$), and primary middle personal endings (474).

πε-παιδεύ-σ-ο-μαι	ἰᾱτρεύ-σ-ο-μαι	ὀρ-ωρύξ-ο-μαι
πε-παιδεύ-σ-ῃ (-ε-σαι),	ἰᾱτρεύ-σ-ῃ (-ε-σαι),	ὀρ-ωρύξ-ῃ (-ε-σαι),
πε-παιδεύ-σ-ει	ἰᾱτρεύ-σ-ει	ὀρ-ωρύξ-ει
πε-παιδεύ-σ-ε-ται	ἰᾱτρεύ-σ-ε-ται	ὀρ-ωρύξ-ε-ται
πε-παιδεύ-σ-ε-σθον	ἰᾱτρεύ-σ-ε-σθον	ὀρ-ωρύξ-ε-σθον
πε-παιδεύ-σ-ε-σθον	ἰᾱτρεύ-σ-ε-σθον	ὀρ-ωρύξ-ε-σθον
πε-παιδεύ-σ-ό-μεθα	ἰᾱτρεύ-σ-ό-μεθα	ὀρ-ωρύξ-ό-μεθα
πε-παιδεύ-σ-ε-σθε	ἰᾱτρεύ-σ-ε-σθε	ὀρ-ωρύξ-ε-σθε
πε-παιδεύ-σ-ο-νται	ἰᾱτρεύ-σ-ο-νται	ὀρ-ωρύξ-ο-νται

137. In verbs whose stems end in mutes the perfect and pluperfect indicatives middle and passive are as follows:

πέμπω (πεμπ)

(πέ-πεμπ-μαι)	πέ-πεμ -μαι	(ἐ-πε-πέμπ-μην)	ἐ-πε-πέμ -μην
(πέ-πεμπ-σαι)	πέ-πεμψαι	(ἐ-πέ-πεμπ-σο)	ἐ-πέ-πεμψο
	πέ-πεμπ-ται		ἐ-πέ-πεμπ-το
(πέ-πεμπ-σθον)	πέ-πεμφ- θον	(ἐ-πέ-πεμπ-σθον)	ἐ-πέ-πεμφ- θον
(πέ-πεμπ-σθον)	πέ-πεμφ- θον	(ἐ-πε-πέμπ-σθην)	ἐ-πε-πέμφ- θην
(πε-πέμπ-μεθα)	πε-πέμ -μεθα	(ἐ-πε-πέμπ-μεθα)	ἐ-πε-πέμ -μεθα
(πέ-πεμπ-σθε)	πέ-πεμφ- θε	(ἐ-πέ-πεμπ-σθε)	ἐ-πέ-πεμφ- θε
(πέ-πεμπ-νται)	πε-πεμ -μένοι	(ἐ-πέ-πεμπ-ντο)	πε-πεμ -μένοι
	εἰσί(ν)		ἦσαν

---

1. In these verbs—and indeed in all verbs—the fut. pf. mid. and pass. may be expressed by the pf. ptc. mid. and pass. used with the fut. of the verb εἰμί (470).

δοκέω (δοκ)

(δέ-δοκ-μαι)	δέ-δογ-μαι	(ἐ-δε-δόκ-μην)	ἐ-δε-δόγ-μην
(δέ-δοκ-σαι)	δέ-δοξαι	(ἐ-δέ-δοκ-σο)	ἐ-δέ-δοξο
	δέ-δοκ-ται		ἐ-δέ-δοκ-το
(δέ-δοκ-σθον)	δέ-δοχ- θον	(ἐ-δέ-δοκ-σθον)	ἐ-δέ-δοχ- θον
(δέ-δοκ-σθον)	δέ-δοχ- θον	(ἐ-δε-δόκ-σθην)	ἐ-δέ-δόχ- θην
(δε-δόκ-μεθα)	δε-δόγ-μεθα	(ἐ-δε-δόκ-μεθα)	ἐ-δε-δόγ-μεθα
(δέ-δοκ-σθε)	δέ-δοχ- θε	(ἐ-δέ-δοκ-σθε)	ἐ-δέ-δοχ- θε
(δέ-δοκ-νται)	δε-δογ-μένοι εἰσί(ν)	(ἐ-δέ-δοκ-ντο)	δε-δογ-μένοι ἦσαν

φράζω (φραδ)

(πέ-φραδ-μαι)	πέ-φρασ-μαι	(ἐ-πε-φράδ-μην)	ἐ-πε-φράσ-μην
(πέ-φραδ-σαι)	πέ-φρα -σαι	(ἐ-πέ-φραδ-σο)	ἐ-πέ-φρα -σο
(πέ-φραδ-ται)	πέ-φρασ-ται	(ἐ-πέ-φραδ-το)	ἐ-πέ-φρασ-το
(πέ-φραδ-σθον)	πέ-φρασ- θον	(ἐ-πέ-φραδ-σθον)	ἐ-πέ-φρασ- θον
(πέ-φραδ-σθον)	πέ-φρασ- θον	(ἐ-πε-φράδ-σθην)	ἐ-πε-φράσ- θην
(πε-φράδ-μεθα)	πε-φράσ-μεθα	(ἐ-πε-φράδ-μεθα)	ἐ-πε-φράσ-μεθα
(πέ-φραδ-σθε)	πέ-φρασ- θε	(ἐ-πέ-φραδ-σθε)	ἐ-πέ-φρασ- θε
(πέ-φραδ-νται)	πε-φρασ-μένοι εἰσί(ν)	(ἐ-πέ-φραδ-ντο)	πε-φρασ-μένοι ἦσαν

138. In verbs whose stems end in λ, ν, or ρ the perfect and pluperfect indicatives middle and passive are as follows:

ἀγγέλλω (ἀγγελ)

	ἤγγελ-μαι		ἤγγελ-μην
	ἤγγελ-σαι		ἤγγελ-σο
	ἤγγελ-ται		ἤγγελ-το
(ἤγγελ-σθον)	ἤγγελ- θον	(ἤγγελ-σθον)	ἤγγελ- θον
(ἤγγελ-σθον)	ἤγγελ- θον	(ἠγγέλ-σθην)	ἠγγέλ- θην
	ἠγγέλ-μεθα		ἠγγέλ-μεθα
(ἤγγελ-σθε)	ἤγγελ- θε	(ἤγγελ-σθε)	ἤγγελ- θε
(ἤγγελ-νται)	ἠγγελ-μένοι εἰσί(ν)	(ἤγγελ-ντο)	ἠγγελ-μένοι ἦσαν

φαίνω (φαν)

(πέ-φαν-μαι)	πέ-φασ-μαι	(ἐ-πε-φάν-μην)	ἐ-πε-φάσ-μην
(πέ-φαν-σαι)	πε-φασ-μένος εἶ	(ἐ-πέ-φαν-σο)	πε-φασ-μένος ἦσθα
	πέ-φαν-ται		ἐ-πέ-φαν-το
(πέ-φαν-σθον)	πέ-φαν- θον	(ἐ-πέ-φαν-σθον)	ἐ-πέ-φαν- θον
(πέ-φαν-σθον)	πέ-φαν- θον	(ἐ-πε-φάν-σθην)	ἐ-πε-φάν- θην
(πε-φάν-μεθα)	πε-φάσ-μεθα	(ἐ-πε-φάν-μεθα)	ἐ-πε-φάσ-μεθα
(πέ-φαν-σθε)	πέ-φαν- θε	(ἐ-πέ-φαν-σθε)	ἐ-πέ-φαν- θε
(πέ-φαν-νται)	πε-φασ-μένοι εἰσί(ν)	(ἐ-πέ-φαν-ντο)	πε-φασ-μένοι ἦσαν

φθείρω (φθαρ)

	ἔ-φθαρ-μαι		ἔ-φθάρ-μην
	ἔ-φθαρ-σαι		ἔ-φθαρ-σο
	ἔ-φθαρ-ται		ἔ-φθαρ-το
(ἔ-φθαρ-σθον)	ἔ-φθαρ- θον	(ἔ-φθαρ-σθον)	ἔ-φθαρ- θον
(ἔ-φθαρ-σθον)	ἔ-φθαρ- θον	(ἐ-φθάρ-σθην)	ἐ-φθάρ- θην
	ἐ-φθάρ-μεθα		ἐ-φθάρ-μεθα
(ἔ-φθαρ-σθε)	ἔ-φθαρ- θε	(ἔ-φθαρ-σθε)	ἔ-φθαρ- θε
(ἔ-φθαρ-νται)	ἐ-φθαρ-μένοι εἰσί(ν)	(ἔ-φθαρ-ντο)	ἐ-φθαρ-μένοι ἦσαν

139. The infinitive of the perfect middle and passive is formed by adding σθαι to the perfect middle tense stem: πεπαιδεῦ-σθαι, ἰᾱτρεῦ-σθαι, ὀρωρύχ-θαι, πεπέμφ-θαι, δεδιῶχ-θαι, πεφράσ-θαι, ἠγγέλ-θαι, πεφάν-θαι, ἐφθάρ-θαι; accent always on penult. The infinitive of the future perfect middle and passive is formed by adding σ-ε-σθαι to the perfect middle tense stem (a short final vowel being lengthened: 136): πεπαιδεύ-σ-ε-σθαι, ἰᾱτρεύ-σ-ε-σθαι, πεπέμψ-ε-σθαι, δεδιώξ-ε-σθαι, πεφρά-σ-ε-σθαι, λελῡ-σ-ε-σθαι.

140. Note the following consonant changes:

(1) Before μ a π-mute is assimilated, a κ-mute becomes or remains γ, and a τ-mute becomes σ.

(2) μπμ gives μμμ, then μμ.

(3) σ between consonants is dropped.

(4) A π-mute and a following σ are written ψ, a κ-mute and a following σ are written ξ; a τ-mute is assimilated to a following σ and then one σ is dropped.

(5) Before τ a π-mute becomes or remains π, a κ-mute becomes or remains κ, and a τ-mute becomes σ (356, 357).

(6) Before μ the final ν of a verb stem is replaced by σ (368).

The reasons for some of these changes are indicated in Table I, p. 4.

141. In verbs whose stems end in a consonant the third persons plural perfect and pluperfect middle and passive are periphrastic forms made up of the nominative plural of the perfect middle and passive participle (171) and the verb εἰμί (470).

142. VOCABULARY

ἀεί or ἀεί [Lat. AEVUM] (adv.), *always, EVER, AYE, on any particular occasion.*
ἅπτω (ἁφ: 477), ἅψω, ἧψα, ἧμμαι, *fasten*; mid., *fasten oneself to, grasp, touch,* TANGO (with partit. gen.).
ἁφή, ῆς, ἡ, *touch,* TACTUS.
βίος, ου, ὁ [**bio**logy, VITA], *life, way of life,* VITA.
γυμνάζω (477), γυμνάσω, ἐγύμνασα, γεγύμνακα, γεγύμνασμαι [γυμνός *naked, lightly clad*], *train naked, exercise* (trans.).
γυμναστική, ῆς, ἡ (sc. τέχνη), **gymnastics**.
γυμνικός, ή, όν, *of or for* **gymnastic** *exercises.*
διά (prep.), *through* (spatial, temporal, or mediative, with gen.); *on account of* (with acc.).
δια-λείπω, διαλείψω, διέλιπον, διαλέλοιπα, διαλέλειμμαι, *intermit* (with acc.); *be discontinuous* (with ptc.); *stand at intervals.*
δια-τρίβω (τρῖβ, τριβ), διατρίψω, διέτριψα, διατέτριφα, διατέτριμμαι [**diatribe**], *rub through, waste, delay.*

ἐκ-πλήττω, ἐκπλήξω, ἐξέπληξα, ἐκπέπληγα, ἐκπέπληγμαι [apo**plexy**], *strike out of one's senses, amaze, frighten.*
εὖ [**eu**logy] (serves as adv. of ἀγαθός), *well.*
ἤ (disjunctive conj.), *or*; ἤ ... ἤ, *either ... or.*
ἤ (conj.), *than* (216).
μετα-πέμπω, μεταπέμψω, μετέπεμψα, μεταπέπομφα, μεταπέπεμμαι (act. or mid.), *send after* (to get), *send for.*
οὔπω (adv.), *not yet.*
πώ (indef. pronom. adv., encl.), *up to this time, yet.*
πῶς (interrog. pronom. adv.), *how.*
πώς (indef. pronom. adv., encl.), *somehow.*
φύλαξ, ακος, ὁ, ἡ [φυλακή], *watcher, guard.*
φυλάττω (φυλακ-yω: 477), φυλάξω, ἐφύλαξα, πεφύλαχα, πεφύλαγμαι, *guard.*
ψεῦδος (ψευδεσ), ους, τό [**pseud**onym], *falsehood.*
ψεύδω, ψεύσω, ἔψευσα, ἔψευσμαι, *deceive*; mid., *say falsely.*

143. (1) ὅμως δ' οὔπω μεταπεπεμμένοι εἰσὶν οἱ νέοι φύλακες. (2) ἀεὶ ἐγύμναζον τοὺς ἵππους οἱ ἡγεμόνες. (3) ψεύδονται οὖν οἱ παιδοτρίβαι; (4) διὰ τὴν τοῦ νεανίου ἐπιστολὴν φυλάξομέν πως τάς τε γραῦς καὶ τὰ τέκνα. (5) ἐκπεπληγμέναι ἦσαν αἱ τῶν φυλάκων θυγατέρες. (6) πῶς ἰάτρευον οἱ ἰατροὶ τοὺς ἐν τῇ νήσῳ; (7) κακὰ τὰ ψεύδη. (8) ἀεὶ βίος ἐστιν καὶ οὐ διαλείπει. (9) τοῖς τε γὰρ ἀνθρώποις καὶ τοῖς θηρίοις ἐστιν ἡ ἁφή. (10) τῶν τῆς μητρὸς γονάτων ἧπται ἡ παῖς.

144. (11) The guard is either delaying or frightened. (12) The cows and the other animals are doing well. (13) There were no ("there were not") gymnastic games in the Greek villages. (14) Gymnastics is a noble art. (15) We have been well trained. (16) Have the citizens delayed on account of the war? (17) He will be a cithara player as long as he lives ("through life"). (18) But was he an orator? (19) You have not yet sent for your possessions. (20) There were not yet strangers on the small island.

XX. Ω-VERBS

Present, Imperfect, Future, and Aorist Indicative Middle and Passive

> Ὁ βίος βραχύς, ἡ δὲ τέχνη μακρή.
> Ἐκ τῶν Ἱπποκράτους Ἀφορισμῶν i. 1.
> *Life is short and the art long.*

145. The present indicative middle and passive and future indicative middle are made up of present and future stems respectively (34, 48) and primary middle endings (474).

παιδεύ-ο-μαι	παιδεύ-σ-ο-μαι
παιδεύ-ῃ (-ε-σαι), παιδεύ-ει	παιδεύ-σ-ῃ (-ε-σαι), παιδεύ-σ-ει
παιδεύ-ε-ται	παιδεύ-σ-ε-ται
παιδεύ-ε-σθον	παιδεύ-σ-ε-σθον
παιδεύ-ε-σθον	παιδεύ-σ-ε-σθον
παιδευ-ό-μεθα	παιδευ-σ-ό-μεθα
παιδεύ-ε-σθε	παιδεύ-σ-ε-σθε
παιδεύ-ο-νται	παιδεύ-σ-ο-νται

(Similarly πέμπ-ο-μαι, [πέμπ-σ-ο-μαι] πέμψ-ο-μαι; διώκ-ο-μαι, [διώκ-σ-ο-μαι] διώξ-ο-μαι; φράζ-ο-μαι, [φράδ-σ-ο-μαι] φράσ-ο-μαι; τείν-ο-μαι, [τεν-έσ-ο-μαι] τενοῦ-μαι. In the second person singular the σ of the personal ending disappears between vowels [375].)

146. The imperfect indicative middle and passive and aorist indicative middle are made up of augment, present and aorist stems respectively (34, 86), and secondary middle endings (474).

ἐ-παιδευ-ό-μην	ἐ-παιδευ-σά-μην	ἐ-λιπ-ό-μην
ἐ-παιδεύ-ου (-ε-σο)	ἐ-παιδεύ-σω (-σα-σο)	ἐ-λίπ-ου (-ε-σο)
ἐ-παιδεύ-ε-το	ἐ-παιδεύ-σα-το	ἐ-λίπ-ε-το
ἐ-παιδεύ-ε-σθον	ἐ-παιδεύ-σα-σθον	ἐ-λίπ-ε-σθον
ἐ-παιδευ-έ-σθην	ἐ-παιδευ-σά-σθην	ἐ-λιπ-έ-σθην
ἐ-παιδευ-ό-μεθα	ἐ-παιδευ-σά-μεθα	ἐ-λιπ-ό-μεθα
ἐ-παιδεύ-ε-σθε	ἐ-παιδεύ-σα-σθε	ἐ-λίπ-ε-σθε
ἐ-παιδεύ-ο-ντο	ἐ-παιδεύ-σα-ντο	ἐ-λίπ-ο-ντο

For the contractions in the second person singular see 123.3.

147. Only in future and aorist are passive forms different from middle. The aorist indicative passive is made up of augment, verb stem, tense sign (θη in first aorists passive, η in second aorists passive), and secondary *active* endings (474). The first aorist passive tense stem is παιδευθη; the second aorist passive tense stem is ἐκ-πλαγη.

ἐ-παιδεύ-θη-ν   ἐξ-ε-πλάγ-η-ν
ἐ-παιδεύ-θη-ς   ἐξ-ε-πλάγ-η-ς
ἐ-παιδεύ-θη   ἐξ-ε-πλάγ-η

ἐ-παιδεύ-θη-τον   ἐξ-ε-πλάγ-η-τον
ἐ-παιδευ-θή-την   ἐξ-ε-πλαγ-ή-την

ἐ-παιδεύ-θη-μεν   ἐξ-ε-πλάγ-η-μεν
ἐ-παιδεύ-θη-τε   ἐξ-ε-πλάγ-η-τε
ἐ-παιδεύ-θη-σαν   ἐξ-ε-πλάγ-η-σαν

(Similarly ἐ-λείφ-θη-ν, ἐ-διώχ-θη-ν, ἠλπίσ-θη-ν. Before θ π-mutes and κ-mutes become or remain rough [356]; τ-mutes become σ [357].)

The future indicative passive is made up of verb stem (in the same form as in the aorist indicative passive), aorist tense sign (θη in first futures passive, η in second futures passive), future tense sign (σ), thematic vowel (ε/o), and primary *middle* endings (474).

παιδευ-θή-σ-ο-μαι   ἐκ-πλαγ-ή-σ-ο-μαι
παιδευ-θή-σ-η (-ε-σαι),   ἐκ-πλαγ-ή-σ-η (-ε-σαι),
   παιδευ-θή-σ-ει   ἐκ-πλαγ-ή-σ-ει
παιδευ-θή-σ-ε-ται   ἐκ-πλαγ-ή-σ-ε-ται

παιδευ-θή-σ-ε-σθον   ἐκ-πλαγ-ή-σ-ε-σθον
παιδευ-θή-σ-ε-σθον   ἐκ-πλαγ-ή-σ-ε-σθον

παιδευ-θη-σ-ό-μεθα   ἐκ-πλαγ-η-σ-ό-μεθα
παιδευ-θή-σ-ε-σθε   ἐκ-πλαγ-ή-σ-ε-σθε
παιδευ-θή-σ-ο-νται   ἐκ-πλαγ-ή-σ-ο-νται

148. The infinitive of the aorist passive is formed by adding the active ending ναι to the tense stem: παιδευθῆ-ναι, ἐκπλαγῆ-ναι; accent always on penult. The other middle and passive infinitives are formed by adding σθαι to the tense stem: παιδεύε-σθαι, παιδεύσε-σθαι, παιδεύσα-σθαι, λιπέ-σθαι, πεπαιδεῦ-σθαι, πεπαιδεύσε-σθαι, παιδευθήσε-σθαι, ἐκπλαγήσε-σθαι.

149. The principal parts (32) of the recent paradigm verbs are as follows:

pres	fut	aor act	pf act	pf mid	aor pass
παιδεύω	παιδεύσω	ἐπαίδευσα	πεπαίδευκα	πεπαίδευμαι	ἐπαιδεύθην
ἰατρεύω	ἰατρεύσω	ἰάτρευσα	ἰάτρευκα		
διώκω	διώξω	ἐδίωξα	δεδίωχα	δεδίωγμαι	ἐδιώχθην
φράζω	φράσω	ἔφρασα	πέφρακα	πέφρασμαι	ἐφράσθην
λείπω	λείψω	ἔλιπον	λέλοιπα	λέλειμμαι	ἐλείφθην
ἀγγέλλω	ἀγγελῶ	ἤγγειλα	ἤγγελκα	ἤγγελμαι	ἠγγέλθην
φαίνω	φανῶ	ἔφηνα	πέφαγκα πέφηνα	πέφασμαι	ἐφάνθην or ἐφάνην
φθείρω	φθερῶ	ἔφθειρα	ἔφθαρκα	ἔφθαρμαι	ἐφθάρην
ὀρύττω	ὀρύξω	ὤρυξα	ὀρώρυχα	ὀρώρυγμαι	ὠρύχθην
λύω	λύσω	ἔλυσα	λέλυκα	λέλυμαι	ἐλύθην
ἐκπλήττω	ἐκπλήξω	ἐξέπληξα	ἐκπέπληγα	ἐκπέπληγμαι	ἐξεπλήχθην or ἐξεπλάγην

150. Deponent verbs lack active forms but have active sense. If they have a middle aorist, they are called *middle deponents* and their principal parts are present indicative middle, future indicative middle, aorist indicative middle, perfect indicative middle:

αἰσθάνομαι *perceive*, αἰσθήσομαι, ᾐσθόμην, ᾔσθημαι.

If a deponent has not only a middle aorist but also a passive aorist, the latter has passive sense:

δέχομαι *receive*, δέξομαι, ἐδεξάμην, δέδεγμαι, ἐδέχθην *I was received*.

If deponents have no aorist except the passive, they are called *passive deponents* and the aorist is given after the perfect:

βούλομαι *wish*, βουλήσομαι, βεβούλημαι, ἐβουλήθην *I wished*.

151. With passive verbs the agent is expressed by ὑπό and the genitive; if the tense is perfect or pluperfect, the agent may be expressed by the dative of interest (327.2): ὑπὸ παιδοτρίβου γυμνάζονται οἱ παῖδες; ταῖς γυναιξὶ βεβούλευται (impersonal).

152.   VOCABULARY

ἀπ-εργάζομαι (477), ἀπεργάσομαι, ἀπηργασάμην, ἀπείργασμαι (ϝεϝε = ε ε = ει), ἀπηργάσθην [ϝέργον], *finish off, complete, make so and so.*

βούλομαι (βουλ, βουλη), βουλήσομαι, βεβούλημαι, ἐβουλήθην, *wish, have a tendency* (with inf.).

δέχομαι, δέξομαι, ἐδεξάμην, δέδεγμαι, ἐδέχθην, *receive.*

κατά [**cata**strophe] (prep.), *down from, in respect of* (with gen.); *down along, along, according to* (with acc.).

μηδέ (copul. conj.), *and not, nor*; as adv., *not even, not . . . either.*

AN INTRODUCTION

μηκέτι (adv.), *no longer*.
ὀλίγος, η, ον [**oli**garchy], *little, few*; ὀλίγον (acc. as adv.), *a little*.
οὐδέ (copul. conj.), *and not, nor*; as adv., *not even, not...either* (p. 178, note 8).
οὐκέτι (adv.), *no longer*.
πῇ (interrog. pronom. adv.), *which way*.
πή (indef. pronom. adv., encl.), *some way*.
πληγή, ῆς, ἡ [πλήττω], *blow, stroke*.
πότε (interrog. pronom. adv.), *when*.
ποτέ (indef. pronom. adv., encl.), *sometime, ever, once*.

πού (indef. pronom. adv., encl.), *somewhere*.
ὑπέρ [**hyper**bole, Lat. SUPER] (prep.), OVER, *in behalf of* (with gen.); OVER, *beyond* (with acc.).
ὑπό [**hypo**thesis, Lat. SUB] (prep.), *under, by* (denoting agency with pass. vbs.; with gen.); *under* (with dat.); *to a place under* (with acc.).
χρόνος, ου, ὁ [**chrono**meter], *time*; διὰ χρόνου, *after some time*.
ὥρα, ᾱς, ἡ [**horo**scope, YEAR], *season*, HOUR, Lat. HORA.

153. (1) παιδευόμεθα ὑπὸ τῶν τε πατέρων καὶ τῶν μητέρων. (2) ἐλέγοντο οἱ ἱππῆς οὐκέτι γυμνάζεσθαι (286). (3) τότε δὲ ὑπὲρ πόλεων ὀλίγων καὶ κακῶν ἦν ὁ ἀγών. (4) οὔτε ἠθροισμένοι ἦσαν οἱ ἱππῆς οὔτε γεγυμνασμένοι. (5) ἡ μὲν τέχνη ῥήτορας ἀπείργασται, ἡ δὲ φύσις οὔ. (6) δέδεχθε ἐπιστολᾶς; (7) οὐδ' ἐβουλήθητέ ποτε μηκέτι γυμνάζεσθαι; (8) πότε δ' ἐπεπαιδεύσθε ὑπὸ τοῦ (generic article) χρόνου; (9) οὐκέτι δ' ὥρα παρὰ ταῖς γυναιξὶ χρόνον διατρίβειν. (10) κατὰ τὴν ὁδόν που ἤλαυνον τὰς βοῦς.

154. (11) He did not complete his work, nor did he receive gifts. (12) Did you order the physician to treat the strangers and not to send them away? (13) He will wish neither to send gifts nor to receive [them]. (14) Which way were the guards marching? (15) We will bring back the animals some way. (16) In battle we receive ("have") blows. (17) Will not the physician sometime cure his daughter? (18) Under the tree there are roots. (19) The receptacle was completed in little time. (20) He says that the slaves will no longer receive food.

XXI. PRONOUNS

Intensive and Demonstrative Pronouns

> Οἱ πλεῖστοι κακοί.
> Βίας.
> *Most men are bad.*

155. The intensive pronoun is αὐτός (431), which is inflected like στενός (42) except that it has no vocative forms and that it has αὐτό (not αὐτόν) in nominative and accusative singular neuter. αὐτός has three uses:

(1) Intensive pronoun meaning *self* and standing in predicate position: ἡ θέᾱ αὐτή *the sight itself*, αὐτὴ ἡ πεῖρα *the attempt itself*, αὐτὸς κλέπτει *he himself is stealing*; in the last case αὐτός intensifies an understood subject.

(2) Adjective meaning *same* and standing in attributive position: ἡ αὐτὴ θρίξ *the same hair*.

(3) Weak demonstrative pronoun supplying, except in the nominative, the lack of a personal pronoun of the third person: μετεπέμψω αὐτόν *you had sent for him*, ἐδεξάμεθα αὐτήν *we received her*, ἡ ναῦς αὐτῶν (always in predicate position) *their ship*.

156. The demonstrative pronominal adjective οὗτος *this, the aforesaid*, is inflected as follows:

οὗτος	αὕτη	τοῦτο
τούτου	ταύτης	τούτου
τούτῳ	ταύτῃ	τούτῳ
τοῦτον	ταύτην	τοῦτο
τούτω	τούτω	τούτω
τούτοιν	τούτοιν	τούτοιν
οὗτοι	αὗται	ταῦτα
τούτων	τούτων	τούτων
τούτοις	ταύταις	τούτοις
τούτους	ταύτᾱς	ταῦτα

Note that (1) it has no vocative forms; (2) it has no distinctive feminine forms in the dual; (3) it has the rough breathing in the same cases as the article; (4) it has οὑτ or τουτ before an o-sound, αὑτ or ταυτ elsewhere.

157. The demonstrative pronominal adjective ὅδε *this, the following*, is inflected like the article (42) + δέ except that all its nominatives have acute accents.

ὅδε	ἥδε	τόδε
τοῦδε	τῆσδε	τοῦδε
τῷδε	τῇδε	τῷδε
τόνδε	τήνδε	τόδε
τώδε	τώδε	τώδε
τοῖνδε	τοῖνδε	τοῖνδε
οἵδε	αἵδε	τάδε
τῶνδε	τῶνδε	τῶνδε
τοῖσδε	ταῖσδε	τοῖσδε
τούσδε	τάσδε	τάδε

158. The demonstrative pronominal adjective ἐκεῖνος *that* is inflected like δῆλος (75) except that (1) it has no vocative forms; (2) it has no distinctive feminine forms in the dual; (3) it has ἐκεῖνο (not ἐκεῖνον) in nominative and accusative singular neuter.

ἐκεῖνος	ἐκείνη	ἐκεῖνο
ἐκείνου	ἐκείνης	ἐκείνου
ἐκείνῳ	ἐκείνῃ	ἐκείνῳ
ἐκεῖνον	ἐκείνην	ἐκεῖνο
ἐκείνω	ἐκείνω	ἐκείνω
ἐκείνοιν	ἐκείνοιν	ἐκείνοιν
ἐκεῖνοι	ἐκεῖναι	ἐκεῖνα
ἐκείνων	ἐκείνων	ἐκείνων
ἐκείνοις	ἐκείναις	ἐκείνοις
ἐκείνους	ἐκείνᾱς	ἐκεῖνα

159. οὗτος, ὅδε, and ἐκεῖνος have two uses:

(1) Adjectival, in predicate position: αὕτη ἡ νῆσος *this island* (already mentioned), τὰ ζῷα τάδε *these animals* (to be mentioned), ὁ δοῦλος ἐκεῖνος *that slave*. Note that in this usage the article must be present.

(2) Pronominal: μετείχομεν τούτων *we had a share in this*, ἀποκτενεῖ τάσδε *he will kill these women*, ὕφηνεν ἐκεῖνο *he wove that*, τὸ ταύτης (always in attributive position) σῶμα *this woman's body*, τὰ ἐκείνων (always in attributive position) γόνατα *their knees*.

160. VOCABULARY

αὐτός, ή, ό [**aut**opsy] (intensive pron.), *self*; as adj., *same*; as weak dem. pron., *him, her, it* (155); αὐτοῦ (adv.), *there*.

ἐκεῖνος, η, ο (dem. pronom. adj.), *that*; ἐκείνως (adv.), *in that way*.

ἥκω, ἥξω, *have come*.

ἡμέρᾱ, ᾱς, ἡ [**hemer**ologium, e**phem**eral], *day*.

λα-μ-β-άν-ω (λη β, λα β [1]), λήψομαι, ἔλαβον, εἴληφα, εἴλημμαι, ἐλήφθην [syl**lab**le, cata**leps**y], *take, capture, secure, understand*; ληπτέος, ᾱ, ον (verbal adj.: 356), *to be taken*.

μάθησις, εως, ἡ [μανθάνω], *act of learning*.

μα-ν-θ-άν-ω (μαθ, μαθη), μαθήσομαι, ἔμαθον, μεμάθηκα [**mathemat**ics], *learn* (with acc., ptc. in indir. disc., or ὅτι or ὡς).

μεριστός, ή, όν [μεριδ-τος (357), verbal adj. of μερίζω *divide*], *divided, divisible* (310).

μέρος, ους, τό [**meris**m, poly**mer**ic], *share, part*; τὰ κατὰ μέρος, *particulars*.

ὅδε, ἥδε, τόδε [ὧδε] (dem. pronom. adj.), *this, the following*.

ὅλος, η, ον [**hol**ocaust, **holo**graph, cat**holic**], *whole, TOTUS*; ὅλως (adv.), *wholly, altogether, in general*.

οὗτος, αὕτη, τοῦτο [οὕτω] (dem. pronom. adj.), *this, the aforesaid*.

πάλιν [**palin**drome, **palim**psest] (adv.), *back, again*.

πούς, ποδός, ὁ [**pod**agra, tri**pod**], FOOT, Lat. PES.

σοφιστικός, ή, όν [σοφός], *of or for a sophist, sophistical*; σοφιστικῶς (adv.), *sophistically*.

συμβουλεύω [**symbouleut**ic], *plan with, advise* (with dat. of pers. and acc. of thing); mid., *consult with* (with dat. of pers.).

σωτήρ, ῆρος, ὁ [σῴζω, **soteri**ology], *saviour*.

φιλοσοφίᾱ, ᾱς, ἡ, **philosophy**, *PHILOSOPHIA*.

φιλόσοφος, ον, **philosophic**; φιλόσοφος, ου, ὁ, **philosopher**, *PHILOSOPHUS*.

161. (1) τὰ ζῷα μετέχει πως ταύτης τῆς μαθήσεως. (2) οὔπω μεμαθήκασιν οὗτοι τήνδε τὴν τέχνην τὴν σοφιστικήν. (3) ἐκείνην τὴν μορφὴν εἰλήφασιν οἱ πόδες οἱ τῶν βοῶν. (4) τὸ ὅλον λέγεται ἔχειν τὰ μέρη. (5) σοφιστικοὶ ἦσαν οὗτοι οἱ λόγοι. (6) τῇ δ' αὐτῇ ἡμέρᾳ ἥξει πάλιν ὁ δαίμων ἐκεῖνος σωτὴρ τῶν διὰ βίου δικαίων. (7) ἀλλ' αὗται συνεβούλευσαν αὐτοῖς τάδε. (8) τὰ μέρη οὐ τὸ αὐτὸ τῷ ὅλῳ. (9) αὗται δ' οὔτε μαθήσονται οὔτε σοφαὶ γενήσονται. (10) δῆλον οὖν ὅτι τῶν μὲν ὅλων ἐστὶν αὕτη ἡ ἕξις, τῶν δὲ μεριστῶν ἐκείνη.

---

1. Many stems show an alternation between a long vowel ("strong grade") and the corresponding short vowel ("weak grade"). This is another kind of vowel gradation; cf. 86. Some vb. stems form the pres. by infixing ν and suffixing αν (478). The infixed ν becomes μ before a π-mute (368), γ before a κ-mute (369).

162. (11) Hasn't he yet perceived these differences? (12) Some of them learned in this way and some in the following way. (13) Some of the animals have feet and some [have] not. (14) The feet are parts of the body. (15) God (use article) is the saviour of men. (16) Time (use generic article) is always divisible. (17) The veins had not yet taken their (use article: 45) form. (18) There we learned all day long (144.17). (19) Some have this defect and some [have] that. (20) We wished to consult with her again.

XXII. PARTICIPLES

Active Participles; ἑκών, ἄκων, πᾶς

> Φιλεῖ δὲ τῷ κάμνοντι συσπεύδειν θεός.
> Αἰσχύλου ἀπόσπασμα 395.
> *God helps them that help themselves.*

163. All participles follow the third declension in the masculine and the neuter, the first declension in the feminine. In present, future, and aorist the sign of the active participle is ντ, which stands between the tense stem and the case ending.

Present:
παιδεύ-ω-ν	παιδεύ-ουσα (-ο-ντ-ya)	παιδεῦ-ο-ν
παιδευ-ο-ντ-ος	παιδευ-ούσης	παιδευ-ο-ντ-ος
παιδευ-ο-ντ-ι	παιδευ-ούσῃ	παιδευ-ο-ντ-ι
παιδεύ-ο-ντ-α	παιδεύ-ουσαν	παιδεῦ-ο-ν
παιδεύ-ω-ν	παιδεύ-ουσα	παιδεῦ-ο-ν
παιδεύ-ο-ντ-ε	παιδευ-ούσᾱ	παιδεύ-ο-ντ-ε
παιδευ-ό-ντ-οιν	παιδευ-ούσαιν	παιδευ-ό-ντ-οιν
παιδεύ-ο-ντ-ες	παιδεύ-ουσαι	παιδεύ-ο-ντ-α
παιδευ-ό-ντ-ων	παιδευ-ουσῶν	παιδευ-ό-ντ-ων
παιδεύ-ουσι(ν)	παιδευ-ούσαις	παιδεύ-ουσι(ν)
παιδεύ-ο-ντ-ας	παιδευ-ούσᾱς	παιδεύ-ο-ντ-α

Future: παιδεύ-σ-ω-ν   παιδεύ-σ-ουσα (-σ-ο-ντ-ya)   παιδεῦ-σ-ο-ν, etc.

Aorist:
παιδεύ-σᾱς (-σα-ντ-ς)	παιδεύ-σᾱσα (-σα-ντ-yα)	παιδεῦ-σα-ν (-σα-ντ)
παιδεύ-σα-ντ-ος	παιδευ-σάσης	παιδεύ-σα-ντ-ος
παιδεύ-σα-ντ-ι	παιδευ-σάσῃ	παιδεύ-σα-ντ-ι
παιδεύ-σα-ντ-α	παιδεύ-σᾱσαν	παιδεῦ-σα-ν
παιδεύ-σᾱ-ς	παιδεύ-σᾱσα	παιδεῦ-σα-ν
παιδεύ-σα-ντ-ε	παιδευ-σάσᾱ	παιδεύ-σα-ντ-ε
παιδευ-σά-ντ-οιν	παιδευ-σάσαιν	παιδευ-σά-ντ-οιν

παιδεύ-σα-ντ-ες   παιδεύ-σᾶσαι   παιδεύ-σα-ντ-α
παιδευ-σά-ντ-ων   παιδευ-σᾶσῶν   παιδευ-σά-ντ-ων
παιδεύ-σᾶσι(ν)   παιδευ-σάσαις   παιδεύ-σᾶσι(ν)
παιδεύ-σα-ντ-ας   παιδευ-σάσᾱς   παιδεύ-σα-ντ-α

λιπ-ώ-ν   λιπ-οῦσα (-ο-ντ-yα)   λιπ-ό-ν
λιπ-ό-ντ-ος   λιπ-ούσης   λιπ-ό-ντ-ος
λιπ-ό-ντ-ι   λιπ-ούσῃ   λιπ-ό-ντ-ι
λιπ-ό-ντ-α   λιπ-οῦσαν   λιπ-ό-ν
λιπ-ώ-ν   λιπ-οῦσα   λιπ-ό-ν

λιπ-ό-ντ-ε   λιπ-ούσᾱ   λιπ-ό-ντ-ε
λιπ-ό-ντ-οιν   λιπ-ούσαιν   λιπ-ό-ντ-οιν

λιπ-ό-ντ-ες   λιπ-οῦσαι   λιπ-ό-ντ-α
λιπ-ό-ντ-ων   λιπ-ουσῶν   λιπ-ό-ντ-ων
λιπ-οῦσι(ν)   λιπ-ούσαις   λιπ-οῦσι(ν)
λιπ-ό-ντ-ας   λιπ-ούσᾱς   λιπ-ό-ντ-α

Note that

(1) Except in the vocative singular, masculine stems in οντ are inflected like γέρων (115) and masculine stems in σαντ or αντ (106) are inflected like γίγᾱς (115).

(2) Final τ of neuter stems is dropped (5).

(3) Feminines are inflected like θάλαττα (55).

(4) In the second aorist the accent falls on the last syllable of nominative singular masculine or neuter.

164. In the perfect the sign of the active participle is Ϝοτ in masculine and neuter (but Ϝος in the nominative singular), υσ in feminine. This sign stands in the place of the α of the perfect active tense sign (94) and before the case ending.

πε-παιδευ-κ-ώς   πε-παιδευ-κ-υῖα (-κ-υσ-yα)   πε-παιδευ-κ-ός
  (-κ-Ϝως)   (-κ-Ϝος)
πε-παιδευ-κ-ότ-ος   πε-παιδευ-κ-υίᾱς   πε-παιδευ-κ-ότ-ος
πε-παιδευ-κ-ότ-ι   πε-παιδευ-κ-υίᾳ   πε-παιδευ-κ-ότ-ι
πε-παιδευ-κ-ότ-α   πε-παιδευ-κ-υῖαν   πε-παιδευ-κ-ός
πε-παιδευ-κ-ώς   πε-παιδευ-κ-υῖα   πε-παιδευ-κ-ός

πε-παιδευ-κ-ότ-ε   πε-παιδευ-κ-υίᾱ   πε-παιδευ-κ-ότ-ε
πε-παιδευ-κ-ότ-οιν   πε-παιδευ-κ-υίαιν   πε-παιδευ-κ-ότ-οιν

πε-παιδευ-κ-ότ-ες	πε-παιδευ-κ-υῖαι	πε-παιδευ-κ-ότ-α
πε-παιδευ-κ-ότ-ων	πε-παιδευ-κ-υιῶν	πε-παιδευ-κ-ότ-ων
πε-παιδευ-κ-όσι(ν)	πε-παιδευ-κ-υίαις	πε-παιδευ-κ-όσι(ν)
(-κ-Ϝοτ-σι)		
πε-παιδευ-κ-ότ-ας	πε-παιδευ-κ-υίᾱς	πε-παιδευ-κ-ότ-α
πε-πρᾱγ-ώς	πε-πρᾱγ-υῖα (-υσ-yα)	πε-πρᾱγ-ός
πε-πρᾱγ-ότ-ος	πε-πρᾱγ-υίᾱς	πε-πρᾱγ-ότ-ος
πε-πρᾱγ-ότ-ι	πε-πρᾱγ-υίᾳ	πε-πρᾱγ-ότ-ι
πε-πρᾱγ-ότ-α	πε-πρᾱγ-υῖαν	πε-πρᾱγ-ός
πε-πρᾱγ-ώς	πε-πρᾱγ-υῖα	πε-πρᾱγ-ός
πε-πρᾱγ-ότ-ε	πε-πρᾱγ-υίᾱ	πε-πρᾱγ-ότ-ε
πε-πρᾱγ-ότ-οιν	πε-πρᾱγ-υίαιν	πε-πρᾱγ-ότ-οιν
πε-πρᾱγ-ότ-ες	πε-πρᾱγ-υῖαι	πε-πρᾱγ-ότ-α
πε-πρᾱγ-ότ-ων	πε-πρᾱγ-υιῶν	πε-πρᾱγ-ότ-ων
πε-πρᾱγ-όσι(ν)	πε-πρᾱγ-υίαις	πε-πρᾱγ-όσι(ν)
πε-πρᾱγ-ότ-ας	πε-πρᾱγ-υίᾱς	πε-πρᾱγ-ότ-α

Note that the vocative singular is like the nominative and that the accent tends to stay on the sign.

θνήσκω and ἵστημι have second perfect participles of another type τε-θνε-ώς, τε-θνε-ῶσα, τε-θνε-ός; ἑστώς, ἑ-στῶσα, ἑ-στός.

165. The adjectives ἑκών *willing* and ἄκων *unwilling*, which are used like present participles (172), are inflected like λιπών and παιδεύων respectively (163).

166. πᾶς (παντ) *every, all*, is inflected as follows:

πᾶς	πᾶσα	πᾶν
παντός	πάσης	παντός
παντί	πάσῃ	παντί
πάντα	πᾶσαν	πάντα
πᾶς	πᾶσα	πᾶν
πάντες	πᾶσαι	πάντα
πάντων	πᾱσῶν	πάντων
πᾶσι(ν)	πάσαις	πᾶσι(ν)
πάντας	πάσᾱς	πάντα

Note that πᾶν is irregularly long, and that the accent of πάντων and πᾶσι is irregularly recessive (113).

167. VOCABULARY

Ἀθηναῖος, ᾱ, ον [Ἀθῆναι **Athens**], Athenian.
αἰσχύνω (αἰσχυν: 477), αἰσχυνῶ, ᾔσχῡνα, ᾐσχύνθην, *disgrace*; pass., *be dishonored, be ashamed* of doing (with ptc.) or to do (with inf.).
ἀκούω (ἀκου for ἀκοϜ: 380), ἀκούσομαι, ἤκουσα, ἀκήκοα (98.1.c), ἠκούσθην [**acoustics**], *hear* (with gen. or acc. of thing; see also 172.3).
ἄκων, ἄκουσα, ἆκον [ἀ + ἑκών], *unwilling*.
ἅμα (adv.), *at the* SAME *time*, Lat. SIMUL; *at the* SAME *time with* (with dat.).
ἄρχω, ἄρξω, ἦρξα, ἦργμαι, ἤρχθην [**arch**angel], *rule* (with partit. gen.); act. and mid., *be first* (with ptc.), *begin* (with partit. gen., inf. [*begin to do*], or ptc. [*begin by doing*]).
δια-βάλλω, *throw across*, *estrange* (i.e., *put apart*), *slander*.
δύο, δυοῖν [**twin**, **twice**], TWO, Lat. DUO (423; sometimes indecl.).
εἶδος (εἰδεσ), ους, τό [εἶδον (ὁράω: 187), ἰδέᾱ, kal**eido**scope], *form, kind,* **idea**, SPECIES, FORMA.
ἑκών, ἑκοῦσα, ἑκόν, *willing*.
ἰδέᾱ, ᾱς, ἡ [**ideo**logy, **ideo**gram], *form, kind,* **idea**, FORMA, SPECIES.
λα-ν-θ-άν-ω (ληθ, λαθ), λήσω, ἔλαθον, λέληθα [**Alastor, Lethe**], *escape the notice of* (with acc.), *lie hid* (172.3); mid., *forget* (with partit. gen.).
μέσος, η, ον [**Meso**potamia], MIDDLE, Lat. MEDIUS (in attrib. position); *the* MIDDLE *of* (in pred. position); μέσον, ου, τό, MIDDLE *term* of a syllogism.
μεσότης, ητος, ἡ [μέσος], *mean*.
μεταξύ (adv.), *between* (with gen.).
πᾶς, πᾶσα, πᾶν [**panto**graph, **pan**ts], *every, all, whole, the whole of*, with the art. in the same position as in English; τὸ διὰ πασῶν (sc. χορδῶν *strings, notes*), *the octave, the* **diapason**.
παύω, παύσω, ἔπαυσα, πέπαυκα, πέπαυμαι, ἐπαύθην [**pause**, FEW], *stop* (trans.); mid., *stop* (intrans.); with gen. of separation or with ptc.
συνώνυμος, ον [σύν + ὄνυμα = ὄνομα: 41], *having the same* NAME, *having the same* NAME *and the same nature and definition*.
τυ-γ-χ-άν-ω (τευχ, τυχ, τυχη: 478), τεύξομαι, ἔτυχον, τετύχηκα [τύχη], *happen* (with ptc.); *hit, obtain* (with gen.).
τυραννίς, ίδος, ἡ, **tyranny**.
τύραννος, ου, ὁ, ἡ, **tyrant**.
τύχη, ης, ἡ, *chance*, **Tyche**.
ὕλη, ης, ἡ [**hylo**zoism], *forest, timber, material, matter,* MATERIES.
φθάνω (φθη, φθα: 478), φθήσομαι, ἔφθασα or ἔφθην (both aorists trans., by exception; cf. 85), *anticipate* (with acc. or ptc. [172.3a] or both).
χαίρω (χαρ, χαρη, χαιρη: 477), χαιρήσω, κεχάρηκα, κεχάρημαι, ἐχάρην (as act.) [χάρις], *rejoice, enjoy* (with dat. of cause or with ptc.).

168. (1) οὔπω διαλελοίπασι τοὺς Ἀθηναίους διαβάλλοντες (172.3a). (2) οὐκ ᾐσχύνετο τοὺς αὑτοῦ (adv.) τυράννους ἀπολιπών (172.3a). (3) ἅμα δὲ φθήσεται τοὺς ἀκούοντας λίθοις βάλλων (172.3a). (4) ταύτης τῆς χώρας ἦρχεν ὁ τύραννος. (5) οὐ τύχῃ ἀγαθῇ ἐπαύθη ἡ ἐν τοῖς πεδίοις τυραννὶς ἀλλ' ὑπ' ἀνδρῶν σοφῶν τε καὶ δικαίων. (6) ἔστιν οὖν ἐκείνης τῆς ὕλης εἴδη δύο. (7) τὸ αὐτό εἰσιν ἡ ἰδέα καὶ τὸ εἶδος. (8) ἐν τῇ νυκτὶ λανθάνει τὰ χρώματα. (9) μεσότητές εἰσιν αἱ ἀρεταί. (10) μεταξὺ τοῦ ἄκρου καὶ τῆς κώμης πεδίον ἦν μῑκρόν.

169. (11) They will not forget her letter. (12) Those horsemen happened to be exercising (172.3a). (13) At the same time his friend obtained the tyranny. (14) Material receives form. (15) You say that these species of plants (pred. position: 44) did not escape his notice. (16) This tree had the same name as that (dat.). (17) That giant enjoyed killing women and children (172.3a). (18) We touched it before they did ("We anticipated them touching it"). (19) Some of them enjoyed learning and some [did] not. (20) The mean (use neut. adj.) is in a way ("somehow") an extreme.

XXIII. PARTICIPLES

Middle and Passive Participles; Uses of the Participle

'Η εὐδαιμονίᾱ ἐνέργειά τις ἐστίν.
    'Αριστοτέλης ἐν ἐνάτῳ τῶν Νῑκομαχείων 1169b29.
Happiness is an activity.

170. Middle and passive participles are identical in form except in aorist and future. The aorist passive participle, like the aorist passive indicative and infinitive (147, 148), has active form; it is made up of verb stem, tense sign (θε in first aorist passive, ε in second aorist passive), participial sign ντ, and case ending.

παιδευ-θείς (-θε-ντ-ς)	παιδευ-θεῖσα (-θε-ντ-yα)	παιδευ-θέ-ν (-θε-ντ)
παιδευ-θέ-ντ-ος	παιδευ-θείσης	παιδευ-θέ-ντ-ος
παιδευ-θέ-ντ-ι	παιδευ-θείσῃ	παιδευ-θέ-ντ-ι
παιδευ-θέ-ντ-α	παιδευ-θεῖσαν	παιδευ-θέ-ν
παιδευ-θείς	παιδευ-θεῖσα	παιδευ-θέ-ν
παιδευ-θέ-ντ-ε	παιδευ-θείσᾱ	παιδευ-θέ-ντ-ε
παιδευ-θέ-ντ-οιν	παιδευ-θείσαιν	παιδευ-θέ-ντ-οιν
παιδευ-θέ-ντ-ες	παιδευ-θεῖσαι	παιδευ-θέ-ντ-α
παιδευ-θέ-ντ-ων	παιδευ-θεισῶν	παιδευ-θέ-ντ-ων
παιδευ-θεῖσι(ν) (-θε-ντ-σι)	παιδευ-θείσαις	παιδευ-θεῖσι(ν)
παιδευ-θέ-ντ-ας	παιδευ-θείσᾱς	παιδευ-θέ-ντ-α
ἐκ-πλαγ-είς (-ε-ντ-ς)	ἐκ-πλαγ-εῖσα (-ε-ντ-yα)	ἐκ-πλαγ-έ-ν (-ε-ντ)
ἐκ-πλαγ-έ-ντ-ος	ἐκ-πλαγ-είσης	ἐκ-πλαγ-έ-ντ-ος
ἐκ-πλαγ-έ-ντ-ι	ἐκ-πλαγ-είσῃ	ἐκ-πλαγ-έ-ντ-ι
ἐκ-πλαγ-έ-ντ-α	ἐκ-πλαγ-εῖσαν	ἐκ-πλαγ-έ-ν
ἐκ-πλαγ-είς	ἐκ-πλαγ-εῖσα	ἐκ-πλαγ-έ-ν
ἐκ-πλαγ-έ-ντ-ε	ἐκ-πλαγ-είσᾱ	ἐκ-πλαγ-έ-ντ-ε
ἐκ-πλαγ-έ-ντ-οιν	ἐκ-πλαγ-είσαιν	ἐκ-πλαγ-έ-ντ-οιν
ἐκ-πλαγ-έ-ντ-ες	ἐκ-πλαγ-εῖσαι	ἐκ-πλαγ-έ-ντ-α
ἐκ-πλαγ-έ-ντ-ων	ἐκ-πλαγ-εισῶν	ἐκ-πλαγ-έ-ντ-ων
ἐκ-πλαγ-εῖσι(ν) (-ε-ντ-σι)	ἐκ-πλαγ-είσαις	ἐκ-πλαγ-εῖσι(ν)
ἐκ-πλαγ-έ-ντ-ας	ἐκ-πλαγ-είσᾱς	ἐκ-πλαγ-έ-ντ-α

171. The passive participles in tenses other than the aorist, and all middle participles, are made up of tense stem, participial sign μενο, and case ending. In the perfect they are declined like φίλος (401); in all other tenses they are proparoxytone (10, 65) where the quantity of the ultima permits.

Present middle and passive:

παιδευ-ό-μενος	παιδευ-ο-μένη	παιδευ-ό-μενον
παιδευ-ο-μένου	παιδευ-ο-μένης	παιδευ-ο-μένου
παιδευ-ο-μένῳ	παιδευ-ο-μένῃ	παιδευ-ο-μένῳ
παιδευ-ό-μενον	παιδευ-ο-μένην	παιδευ-ό-μενον
παιδευ-ό-μενε	παιδευ-ο-μένη	παιδευ-ό-μενον
παιδευ-ο-μένω	παιδευ-ο-μένᾱ	παιδευ-ο-μένω
παιδευ-ο-μένοιν	παιδευ-ο-μέναιν	παιδευ-ο-μένοιν
παιδευ-ό-μενοι	παιδευ-ό-μεναι	παιδευ-ό-μενα
παιδευ-ο-μένων	παιδευ-ο-μένων	παιδευ-ο-μένων
παιδευ-ο-μένοις	παιδευ-ο-μέναις	παιδευ-ο-μένοις
παιδευ-ο-μένους	παιδευ-ο-μένᾱς	παιδευ-ό-μενα

Future middle:

παιδευ-σ-ό-μενος   παιδευ-σ-ο-μένη   παιδευ-σ-ό-μενον

Future passive:

παιδευ-θη-σ-ό-μενος   παιδευ-θη-σ-ο-μένη   παιδευ-θη-σ-ό-μενον

Aorist middle:

παιδευ-σά-μενος   παιδευ-σα-μένη   παιδευ-σά-μενον

Perfect middle and passive:

πε-παιδευ-μένος   πε-παιδευ-μένη   πε-παιδευ-μένον

Future perfect middle and passive:

πε-παιδευ-σ-ό-μενος   πε-παιδευ-σ-ο-μένη   πε-παιδευ-σ-ό-μενον

172. The participle is a verbal adjective which always agrees in gender, number, and case with its subject. The present participle indicates time contemporary with that of the main verb, the future participle time subsequent to that of the main verb, and the aorist participle (ordinarily) time prior to that of the main verb. The participle is used in three widely different ways:

(1) Attributive (often the equivalent of a restrictive relative clause), as adjective or as noun: ὁ τρέχων παῖς *the running boy*; οἱ τρέχοντες *those who are running*; πολεμούντων πόλις *a city of belligerents*; ὁ οὐ βασιλεύων *the man who is not king* (definite); ὁ μὴ βασιλεύων *one who is not king* (indefinite).

(2) Circumstantial, standing in predicate position and expressing
  (a) Time: ταῦτα ἔπραξε βασιλεύων *he did this while he was king*; ταῦτα ἔπραξε βασιλεύσας *he did this when he became king*.
  (b) Cause: ταῦτα πράττουσι πιστεύοντες αὐτῷ *they do this because they trust him*; ταῦτα πράττει προσαγορευθεὶς ὑπ' αὐτῆς *he does this because she spoke to him*. The causal participle may be labeled as causal by ἅτε, οἷον, or ὡς: ἅτε τύραννος ὢν οὐκ ᾐσχύνετο *like the tyrant that he was, he felt no shame*. (With ὡς there is no implication that the cause assigned is one in which the speaker believes.)
  (c) Concession: ἰατρεύομεν αὐτὸν πολέμιον ὄντα *we are tending him in spite of his being an enemy*. The concessive participle may be labeled as concessive by the particle καίπερ: καίπερ στρατηγὸς ὢν ἔκλεπτεν *though he was a general, he used to steal*.
  (d) Means or Manner: ζήσομεν κλέπτοντες *we shall live by stealing* or *we shall live a life of stealing*.
  (e) Purpose (future participle), chiefly after verbs meaning *come, go, send*, and the like: ἔπεμψαν αὐτὸν τὴν γραῦν πείσοντα *they sent him to persuade the old woman*.
  (f) Condition: ταῦτα πείσει βασιλεύων *this is what will happen to you if you are king*.
  (g) Any Attendant Circumstance (the logical connection being sometimes ill-defined): πέμψας ἐκέλευσεν *he sent and ordered*.

If the subject of a circumstantial participle has no other construction in the sentence, it is put in the genitive, with the participle agreeing. This is called the Genitive Absolute (cf. the Latin Ablative Absolute). ἑκών and ἄκων may be used in the same way: ταῦτα ἔπραξας ἐκείνου βασιλεύοντος *you did this when* (or *because* or *although*) *he was king*; ταῦτα ἔπραξε τῆς γυναικὸς ἀκούσης *he did this against his wife's will*.

(3) Supplementary, completing the idea of the verb, and agreeing either with the subject or with the object of the verb:
  (a) Not in Indirect Discourse: ἦρχε κιθαρίζων *he was the first to play the cithara*; τοῦτο οὐκ αἰσχύνομαι λέγων *I say this without shame*; παύω αὐτὴν ὑφαίνουσαν *I stop her weaving*; παύομαι ὑφαίνων *I stop*

weaving; οὐδένα διαλέλοιπα χρόνον διαβαλλόμενος *I have never ceased to be slandered*; ἤκουσα αὐτοῦ λέγοντος *I heard him speak*; ἔλαθεν αὐτοὺς γράφων *he wrote without their knowing it*; φθήσεται αὐτοὺς λέγων *he will speak before they do*; ἔτυχον λέγοντες *they happened to be speaking*. (With λανθάνω, τυγχάνω, and φθάνω, unless the verb expresses duration, the aorist participle indicates, not past time, but time contemporary with the main verb: ἔλαθεν ἀποδράς *he ran away without being noticed*.)

(b) In Indirect Discourse, chiefly after verbs meaning *see, hear* or *learn, perceive, know, be ignorant of, remember, forget, show, appear, prove, acknowledge*, and ἀγγέλλω *announce*; when the subject of the participle is the same as the subject of the main verb, the subject is omitted and the participle stands in the nominative: ἀκούω αὐτὸν λέγοντα *I hear that he says*; ἀκούω αὐτὸν λέξαντα *I hear that he said*; ἔμαθον ταῦτα πραττόμενα *they learned that this was being done*; ἔμαθον ταῦτα πραχθησόμενα *they learned that this was going to be done*; αἰσθάνονται ὀλίγοι ὄντες *they perceive that they are few*; ἤγγειλαν αὐτὴν τύραννον οὖσαν *they reported that she was a tyrant*; λέγων φαίνεται *he is manifestly saying* (λέγειν φαίνεται = *he appears to be saying*).

173. The participle takes οὐ for its negative except when it is equivalent to the protasis of a conditional sentence or to an indefinite relative clause: οὐκ ἂν ἐβλήθη μὴ τρέχων *he wouldn't have been hit if he hadn't been running* (489); ὁ μὴ βασιλεύων *one who is not a king, whoever is not a king*; οἱ μὴ κλέπτοντες *people who don't steal*.

174.   VOCABULARY

ἀγγέλλω (ἀγγελ: 477), ἀγγελῶ (105), ἤγγειλα, ἤγγελκα, ἤγγελμαι (448), ἠγγέλθην [ἄγγελος], *announce, report* (with obj. acc. or with ptc. in indir. disc. or with ὅτι or ὡς and finite vb.).

αἰσθάνομαι (αἰσθ, αἰσθη: 478), αἰσθήσομαι, ᾐσθόμην, ᾔσθημαι, *perceive, SENTIO* (with acc. or partit. gen.; with acc. and ptc. not in indir. disc. [of physical perception]; with acc. and ptc. in indir. disc. [of intellectual perception]; with ὅτι or ὡς [of intellectual perception]); αἰσθητός, ή, όν (verbal adj.), *perceived by sense, perceptible by sense, SENSIBILIS*.

αἴσθησις, εως, ἡ, *perception, sensation, SENSUS*.

αἰσθητήριον, ου, τό, *sense organ*.

αἰσθητικός, ή, όν [**aesthetics**], *sensitive, SENSITIVUS*.

ἅτε, particle sometimes labeling causal ptc. (the cause assigned being one in which the speaker believes).

ἔχω (σεχ [367], σχ, σχη, σχε), impf. εἶχον from ἔσεχον, ἕξω or σχήσω, ἔσχον, ἔσχηκα, ἔσχημαι, ἐσχέθην [ἕξις], *have* (σχήσω and ἔσχον, *get*); mid., *hold oneself fast to, come next to* (with gen.).

ἱκανός, ή, όν, *competent, sufficient* (with inf.); ἱκανῶς (adv.), *sufficiently*.

AN INTRODUCTION 83

καίπερ (particle sometimes labeling concessive ptc.), *although*.

κελεύω, κελεύσω, ἐκέλευσα, κεκέλευκα, κεκέλευσμαι, ἐκελεύσθην [pro**celeus**matic], *order, command, urge* (with acc. of pers. and inf.).

τέμνω (τεμ, ταμ, τμη: 478), τεμῶ (105), ἔταμον, τέτμηκα, τέτμημαι, ἐτμήθην [**atom**, ana**tom**y, en**tom**ology, **tome**], *cut*.

τράπεζα, ης, ἡ [**trapeze, trapezoid**], *table*.

τρέχω (τρεχ, δραμ, δραμη), δραμοῦμαι (105), ἔδραμον, δεδράμηκα, δεδράμημαι [**trochee**, hippo**drome**], *run*.

ὤν, οὖσα, ὄν [**ontology**], *being* (pres. ptc. of εἰμί *be*: 470).

175. (1) ἠγγείλατε τὴν αἴσθησιν μεσότητα οὖσαν. (2) τὸ¹ κρίνειν γένος τοῦ¹ αἰσθάνεσθαι· ὁ γὰρ αἰσθανόμενος κρίνει πως. (3) καίπερ οὐκέτι ἔχοντες ἱππέας, ἱκανοὶ ἦσαν τὸν πόλεμον παῦσαι. (4) ἐδράμομεν παρὰ τὸν φύλακα τὸν τὰ παιδία σώσαντα. (5) οἱ δὲ φιλόσοφοι, ἅτε οὐκ ἐκπλαγέντες, ἔμενον. (6) ἐν τοῖς αἰσθητοῖς τὰ μῑκρὰ λανθάνει. (7) τέμνων ἰάτρευεν ὁ ἰατρὸς τὸν τοῦ ἄρχοντος πόδα. (8) οἱ αἰσθητήρια ἔχοντες αἰσθάνονται. (9) ἡ τράπεζα αἰσθητὴ μέν, αἰσθητικὴ δ' οὔ. (10) αἴσθησιν ἔχει πάντα τὰ ζῷα.

176. (11) Those who run will receive presents before the others do (cf. 169.18). (12) Although his foot was being cut (use gen.), the young man did not perceive [it]. (13) He was reported to have horsemen enough to guard the palace. (14) The animals that have this sense organ hear. (15) Did you report that all the soldiers had run? (16) Those who slander are themselves slandered. (17) We perceive the form but not the matter; the matter always escapes men's notice. (18) Some of the parts are sensitive and some [are] not. (19) Inasmuch as he was competent, he wished to rule. (20) Although he had not been ordered to take the table, he took it ("Although he had not been ordered, he took the table").

---

1. The infinitive, as a verbal noun, sometimes takes the neuter article (305.2).

XXIV. PRONOUNS

Relative, Interrogative, and Indefinite Pronouns; Enclitics; Indicative of εἰμί

> Δός μοι ποῦ στῶ, καὶ κινῶ τὴν γῆν.
> Ἀρχιμήδης.
> Give me a place to stand, and I will move the earth.

177. The simple relative pronoun ὅς *who* is inflected (except for accent) like ἐκεῖνος (158).

ὅς	ἥ	ὅ	ὥ	ὥ	ὥ	οἵ	αἵ	ἅ
οὗ	ἧς	οὗ	οἷν	οἷν	οἷν	ὧν	ὧν	ὧν
ᾧ	ᾗ	ᾧ				οἷς	αἷς	οἷς
ὅν	ἥν	ὅ				οὕς	ἅς	ἅ

178. The direct interrogative pronoun τίς *who* and the indefinite pronoun τις *some* are inflected alike except for accent, τίς always having an acute (which never turns to grave), and τις being an enclitic (16) except in the alternative form ἄττα.

	Interrogative		Indefinite
Masculine and Feminine	Neuter	Masculine and Feminine	Neuter
τίς	τί	τις	τι
τίνος, τοῦ	τίνος, τοῦ	τινός, του	τινός, του
τίνι, τῷ	τίνι, τῷ	τινί, τῳ	τινί, τῳ
τίνα	τί	τινά	τι
τίνε	τίνε	τινέ	τινέ
τίνοιν	τίνοιν	τινοῖν	τινοῖν
τίνες	τίνα	τινές	τινά, ἄττα
τίνων	τίνων	τινῶν	τινῶν
τίσι(ν)	τίσι(ν)	τισί(ν)	τισί(ν)
τίνας	τίνα	τινάς	τινά, ἄττα

179. The rules for accenting an enclitic and the preceding word are as follows:

(1) If the preceding word is oxytone, it does not change its accent to a grave (13); if it is perispomenon (10), it stands unchanged; in either case the enclitic loses its accent: ὁδός τις; ὁδοί τινες; ὁδῶν τε; ὁδῶν τινων.
(2) If the preceding word is paroxytone, it stands unchanged and a monosyllabic enclitic loses its accent: τόπος τις; τόποι τινές; τόπων τινῶν; τόποις τισί.
(3) If the preceding word is proparoxytone or properispomenon, it takes as a second accent an acute on the ultima, and the enclitic loses its accent: θάλαττά τις; θάλατταί τινες; δῶρόν τι; δῶρά τινα.
(4) An enclitic followed by an enclitic retains its accent if dissyllabic, receives an acute if monosyllabic: ποτέ τις; ποτέ τινες; εἴ τίς τινα.
(5) An emphatic enclitic retains its accent: τινὲς μέν . . . τινὲς δέ; τὸ χρῶμα ἐν σώματι· οὐκοῦν καὶ ἐν τινὶ σώματι; ὁ τὶς ἄνθρωπος *the individual man* (whoever he may be).
(6) A proclitic followed by an enclitic receives an acute: εἴ τις.

180. Indefinite relatives, whether pronominal or adjectival, are identical in form with indirect interrogatives. The simple indefinite relative pronoun (or indirect interrogative) is ὅστις *whoever, whatever, who, what*, which is made up of ὅς and the indefinite τίς.

ὅστις	ἥτις	ὅ τι
οὗτινος, ὅτου	ἧστινος	οὗτινος, ὅτου
ᾧτινι, ὅτῳ	ᾗτινι	ᾧτινι, ὅτῳ
ὅντινα	ἥντινα	ὅ τι
ὥτινε	ὥτινε	ὥτινε
οἷντινοιν	οἷντινοιν	οἷντινοιν
οἵτινες	αἵτινες	ἅτινα, ἅττα
ὧντινων, ὅτων	ὧντινων	ὧντινων, ὅτων
οἷστισι(ν), ὅτοις	αἷστισι(ν)	οἷστισι(ν), ὅτοις
οὕστινας	ἅστινας	ἅτινα, ἅττα

181. The indicative of εἰμί *be* is inflected as follows (enclitics marked by asterisks):

Active			Middle
Present	Imperfect		Future
(ἐσ-μί) εἰ-μί*	ἦ, ἦ-ν		ἔ-σ-ο-μαι
(ἐσ-σί, ἐ-σί) εἶ	ἦσ-θα	(ἔ-σ-ε-σαι)	ἔ-σ-ῃ, ἔ-σ-ει
ἐσ-τί(ν)*[1]	ἦ-ν	(ἔ-σ-ε-ται)	ἔ-σ-ται

1. Sometimes ἔστι(ν); see 118[1].

	Active		Middle
Present		Imperfect	Future
	ἐσ-τόν*	ἦσ-τον	ἔ-σ-ε-σθον
	ἐσ-τόν*	ἤσ-την	ἔ-σ-ε-σθον
	ἐσ-μέν*	ἦ-μεν	ἐ-σ-ό-μεθα
	ἐσ-τέ*	ἦ-τε, ἦσ-τε	ἔ-σ-ε-σθε
(ἐσ-ντί)	εἰσί(ν)*	ἦ-σαν	ἔ-σ-ο-νται

182.   VOCABULARY

ἄγω, ἄξω, ἤγαγον (98.3), ἦχα, ἦγμαι, ἤχθην [ped**agogue**, ACTION], *drive, lead,* Lat. AGO.

ἀμφί [ἄμφω, **amphi**theatre, AMBI-dextrous] (prep.), *concerning* (with gen.); *about* (of place or time, with acc.); οἱ ἀμφὶ τὸν στρατηγόν, *the general and those about him.*

ἀμφότεροι, αι, α, BOTH; ἀμφοτέρως (adv.), *in either case, in* BOTH *ways.*

ἄμφω (nom. and acc.; gen. and dat. ἀμφοῖν), BOTH, Lat. AMBO.

ἀναγκαῖος, ᾱ, ον [ἀνάγκη], *forcible, forced, necessary, related by blood.*

βαίνω (βη, βα, βαν: 478), βήσομαι, ἔβην (463), βέβηκα, βέβαμαι, ἐβάθην [**ba**sis, diabetes, COME, Lat. VENIO], *go.*

εἰμί (ἐσ), ἔσομαι [AM, IS], *be,* Lat. SUM; pres. inf. εἶναι (ἐσ-ναι).

κατα-βαίνω, *go down.*

κατ-άγω, *lead* or *bring down, lead back.*

ὄρος, ους, τό [**oread**], *mountain.*

ὅρος, ου, ὁ, *boundary, limit, term* of a proposition, *premise, definition,* TERMINUS.

ὁρίζω (477), ὁριῶ (48.4), ὥρισα, ὥρικα, ὥρισμαι, ὡρίσθην [ὅρος, **horizon**], act. and mid., *bound, divide, determine, define,* DEFINIO.

ὅς, ἥ, ὅ (rel. pron.), *who, which, what.*

ὅσπερ, ἥπερ, ὅπερ (emphatic rel. pron.), *the very one who, the very thing which.*

ὅστις, ἥτις, ὅ τι (indef. rel. and indir. interrog. pronom. adj.), *whoever, whatever, who, what.*

ὁστισοῦν, ἡτισοῦν, ὁτιοῦν (generalizing indef. pron.), *anybody whatsoever, anything whatsoever.*

οὐκοῦν (inferential particle), *so, then, therefore.*

οὔκουν (inferential particle), *so . . . not, then . . . not, therefore . . . not.*

τίς, τί (interrog. pron. and adj.), WHO, WHAT, Lat. QUIS; τί (acc. sing. neut. as adv.), *why.*

τὶς, τὶ (indef. pron. and adj., encl.), *somebody, something, some, any, a certain,* Lat. QUIS.

183. (1) ἀμφότεροι δέ, οἵ τε ἄρχοντες καὶ οἱ ἀρχόμενοι, κατ' ὄρους τινὸς κατήγοντο. (2) τοῖς ὄρνῑσι οὐχ οἱ αὐτοί εἰσι νόμοι οἵπερ τοῖς ἄλλοις ζῴοις. (3) περὶ μὲν οὖν χώρᾱς καὶ ὀρῶν καὶ πόλεων καὶ θαλάττης οὕτως ὥρισται. (4) ἅτε δὲ σῖτον οὐκ ἔχοντες κατήγαγον τὰ πλοῖα ἐκ ταύτης τῆς θαλάττης. (5) ἀμφοτέρως ἔσται ταὐτό (= τὸ αὐτό). (6) οὐκοῦν καταβήσονται οἱ ἀμφὶ τὸν βασιλέᾱ. (7) ἡ μορφὴ καὶ τὸ εἶδος πάντων ἐν τοῖς ὅροις. (8) τίς τῶν νεᾱνιῶν τοῦτον τὸν ὅρον ἔλεξεν; (9) οὔκουν κατῆκται ὁ δοῦλος ὃν μετεπέμψω. (10) ἄμφω δὲ ὑπὸ τῶν τοὺς φύλακας λαθόντων κατήχθησαν— ὅπερ ἐκεκελεύκεσαν τῶν ἀρχόντων τινές.

184. (11) They will not say anything at all ("They will not say not even anything whatsoever"). (12) Hasn't he yet learned who the people are who are coming down? (13) It is impossible to plan about (περί) things that are of (ἐξ) necessity. (14) This learning is necessary and is worthy of wise men. (15) Those who do not perceive (172.1) do not learn. (16) Were we both in the city at that time? (17) Were you both a friend and a relative of the woman (dat.)? (18) Not all children enjoy learning. (19) How did she define wisdom? (20) Does he say that some red-blooded animals have no ("have not") veins?

XXV. Ω-VERBS

Indicative, Infinitives, and Participles of Verbs in άω

> Οὐ γὰρ δοκεῖν ἄριστος ἀλλ' εἶναι θέλει.
> Αἰσχύλου ἐν τοῖς Ἑπτὰ ἐπὶ Θήβας
> 592.
> *For he wishes not to seem great but to be great.*

185. Verbs in άω and όω, and verbs in έω having more than two syllables, are contracted in the present system (Table II, p. 14); in all other systems the vowels α, ε, and ο are generally lengthened, α to η (to ᾱ after ε, ι, or ρ), ε to η, and ο to ω. Learn the present and imperfect indicative, and the present infinitives and participles, active, middle, and passive, of τῑμάω (452-453, 412). Note that

(1) α + an o-sound (ο, ου, ω) = ω. (o-sounds prevail over all other sounds.)
(2) α + an e-sound = an a-sound: α + ε = ᾱ, α + ει = ᾳ. (When an a-sound contracts with an e-sound, the one that comes first prevails.) But ζάω is inflected ζῶ, ζῇς, ζῇ, etc., and χράομαι is inflected χρῶμαι, χρῇ, χρῆται, etc.
(3) ι is never lost: α + ει = ᾳ. (The present infinitive active is only an apparent exception: τῑμᾶν is from τῑμα-ε-εν [36].)
(4) Accent is not affected by contraction: ἐτῑμάετον = ἐτῑμᾶτον; ἐτῑμαέτην = ἐτῑμάτην.

Most two-syllable verbs in έω are contracted only when the ε is followed by ε or ει: πλέω, πλεῖς, πλεῖ, πλεῖτον, πλεῖτον, πλέομεν, πλεῖτε, πλέουσι; so θέω; δέομαι has second singular δέει.

186. When a relative would naturally be the direct object of a verb, it is generally attracted to the case of its antecedent if the antecedent is a genitive or a dative: ἐκ τῶν πόλεων ὧν ἐτύγχανεν ἔχων *from the cities which he happened to hold*; ἐν ταῖς πόλεσιν αἷς ἐτύγχανεν ἔχων *in the cities which he happened to hold*. This attraction may occur even when the antecedent is not expressed: ἐκ τῶν παρόντων καὶ ὧν ὁρᾶτε *from that which is present and which you see*; σὺν οἷς ὁρᾶτε *with those whom you see*.

187. VOCABULARY

ἀπατάω, ἀπατήσω, ἠπάτησα, ἠπάτηκα, ἠπάτημαι, ἠπατήθην, *deceive*.

γένεσις, εως, ἡ, *origin, coming into being*, GENERATION, *GENERATIO*.

γεννάω, γεννήσω, ἐγέννησα, γεγέννηκα, γεγέννημαι, ἐγεννήθην (causative of γίγνομαι), *beget, bear, produce*.

γίγνομαι (γεν, γον, γν, γενη, γενε: 98.2), γενήσομαι, ἐγενόμην, γέγονα, γεγένημαι [γένος], *come into being, become, turn out to be, prove to be*; γενητός, ή, όν (verbal adj.), *originated, originable*; τὸ γενόμενον, *the past*.

ἐάω (ἐϝα), ἐάσω, εἴασα, εἴακα, εἴαμαι, εἰάθην, *permit* (with acc. and inf.), *let go, let alone* (with acc.).

ἐρωτάω, ἐρωτήσω, ἠρώτησα, ἠρώτηκα, ἠρώτημαι, ἠρωτήθην, *ask* a question, *ask* a person a question (double acc.), *question* a person; with εἰ *whether*; with πότερον... ἤ *whether... or*.

ζάω (185.2), ζήσω [ζωή], *live*.

νικάω, νικήσω, ἐνίκησα, νενίκηκα, νενίκημαι, ἐνικήθην, *conquer*.

ὁράω (ϝορα, ὀπ, ϝιδ), impf. ἑώρων (ἑώραον: 69), ὄψομαι, εἶδον (ἐϝιδον),

ἑόρακα or ἑώρακα, ἑώραμαι or ὦμμαι, ὤφθην [pan**orama**, **optic**, **idea**], *see*, Lat. VIDEO (when literal, with ptc. in indir. disc.; when figurative, with ptc. in indir. disc. or with ὅτι; ὁρατός, ή, όν (verbal adj.), *visible, VISIBILIS*.

ὀφθαλμός, οῦ, ὁ [ὄψομαι, **ophthalmic**], *eye*.

ὄψις, εως, ἡ [ὄψομαι, thanat**opsis**], *aspect, sight, vision, VISUS*.

πειραστικός, ή, όν, *tentative, critical*.

πειράω, πειράσω, ἐπείρασα, πεπείρακα, πεπείραμαι, ἐπειράθην [πεῖρα, **pirate**] (act., mid. deponent, and pass. deponent), *try, test* (with inf. or with gen. of person); πειρατέον (verbal adj.), *one must try*.

πλήν (adv.), *except*; as prep., *except* (with gen.); as conj., *except that*.

σπάω (σπα), σπάσω, ἔσπασα, ἔσπακα, ἔσπασμαι, ἐσπάσθην[**spasm**],*draw,pull*.

τιμάω, τιμήσω, ἐτίμησα, τετίμηκα, τετίμημαι, ἐτιμήθην [τιμή], *honor, set a price on, assess*.

τιμή, ῆς, ἡ [**timo**cracy], *honor, worth, price*.

188. (1) ὅμως δ' ἠπατήθημεν ὑπὸ τῶν ἀεὶ ψευδομένων. (2) ἀλλ' οὐκ ἐάσουσιν αὐτὸν οὔτ' ἐρωτῆσαι οὔτε λέξαι (198). (3) τῶν τότε νικησάντων οἱ μὲν νῦν νικῶνται, οἱ δ' οὔ. (4) ἑωρῶμεν πάντας πλὴν τῶν λαθόντων νικωμένους. (5) οὐ ταὐτὸν (= τὸ αὐτὸ) χρῶμα καὶ ὁρατόν. (6) δῆλον δὲ τοῦτο καὶ κατὰ τὸν λόγον· τὸ γὰρ ζῷον ὁριζόμεθα τῷ ἔχειν αἴσθησιν, πρῶτον δὲ τὴν πρώτην, αὕτη δ' ἐστὶν ἁφή. (7) κατὰ μέσους δὲ τοὺς ὀφθαλμοὺς διαλέλειπται μῑκρᾱ τῇ ὄψει χώρα, δι' ἧς ὁρῶμεν. (8) πᾶσι τοῖς ζῴοις γένεσίς ἐστιν. (9) πειραστικοὶ δ' ἦσαν οἵδε οἱ λόγοι. (10) τῶν γενητῶν πεῖραν εἰλήφαμεν.

189. (11) We shall try to honor those worthy of honor. (12) Did you see water drawn out of the earth? (13) Not all creatures that come into being produce other creatures. (14) He still lives [the] life of a plant. (15) At any rate I didn't ask my father *that* (make "that" emphatic by placing at beginning). (16) Have you seen the man who deceived them? (17) We all heard her asking him something. (18) He has urged them to live and to conquer. (19) They have eyes but see not. (20) This is not characteristic of (pred. gen. of possession) those who honor money for its own sake ("on account of itself").

XXVI. Ω-VERBS

Indicative, Infinitives, and Participles of Verbs in έω *and* όω

> Ἕτερος γὰρ αὐτὸς ὁ φίλος ἐστίν.
> Ἀριστοτέλης ἐν τῷ ἐνάτῳ τῶν
> Νῑκομαχείων 1170b6-7.
> *A friend is another self.*

190. Learn the present and imperfect indicative and the present infinitives and participles, active, middle, and passive, of φιλέω (454-455, 412) and δηλόω (456-457). Note that

(1) ε before a long vowel (ω) or before a diphthong is absorbed.
(2) ε + ε = ει.
(3) ε + ο = ου. (o-sounds prevail over all other sounds.)
(4) ο before a long vowel (ω) or before ου is absorbed.
(5) ο + ει = οι. (o-sounds prevail over all other sounds.)
(6) ο + ε = ου. (o-sounds prevail over all other sounds.)
(7) ο + ο = ου.
(8) ι is never lost: ε + ει = ει; ο + ει = οι. (The present infinitive active is only an apparent exception: δηλοῦν is from δηλό-ε-εν [36].)
(9) Accent is not affected by contraction: ἐφιλέετὸν = ἐφιλεῖτον; ἐφιλεέτην = ἐφιλείτην; ἐδηλόετον = ἐδηλοῦτον; ἐδηλοέτην = ἐδηλούτην.
(10) The present participles of δηλόω are inflected exactly like those of φιλέω.

191. VOCABULARY

ἀδικέω, ἀδικήσω, ἠδίκησα, ἠδίκηκα, ἠδίκημαι, ἠδικήθην, *be unjust* (ἄδικος), *do wrong, injure* (abs. or with obj. acc.).

ἀδικίᾱ, ᾱς, ἡ, *injustice, wrongdoing.*

ἄδικος, ον [ἀ + δίκη: 41], *unjust, wicked.*

αἰτέω, αἰτήσω, ᾔτησα, ᾔτηκα, ᾔτημαι, ᾐτήθην, *ask a favor, ask somebody for something* (two obj. accusatives).

δεῖ (δεϝ, δεϝη), δεήσει, ἐδέησε (impers.), *it is necessary* (with inf. or with acc. and inf.), *there is need of* (with gen.); as pass. deponent, δέομαι (2d sing. not δεῖ but δέει: 185), δεήσομαι, δεδέημαι, ἐδεήθην, *need, want, ask a thing of a person* (with gen. or acc. of thing, gen. of pers.).

δηλόω, δηλώσω, ἐδήλωσα, δεδήλωκα, δεδήλωμαι, ἐδηλώθην, *make evident* (δῆλος), *show.*

δοκέω, (δοκ, δοκε), δόξω, ἔδοξα, δέδογμαι (450), ἐδόχθην [δόξα], *think* (with inf. in indir. disc.), *be thought, seem, seem best.*

οἴκαδε (adv.), *homeward, home.*
οἰκεῖος, ᾱ, ον, *domestic, related, one's own* (as contrasted with ἀλλότριος), *suitable.*
οἰκέω, οἰκήσω, ᾤκησα, ᾤκηκα, ᾤκημαι, ᾠκήθην [οἶκος, di**ocese**], *inhabit* (with obj. acc.), *dwell* (with ἐν and dat.).
οἰκοδομέω, οἰκοδομήσω, ᾠκοδόμησα, ᾠκοδόμηκα, ᾠκοδόμημαι, ᾠκοδομήθην [οἰκοδόμος], *build.*
οἰκοδόμος, ου, ὁ [οἶκος + δέμω], *builder.*
οἴκοθεν (adv.), *from home.*
οἴκοι (adv.: 14), *at home.*
ποιέω, ποιήσω, ἐποίησα, πεποίηκα, πεποίημαι, ἐποιήθην [ποιητής], *make, do;*
ποιητέος, ᾱ, ον (verbal adj.), *to be made, to be done;* κακῶς ποιῶ, *treat badly.*
ποίησις, εως, ἡ, *making,* **poetry**.
ποιητικός, ή, όν, *productive,* **poetical**; ποιητική (sc. τέχνη), *art of* **poetry**.
φιλέω, φιλήσω, ἐφίλησα, πεφίληκα, πεφίλημαι, ἐφιλήθην [φίλος], *love, kiss, be accustomed.*
φοβέω, φοβήσω, ἐφόβησα, πεφόβημαι, ἐφοβήθην [φόβος], *frighten;* pass. deponent, *fear* (with obj. acc. or with obj. clause introduced by μή or μὴ οὐ: 228.2, 239.2).

192. (1) τοὺς δῶρα αἰτοῦντας ἠδίκουν οἱ τοῦτο τὸ ἄστυ οἰκοῦντες. (2) τοῖς οἰκείοις ὀνόμασι δεῖ τὴν ἀλήθειαν δηλοῦν. (3) ἃ δεῖ μαθόντας ποιεῖν, ταῦτα ποιοῦντες μανθάνομεν. (4) οἰκοδομοῦντες οἰκοδόμοι γίγνονται καὶ κιθαρίζοντες κιθαρισταί· οὕτω δὲ καὶ τὰ δίκαια πράττοντες δίκαιοι γιγνόμεθα. (5) φανερὸν οὖν ὅτι ἔστι τις ἀδικίᾱ παρὰ τὴν ὅλην ἐν μέρει, συνώνυμος. (6) οὐκοῦν κατὰ τοῦτον τὸν λόγον δίκαιος ἔσται ὁ τὰ δίκαια μεμαθηκώς, ἄδικος δὲ ὁ τὰ ἄδικα. (7) οἰκοδόμους δέ τινας οἴκοθεν μετεπεμψάμεθα οἰκίᾱς τοῖς ἡγεμόσιν οἰκοδομήσοντας. (8) πάντα τὰ πλοῖα οἴκοι ἦν ποιητέα. (9) τοῦτο δὲ λέγειν ψεύδεσθαί ἐστι καὶ μεταφορὰς λέγειν ποιητικάς. (10) φοβούμεθα τά τε βλάπτοντα καὶ τὰ βλάψοντα.

193. (11) Did he love his wife and children? (12) It seemed best to them all not to show the ships to those on the island. (13) Why did he bring the philosopher to see the horses run? (14) Her poetry seemed to him to be divine. (15) He asked this of all those who were at home. (16) The builders were asking him for timber. (17) From this place we all marched off homewards. (18) What did he ask of the people from home? (19) What she has done, somebody else will sometime do. (20) In every art it is necessary to have suitable instruments.

XXVII. PRONOUNS

Personal, Reflexive, and Reciprocal Pronouns; εἷς, οὐδείς, μηδείς; Double Negatives

> Οὐ πολλὰ ἀλλὰ πολύ.
> Γνώμη ἀδέσποτος.
> *Not many things but much.*

194. The personal pronouns are ἐγώ *I*, σύ *thou*, and, strictly speaking, οὗ (gen.) *of him, of her, of it*. Learn the inflections of these words (426, 428: unaccented forms are enclitic and unemphatic). In Attic prose οὗ is used, not as a personal pronoun, but as an indirect reflexive, i.e. as a reflexive standing in a dependent clause but referring to the subject of the main verb: ἐβούλετό οἱ τὼ παῖδε παρεῖναι *he wanted his two sons to be by him*. In place of a personal pronoun of the third person Attic Greek uses αὐτοῦ (155.3) in the oblique cases, a demonstrative pronoun (οὗτος, ὅδε, or ἐκεῖνος) in the nominative. Possessive genitives of the personal pronouns and of αὐτοῦ take predicate position: ὁ πατὴρ ἐμοῦ *my father*, ἡ μήτηρ αὐτῆς *her mother*. (Cf. 159.2.)

195. The reflexive pronouns are ἐμαυτοῦ *of myself*, σεαυτοῦ *of thyself*, ἑαυτοῦ *of himself*. These are generally direct, sometimes indirect: αἱ πολιτεῖαι λύονται ἐξ ἑαυτῶν *constitutions are overthrown from within*; ἀποκτενεῖς σεαυτόν *you will kill yourself*; ἔπεισεν Ἀθηναίους ἑαυτὸν κατάγειν *he persuaded the Athenians to restore him*. When, as in this last sentence, ἑαυτοῦ is indirect, there is the same possibility of ambiguity as with the Latin *se*. Possessive genitives of the reflexive pronouns take attributive position. Learn the inflections of these words (427).

196. The reciprocal pronoun is ἀλλήλων *of each other*. Possessive genitives of the reciprocal pronoun take attributive position. Learn the inflection (429).

197. In εἷς *one* and in οὐδείς and μηδείς *not one, nobody* the accent of the feminine is irregular in genitive and dative. Learn the inflections of these words (423).

198. Two negatives do not make an affirmative unless the second is simple: οὐδὲν ὅ τι οὐ φανερόν *there is nothing that is not visible*; οὐχ ὁρῶ οὐδένα *I don't see anyone*; οὐδ' ὁρῶ οὐδένα *nor do I see anyone*; οὐκ ἐκέλευσεν αὐτὸν μὴ ἐλθεῖν *he did not urge him not to come*.

199. VOCABULARY

ἀλλήλων, ων, ων [par**all**el] (reciprocal pron.), *of one another, of each other*.
δια-φέρω, *di*FFER, *di*FFER *from, surpass* (with gen. of compar.).
δύναμαι, δυνήσομαι, δεδύνημαι, ἐδυνήθην, *be able, can, amount to* (pres. inflected like ἵσταμαι [460] except that subjunctives and optatives have recessive accent [as if there were no contraction]: δύνωμαι, δύναιτο); δυνατός, ή, όν (verbal adj.), *powerful, able, possible*.
δύναμις, εως, ἡ [**dynamic, dynamite**], *power, faculty, potentiality*, POTENTIA.
ἑαυτοῦ, ἧς, οῦ (reflex. pron.), *of himself, of herself, of itself*.
ἐγώ, ἐμοῦ [ME] (pers. pron.), I, Lat. EGO; ἔγωγε, *I at least, I for my part*.
εἷς, μία, ἕν, *one*.
ἐμαυτοῦ, ἧς (reflex. pron.), *of* MY*self*.
ἕτερος, ᾱ, ον [**heter**ogeneous] (dem. pronom. adj.), *other* (with gen. of compar.), *another, the other; one of two*; ἑτέρως (adv.), *in one* or *the other way*.
μηδείς, μηδεμία, μηδέν [μηδέ + εἷς], *not one, nobody*.

ὅτε (rel. pronom. adv.), *when* (298-299).
ὁτέ (indef. pronom. adv.), *sometimes*.
οὗ, dat. οἷ (pers. pron. used as indir. reflex.), *of himself, of herself, of itself*, Lat. SUI.
οὐδείς, οὐδεμία, οὐδέν [οὐδέ + εἷς], *not one, nobody*.
πάσχω (πενθ, πονθ, παθ; in πάθ-σκω, when the θ disappears before σ [360], the aspiration is transferred to the κ), πείσομαι (πενθ-σ-ο-μαι), ἔπαθον, πέπονθα [πάθος], *experience, suffer*, PATIOR; κακῶς πάσχω, *be badly treated*.
πολῑτείᾱ, ᾱς, ἡ [πολίτης], *citizenship, government, form of government*, **polity**, *constitution*.
σεαυτοῦ, ῆς (reflex. pron.), *of* THY*self*.
σπέρμα, ατος, τό, *seed*, **sperm**.
σύ, σοῦ (pers. pron.), THOU, Lat. TU.
φαίνω (φαν: 477), φανῶ (105, 443), ἔφηνα (444), πέφαγκα (*have shown*) and πέφηνα (*have appeared*: 93), πέφασμαι (448), ἐφάνθην or ἐφάνην [φανερός, **phenomenon, diaphanous**], *bring to light, show*; mid., *appear* (with inf. in indir. disc.), *be plainly* (with ptc. in indir. disc.).

200. (1) οὔπω φαίνεται τυραννίδος (gen. of compar.) διαφέρουσα αὕτη ἡ πολῑτείᾱ. (2) τί μὲν οὖν ἐστὶ τὸ σπέρμα, καὶ ἐκ τίνος γίγνεται, δῆλόν ἐστιν. (3) ταῦτα πάσχειν οὔτε σὺ δυνήσει οὔτ' ἄλλος ὁστισοῦν. (4) οὐ γὰρ βουλήσομαι ἐμαυτὸν βλάπτειν. (5) ἅμα δ' ἀλλήλους εἶδον οἱ ταῦτα παθόντες. (6) ταῦτ' οὐδεὶς οὐ δυνήσεται δηλῶσαι. (7) οἱ γὰρ τοῖς σώμασι δυνατοὶ κελεύσουσί με μετὰ σφῶν ὑμᾶς ἀδικεῖν. (8) διὰ τί σεαυτὸν οὐ φιλεῖς; (9) εἷς ἀνὴρ οὐδεὶς ἀνήρ. (10) ὁτὲ μὲν ὑπὸ τοῦ ἑτέρου κακῶς ἔπασχεν, ὁτὲ δ' εὖ.

201. (11) He persuaded the others not to slander anybody ("to slander nobody"). (12) When you were delaying, we were delaying too ("also we were delaying"). (13) Do you say that you also ("also you") have sufficient power? (14) He himself will urge us to trust him. (15) Nobody will be able to say that I am deceiving either myself or you (use double neg.). (16) Because of this they will all differ from one another. (17) Is she speaking to herself? (18) Was this brought to light by those who had injured us? (19) What does all this power amount to? (20) Sometimes he ran to you, and sometimes to someone else.

XXVIII. THE THIRD DECLENSION

Adjectives of Third and First Declension; Adjectives of Third Declension

> Σοφῷ γὰρ αἰσχρὸν ἐξαμαρτάνειν.
> Ἐκ τοῦ Αἰσχύλου Προμηθέως Δεσμώτου 1039.
> *It is shameful for a wise man to make mistakes.*

202. In adjectives of the third and first declensions the masculine and the neuter are inflected in the third declension and the feminine is inflected like θάλαττα or βασίλεια or πεῖρα (55, 61). Learn the inflection of μέλᾱς and ἡδύς (406-407); note that in the masculine plural the nominative ἡδεῖς is used for the accusative.

203. In adjectives of the third declension the masculine and the feminine are alike. Learn the inflection of ἀληθής and εὐδαίμων (408-409); note that, in the masculine and feminine plural, the nominative ἀληθεῖς is used for the accusative.

204. Learn the inflection of the irregular adjectives μέγας and πολύς (410).

205. VOCABULARY

ἀ- before consonant, ἀν- before vowel ("alpha privative"), UN-, Lat. IN-.
ἀληθής, ές [ἀ + ληθ of λανθάνω], *true*; ἀληθῶς (adv.), *truly*; ὡς ἀληθῶς, *in very truth*.
ἄνω [adv. of ἀνά], *up, upwards, aloft*.
βαθύς, εῖα, ύ [βάθος *depth*, **bathos**], *deep*.
γιγνώσκω (γνω, γνο: 98.2, 479), γνώσομαι, ἔγνων (465), ἔγνωκα, ἔγνωσμαι, ἐγνώσθην [γνώμη, **gnostic**, KEN, CAN], *come to* KNOW, KNOW, Lat. NOSCO, RECOGnise *that something is* (with ptc. in indir. disc.), *decide that something is* (with inf. in indir. disc.).
γλυκύς, εῖα, ύ [**glycerine**], *sweet*.
γνῶσις, εως, ἡ [γιγνώσκω, dia**gnosis**], *inquiry*, KNOWLEDGE.

εὐδαίμων, εὔδαιμον [εὖ + δαίμων], *prosperous, happy*.
ἥδομαι, ἡσθήσομαι, ἥσθην, *be pleased* (with dat. of cause or with supplem. ptc.).
ἡδονή, ῆς, ἡ [**hedonism**], *pleasure*.
ἡδύνω (ἡδυν: 477), ἥδῡνα, ἥδυσμαι, ἡδύνθην [ἡδύς], *make pleasant, season*.
ἡδύς, εῖα, ύ [σϜαδ; ἥδομαι, SUĀVIS for SUĀDVIS], *pleasant*, SWEET.
κάτω (adv. of κατά), *down, downwards, below*.
μέγας, μεγάλη, μέγα [**megalo**mania, MUCH], *great, large, tall*, Lat. MAGNUS; μέγα (acc. as adv.), *greatly*.
μέλᾱς, μέλαινα, μέλαν [**melan**choly], *black*.

πλῆθος, ους, τό [πλήρης, **plethora**] (the noun corresponding to πολύς), *multitude, plurality, quantity, magnitude.*

πλήρης, ες [πλῆθος, PLENTY], FULL, Lat. PLENUS.

πολλάκις [πολύς] (adv.), *many times, often.*

πολλαχῶς [πολύς] (adv.), *in many ways or senses.*

πολύς, πολλή, πολύ [**poly**gon], *much, many*; οἱ πολλοί, *the many, the greater number*; ὡς ἐπὶ τὸ πολύ, *for the most part*; πολύ (acc. as adv.), *much*.

ψευδής, ές [ψεῦδος], *lying, false*; ψευδῶς (adv.), *falsely*.

206. (1) τὸ ἀληθὲς καὶ τὸ ψεῦδος ἐν τῷ αὐτῷ[1] γένει ἐστὶ τῷ ἀγαθῷ καὶ κακῷ. (2) ἔγνωκα ἠπατημένη καὶ τῆς χάριτος ἐκβεβλημένη (172.3b). (3) ἐπεὶ δ' οὐ ταὐτὸ πᾶσιν ἡδὺ κατὰ φύσιν ἀλλ' ἕτερα ἑτέροις, καὶ αὐτῶν τῶν θηρίων οἱ βίοι πρὸς ἀλλήλους διαφέρουσιν. (4) τοῦ ὀφθαλμοῦ τὸ μέσον μέλαν φαίνεται. (5) ἅμα δὲ ταύτῃ τῇ γνώσει γίγνεται ὡς ἐπὶ τὸ πολὺ ἡδονή τις. (6) τῷ εἴδει (328.1b) διαφέρουσιν αἱ ἡδοναί· ἕτεραι γὰρ αἱ ἀπὸ τῶν καλῶν καὶ ἀπὸ τῶν κακῶν, καὶ οὐκ ἔστιν ἡσθῆναι τὴν τοῦ δικαίου ἡδονὴν μὴ ὄντα δίκαιον. (7) οὐκ ἔστιν ἄρα τὸ μέγα τῷ μικρῷ ἐναντίον, οὐδὲ τὸ πολὺ τῷ ὀλίγῳ. (8) ἄνω μὲν φέρεται τὸ πῦρ, κάτω δ' οἵ τε λίθοι καὶ ἄλλα πολλά. (9) ἀλλὰ δεῖ τὴν πόλιν, πλῆθος οὖσαν, μίαν ποιεῖν. (10) ἀναγκαῖον γάρ ἐστιν χρόνῳ ποτὲ (*at last*) ἐκ τῶν ψευδῶν ἀγαθῶν ἀληθὲς γίγνεσθαι κακόν.

207. (11) Men and gods are said to be happy, but none of the other creatures is. (12) Some foods ("some of the foods") are sweet and some [are] not. (13) All the region above is full of that body. (14) They say that this word is used ("said") in many senses. (15) Their story was plainly false (φαίνομαι 172.3b). (16) She will enjoy this inquiry. (17) To know her was to love her. (18) Happy the man who has not ill-treated others! (172.1). (19) The poets say the daughters of the gods are tall and fair. (20) She can both false and friendly be.

---

1. Adjectives meaning *same* or *similar* may be followed by dat.

XXIX. ADJECTIVES

Comparison of Adjectives; Formation and Comparison of Adverbs

>Ἄριστον μὲν ὕδωρ.
>Πινδάρου ’Ολυμπιονίκαις i. 1.
>*Water is best.*

208. In most adjectives the comparative and superlative are formed by adding τερος, τερᾱ, τερον and τατος, τατη, τατον to the masculine stem of the positive; in adjectives ending in ος and having in the penult a short vowel not followed by two consonants, the final o of the stem is lengthened to ω:

δῆλος (δηλο)	δηλότερος	δηλότατος
πικρός (πικρο)	πικρότερος	πικρότατος
κενός (κενϝο)	κενότερος	κενότατος
σοφός (σοφο)	σοφώτερος	σοφώτατος
ἀληθής (ἀληθεσ)	ἀληθέστερος	ἀληθέστατος
βραχύς (βραχυ)	βραχύτερος	βραχύτατος
μέλᾱς (μελαν)	μελάντερος	μελάντατος

209. In adjectives ending in ων the comparative and superlative are formed by adding εστερος, εστερᾱ, εστερον and εστατος, εστατη, εστατον to the stem of the positive:

εὐδαίμων (εὐδαιμον) *prosperous*   εὐδαιμονέστερος   εὐδαιμονέστατος

210. In a somewhat similar way some adjectives ending in οος (contracted to ους) substitute εστερος, εστερᾱ, εστερον and εστατος, εστατη, εστατον for the final o of the stem:

ἁπλοῦς (ἁπλοο) *simple*   ἁπλούστερος   ἁπλούστατος
                          (for ἁπλο-εστερος)   (for ἁπλο-εστατος)

211. In some adjectives, chiefly those in -υς or -ρος, the comparative and superlative are formed by adding ῑων, ῑον and ιστος, ιστη, ιστον to the root which lies back of the positive:

ἡδύς (ἡδ of ἥδομαι) *pleasant*	ἡδίων	ἥδιστος
καλός (καλλ of κάλλος, τό, *beauty*) *beautiful*	καλλίων	κάλλιστος
αἰσχρός (αἰσχ of αἶσχος, τό, *shame*) *shameful*	αἰσχίων	αἴσχιστος

212. The following common adjectives are irregular in comparison:

ἀγαθός *good, brave*	ἀμείνων	ἄριστος
	βελτίων	βέλτιστος
	κρείττων	κράτιστος
κακός *bad, cowardly*	κακίων (211)	κάκιστος (211)
	χείρων *worse*	χείριστος *worst*
	ἥττων *inferior*	(ἥκιστα [adv.] *least*)
μέγας *great*	μείζων (for μεγyων)	μέγιστος
μῑκρός *small*	μῑκρότερος (208)	μῑκρότατος (208)
	ἐλάττων	ἐλάχιστος
ὀλίγος *little, few*	(ἐλάττων)	ὀλίγιστος
		ἐλάχιστος
πολύς *much, many*	πλείων or πλέων	πλεῖστος
ταχύς (θαχυς: 367) *swift, quick*	θάττων (for θαχyων)	τάχιστος
φίλος *friendly*	φιλαίτερος	φιλαίτατος
		φίλτατος

213. Any adjective may be compared by means of the adverbs μᾶλλον *more* and μάλιστα *most*; participles and most verbal adjectives are regularly thus compared:

φίλος *friendly*	μᾶλλον φίλος	μάλιστα φίλος
ἠδικημένος *wronged*	μᾶλλον ἠδικημένος	μάλιστα ἠδικημένος
κῑνητός *movable*	μᾶλλον κῑνητός	μάλιστα κῑνητός

214. Learn the inflection of ἁπλοῦς (403) and of ἡδίων (409).

215. Adverbs of manner may be formed from positives by substituting ς for the final ν of the genitive plural masculine. The comparative of the adverb is the accusative singular neuter of the comparative adjective. The superlative of the adverb is the accusative plural neuter of the superlative adjective.

σοφῶς	σοφώτερον	σοφώτατα
εὐδαιμόνως	εὐδαιμονέστερον	εὐδαιμονέστατα
ἁπλῶς	ἁπλούστερον	ἁπλούστατα
ἡδέως	ἥδιον	ἥδιστα
ταχέως	θᾶττον	τάχιστα

216. The comparative may be followed by the genitive of comparison or by ἤ *than* (with the same case after it as before it); cf. Latin ablative of comparison and *quam*. Degree of difference is indicated by an adverb or by the dative of manner: πολύ μείζων or πολλῷ μείζων *much greater*. As in Latin, both the comparative and the superlative may be used without implying a distinct comparison: δηλότερος *too plain* or *fairly plain*, δηλότατος *very plain*.

217.   VOCABULARY

αἰσχρός, ά, όν [αἶσχος *shame*], *shameful, ugly*. Compar. αἰσχίων, superl. αἴσχιστος.
ἁπλοῦς, ῆ, οῦν [SIMPLEX, ONEFOLD], SIMPLE (403, 210); ἁπλῶς (adv.), SIMPLY, *absolutely, without qualification*.
βραχύς, εῖα, ύ [**brachy**logy], *short*, BRIEF, Lat. BREVIS.
(εἴρω not Attic; Ϝερ, Ϝρη, Ϝεπ), ἐρῶ, εἶπον, εἴρηκα, εἴρημαι, ἐρρήθην [**ep**ic, WORD, Lat. VERBUM], *say* (with acc. or with ὅτι or ὡς); *mention* (with acc.); ὡς εἰπεῖν, *so to speak, roughly speaking*.
κενός (κενϜος), ή, όν [**ceno**taph], *empty*. Compar. κενότερος, superl. κενότατος. κενόν, οῦ, τό, *void*.
κῑνέω, κῑνήσω, ἐκίνησα, κεκίνηκα, κεκίνημαι, ἐκινήθην [**cinema**], *move* (trans.), *set in motion*; κῑνητός, ή, όν (verbal adj.), *movable, changeable*.
κίνησις, εως, ἡ, in wide sense, *change* (μεταβολή); in narrow sense, *motion*, MOTUS (excluding generation and destruction).
κῑνητικός, ή, όν [**kinetic**], *moving, movable*.

μάλα (adv.), *much*; compar. μᾶλλον, superl. μάλιστα.
νομίζω (477), νομιῶ (48.4), ἐνόμισα, νενόμικα, νενόμισμαι, ἐνομίσθην [νόμος], *think, consider* (with inf. in indir. disc. or with ὡς and finite vb.: 286-294).
οἴομαι or οἶμαι (οἰ, οἰη), οἰήσομαι, ᾠήθην, *think, suppose* (with inf. in indir. disc. or with ὡς and finite vb.: 286-294).
πικρός, ά, όν [**picric**], *sharp, bitter, harsh*.
στενός (στενϜος), ή, όν [**steno**graphy], *narrow* (399). Compar. στενότερος, superl. στενότατος.
συγγενής, ές [σύν + γένος], *related*, aKIN.
ταχύς (θαχυς), εῖα, ύ [**tachy**graphy], *swift*; τάχα (adv.), *quickly, perhaps*.
τέλειος, ᾱ, ον (or ος, ον) [τέλος], *perfect, complete, final*.
τελειόω, τελειώσω, ἐτελείωσα, τετελείωκα, τετελείωμαι, ἐτελειώθην, *make perfect* (τέλειος), *complete*.
τελευταῖος ᾱ, ον [τελευτή], *last*.
τελευτή, ῆς, ἡ [τέλος], *completion, end*.
τέλος, ους, τό [**teleo**logy], *completion, end, FINIS*; διὰ τέλους, *continuously*; τέλος (adv.), *finally*.

218. (1) ἄμφω (nom.) δὴ κινοῦσι, καὶ τὸ τελευταῖον καὶ τὸ πρῶτον, ἀλλὰ μᾶλλον τὸ πρῶτον· ἐκεῖνο γὰρ κινεῖ τὸ τελευταῖον, ἀλλ' οὐ τοῦτο τὸ πρῶτον. (2) δοκεῖ γὰρ εἶναι κενὸν ὁ ἀήρ, οὗτος δ' ἐστὶν ὁ ποιῶν ἀκούειν, ὅταν κινηθῇ. (3) τὰς φλέβας ταύτας στενοτάτας ἐνόμιζεν. (4) πικρὸς τύραννός ἐστιν ὁ θῡμός. (5) εἰ δ' ἐστίν, ὥσπερ εἴρηται, τὰ μὲν κατ' ἀλήθειαν αἰσχρὰ τὰ δὲ κατὰ δόξαν, οὐδὲν διαφέρει. (6) κινητοὺς ᾤετο εἶναι καὶ τοὺς μεγίστους λίθους. (7) ὁ λόγος ἡμῖν τῆς φύσεως τέλος. (8) τούτῳ συγγενέστατός ἐστιν

aor pass subj.— no augment

ὁ σοφός. (9) τάχα δ' οὐδὲ ἑόρακας εὐδαιμονεστέρους ἀνθρώπους τῶν τῇ ἀρετῇ ἡδομένων. (10) κατὰ πᾶσαν γὰρ αἴσθησίν ἐστιν ἡδονή, ἡδίστη δ' ἡ τελειοτάτη.

219. (11) The pleasure completes the activity. (12) They thought that swift motions (use generic article) were both brief and simple. (13) An end (τελευτή) is that which is itself naturally (φύω) after something. (14) Do you consider this wine sweeter than that? (15) It is plain that the time is rather short. (16) That which is empty ("the empty") seems to be something, but is nothing. (17) Do you think that he would (234.2) treat his own relatives badly? (18) The river is even narrower than the short road. (19) We said that nothing had been moved. (20) What you said was very true, but what you thought was false.

XXX. Ω-VERBS

Subjunctive

> Ἀνάγκᾳ δ' οὐδὲ θεοὶ μάχονται.
> Σιμωνίδης 5. 21.
> *Not even the gods fight against necessity.*

220. The subjunctive is found in only three tenses: present, aorist, and perfect. In the present the thematic vowel is lengthened to $^η/ω$. In the first aorist active and middle and in the perfect active the α of the tense sign is supplanted by the long vowel $^η/ω$. In the aorist passive the ε of the tense sign is contracted with the long vowel $^η/ω$. Only in the aorist does the subjunctive passive differ from the subjunctive middle (147). In the perfect active a periphrastic form πεπαιδευκὼς ὦ, etc., is much commoner than the simple form. All subjunctives have primary endings; in the aorist subjunctive passive, as in the aorist indicative passive (147), the endings are active. Learn the inflection of the subjunctive of παιδεύω active, middle, and passive (436, 438-440, 442).

221. Note that

(1) The thematic vowel (32) is $^η/ω$ (cf. 34).
(2) In the first aorist passive the tense sign is θε, in the second aorist passive ε (cf. 147, 170).

222. All three tenses of the subjunctive refer to an action or state as future: the present tense to continued or repeated action, the aorist tense to simple occurrence, the perfect tense to action completed (with permanent result). The negative is μή.

223. The independent subjunctive is used in

(1) Exhortations: ταῦτα (μή) { ποιῶμεν / ποιήσωμεν } *let us (not)* { *keep doing* / *do* } *this*.
(2) Prohibitions: μὴ ποιήσῃς ταῦτα *do not do this* (always aorist). (Prohibitions of continued actions are expressed by μή and the present imperative: 257.)

(3) Questions addressed to oneself or to another and expressing deliberation or doubt: τί ποιῶμεν; ποιήσωμεν; *what shall we do?*

224. VOCABULARY

αἱρέω (αἷρε, ἑλ), αἱρήσω, εἷλον, ᾕρηκα, ᾕρημαι, ᾑρέθην [**heresy**], *take, seize, catch*; mid., *take for oneself, choose*; pass., *be chosen* (for *be taken* the usual word is ἁλίσκομαι); αἱρετός, ή, όν (verbal adj.), *that may be taken, that may be chosen, chosen, eligible.*
αἰτίᾱ, ᾱς, ἡ [**aetio**logical], *responsibility, blame, cause*, CAUSA.
αἴτιος, ᾱ, ον, *responsible; responsible for* (with gen.); αἴτιον, ου, τό, *cause.*
ἁλίσκομαι (ἁλ, ἁλω, ἁλο: 479), ἁλώσομαι, ἑάλων or ἥλων (69, 465: ἁλῶ, ἁλοίην, ἁλῶναι, ἁλούς), ἑάλωκα or ἥλωκα, *be taken, be seized, be perceived* (with ptc. not in indir. disc. or with ptc. in indir. disc.), *be convicted.* (For *take* see αἱρέω.)
ἀνάγκη, ης, ἡ, *constraint, distress, necessity*, NECESSITAS.
ἀφ-αιρέω [**aphaeresis**], *take away* (with acc. of thing), *take ... from* (with acc. of thing and gen. of pers.).
δι-αιρέω, *take apart, divide, distinguish*; διαιρετός, ή, όν (verbal adj.), *capable of being taken apart, taken apart, divisible, divided.*
διαίρεσις, εως, ἡ, *division*, **diaeresis**.
διό (διὰ ὅ), *wherefore.*
ἔθνος, ους, τό [**ethn**ology], *nation, tribe.*
ἔθος, ους, τό [ἔθω], *custom, habit.*
(**ἔθω** not Attic), 2d pf. εἴωθα (with pres. sense), *be accustomed* (with inf.).
ἠθικός, ή, όν [ἦθος, **ethics**], *moral, showing moral character*; Ἠθικὰ Νικομάχεια, **Ethica Nicomachea**.
ἦθος, ους, τό, *haunt, custom, moral character.*
οὐσίᾱ, ᾱς, ἡ [ὀντ, stem of pres. ptc. of εἰμί], *being, substance*, ESSENCE, SUBSTANTIA, ESSENTIA, ENS.
προαίρεσις, εως, ἡ [προαιρέομαι], *choice, purpose.*
προαιρετικός, ή, όν, *deliberately choosing, purposive.*
τέτταρες, α [**tetra**gon], FOUR (423).
φρόνησις, εως, ἡ [φρήν], *practical wisdom, prudence.*
φρόνιμος, ον [φρήν], *prudent.*

225. (1) οὐχ οὕτω φαίνεται κινεῖν ἡ ψυχὴ τὸ ζῷον, ἀλλὰ διὰ προαιρέσεώς τινος. (2) φανερὸν δὴ ἐκ τῶν εἰρημένων ὅτι τὸ ἐξ ἀνάγκης ὂν κατ' ἐνέργειάν ἐστιν. (3) ἔθει ἐστὶν ὅσα (acc.) διὰ τὸ πολλάκις πεποιηκέναι ποιοῦσιν. (4) ἡ δ' ἠθικὴ ἀρετὴ ἐξ ἔθους γίγνεται. (5) διὸ εἰς δέκα εἴδη διῄρηται τοῦτο τὸ γένος. (6) τῶν δὲ πρώτων οὐσιῶν οὐδὲν μᾶλλον ἕτερον ἑτέρου οὐσίᾱ ἐστίν· οὐδὲν (adv.) γὰρ μᾶλλον ὁ τὶς ἄνθρωπος (οὐσίᾱ) ἢ (*than*) ὁ τὶς βοῦς. (7) ἀνάγκη τὴν φρόνησιν ἕξιν εἶναι μετὰ λόγου ἀληθῆ. (8) τέτταρές εἰσιν αἱ αἰτίαι· ἡ ὕλη, τὸ εἶδος, τὸ κινῆσαν, τὸ τέλος. (9) δοκεῖ δὴ φρονίμου εἶναι τὸ δύνασθαι καλῶς βουλεύσασθαι περὶ τὰ αὑτῷ ἀγαθά, οὐ κατὰ μέρος, οἷον τίνα πρὸς ὑγίειαν, ἀλλὰ τίνα πρὸς τὸ εὖ ζῆν. (10) ἔστιν ἄρα ἡ ἀρετὴ ἕξις προαιρετική, ἐν μεσότητι οὖσα τῇ πρὸς (*relative to*) ἡμᾶς, ὡρισμένη λόγῳ, καὶ ὡς οἱ φρόνιμοι ὁρίζουσιν.

226. (11) Let us say, then, as has been said in the *Ethics*, that neither the virtues nor the vices are passions. (12) Moral character comes (γίγνομαι) from habit. (13) Do not act contrary to your own character. (14) They were taking away the possessions of the multitude. (15) Shall we say, then, that these things do not admit of (ἔχω) any perceptible division? (Use double neg.). (16) We are not accustomed to injure either the small nations or the large. (Use double neg.). (17) Why did they not choose to divide their property? (18) He will be captured by his own leader. (19) We do not wish to be responsible for this. (20) Do not suppose that it is necessary for you yourself to seize those who are responsible.

XXXI. Ω-VERBS

Subjunctive (Concl.)

> Ἱερὸν ὕπνον κοιμᾶται· θνήσκειν μὴ
> λέγε τοὺς ἀγαθούς.
> Καλλιμάχου Ἐπίγραμμα ἔνατον.
> *In sacred sleep he rests; say not of
> good men that they die.*

227. Verbs in άω, έω, and όω are contracted in the present subjunctive (185). Learn the present subjunctive (active, middle, and passive) of τῑμάω (452-453), φιλέω (454-455), and δηλόω (456-457). Note that

(1) α + ω = ω; ε + ω = ω.   (o-sounds prevail over all other sounds.)
(2) α + η = ᾱ; α + ῃ = ᾳ.   (When an a-sound contracts with an e-sound, the one that comes first prevails.)
(3) ο + η = ω; ο + ῃ = οι.   (o-sounds prevail over all other sounds.)
(4) ε + η = η; ε + ῃ = ῃ; ο + ω = ω.   (Short vowels are absorbed by corresponding long vowels.)
(5) α + ῃ = ᾳ; ε + ῃ = ῃ; ο + ῃ = οι.   (ι is never lost.)

228. The dependent subjunctive refers to an action or state as future with reference to the time of the main verb. It is used in

(1) Purpose clauses, introduced by ἵνα, ὡς, ὅπως *that*, or by ἵνα μή, ὡς μή, ὅπως μή, or μή *that not*: ταῦτα ποιεῖ ἵνα ἥδωνται *he does this in order that they may enjoy themselves*; ταῦτα ποιοῦσι μὴ κακῶς πάσχῃ *they do this in order that he may not be treated badly*.

(2) Object clauses after verbs of fearing, introduced by μή *lest* or μὴ οὐ *lest not*: φοβούμεθα μὴ ἀδικηθῇ *we fear he may be wronged*; φοβεῖ μὴ οὐ νῑκήσῃ *you fear he may not conquer*.

(3) Protases of present general and future more vivid conditions (482, 485): ἐὰν κελεύῃ, πείθομαι *if he orders, I (always) obey* (as opposed to the present definite condition [481], εἰ κελεύει, πείθομαι *if he is [at this moment] ordering, I am [at this moment] obeying*); ἐὰν κελεύῃ, πείσομαι *if he orders, I shall obey* (as opposed to the future most vivid condition [486] εἰ μὴ πείσεται, ἀποκτενῶ αὐτόν *if he doesn't obey, I shall kill him*).

(4) Relative clauses of conditional relative sentences corresponding to present general and future more vivid conditions (482, 485): ὃς ἂν βασιλεύῃ κρίνει *whoever is king judges*; ὃς ἂν βασιλεύῃ κρινεῖ *whoever is (in future) king, will judge.*

229. VOCABULARY

ἄν, postpos. particle without English equivalent, used (1) in protases of pres. general and of fut. more vivid conditions and in corresponding conditional rel. sentences (482, 485); (2) in apodoses of fut. less vivid and of contrary-to-fact conditions and in corresponding conditional rel. sentences (483, 489).

ἀντί [**anti**dote, **ant**arctic] (prep.), *instead of* (with gen.).

ἄπιστος, ον (41), *untrustworthy*.

ἀπο-θνήσκω, *die* OFF, *die, be put to death* (serves as pass. of ἀποκτείνω).

ἐάν (εἰ ἄν), contr. ἄν or ἤν, *if* (with subjv.).

εἰ (procl. conj.), *if*; in indir. questions, *whether*.

ἔξω [adv. of ἐξ, **exot**ic], *outside* (with gen.).

ἔξωθεν (adv.), *from outside, outside* (with gen.).

ἐπεί (temporal and causal conj.), *when* (introducing a conditional rel. sentence: 481-489); *since, because* (with ind.). ἐπεὶ ἄν = ἐπήν or ἐπάν.

ἐπειδή (temporal and causal conj.), *when* (introducing a conditional rel. sentence: 481-489); *since, because* (with ind.). ἐπειδὴ ἄν = ἐπειδάν.

θάνατος, ου, ὁ [**thanat**opsis], *death*.

θνήσκω (θαν, θνη: 479), θανοῦμαι (105), ἔθανον, τέθνηκα (466), τεθνήξω (fut. pf. [93], *I shall be dead*), *die*; θνητός, ή, όν (verbal adj.), *mortal*.

ἵνα (rel. adv.), *where*; as final particle, *that, in order that*.

μάχομαι (μαχ, μαχη, μαχε), μαχοῦμαι (48.2), ἐμαχεσάμην, μεμάχημαι *fight* (with dat.: 328.2).

μή (neg. particle), *not* (in protases of conditions [481-489], with subjv., with impv., and with inf. except in indir. disc.); as final particle, *lest* (neg. μὴ οὐ: 228).

ὅπως (indef. rel. and indir. interrog. pronom. adv.), *how* (cf. ὡς 101, πῶς 142); as final particle, *that, in order that*.

ὅταν = ὅτε ἄν.

πείθω (πειθ, ποιθ, πιθ), πείσω, ἔπεισα, πέπεικα and πέποιθα (93), πέπεισμαι, ἐπείσθην [Lat. FIDO], *persuade* (with acc. or with acc. and inf. or with acc. and ὡς and finite vb.); mid. and pass., *be persuaded, obey, trust* (with dat. of indir. obj.).

πίστις, εως, ἡ [πείθω], *trust*, FAITH, *assurance*.

πότερον ... ἤ, *whether ... or* (in alternative questions, dir. or indir.).

ὡς (rel. pronom. adv.), *as* (when a causal ptc. follows, there is no implication that the cause assigned is one in which the speaker believes; cf. οἷον 235), *how*; as rel. or dem. adv. intensifying adverbs (ὡς ἁπλῶς *absolutely*) or superlatives (ὡς ἥδιστα *in the pleasantest way possible*); as conj., *that* (introducing finite vb. in indir. disc.); as conjunctive adv., *as soon as* (298-299); as final particle, *that, in order that* (228.1, 239.1).

230. (1) ὁτὲ μὲν γὰρ τὸ μένειν ἀντὶ τοῦ μάχεσθαι ᾑροῦντο, ὁτὲ δὲ τὸ μὴ μάχεσθαι ἀντὶ τοῦ μὴ μένειν. (2) ἐν ταύτῃ τῇ τραγῳδίᾳ ἀποθνήσκει οὐδεὶς ὑπ' οὐδενός. (3) ἐὰν καλῶς λέγῃ, πείσει τοὺς φρονίμους. (4) πότερον ἔσται ὁ δίκαιος τῷ ἀδίκῳ φίλος ἢ οὔ; (5) ἴσως οὖν τοὺς τῶν φρονίμων λόγους δεῖ διαιρεῖν. (6) ἵνα πιστοὶ φαίνωνται καὶ πίστεως ἄξιοι, τὰ ἀληθῆ ἀεὶ λέγουσιν. (7) ὅστις ἂν ἀδικῇ, κακόν τι πείσεται αὐτός. (8) θάνατος δ' ἐστὶν ὁ μὲν βίᾳ ὁ δὲ κατὰ φύσιν, βίᾳ μὲν ὅταν ἡ ἀρχὴ ἔξωθεν ᾖ, κατὰ φύσιν δ' ὅταν ἐν αὐτῷ. (9) ἐπεὶ δὲ περὶ τῆς ἁφῆς ἱκανῶς εἴρηται, λέγωμεν νῦν περὶ τῶν ἄλλων αἰσθήσεων. (10) ταῦτα πάντα μαθήσει, ἂν μή τι κωλύσῃ τῶν ἔξωθεν.

231. (11) Whoever does not obey the old man, shall die on that day. (12) Don't ask him whether the causes are more than four. (13) When you no longer obey, you shall be put to death. (14) Let us send him a horse, so that he may hunt. (15) If he obeys his father, he will be king. (16) Is death a door that leads ("leading") to another life? (17) Say not that brave men die. (18) As he thinketh in his heart (φρένες), so is he. (19) [Whether] is he trustworthy or untrustworthy? (20) We are sending the physician home, in order that he may not forget his art.

XXXII. Ω-VERBS

Optative

Μή κρίνετε, ἵνα μὴ κριθῆτε.
'Εκ τοῦ κατὰ Ματθαῖον Εὐαγγελίου
vii. 1.
Judge not, that ye be not judged.

232. The optative is found in all tenses except imperfect and pluperfect. Like the indicative (147) it has distinctive forms for future middle, future passive, aorist middle, and aorist passive. In the perfect active a periphrastic form (πεπαιδευκὼς εἴην, etc.) is much commoner than the simple form. The endings are always secondary except in the first person singular of the active, where the ending is μι after the mood sign ῑ, ν after the mood sign ιη; in the aorist optative passive, as in the aorist indicative passive (147), the endings are active. Learn the inflection of the optative of παιδεύω active, middle, and passive (436-442).

233. Note that

(1) In the first aorist passive the tense sign is θε (cf. 147, 221.2), in the second aorist passive ε.

(2) The thematic vowel ο (32) appears in all tenses in which it appears in the indicative; also in the perfect active in place of the α of the tense sign (94).

(3) The mood sign is ῑ except (a) in third persons plural of primary active tenses, where it is ιε, and (b) in the singular of the aorist passive, where it is ιη.

(4) The aorist active is irregular.

234. The independent optative expresses

(1) A wish referring to the future (negative μή): μὴ γένοιτο *God forbid!*

(2) With ἄν, a less vivid future assertion (negative οὐ): γένοιτ' ἂν τοῦτο *this might happen*; οὐκ ἂν εἴη κοινή τις ἐπὶ τούτοις ἰδέα *there would not (or could not) be a common idea set over all these.* This use of the optative is called *potential*.

235.
VOCABULARY

ἄνευ (adv.), *without* (with gen.).
γεῦσις, εως, ἡ [CHOOSE], *taste*, Lat. GUSTUS, *GUSTUS*.
εἴθε or εἰ γάρ (particle), *O that, O if* (introducing a wish; with opt. if wish refers to fut., with impf. if wish refers to pres., with aor. ind. if wish refers to past).
ἕπομαι (σεπ, σπ), impf. εἱπόμην, ἕψομαι, ἑσπόμην, *follow*, Lat. SEQUOR (with dat.).
θερμός, ή, όν [**thermo**meter], *hot*.
θερμότης ητος, ἡ, *heat*.
νεκρός, ά, όν [**necro**polis], *dead*; νεκρός, οῦ, ὁ, *corpse*.
ξηρός, ά, όν [**xerosis**], *dry*.
οἷος, ᾱ ον (rel. pronom. adj.), *of which sort, as* (in *such as*); οἷον (adv.), *as, inasmuch as* (when a causal ptc. follows, the implication is that the cause assigned is one in which the speaker believes; cf. ὡς 229), *just as, for instance*; οἷός τε, *able* (with inf.); οἷόν τε, *possible* (with inf.).
ποῖος, ᾱ, ον (interrog. pronom. adj.), *of what sort*.
ποιός, ά, όν (indef. pronom. adj.), *of some sort* (often ποιός τις); ποιόν, οῦ, τό, *quality*.
ποιότης, ητος, ἡ, *quality*.
τοιοσδί, τοιᾱδί, τοιονδί (dem. pronom. adj.), *such as this* (deictic).
τοιοῦτος, τοιαύτη, τοιοῦτο(ν) (dem. pronom. adj.), *such as this*.
τοσοῦτος, τοσαύτη, τοσοῦτο(ν) (dem. pronom. adj.), *so great, so many, as great, as many*.
τρέφω (θρεφ, θροφ, θραφ: 367), θρέψω, ἔθρεψα, τέτροφα, τέθραμμαι, ἐτράφην [**atrophy**], *nourish, support*.
τροφή, ῆς, ἡ [τρέφω], *nourishment, nurture*.
ὑγρός, ά, όν [**hygro**meter], *wet*.
φιλίᾱ, ᾱς, ἡ [φίλος], *friendship*.
ψῡχρός, ά, όν [**psychro**meter], *cold*.
ὡσαύτως [adv. of ὁ αὐτός], *in the same way*.
ὥστε (conj. introducing result clause), *so as* (with inf.; emphasis on main clause); *so that* (with finite vb.; emphasis on dependent clause).

236. (1) κατὰ φύσιν τὸ θερμὸν ἄνω πέφυκε φέρεσθαι πᾶν. (2) τὰ δὲ γλυκέα πάντα ἐστὶ τροφή, καὶ ἀπὸ μῑκρῶν τοιούτων πολλὴν τροφὴν λαμβάνει τὸ σῶμα. (3) ποιότητα δὲ λέγω (*by "quality" I mean that*) καθ' ἣν ποιοί τινες εἶναι λέγονται. (4) πάντα μὲν τρέφεται τοῖς αὐτοῖς ἐξ ὧνπερ ἐστίν, πάντα δὲ πλείοσι (*more than one*) τρέφεται. (5) ὑγρὸν γὰρ καὶ ξηρὸν καὶ θερμὸν καὶ ψῡχρὸν ὕλη τῶν σωμάτων ἐστίν. (6) διὸ ἡ γεῦσίς ἐστιν ὥσπερ ἁφή τις· τροφῆς γάρ ἐστιν. (7) εἰ γὰρ γενοίμην, τέκνον, ἀντὶ σοῦ νεκρός. (8) μετὰ δὲ ταῦτα περὶ φιλίᾱς ἔποιτ' ἂν λέγειν· ἔστι γὰρ ἀρετή τις ἢ μετ' ἀρετῆς, ἔτι δ' ἀναγκαιότατον εἰς τὸν βίον· ἄνευ γὰρ φίλων οὐδεὶς ἕλοιτ' ἂν ζῆν. (9) αἱ μὲν οὖν διαφοραὶ τοιαῦται καὶ τοσαῦται τῶν ὑδάτων εἰσίν. (10) ἐγὼ δ' οὐκ ἂν δυναίμην διελεῖν ποῖα ὡσαύτως καὶ ποῖα ἑτέρως λέγεται.

237. (11) The fire was so hot that we could not stay in the house. (12) [Whether] is heat a quality or not? (13) The food was cold, so that we did not touch it. (14) I should choose pleasure of some sort. (15) Their friendship was so great as to last. (16) Thus the state supported its citizens, and just so [did it support] its soldiers. (17) May their virtues be such as these! (18) For without Thee I cannot live. (19) Sans eyes, sans taste, sans everything. (20) O would I were a boy again!

XXXIII. Ω-VERBS

Optative (Concl.)

> Εἷς ἀνήρ οὐδεὶς ἀνήρ.
> Γνώμη ἀδέσποτος.
> *In union there is strength.*

238. Verbs in άω, έω, and όω are contracted in the present optative (185). Learn the present optative (active, middle, and passive) of τῑμάω (452-453), φιλέω (454-455), and δηλόω (456-457).
Note that

(1) α + οι = ῳ.   (o-sounds prevail over all other sounds.)
(2) ε + οι = οι. (ε is absorbed by a following long vowel or diphthong.)
(3) ο + οι = οι.

239. The dependent optative (cf. 228) is used in

(1) Purpose clauses after secondary tenses: ταῦτ' ἐποίησεν ἵνα ἥδοιντο *he did this in order that they might enjoy themselves*; ταῦτ' ἐποίησαν μὴ κακῶς πάσχοι *they did this in order that he might not be treated badly.*

(2) Object clauses after secondary tenses of verbs of fearing introduced by μή *lest* or μὴ οὐ *lest not*: ἐφοβούμεθα μὴ ἀδικηθείη *we feared that he might be wronged*; ἐφοβοῦ μὴ οὐ νικήσειεν *you feared he might not conquer.*

(3) Protases of past general and future less vivid conditions: εἰ κελεύοι, ἐπειθόμην *if he ordered, I (always) obeyed* (as opposed to the past definite condition [487] εἰ ἐκέλευεν, ἐπειθόμην *if he was ordering, I was obeying*); εἰ κελεύσειε, πειθοίμην ἄν *if he should order, I should obey*; εἰ κελεύσειεν, οὐκ ἂν πειθοίμην *if he should order, I should not obey.*

(4) Relative clauses of conditional relative sentences corresponding to past general and future less vivid conditions: ὅστις βασιλεύοι ἔκρῑνεν *whoever was king judged*; ὅστις βασιλεύοι κρίνοι ἄν *whoever was king would judge.*

(5) Indirect quotations (with ὅτι or ὡς) and indirect questions, after a secondary tense: ἔλεγεν ὅτι πείσοιτο *he said that he should obey* (πείσομαι); ἔλεξεν ὅτι οὐχ ἡσθείη *he said that he had not enjoyed himself*

(οὐχ ἤσθην); ἠρώτησεν εἰ καλέσειεν *he asked whether he should call* (καλέσω;). There is no change of tense or of negative. The change of mood is optional. For a fuller statement see 287-288.

240. VOCABULARY

ἀδυνατέω, ἀδυνατήσω, etc., *be unable.*
ἀδύνατος, ον (ἀ + δυνατός: 41), *unable, impossible.*
ἀπ-έρχομαι, *go away.*
ἕνεκα or ἕνεκεν (prep., generally postpos.), *on account of, for the sake of, as far as regards* (with gen.); τὸ οὗ ἕνεκα, *that for the sake of which* (the final cause).
ἔνιοι, αι, α, *some.*
ἐπ-έρχομαι, *come on* (abs.); *come upon, attack* (with dat. or acc.).
ἔρχομαι, (ἐρχ, ἐλευθ, ἐλυθ, ἐλθ), ἐλεύσομαι, ἦλθον, ἐλήλυθα, *go, come.*
καθάπερ [κατά + ὅσπερ] (adv.), *exactly as.*
καλέω (καλε, κλη), καλῶ (for καλέ-σ-ω: 48.2), ἐκάλεσα, κέκληκα, κέκλημαι, ἐκλήθην [ec**clesia**, CALENDAR], *call, summon, name.*
κοινός, ή, όν [**coeno**bite], *common, common to* (with dat. or with poss.

gen.); κοινῇ (dat. as adv.), *in common.*
κοινωνέω, κοινωνήσω, etc. [κοινωνός *partner*], *share* (with partit. gen. of thing and dat. of pers.).
κοινωνίᾱ, ᾱς, ἡ [κοινωνός *partner*], *communion, association.*
λῡπέω, λῡπήσω, etc. [λύπη], *pain, grieve* (trans.).
λύπη, ης, ἡ, *pain, grief.*
μήποτε (adv.), *never.*
οὔποτε (adv.), *never.*
ὕπνος, ου, ὁ [**hypnotism**], *sleep,* Lat. SOMNUS.
ὑπο-λαμβάνω, *take up, take* (with acc.); *understand, assume, *sup*pose* (with inf. in indir. disc. or with ὡς and finite vb.).
φθίνω (φθι: 478) [**phthisis**], *decay, wane, waste away.*
φῶς (φάος), φωτός, τό (gen. pl. φώτων) [**phot**ograph], *light, daylight.*

241. (1) εἶπεν ὅτι τὸ φθειρόμενον εἰς τὸ μὴ ὂν ἀπίοι[1]. (2) μηκέτι πατὴρ κεκλημένος εἴην. (3) ἀδύνατον γὰρ ὁντινοῦν (subj. acc.) ταὐτὸν (= τὸ αὐτὸ) ὑπολαμβάνειν εἶναι καὶ μὴ εἶναι, καθάπερ τινὲς οἴονται λέγειν Ἡράκλειτον· οὐκ ἔστι γὰρ ἀναγκαῖον, ἅ τις λέγει, ταῦτα καὶ ὑπολαμβάνειν. (4) μήποτε φθίνοιεν αἱ τοιαῦται ἀρεταί. (5) ἔλεξεν δ' ὁ Ἀριστοτέλης ὅτι τῶν ζῴων ἔνια μαθήσεως κοινωνοίη, τὰ μὲν παρ' ἀλλήλων, τὰ δὲ καὶ παρὰ τῶν ἀνθρώπων. (6) οἱ γὰρ τοιοῦτοι τόποι ὑγρότεροι ἂν εἶεν, εἰ μὴ ἐπίοι[2] αὐτοὺς ὁ ἥλιος. (7) πᾶσαν πόλιν ὁρῶμεν κοινωνίᾱν τινὰ οὖσαν (172.3b) καὶ πᾶσαν κοινωνίᾱν ἀγαθοῦ τινος ἕνεκεν γεγονυῖαν, τοῦ γὰρ εἶναι δοκοῦντος ἀγαθοῦ χάριν πάντα πράττουσι πάντες. (8) τήν τε ἀρετὴν καὶ τὴν κακίᾱν τὴν ἠθικὴν περὶ λύπᾱς καὶ ἡδονὰς ὑπειλήφαμεν εἶναι. (9) τοῖς τῶν τοιούτων ἀρετῶν κοινωνοῦσιν ἐπέλθοι ὕπνος γλυκύς. (10) τὸ φῶς ποιεῖ τὸ ὁρᾶν.

242. (11) We will receive whoever comes. (12) Would he be unable to judge about such matters? (13) Many things are common to soul

---

1. 3d sing. pres. opt of ἄπειμι *go away* (471).
2. 3d sing. pres. opt. of ἔπειμι *come upon* (471).

and to body (use generic articles), as for instance sensation. (14) He would be pained if he were ruled by a tyrant. (15) We all do fade as a leaf. (16) She said that she was unable to go away. (17) Perish all they who call evil good, and good evil! (18) Whate'er thy griefs, in sleep they fade away. (19) As has already been said, pleasure and pain are common to soul and to body. (20) Light is the color of fire.

XXXIV. CONDITIONAL SENTENCES; NUMERALS

> Οἵη περ φύλλων γενεή, τοίη δὲ καὶ ἀνδρῶν.
> Ὁμήρου Ἰλιάδος vi. 146.
> *The race of man is as the race of leaves.*
> (Lord Derby.)

243. The conditional sentences mentioned in 228 and 239 are the following:

present definite past definite future most vivid	} indicative in protasis
present general future more vivid	} subjunctive in protasis
past general future less vivid	} optative in protasis

Two types remain:

present contrary to fact past contrary to fact	} indicative in protasis

Learn the skeletons of all nine types (481-489).

244. Read the table of numerals in 424. Learn the first twelve cardinals, the first four ordinals, and the first four numeral adverbs. Learn the inflection of δύο, τρεῖς, and τέτταρες (423).

245.   VOCABULARY

βάθος, ους, τό [**bathos**], *depth*.
δεύτερος, ᾱ, ον [**Deutero**nomy], *second*.
διάστημα, ατος, τό [δι-ίστημι, **diastem**], *interval, intermission, extension, dimension*.
δίς [δύο, BIS] (adv.), TWICE.
εὖρος, ους, τό, *breadth, width*.
ἥμισυς, εια, υ [**hemi**sphere], *half*; ἡ ἡμίσεια (sc. μοῖρα) or τὸ ἥμισυ, *half*.
κύων, κυνός, ὁ, ἡ [**cynic**, HOUND], *dog*, Lat. CANIS (398).

μετρέω, μετρήσω, etc. [μέτρον], *measure*; μετρητός, ή, όν (verbal adj.), *measurable, measured* (310).
μέτρον, ου, τό, *measure*, **metre**.
μῆκος, ους, τό [μακρός], *length*.
μνᾶ, μνᾶς, ἡ, **mina** (a weight, slightly less than a pound; a sum of money = ca. $ 18: 386).
πλάτος, ους, τό [**plate**], *breadth, width*.
πόσος, η, ον (interrog. pronom. adj.), *how big, how much, how many*; πόσου, *at what price*.

ποσός, ή, όν (indef. pronom. adj.), *of a certain quantity* or *magnitude* or *number*; ποσόν, οῦ, τό, *quantum*.
τέταρτος, η, ον, FOURTH.
τετράκις [**tetra**gon] (adv.), FOUR *times*.
τρεῖς, τρία, THREE (423).
τρίς [**tris**octahedron] (adv.), THRICE.
τρίτος, η, ον, THIRD.

ὕψος, ους, τό, *height, sublimity*.
χωρίζω (477), ἐχώρισα, κεχώρισμαι, ἐχωρίσθην [χωρίς], *separate, divide*; χωριστός, ή, όν (verbal adj.), *separable, abstract* (310).
χωρίς (adv.), *separately, apart from* (with gen.).

246. (1) διαστήματα μὲν οὖν ἔχει ὁ τόπος τρία, μῆκος καὶ πλάτος καὶ βάθος, οἷς ὁρίζεται σῶμα πᾶν. (2) ἀδύνατον δὲ σῶμα εἶναι τὸν τόπον· ἐν ταὐτῷ γὰρ ἂν εἴη δύο σώματα. (3) ἡ δ' ἀρχὴ λέγεται ἥμισυ εἶναι παντός. (4) τῶν δὲ ζῴων τῶν πόδας ἐχόντων τὰ μὲν δύο πόδας ἔχει, οἷον ἄνθρωπος καὶ ὄρνις, τὰ δὲ τέτταρας, οἷον ἵππος καὶ βοῦς, τὰ δὲ πλείους (409). (5) διὸ καὶ τῷ ὕψει οἱ βόες τῶν ἵππων οὐδὲν ἢ μῖκρὸν ἐλάττους (409) εἰσίν. (6) τὸ πλάτος ἄρα οὐδ' ὁτιοῦν διαφέρει τοῦ εὔρους. (7) ἔστι δὲ τεττάρων ἡμερῶν ὁδὸς ἀπὸ τῆς χώρας τῆς τοῦ ἔθνους τούτου. (8) ΣΩΚΡΑΤΗΣ. Πόσοι οὖν εἰσιν οἱ δύο δὶς πόδες; εἰπέ. ΠΑΙΣ. Τέτταρες, ὦ Σώκρατες. (9) τρὶς τοσαῦτα δῶρα εἶχες. (10) μέτρον γάρ ἐστιν ᾧ τὸ ποσὸν γιγνώσκεται.

247. (11) These mountains are a half day's journey apart ("are distant from one another a journey of a half day"). (12) Is her house worth ten minae? (13) This region is second after that. (14) The cowardly man, being untrustworthy, measures others ("the others") by himself. (15) Many people have written about the sublime. (16) Neither height nor depth shall be able to separate us from God. (17) The interval would be much (216) less. (18) Twelve is (ἔστιν τὰ δώδεκα) twice six or thrice four or four times three or six times two. (19) How long (πόση) would the journey be? (20) I was the third, and you were the fourth.

XXXV. CONTRACT NOUNS AND ADJECTIVES;

OBJECT CLAUSES

> Πάντων χρημάτων μέτρον ἄνθρωπος.
> Πρωταγόρᾱς.
> *Man is the measure of all things.*

248. Learn the declension of μνᾶ, γῆ, and νοῦς (386-387). Note that in the dual and plural γῆ disregards the rule of contraction given in 185.2.

249. Learn the declension of εὔνους (404). Note that the rule of accent given in 185.4 is disregarded and that οα is not contracted.

250. (1) Object clauses referring to the future after verbs of fearing have been mentioned above (228.2, 239.2): after primary tenses they take the subjunctive, and after secondary tenses the subjunctive (if the object of the fear is represented as particularly vivid) or the optative. If the object of fear is present or past, the clause takes a present or past indicative. In all these cases the clause is introduced by μή *lest* (negative μὴ οὐ *lest . . . not*).

(2) With verbs meaning *strive for, care for*, or *effect*, the object is expressed by ὅπως or ὅπως μή with the future indicative (which after a secondary tense rarely changes to the optative): σκεπτέον ἐστὶν ὅπως τὰ ἐπιτήδεια ἕξομεν *we must consider how we shall get our provisions*; τῆς ψῡχῆς ὅπως ὡς βελτίστη ἔσται οὐκ ἐπιμελῇ *you do not give heed to your soul, to make it as good as possible*; ἔπρᾱττον ὅπως τις βοήθεια ἥξει *they negotiated for some aid to come*; διεπρᾱττοντο ὅπως ἡγήσοιντο *they arranged that they should be leaders*.

(3) When such verbs are followed by ὅπως or ὅπως μή and the subjunctive or (after secondary tenses) by the present or aorist optative, the clauses form a class intermediate between object clauses and clauses of purpose (228.1, 239.1): φυλάττου ὅπως μὴ καὶ σὺ ἐλάττους τοὺς βοῦς ποιήσῃς *take care lest you also make the cattle fewer*; ἐπεμέλετο γὰρ καὶ τούτου ὁ Κῦρος ὅπως ἁλίσκοιντο *for this was another thing that Cyrus looked out for — that prisoners should be taken*.

(4) When such verbs are omitted, ὅπως or ὅπως μή with the future indicative conveys an exhortation or a warning: ὅπως μηδείς σε πείσει *don't let anyone persuade you.*

251.
VOCABULARY

ἀθάνατος, ον (41), *undying, immortal.*
ἅπαξ [**hapax** legomenon] (adv.), *once, once only.*
γῆ, γῆς, ἡ [**ge**ography, **Ge**orge], *earth* (386).
δια-νοέομαι, διανοήσομαι, διανενόημαι, διενοήθην, *think* (abs.); *be minded, have in mind* (with obj. inf.); *think* (with inf. in indir. disc.).
δίπηχυς, υ, gen. εος [δίς + πῆχυς *cubit*], *two cubits long* or *broad* (41, 407).
διττός, ή, όν [δίς, **ditto**graphy], two-fold, DOUBLE; διττῶς (adv.), DOUBLY, *in* TWO *senses.*
διχῶς [**dicho**tomy] (adv.), *in* TWO *ways* or *senses.*
ἐπιμελέομαι, ἐπιμελήσομαι, ἐπιμεμέλημαι, ἐπεμελήθην, *take care of* (with object. gen.), *take care that* (with obj. clause).
εὐδαιμονίᾱ, ᾱς, ἡ [εὐδαίμων], *prosperity, happiness.*

εὔνους, ουν [εὖ + νοῦς], *well-disposed, kindly* (41, 404).
κακόνους, ουν [κακός + νοῦς], *ill-disposed* (41, 404).
μετα-βάλλω, *change* (trans. and intrans.).
μεταβολή, ῆς, ἡ [**metabolism**], *change.*
νοέω, νοήσω, etc. [νοῦς, **noumenon**], *think, apprehend* (abs., with acc., with obj. inf., but not with indir. disc.); νοητός, ή, όν (verbal adj.), *thinkable, mental.*
νοῦς, νοῦ, ὁ, *mind, intuitive reason,* INTELLECTUS (387).
πλοῦς, πλοῦ, ὁ [πλοῖον], *voyage* (387).
σκοπέω (in Attic this usually replaces σκέπτομαι), σκέψομαι, ἐσκεψάμην, ἔσκεμμαι [**scope, sceptic**], *look at, look into;* σκεπτέος, ᾱ, ον (verbal adj.), *to be looked into.*
τριχῶς (adv.), *in* THREE *ways* or *senses.*

252. (1) ἀθάνατος ὁ θάνατός ἐστιν, ἂν ἅπαξ τις ἀποθάνῃ. (2) τῷ δὲ φίλῳ δεῖ βούλεσθαι τὰ ἀγαθὰ ἐκείνου ἕνεκα· τοὺς δὲ βουλομένους οὕτω τὰ ἀγαθὰ εὔνους λέγουσιν. (3) οὐ παντὸς ἀνδρὸς ἐπὶ τράπεζάν ἐσθ' ὁ πλοῦς. (4) δῆλον οὖν ὅτι διττῶς λέγοιτ' ἂν τὰ ἀγαθά, τὰ μὲν καθ' αὑτά, τὰ δὲ διὰ ταῦτα. (5) οὗτος ὁ Ἔρως τὴν μεγίστην δύναμιν ἔχει καὶ πᾶσαν ἡμῖν εὐδαιμονίᾱν παρασκευάζει. (6) πρῶτον μὲν οὖν σκεπτέον τί τῶν βασιλευόντων ἔργον ἐστίν. (7) λέγω δὲ νοῦν ᾧ (*by "mind" I mean that by which*) διανοεῖται καὶ ὑπολαμβάνει ἡ ψῡχή. (8) δυνάμει πώς ἐστι τὰ νοητὰ ὁ νοῦς. (9) ἐν παντὶ δὲ μάλιστα φυλακτέον τὸ ἡδὺ καὶ τὴν ἀρετήν. (10) ἐπεὶ δὲ διττὸν τὸ ὄν, μεταβάλλει πᾶν ἐκ τοῦ δυνάμει ὄντος εἰς τὸ ἐνεργείᾳ ὄν.

253. (11) Will you see to it that the children learn the numbers? (12) If he were ill-disposed towards you, he would be asking you for three or four minas. (13) The word earth is used ("said") in two senses. (14) They were two cubits in width (acc. of specif.). (15) He will see to it that the animals are divided into three classes ("in three ways"). (16) Every change is out of something into something. (17) Existing things (ptc.) are either sensible or thinkable. (18) Mind sees and mind hears. (19) If they are caught, they will wish to die many times and not once only. (20) If he were not ill-disposed to me, I should not be ill-disposed to him.

XXXVI. Ω-VERBS

Imperative

> Πᾶν δένδρον ἀγαθὸν καρποὺς καλοὺς ποιεῖ.
> Ἐκ τοῦ κατὰ Ματθαῖον Εὐαγγελίου
> vii. 17.
> *Every good tree bringeth forth good fruit.*

254. There are two sets of imperative endings:

	Active	Middle and Passive
Sing. 2	θι or —	σο
Sing. 3	τω	σθω
Dual 2	τον	σθον
Dual 3	των	σθων
Plur. 2	τε	σθε
Plur. 3	ντων	σθων

With all of these endings the accent is usually recessive (35). But

(1) In five second aorists active (provided the verb is not a compound) the second persons singular and plural accent the thematic vowel:

(εἴρω)	say	εἶπον	εἰπέ	εἰπέτε
ἔρχομαι	come	ἦλθον	ἐλθέ	ἐλθέτε
εὑρίσκω	find	ηὗρον or εὗρον	εὑρέ	εὑρέτε
ὁράω	see	εἶδον	ἰδέ	ἰδέτε
λαμβάνω	take	ἔλαβον	λαβέ	λαβέτε

(2) In all thematic second aorists middle (both simple and compound) the second person singular accents the thematic vowel:

| λαμβάνω | take | ἐλαβόμην (λαβ-έ-σο) λαβοῦ | λάβεσθε |

255. Learn the imperatives of παιδεύω (436, 438, 440, 442), τιμάω (452-453), φιλέω (454-455), and δηλόω (456-457). Note that

(1) θι, in these Ω-verbs, occurs only in the aorist passive, where, after θη, it becomes τι: παιδεύθητι, πλάγηθι.

(2) σο loses its σ after a thematic vowel: παιδεύ-ε-σο = παιδεύου; τῑμά-ε-σο = τῑμά-ου = τῑμῶ; φιλέ-ε-σο = φιλέ-ου = φιλοῦ; δηλό-ε-σο = δηλό-ου = δηλοῦ.

(3) First aorists active and middle are irregular in the second singular: παίδευσον, φῆνον, παίδευσαι, φῆναι.

256. All imperatives are regarded as primary tenses and refer to future time; the present to continued action, the aorist to simple occurrence, the perfect to action as completed with permanent result: λέγε *speak* (the person addressed may or may not have already begun to speak); εἰπέ *speak* (the person addressed has not already begun to speak); καὶ περὶ μὲν τούτων ἐπὶ τοσοῦτον εἰρήσθω *but enough of this subject* (lit. *and let it have been spoken to such length concerning these things*).

257. The imperative in prohibitions stands in the present tense: μὴ λέγετε *do not keep saying* or *refrain from saying*. Prohibitions of a single act take μή and the aorist subjunctive (223.2).

258. VOCABULARY

ἐμός, ή, όν [ME] (poss. adj.), MY, MINE, Lat. MEUS. (ὁ ἐμὸς ἵππος MY *horse*, ἵππος ἐμός *a horse of* MINE, ὁ ἵππος ἐμός *the horse is* MINE.)
ἐπιθῡμέω, ἐπιθῡμήσω, etc., *desire* (with gen. or inf.).
ἐπιθῡμητικός, ή, όν, *desiring* (with object. gen.).
ἐπιθῡμίᾱ, ᾱς, ἡ [ἐπιθῡμέω], *desire*.
ἐπιμέλεια, ᾱς, ἡ, *care, attention* (with object. gen.).
ἡμέτερος, ᾱ, ον [ἡμεῖς] (poss. adj.), *our, ours*.
ἴδιος, ᾱ, ον (or ος, ον) [**idiom, idiot**], *one's own, separate*; ἴδιον, ου, τό, *property, peculiarity, PROPRIUM*.
μέλλω (μελλ, μελλη), μελλήσω, ἐμέλλησα, *be going to, be likely to* (with pres. or fut. inf., rarely the aor.); *delay* (with pres. inf.).
μόνος, η, ον [**mono**type], *alone, only*; μόνον (adv.), *only*.
παιδείᾱ, ᾱς, ἡ [παῖς], *training, instruction*.
πλοῦτος, ου, ὁ [**pluto**crat], *wealth*.

σός, σή, σόν (poss. adj.), THY, THINE, Lat. TUUS.
συμ-βαίνω, *come to pass, happen, result*; συμβεβηκός, ότος, τό, *accident, concomitant, attribute, ACCIDENS*; κατὰ συμβεβηκός, *by accident, PER ACCIDENS*.
συμ-φέρω, *bring together, be useful*.
ὑμέτερος, ᾱ, ον [ὑμεῖς] (poss. adj.), YOUR, YOURS.
χράομαι (185.2), χρήσομαι, ἐχρησάμην, κέχρημαι, ἐχρήσθην [χρή], *use* (with instrumental dat.); χρηστέον (verbal adj.), *one must use* (311.2).
χρή (indecl. subst. used as 3d sing. pres. ind. act. of an impers. vb.), *one ought* (with inf. or with acc. and inf.). (Impf. χρῆν or ἐχρῆν; subjv. χρῇ, opt. χρείη, inf. χρῆναι, indecl. ptc. χρεών.)
χρῆμα, ατος, τό [χράομαι], *thing that one uses*; plur., *things, property, money*.
χρήσιμος, η, ον (or ος, ον), *useful*.
χρῆσις, εως, ἡ [**cata**chresis], *use*.
ψόφος, ου, ὁ, *noise*.

259. (1) ὁρῶμεν ὅτι αἱ παιδεῖαι ποιούς τινας ποιοῦσι τοὺς νέους. (2) μὴ ἐπιθῡμήσητε τῶν ἀδυνάτων. (3) ἥκιστα γὰρ ἐπιμελείας τυγχάνει τὸ πλείστων κοινόν· τῶν γὰρ ἰδίων μάλιστα ἐπιμελοῦνται, τῶν δὲ κοινῶν ἧττον. (4) τὸ μὲν γὰρ συμφέρον αὐτῷ ἀγαθόν ἐστιν (*is good for oneself*), τὸ δὲ καλὸν ἁπλῶς (sc. ἀγαθόν ἐστιν). (5) ἐπιθῡμίᾳ γὰρ καὶ θῡμῷ καὶ τοῖς τοιούτοις χρῆται τὰ ζῷα πάντα. (6) ἐπεὶ δ' ἐστὶν εὐδαιμονίᾱ τὸ ἄριστον, αὕτη δὲ ἀρετῆς ἐνέργεια καὶ χρῆσίς τις τέλειος, συμβέβηκε δὲ οὕτως ὥστε τοὺς μὲν μετέχειν αὐτῆς, τοὺς δὲ μῑκρὸν ἢ μηδέν, δῆλον ὡς τοῦτ' αἴτιον τοῦ γίγνεσθαι πόλεως εἴδη καὶ διαφορὰς καὶ πολῑτείᾱς πλείους. (7) γίγνεται ὁ κατ' ἐνέργειαν ψόφος ἀεί τινος πρός τι καὶ ἔν τινι· πληγὴ γάρ ἐστιν ἡ ποιοῦσα. (8) διὸ καὶ ἀδύνατον ἑνὸς ὄντος γενέσθαι ψόφον. (9) ὁ πλοῦτος δ' ἐστὶ τῶν χρησίμων· ἑκάστῳ δ' ἄριστα χρῆται ὁ ἔχων τὴν περὶ τοῦτο ἀρετήν. (10) ἡ ὕλη αἰτίᾱ τοῦ συμβεβηκότος.

260. (11) Man is [the] measure of all things. (12) Those who are going to rule ought to have three [qualities]. (13) Thus much is mine; all else is thine. (14) Not even the gods fight against Necessity. (15) It is not my [task], but thine, to look upon these things. (16) I have not seen the thief of your cattle. (17) What's mine is yours, and what is yours is mine. (18) Nor do they know how much (216) more the half is than the whole. (19) But now you ought to say something clever. (20) Use him as though ("just as if") you loved him.

XXXVII. MI-VERBS

τίθημι

> Πολλῶν τὰ χρήματ' αἴτι' ἀνθρώποις κακῶν.
> Εὐρῑπίδου ἀπόσπασμα 632.
> *The love of money is the root of all evil.*

261. Most MI-verbs differ from Ω-verbs in two systems only—the present and the second aorist, in both of which they lack (except in the subjunctive) the thematic vowel ᵋ/o or ᵑ/ω; verbs in -νῡμι differ in the present system only.

262. Learn the present and second aorist systems of τίθημι (458, 461).

Note that

(1) The present system has reduplication with ι (τίθημι for θιθημι: 98.2).

(2) The present and imperfect indicative active show in the singular the strong form of the stem (θη). So originally all the subjunctives, but the stem vowel has contracted with the ᵑ/ω. Elsewhere the weak grade θε is used. ἐτίθεις, ἐτίθει are formed as if from τιθέω; so also the present imperative active form τίθει.

(3) The present indicative active has regular endings (474); τιθεαντι = τιθέᾱσι just as λῡοντι = λῡουσι (34).

(4) In active optatives the mood sign is ιη in the singular, ιε or ιη in the third person plural, ῑ or ιη elsewhere. In all forms of the optative the ι is accented if possible.

(5) The active participles τιθείς and θείς are from τιθεντς and θεντς. For the inflection see 419.

(6) In the aorist indicative active the singular forms ἔθηκα, ἔθηκας, ἔθηκε are *first* aorists, with tense sign κα for σα.

(7) σ of the endings σαι and σο is preserved in the present and imperfect indicative and the present imperative: τίθεσαι, ἐτίθεσο, τίθεσο.

(8) The aorist active infinitive ending is εναι (θε-έναι = θεῖναι).

263. VOCABULARY

ἄμετρος, ον [ἀ + μέτρον], *without measure, without* **metre**.
ἔμμετρος, ον [ἐν + μέτρον], IN *measure*, IN **metre**.
ἐπι-τίθημι, *put on, impose*; mid., *put on oneself, put oneself on* (i.e., *apply oneself to, attack*; with dat.).
θέσις, εως, ἡ [τίθημι], a *putting, position,* **thesis**.
ἱστορίᾱ, ᾱς, ἡ [**history**], *inquiry, knowledge obtained by inquiry, written account of inquiry*.
ἱστορικός, ἡ, όν, *exact,* **historic**; ἱστορικός, οῦ, ὁ, **historian**.
καθόλου (κατὰ ὅλου) [**catholic**] (adv.), *in general*; τὰ καθόλου, *universals,* UNIVERSALIA.
καρδίᾱ, ᾱς, ἡ [**cardiac**], HEART, Lat. COR.
καρπός, οῦ, ὁ [endo**carp**, HARVEST, Lat. CARPERE], *fruit*.
κόσμος, ου, ὁ [**cosmic, cosmetic**], *order, ornament, universe, world*.
οὐρά, ᾶς, ἡ [sq**uir**rel, cyno**sure**], *tail*.
οὐρανός, οῦ, ὁ [**uranian**], *heaven, sky, universe*.

πολῑτικός, ἡ, όν [πολίτης], *relating to citizens,* **political**, *civil*; πολῑτική (sc. τέχνη or ἐπιστήμη), *science of* **politics**; τὰ πολῑτικά, *public matters*.
προσ-τίθημι [**prosthetic**], *put to, impose, add*; mid., *side with* (with dat.), *win over* (with acc.).
σκοπός, οῦ, ὁ [σκοπέω, **scope**], *watcher, mark*.
σύνθεσις, εως, ἡ, a *putting together, composition,* **synthesis**.
σύνθετος, η, ον (or ος, ον) [συν-τίθημι], *composite*.
σφαῖρα, ᾱς, ἡ, *ball,* **sphere**.
τίθημι (θη, θε), θήσω, ἔθηκα, τέθηκα, τέθειμαι, ἐτέθην [DO], *put, establish, lay down, regard as, make*; θετέον (verbal adj.), *one must lay down* (311.2).
ὑπ-άρχω, *begin, be in the beginning, belong as an attribute*; τὰ ὑπάρχοντα, *existing circumstances, existing resources*.
ὑπόθεσις, εως, ἡ, SUGGESTION, *purpose*, SUGGESTED *subject,* **hypothesis**.

264. (1) Κάλλιππος δὲ τὴν θέσιν τῶν σφαιρῶν τὴν αὐτὴν ἐτίθετο Εὐδόξῳ. (2) ὁ γὰρ ἱστορικὸς καὶ ὁ ποιητὴς οὐ τῷ ἢ ἔμμετρα λέγειν ἢ ἄμετρα διαφέρουσιν· εἴη γὰρ ἂν τὰ Ἡροδότου εἰς μέτρα τεθῆναι, καὶ οὐδὲν ἧττον ἂν εἴη ἱστορίᾱ τις μετὰ μέτρου ἢ ἄνευ μέτρων. (3) τότε ἤδη (*tum denique*) ἐὰν δοκῇ χρῆναι, ἐπιθησόμεθα τοῖς πολῑτικοῖς. (4) ἅμα δὲ δῆλον ὅτι οὐδὲ τόπος οὐδὲ κενὸν οὐδὲ χρόνος ἐστὶν ἔξω τοῦ οὐρανοῦ. (5) ἐν Συρίᾳ αἱ βόες τὰς οὐρὰς ἔχουσι τὸ πλάτος πήχεως. (6) οὕτω (anticipatory of the temporal clause) γὰρ εἰδέναι τὸ σύνθετον ὑπολαμβάνομεν (293), ὅταν εἰδῶμεν ἐκ τίνων καὶ πόσων ἐστίν. (7) ὁμοίως δὲ καὶ τῶν φυτῶν οὐ τὰ μέγιστα φέρει πλεῖστον καρπόν. (8) πᾱσῶν γὰρ τῶν φλεβῶν ἐκ τῆς καρδίᾱς αἱ ἀρχαί. (9) τοῦτο γὰρ λέγεται καθόλου ὃ πλείοσιν ὑπάρχειν πέφῡκεν. (10) ἐπεὶ δὲ βουλεύεται ἀεὶ ὁ βουλευόμενος ἕνεκά τινος, καὶ ἔστι σκοπός τις ἀεὶ τῷ βουλευομένῳ πρὸς ὃν σκοπεῖ τὸ συμφέρον, περὶ μὲν τοῦ τέλους οὐδεὶς βουλεύεται, ἀλλὰ τοῦτ' ἐστὶν ἀρχὴ καὶ ὑπόθεσις.

265. (11) Isocrates says that the root of education is bitter, but the fruit sweet. (12) If I were younger, I should not be sending a letter. (13) Men become richer by adding to (πρός and acc.) their existing wealth.

(14) All animals with blood in them have a heart. (15) Birds have no tail ("have not a tail"). (16) We were teaching the soldiers to shoot at a mark (ἐπί and acc.). (17) When I was young, I desired this knowledge that men call "inquiry concerning nature". (18) How large is the world round the earth? (19) Dionysius wrote *De Compositione Verborum*. (20) They thought that there were many spheres round the earth.

XXXVIII. MI-VERBS

δίδωμι

'Αργὸς μὴ ἴσθι, μηδ' ἂν πλουτῇς.
Θαλῆς Μιλήσιος.
Even if you're rich, do not be idle.

266. Learn the present and second aorist systems of δίδωμι (459, 462). Note that

(1) The present system has reduplication with ι.
(2) The present indicative active has in the singular the strong form of the stem (δω). So originally all the subjunctives, but the stem vowel has contracted with the η/ω. Elsewhere the weak grade δο is used. The imperfect indicative active is in the singular formed as if from διδόω; so also the present imperative active form δίδου.
(3) The present indicative active has regular endings (474): διδοαντι = διδόᾱσι (34).
(4) In active optatives the mood sign is ιη in the singular, ιε or ιη in the third person plural, ῑ or ιη elsewhere. In all forms of the optative the ι is accented if possible.
(5) The active participles διδούς and δούς are from διδοντς and δοντς. For the inflection see 419.
(6) In the aorist indicative active the singular forms ἔδωκα, ἔδωκας, ἔδωκε are *first* aorists, with tense sign κα for σα.
(7) σ of the endings σαι and σο is preserved in the present and imperfect indicative and the present imperative: δίδοσαι, ἐδίδοσο, δίδοσο.
(8) The aorist infinitive active ending is έναι (δο-έναι = δοῦναι).

267. VOCABULARY

ἄλυπος, ον [ἀ + λύπη], *free from pain, causing no pain.*
ἀπο-δίδωμι, *give back, give, give an account* OF, *render, pay.*
ἀριθμέω, ἀριθμήσω, etc. [ἀριθμός], *number, count;* ἀριθμητός, ή, όν [**arithmetic**] (verbal adj.), *numerable.*
ἀστήρ, έρος, ὁ, STAR, Lat. STELLA. (Dat. pl. ἀστράσι.)
ἄστρον, ου, τό [**astrology**], STAR, Lat. **astrum**.
δίδωμι (δω, δο), δώσω, ἔδωκα, δέδωκα, δέδομαι, ἐδόθην [δῶρον, anec**dote**], *give*, Lat. DO; δίκην δίδωμι, *be punished.*
διπλάσιος, ᾱ, ον, TWOFOLD, TWICE *the size of* (with ἤ or gen. of compar.).
δόσις, εως, ἡ [δίδωμι], *a giving, gift,* **dose**.

ἐλευθέριος, ον (or ᾱ, ον), *free-spirited, liberal.*
Ἑλλάς, άδος, ἡ, **Hellas**, *Greece.*
ἡδέως [ἡδύς] (adv.), *with pleasure, gladly.*
κύκλος, ου, ὁ, *circle, orbit,* **cycle**, WHEEL.
λῡπηρός, ά, όν [λύπη], *painful.*
μέγεθος, ους, τό [μέγας], *greatness,* MAGNITUDE.
ὀρθός, ή, όν [**ortho**dox], *erect, straight, just;* ὀρθῶς (adv.), *rightly.*

πλέω (πλεϜ: 185, 129.3), πλεύσομαι or πλευσοῦμαι (πλεϜ-σέ-ο-μαι: 48.3), ἔπλευσα, πέπλευκα, πέπλευσμαι [πλοῖον], *sail* (intrans.).
πολλαπλάσιος, ᾱ, ον, *many times as large, many times as many* (with ἤ or gen.).
προ-δίδωμι, *give up, forsake, betray.*
πρόσθεσις, εως, ἡ, *application, addition.*
σελήνη, ης, ἡ, *moon.*

268. (1) οὕτω γὰρ φανεῖ (2d sing.) πλείστοις κακή, θανόντα πατέρα καὶ φίλους προδοῦσα σούς.[1] (2) οὕτω δ' οὐκ ἂν ἔχοιεν οἰκείᾱν κίνησιν οἱ ἀστέρες, ἀλλὰ φέροιντ' ἂν ὑπὸ τῶν κύκλων. (3) ἐπειδὰν ἑνί τις προσθῇ ἕν, ἢ τὸ ἓν ᾧ προσετέθη δύο γέγονεν ἢ τὸ προστεθέν, ἢ τὸ προστεθὲν καὶ ᾧ (the antecedent to this relative is not expressed) προσετέθη διὰ τὴν πρόσθεσιν τοῦ ἑτέρου τῷ ἑτέρῳ δύο ἐγένετο. (4) ἀνθρώποισι (= ἀνθρώποις) τὰς μὲν ἐκ θεῶν τύχᾱς δοθείσᾱς ἔστ' ἀναγκαῖον φέρειν. (5) αἱ δὲ κατ' ἀρετὴν πράξεις καλαὶ καὶ τοῦ καλοῦ ἕνεκα. (6) καὶ ὁ ἐλευθέριος οὖν δώσει τοῦ καλοῦ ἕνεκα καὶ ὀρθῶς· οἷς γὰρ δεῖ καὶ ὅσα καὶ ὅτε, καὶ τὰ ἄλλα ὅσα ἕπεται τῇ ὀρθῇ δόσει· καὶ ταῦτα ἡδέως ἢ ἀλύπως· τὸ γὰρ κατ' ἀρετὴν ἡδύ (pred. adj.) ἢ ἄλυπον, ἥκιστα δὲ λῡπηρόν. (7) ὁ δὲ διδοὺς οἷς μὴ δεῖ, ἢ μὴ τοῦ καλοῦ ἕνεκα ἀλλὰ διά τιν' ἄλλην αἰτίᾱν, οὐκ ἐλευθέριος ἀλλ' ἄλλος τις ῥηθήσεται. (8) περὶ δὲ τῶν καλουμένων ἄστρων ἑπόμενον ἂν εἴη λέγειν. (9) ὁ μὴ πεπλευκὼς οὐδὲν ἑόρᾱκεν κακόν. (10) τό τε τοῦ ἡλίου μέγεθος μεῖζόν ἐστιν ἢ τὸ τῆς γῆς καὶ τὸ διάστημα πολλαπλασίως μεῖζον τὸ τῶν ἄστρων πρὸς τὴν γῆν ἢ τὸ τοῦ ἡλίου, καθάπερ τὸ τοῦ ἡλίου πρὸς τὴν γῆν ἢ τὸ τῆς σελήνης.

269. (11) He gave back all that had been taken. (12) We would not betray Greece. (13) I shall gladly pay back to her all that I have received from her. (14) What shall I render to my God For (ἀντί) all his gifts to me? (15) See no evil, hear no evil, speak no evil. (16) The second gift, although small, was twice as big as the first. (17) Why is it painful to you to hear this? (18) In heaven the stars are shining (φαίνομαι) round the moon. (10) In these plains there were many times as many horses as in Greece. (20) A quantum is a plurality if it is numerable, a magnitude if [it is] measurable.

---

1. The article is often omitted in poetry where it would be required in prose.

XXXIX. MI-VERBS

ἵστημι

> Μή νυν τὰ πόρρω τἄγγύθεν μεθεὶς σκόπει.
> Εὐρῑπίδης ἐν τῷ 'Ρήσῳ 482.
> *Lose not thy path watching a distant view.*
> (G. Murray.)

270. Learn the present, second aorist, and second perfect systems of ἵστημι (460, 463, 467). Note that

(1) The present system has reduplication with ι (the initial σ has weakened to a rough breathing).
(2) The strong form of the stem (στη) occurs not only in the singular of the present indicative active and of the imperfect indicative active but also in the second singular of the present imperative active (which has no personal ending), throughout the second aorist indicative active, throughout the second aorist imperative active (except στάντων), and in the second aorist infinitive active; in the subjunctive η + ω = ω, η + η = η. Elsewhere the weak grade στα is used.
(3) The present indicative active has regular endings (474); ἰσταανΤι = ἱστᾶσι (34).
(4) In the active optatives the mood sign is ιη in the singular, ιε or ιη in the third person plural, ῑ or ιη elsewhere. In all forms of the optative the ι is accented if possible.
(5) The active participles ἱστάς and στάς are from σισταντς and σταντς. They are inflected like παιδεύσᾱς (413).
(6) There is no second aorist middle.
(7) σ of the endings σαι and σο is preserved in the present and imperfect indicative and the present imperative: ἵστασαι, ἵστασο, ἵστασο.
(8) The aorist infinitive active ending is ναι.
(9) The perfect systems have reduplication with ε (the initial σ has weakened to a rough breathing).
(10) In the perfect and pluperfect indicative active the singulars are *first* perfects and *first* pluperfects, with the strong form of the stem;

in the duals and plurals the personal endings are added directly to the weak grade of the reduplicated verb stem without the usual suffix α or ε. σεστααντι = ἑστᾶσι.

271. VOCABULARY

ἀληθεύω, ἀληθεύσω, etc. [ἀληθής], *speak truth*.

ἀν-ίστημι, *make to* STAND *up*; mid., 2d aor., and 2d pf., *get up*.

ἀφ-ίστημι, *put away*; mid., 2d aor., and 2d pf., STAND *away, revolt, shrink*.

γραμμή, ῆς, ἡ [γράφω], *line*.

(Ϝείκω not Attic), εἴξω, ἔοικα (2d pf. with pres. sense), *resemble* (with dat.), *appear* (with inf. in indir. disc. or with ptc. in indir. disc.); εἰκός, ότος (neut. of pf. ptc.), *fitting, likely*.

ἐναντίος, ᾱ, ον [ἐν + ἀντίος *opposite*], *opposite, contrary*; ἐναντίον (adv.), *opposite, in the presence of* (with gen.); ἐναντίως (adv.), *contrariwise*.

ἐπίπεδος, ον [ἐπί + πέδον *ground*], *on the ground, plane*; ἐπίπεδον, ου, τό, *plane*.

εὐθύς, εῖα, ύ, *straight*; εὐθεῖα (sc. γραμμή), *straight line*; εὐθύς (adv.), *straight-way*.

ἐφ-ίστημι, *set upon, set up, cause to halt*; mid., 2d aor., and 2d pf., STAND *upon*, STAND *near*.

ᾗ (dat. sing. fem. of ὅς, as rel. pronom. adv.), *where, how, in so far as, qua*.

ἵστημι (σι-στη-μι, στα: 98.2) (460), στήσω, ἔστησα and ἔστην (463), ἕστηκα (σε-στη-κα; plupf. εἱστήκη: 467), ἕσταμαι, ἐστάθην [Lat. STO], *make to* STAND; STAND (intrans.) in 2d aor., in 2d pf., and in fut. pf. ἑστήξω (93) *I shall be* STANDING; στατός, ή, όν (verbal adj.), *placed*; στατέον (verbal adj.), *one must set*.

λευκός, ή όν [**leuco**rrhoea, Lat. LUX], LIGHT, *white*.

νόημα, ατος, τό [νοέω], *that which is thought, concept*.

σημαίνω (σημαν: 477), σημανῶ, ἐσήμηνα, σεσήμασμαι, ἐσημάνθην, *show by a sign, give a sign, indicate* (with obj. inf. or with ὅτι or ὡς).

σημαντικός, ή, όν [**semantics**], *significant, having a meaning*.

σημεῖον, ου, τό, *sign*.

συν-ίστημι, *set together, compose, combine, form, introduce*; 2d aor. and 2d pf., *be composed*.

τῇ (dat. sing. fem. of ὁ, as dem. pronom. adv.), *there, here, this way*; τῇ μὲν ... τῇ δέ, *in one way ... in another, in one sense ... in another*.

τραγέλαφος, ου, ὁ, *goat-stag*, HIRCO-CERVUS.

τρίγωνον, ου, τό [τρι- THRICE + γωνία *angle*], **triangle**.

φυσικός, ή, όν [φύσις], *natural*, **physical**; φυσικός, οῦ, ὁ, **physicist**; τὰ Φυσικά, Aristotle's **Physica** i-iv; φυσικῶς (adv.), *in the manner of natural science*.

272. (1) ἔστι δ', ὥσπερ ἐν τῇ ψυχῇ ὁτὲ μὲν νόημα ἄνευ τοῦ ἀληθεύειν ἢ ψεύδεσθαι, ὁτὲ δὲ ἤδη ᾧ[1] ἀνάγκη τούτων ὑπάρχειν θάτερον[2], οὕτω καὶ ἐν τῇ φωνῇ· περὶ μὲν γὰρ σύνθεσιν καὶ διαίρεσίν ἐστι τὸ ψεῦδος καὶ τὸ ἀληθές. (2) τὰ μὲν οὖν ὀνόματα αὐτὰ καὶ τὰ ῥήματα ἔοικε τῷ ἄνευ συνθέσεως καὶ διαιρέσεως νοήματι, οἷον τὸ[3] ἄνθρωπος ἢ τὸ[3] λευκόν, ὅταν μὴ προστεθῇ τι· οὔτε γὰρ ψεῦδος οὔτε ἀληθές πω. (3) σημεῖον δ' ἐστὶ τοῦδε· καὶ γὰρ ὁ τραγέλαφος σημαίνει μέν τι, οὔπω δὲ ἀληθὲς ἢ ψεῦδος, ἐὰν μὴ τὸ εἶναι ἢ μὴ

---

1. The nom. antecedent of ᾧ is not expressed.   2. τὸ ἄτερον (acc.; earlier form of ἕτερον).   3. *the term*.

εἶναι προστεθῇ, ἢ ἁπλῶς ἢ κατὰ [1] χρόνον. (4) ἀφίστανται τοῦ πράττειν ἃ οἴονται ἑαυτοῖς βέλτιστα εἶναι. (5) φυσικώτατον γὰρ τῶν ἔργων τοῖς ζῶσι τὸ ποιῆσαι ἕτερον οἷον αὐτό. (6) ἐκ τριῶν δοθεισῶν εὐθειῶν συνίσταται τρίγωνον. (7) οὐ λέγομεν τὸν ἄνθρωπον ᾗ ἄνθρωπον. (8) ἡ μὲν γὰρ κύκλῳ κίνησίς ἐστιν ἀφ' αὑτοῦ εἰς αὑτό, ἡ δὲ κατ' εὐθεῖαν ἀφ' αὑτοῦ εἰς ἄλλο. (9) μεγέθους δὲ τὸ μὲν ἐφ' ἓν διαιρετὸν γραμμή, τὸ δ' ἐπὶ δύο ἐπίπεδον, τὸ δ' ἐπὶ τρία σῶμα. (10) αἱ δ' ἐναντίαι κῑνήσεις ἱστᾶσι καὶ παύουσιν ἀλλήλᾱς, ἐὰν ἅμα γίγνωνται.

273. (11) This is in one sense true, in another sense not [true]. (12) Black and white are opposites. (13) It is necessary to understand what the name indicates. (14) Voice is a sound with a meaning. (15) They wish to speak in the manner of natural science. (16) "Injustice" appears to be used ("said") in many senses. (17) If then anyone thinks that he knows the truth, he stands up to advise the Athenians. (18) When we went, we always saw many people standing near the gate. (19) Physical bodies have surfaces and points. (20) He is contradicting himself ("is himself saying things opposite to himself").

---

1. *With reference to.*

XL. MI-VERBS

δείκνῡμι

Οὐ γὰρ περὶ τοῦ ἐπιτυχόντος ὁ λόγος, ἀλλὰ περὶ τοῦ ὅντινα τρόπον χρὴ ζῆν.
Πλάτων ἐν τῷ πρώτῳ τῆς Πολῑτείᾱς 352d.
For our subject is no trifling matter: it is the question how men should live.

274. Learn the present system of δείκνῡμι (δεικ: 464) and the second aorist system of δύω (465; there is no second aorist of δείκνῡμι). Note that

(1) The strong form of the stem (δεικνῡ, δῡ) occurs not only in the singular of the present indicative active and of the imperfect indicative active but also in the second singular of the present imperative active (which has no personal ending), throughout the second aorist indicative active, throughout the second aorist imperative active (except δύντων), and in the second aorist infinitive active. Elsewhere the weak forms δεικνυ, δυ are used. But the subjunctives and optatives are formed as if from δεικνύω, ἔδυον.

(2) The present indicative active has regular endings (474); δεικνυαντι = δεικνύᾱσι (34).

(3) The active participles δεικνύς and δύς are from δεικνυντς and δυντς. For the inflection see 422.

(4) There is no second aorist middle.

(5) The aorist infinitive active ending is ναι.

275.   VOCABULARY

ἀδιόριστος, ον [ἀ + διοριστός, verbal adj. of διορίζω], *undefined, indefinite.*
ἀπο-δείκνῡμι, *point out, show forth, prove,* DEMONSTRO.
ἀπόδειξις, εως, ἡ [ἀποδείκνῡμι], *proof,* DEMONSTRATIO.
ἀπ-όλλῡμι (ὀλ-νῡ-μι, ὀλε), ἀπ-ολῶ (ἀπ-ολέ-σ-ω: 48.2), ἀπ-ώλεσα and ἀπ-ωλόμην, ἀπ-ολώλεκα and ἀπ-όλωλα (93), *destroy, lose.*
ἀποφατικός, ή, όν [ἀπόφημι], *negative.*
δείκνῡμι and δεικνύω (δεικ) (464), δείξω, ἔδειξα, δέδειχα, δέδειγμαι, ἐδείχθην [**deic**tic, para**dig**m, TEACH,

127

Lat. DICO], *point out, show forth* (with obj. acc. or with ὅτι or ὡς or with ptc. in indir. disc.).
δύω, δύσω, ἔδυσα and ἔδυν (465), δέδυκα, δέδυμαι, ἐδύθην, *sink, go into* (with acc. or with εἰς and acc.).
ἐπαγωγή, ῆς, ἡ [ἐπ-άγω], *induction*, INDUCTIO.
ἐπι-δείκνυμι, *display, point out* (with obj. acc. or with ptc. in indir. disc.).
ἐπίσταμαι (ἐπιστα), ἐπιστήσομαι, ἠπιστήθην, *know how* (with obj. inf.), *understand* (with ptc. in indir. disc.). (Pres. inflected like ἵσταμαι [460] except that subjunctives and optatives have recessive accent, as if there were no contraction: ἐπίστωμαι, ἐπίσταιτο.)
ἐπιστήμη, ης, ἡ [ἐπίσταμαι], *science, knowledge*, SCIENTIA.

ἔρως, ωτος, ὁ [**erotic**], *love* (389).
ἔσχατος, ον (or η, ον) [**eschato**logy], *utmost, last* (in attrib. position); *the extremity of* (in pred. position); ἔσχατον, ου, τό, *extremity*.
καταφατικός, ή, όν [κατά-φημι], *affirmative*.
ὄμνῡμι (ὀμ, ὀμο: 478), ὀμοῦμαι (ὀμ-εσ-ο-μαι; hence ὀμεῖ, ὀμεῖται, etc.), ὤμοσα, ὀμώμοκα, ὀμώμοσμαι, ὠμόθην or ὠμόσθην, *swear* (with obj. inf. or inf. in indir. disc.; neg. μή: 294); *swear by* (with acc. of person or of thing).
πρότασις, εως, ἡ [προ-τείνω], PROposition, *premise*.
Σκῦρος, ου, ἡ, **Scyros** (Aegean island).
συλλογισμός, οῦ, ὁ, **syllogism**.
τύπτω (τυπ, τυπτη: 477), τυπτήσω, *strike*.

276. (1) ὅταν οὖν ὅροι (*terms*) τρεῖς οὕτως ἔχωσι πρὸς ἀλλήλους ὥστε τὸν ἔσχατον ἐν ὅλῳ εἶναι τῷ μέσῳ (*in the middle term as in a whole*) καὶ τὸν μέσον ἐν ὅλῳ τῷ πρώτῳ ἢ εἶναι ἢ μὴ εἶναι, ἀνάγκη τῶν ἄκρων εἶναι συλλογισμὸν τέλειον [1]. (2) καλῶ δὲ μέσον μὲν ὃ καὶ αὐτὸ ἐν ἄλλῳ καὶ ἄλλο ἐν τούτῳ [2] ἐστίν, ὃ καὶ τῇ θέσει γίγνεται μέσον· ἄκρα δὲ τὸ αὐτό τε ἐν ἄλλῳ ὂν καὶ ἐν ᾧ [3] ἄλλο ἐστίν. (3) πρότασις μὲν οὖν ἐστὶ λόγος καταφατικὸς ἢ ἀποφατικός τινος κατά τινος. οὗτος δὲ ἢ καθόλου ἢ ἐν μέρει ἢ ἀδιόριστος. (4) λέγω δὲ καθόλου μὲν τὸ παντὶ ἢ μηδενὶ ὑπάρχειν, ἐν μέρει δὲ τὸ τινὶ ἢ μὴ τινὶ ἢ μὴ παντὶ ὑπάρχειν, ἀδιόριστον δὲ τὸ ὑπάρχειν ἢ μὴ ὑπάρχειν ἄνευ τοῦ καθόλου ἢ κατὰ μέρος, οἷον τὸ τῶν ἐναντίων εἶναι τὴν αὐτὴν ἐπιστήμην ἢ τὸ τὴν ἡδονὴν μὴ εἶναι ἀγαθόν. (5) ἡ μὲν γὰρ ἀπόδειξις συλλογισμός τις, ὁ συλλογισμὸς δὲ οὐ πᾶς ἀπόδειξις. (6) ὅτι μὲν οὖν οὐκ ἔστι μία πάντων τῶν ἐναντίων δύναμις (*faculty*), ἐπιδέδεικται, ὅτι δ' ἐπιστήμη οὐκ ἔστιν, οὐ δέδεικται. (7) κάκιστ' ἀπολοίμην, εἴ τι τούτων πείθομαι. (8) ΣΤΡΕΨΙΑΔΗΣ. καὶ πῶς γένοιτ' ἂν πατέρα τύπτειν ἐν δίκῃ; ΦΕΙΔΙΠΠΙΔΗΣ. ἔγωγ' ἀποδείξω καί σε νικήσω λέγων. (9) αὐτὸς ἐν Σκύρῳ μένων ἔα κακῶς αὐτοὺς ἀπόλλυσθαι κακούς. (10) σεαυτὸν σῷζ' ὅπως ἐπίστασαι.

277. (11) We learn either by induction or by demonstration. (12) O, swear not by the moon, the inconstant ("changing") moon, That monthly

---

1. *The extremes must be related by a perfect syllogism.* 2. Dem. for rel. 3. *Both that term which is itself contained in another and that in which another is contained.* (A. J. Jenkinson.)

(κατὰ μῆνα) changes in her circled orb, Lest that thy love prove likewise variable. (13) When the sun set, they ceased from battle. (14) Demonstration is from universals, induction from particulars. (15) Having changed (κῑνέω) this law, they will let the rest of the constitution alone. (16) The star has not yet set. (17) When they saw the soldiers, they stopped beating him. (18) Swear not by any god for money's sake. (10) For what he has he gives, what thinks he shows. (20) Men are most apt (πέφῡκα) to believe what they least understand.

XLI. IRREGULAR MI-VERBS

εἰμί, εἶμι, φημί

> Τότε γὰρ ἡ τέχνη τέλειος, ἡνίκ' ἂν φύσις εἶναι δοκῇ.
> Λογγίνου Περὶ Ὕψους 22. 1.
> *For art is perfect when it seems to be nature.*
> (W. Rhys Roberts.)

278. Learn the present systems of εἰμί (470), εἶμι (471), and φημί (469). εἰμί and εἶμι are highly irregular; φημί is in most forms like ἵστημι.

279. VOCABULARY

ἄλογος, ον [ἀ + λόγος], *speechless, irrational.*

ἄπ-ειμι (ἀπό + εἰμί), *be away, be away from* (with ἀπό and gen.).

ἄπ-ειμι (ἀπό + εἶμι), *go away, be going away* (serves as fut. of ἀπέρχομαι).

βούλησις, εως, ἡ [βούλομαι], *rational wish.*

ἐγ-γίγνομαι, *be born in* (with dat. or with ἐν and dat.).

ἐθέλω (ἐθελ, ἐθελη) or θέλω, ἐθελήσω or θελήσω, ἠθέλησα, ἠθέληκα, *be willing, wish.*

εἶμι (εἰ, ἰ), *go, be going,* Lat. EO, IRE (serves as fut. of ἔρχομαι).

ἔπ-ειμι (ἐπί + εἶμι), *come upon, come against, invade, come after* (serves as fut. of ἐπέρχομαι).

ἔπειτα (ἐπί + εἶτα) (adv.), *thereupon, then.*

λογισμός, οῦ, ὁ [λόγος], *calculation, reasoning power.*

μέντοι [μέν τοι] (adversative particle, postpos.), *yet, nevertheless, of course.*

ὄρεξις, εως, ἡ [ὀρέγω], *desire, appetency.*

παιδίον, ου, τό (dimin. of παῖς), *little child.*

πάρ-ειμι (παρά + εἰμί), *be pres*ENT, *stand by* (with dat.).

πάρ-ειμι (παρά + εἶμι), *go by* (abs. or with acc.), *come forward* (serves as fut. of παρέρχομαι).

παρ-έρχομαι, *go by* (abs. or with acc.), *come forward.*

πρό-ειμι (πρό + εἶμι), *go forward.*

πρότερος, ᾱ, ον, *former, earlier;* πρότερον (adv.), *before, earlier;* οἱ πρότερον (sc. ὄντες), *the predecessors.*

φεύγω (φευγ, φυγ), φεύξομαι, ἔφυγον, πέφευγα [φυγή, BOW (*bend*), BOW (*weapon*), BOUT, BUXOM], *flee, avoid, escape,* Lat. FUGIO (abs. or with acc.).

φημί (φη, φα), φήσω, ἔφησα [pro**phet**, Lat. FOR, FAMA], *say, declare* (parenthetically or with inf. in indir. disc.).

280. (1) φαμὲν δὲ πῦρ καὶ ἀέρα καὶ ὕδωρ καὶ γῆν γίγνεσθαι ἐξ ἀλλήλων, καὶ ἕκαστον ἐν ἑκάστῳ ὑπάρχειν τούτων δυνάμει. (2) τὸ μὲν ἄνθρωπος ἢ λευκὸν οὐ σημαίνει τὸ πότε, τὸ δὲ βαίνει ἢ βέβηκε σημαίνει τὸ μὲν τὸν παρόντα χρόνον τὸ δὲ τὸν παρεληλυθότα. (3) οἱ κύνες τοὺς μὲν παριόντας διώκουσι, τοὺς δὲ διώκοντας φεύγουσιν. (4) ἔπειτα ὥσπερ ψυχὴ καὶ σῶμα δύ' ἐστίν, οὕτω καὶ τῆς ψῡχῆς ὁρῶμεν δύο μέρη, τό τε ἄλογον καὶ τὸ λόγον ἔχον, καὶ τὰς ἕξεις τὰς τούτων δύο τὸν ἀριθμόν, ὧν τὸ μέν ἐστιν ὄρεξις τὸ δὲ νοῦς. (5) ὥσπερ δὲ τὸ σῶμα πρότερον τῇ γενέσει τῆς ψῡχῆς, οὕτω καὶ τὸ ἄλογον τοῦ λόγον ἔχοντος. (6) φανερὸν δὲ καὶ τοῦτο· θῡμὸς γὰρ καὶ βούλησις, ἔτι δὲ ἐπιθῡμίᾱ, καὶ γενομένοις εὐθὺς ὑπάρχει τοῖς παιδίοις, ὁ δὲ λογισμὸς καὶ ὁ νοῦς προϊοῦσιν ἐγγίγνεσθαι πέφῡκεν. (7) διὸ πρῶτον μὲν τοῦ σώματος τὴν ἐπιμέλειαν ἀναγκαῖον εἶναι προτέρᾱν ἢ τὴν τῆς ψῡχῆς, ἔπειτα τὴν τῆς ὀρέξεως, ἕνεκα μέντοι τοῦ νοῦ τὴν τῆς ὀρέξεως, τὴν δὲ τοῦ σώματος τῆς ψῡχῆς (sc. ἕνεκα). (8) πολλὰς μὲν ἡμέρᾱς οὐκ ἐθέλουσιν ἀπὸ τῶν ἰδίων ἀπεῖναι, βραχὺν δὲ χρόνον ἐθέλουσιν. (9) ὦ φίλ', ἐγὼ μὲν ἄπειμι, κύνας καὶ παῖδα φυλάξων. (10) κἀγὼ (= καὶ ἐγὼ) γὰρ ἦ ποτ', ἀλλὰ νῦν οὐκ εἴμ' (50) ἔτι.

281. (11) Are they going to be slaves to the invaders? (12) For men may come and men may go, But I go on forever. (13) The wicked flee when no man pursueth. (14) Go where he will, the wise man is at home. (15) There is no great and no small To the Soul that maketh all. (16) He will say that you are a coward. (17) Their children used to pelt the passers-by with stones. (18) A just man never has wealth. (19) They say that Justice is a child of Time. (20) Time brings the truth to light

XLII. IRREGULAR MI-VERBS

ἵημι, κεῖμαι, κάθημαι

> Πόλλ' ἠπίστατο ἔργα, κακῶς δ' ἠπίστατο πάντα.
> Ὁμήρου Μαργίτη.
> *Jack of all trades, master of none.*

282. Learn the present and second aorist systems of ἵημι (472), the present system of κεῖμαι (473), and the present system of κάθημαι (473). ἵημι *is in most forms like* τίθημι.

283. VOCABULARY

ἀντί-κειμαι, *be set over against, be opposite to* (serves as pf. pass. of ἀντιτίθημι).
ἀπορέω, ἀπορήσω, etc., act. and mid., *be at a loss* (ἄπορος); pass., *be raised as a difficulty*; τὸ ἀπορούμενον *the difficulty*.
ἀπορίᾱ, ᾱς, ἡ [ἄπορος], *difficulty, lack*.
ἄπορος, ον [ἀ + πόρος *passage*, FORD, thoroughFARE, FAREWELL], *without passage, difficult, without resources*.
δημοκρατίᾱ, ᾱς, ἡ [δῆμος + κράτος *strength*], **democracy**.
δι-ορίζω, *bound, determine, define*, DEFINIO.
εἴσω (adv. of εἰς), INside (with gen.).
ἐκεῖ (dem. pronom. adv.), *there*.
ἵημι (σι-ση-μι, σε: 98.2), ἥσω, ἧκα, εἷκα, εἷμαι, εἵθην, *send*; mid., *send oneself, rush*.

κάθ-ημαι, *sit, have sat*.
κεῖμαι, κείσομαι [κώμη, **cemetery**], *lie, be laid* (serves as pf. pass. of τίθημι).
κύριος, ᾱ, ον (or ος, ον), *having authority over* (with gen.), *having authority, real, actual, proper*; κῡρίως (adv.), *in the proper sense*.
ὀλιγαρχίᾱ, ᾱς, ἡ [ὀλίγος + ἀρχή], **oligarchy**.
τρόπος, ου, ὁ [τρέπω, τροπή, **trope**], *turn, fashion, sort, character*.
ὑπό-κειμαι, *lie under, be established, be assumed* (serves as pf. pass. of ὑποτίθημι); ὑποκείμενον, ου, τό, SUBstratum, SUBject, SUBIECTUM.
ὕστερος, ᾱ ον [**hysteresis**], *behind, latter, later*; ὕστερον (adv.), *later*. Superl. ὕστατος.
ὠφελέω, ὠφελήσω, etc. [ὄφελος *help*] *help* (with acc.).

284. (1) τῶν ἀντικειμένων τὴν αὐτὴν ἐπιστήμην ἔφησεν εἶναι. (2) ἐπὶ τοὺς θηρεύοντας ἵεντο βόες τινὲς ἄγριαι. (3) ἡ δὲ πρώτη λεχθεῖσα ἀπορίᾱ ποιεῖ φανερὸν ὅτι δεῖ τοὺς νόμους εἶναι κῡρίους κειμένους (conditional ptc.) ὀρθῶς. (4) οὐδὲν ποιοῦντες καθήμεθα, μέλλοντες ἀεί. (5) ἡμῖν ἐκ (*starting from*) τῶν ὑποκειμένων καὶ διωρισμένων λεκτέον. (6) περὶ μὲν οὖν τούτων ἠπορήσθω τοῦτον τὸν τρόπον (adverb. acc.). (7) διὸ καὶ τὴν πρότερον εἰρημένην ἀπορίᾱν λύσειεν ἄν τις διὰ τούτων καὶ τὴν ἐχομένην αὐτῆς, τίνων δεῖ κύριον εἶναι τὸ πλῆθος τῶν πολιτῶν. (8) ἔστι δ' ὀλιγαρχίᾱ, καθάπερ εἴρηται, ὅταν ὦσι κύριοι τῆς πολῑτείας οἱ τὰς οὐσίᾱς ἔχοντες, δημοκρατίᾱ δὲ τοὐναντίον (= τὸ ἐναντίον) ὅταν οἱ μὴ ἔχοντες πλῆθος οὐσίᾱς ἀλλ' ἄποροι. (9) ἄπορον δὲ καὶ τί ὠφεληθήσεται ποιητὴς πρὸς τὴν αὑτοῦ τέχνην εἰδὼς αὐτὸ τἀγαθόν. (10) εἴσω μετ' ἐμοῦ εἴσιθι.

285. (11) But later, when you have reached the island, what shall you say to the rulers there? (12) As for the war, we shall explain (ἐρῶ) its cause later. (13) Whom did he kill first, and whom last? (14) Is not the good said to be opposed to the bad? (15) Even if I am at a loss, the difficulty will be resolved by someone else. (16) In democracies all share in all, in oligarchies the opposite. (17) The "now" seems to bound the past and the future ("the 'having past by' and the 'being about to be'"). (18) There are two sorts of words—simple and composite. (19) We believed that, in her helplessness (ptc.), she was rushing into danger. (20) The cause of the one is external, that of the other internal (use adverbs).

XLIII. INDIRECT DISCOURSE AND INDIRECT QUESTIONS; WHAT IS "HAPPINESS"?

> Τὴν Ἀφροδίτην οὐχ ὁρᾷς ὅση θεός;
> Εὐρῑπίδου ἀπόσπασμα 898. 1.
> *Do you not see how great a goddess Aphrodite is?*

286. Any verb of *saying, thinking,* or *perceiving* (490) may take one or more of the three forms of indirect discourse: (1) ὅτι or ὡς *that* with a finite verb (e.g. λέγω); (2) the infinitive (e.g. λέγομαι); (3) the supplementary participle (172.3b).

287. Simple sentences quoted indirectly after ὅτι **or** ὡς. After primary tenses the verb is unchanged in mood and tense; after secondary tenses the verb may either be changed to the same tense of the optative or retained in its original mood and tense. (But an indicative with ἄν is not changed to the optative; an optative with ἄν might suggest potentiality [234].)

288. Complex sentences quoted indirectly after ὅτι **or** ὡς. The main verb is treated like the verb of a simple sentence. After primary tenses dependent verbs are unchanged in mood and tense. After secondary tenses a dependent primary indicative or a dependent subjunctive may be either changed to the same tense of the optative or retained in its original mood and tense (a subjunctive with ἄν loses ἄν when it is changed to the optative); but a dependent secondary indicative remains unchanged.

289. Indirect questions follow the rules laid down in 287 and 288.

290. Simple sentences quoted indirectly after a verb that takes the infinitive. The verb is changed to the same tense of the infinitive; imperfects and pluperfects appear as present and perfect infinitives. If the verb had ἄν, ἄν remains.

291. Simple sentences quoted indirectly after a verb that takes the participle (172.3b). The verb is changed to the same tense of the participle; imperfects and pluperfects appear as present and perfect participles. If the verb had ἄν, ἄν remains.

292. Complex sentences quoted indirectly after a verb that takes the infinitive or a verb that takes the participle. The main verb is treated like the verb of a simple sentence. A dependent verb is treated in the same way as a dependent verb after ὅτι or ὡς (288).

293. When the subject of the infinitive is the same as the subject of the main verb, it is not expressed with the infinitive, and adjectives referring to it stand in the nominative: ἔφη ἄξιος εἶναι *he said that he was worthy* (cf. *dicebat se dignum esse*), αὐτὸς ἔφη τοῦτο πρᾶξαι *he said that he had done this himself*. When the subject of the infinitive is not the same as the subject of the main verb, it stands in the accusative.

When the subject of the participle is the same as the subject of the main verb, it is not expressed with the participle but is regarded as being in the nominative, and therefore adjectives agreeing with it (including the participle itself: 172) stand in the nominative: οἶδα τοῦτο ποιήσας *I know that I did this* (cf. *scio me hoc fecisse*). When the subject of the participle is not the same as the subject of the main verb, both subject and participle stand in the accusative.

294. In all kinds of indirect discourse the **negative** remains unchanged. But after verbs of *hoping, expecting, promising,* and *swearing,* which may take either an object infinitive or an infinitive in indirect discourse, the negative is regularly μή.

295. VOCABULARY

ἅπᾱς, ἅπᾱσα, ἅπαν [ἀ copul. as in ἅμα + πᾶς], *quite all, whole, every, all together,* with art. in same position as in English.

ἄπειρος, ον [ἀ + πεῖρα], *without trial, inexperienced* (with object. gen.).

ἄπειρος, ον [ἀ + πέρας], *without limit, infinite;* ἄπειρον, ου, τό, *infinity.*

ἀπο-διδρᾱ́σκω (δρᾱ: 98.2, 479), ἀποδρᾱ́-σομαι, ἀπέδρᾱν (465), ἀποδέδρᾱκα, *run away* (abs.), *run away from* (with obj. acc.).

εὑρίσκω (εὑρ, εὕρη, εὑρε: 479), εὑρήσω, ηὗρον, ηὕρηκα, ηὕρημαι, ηὑρέθην (or εὗρον, etc.: 69), *find.*

ζητέω, ζητήσω, etc., *seek, seek for, inquire, search into.*

μακάριος, ᾱ, ον (or ος, ον), *blessed, prosperous;* ὦ μακάριε, *my dear sir.*

μακαριότης, ητος, ἡ, *bliss.*

μάτην (adv.), *in vain, at random, idly.*

ὅθεν (rel. pronom. adv.), *whence.*

οἶδα (Fειδ, Fοιδ, Fιδ; 2d pf. as pres.), plpf. ᾔδη (468), εἴσομαι [εἶδον], *know that something is* (*with* ὅτι *or* ὡς *or with ptc. in indir. disc.*), *know how to do something* (with obj. inf.).

ὅπου (indef. rel. and indir. interrog. pronom. adv.), *where.*

πρᾶγμα, ατος, τό [πράττω, **pragmatic**],

deed, matter; plur., circumstances, affairs, trouble.

πρᾱκτικός, ή, όν, **practical**, able to effect (with object. gen.).

πρᾱκτός, ή, όν (verbal adj. of πράττω), realizable, done.

σῑγή, ῆς, ἡ, silence; σῑγῇ (dat. of manner as adv.), in silence.

ὑπ-ισχνέομαι [ὑπό + σι-σχ-νε-ο-μαι strengthened form of ἔχω: 98.2, 478], ὑποσχήσομαι, ὑπεσχόμην, ὑπέσχημαι, promise (with obj. inf. or inf. in indir. disc.; neg. μή).

296. What is "Happiness" or "The Good for Man"?

After discussing the views of his predecessors Aristotle sketches his own view in the passage which is presented in this and the four following lessons.

Καὶ περὶ μὲν τούτων ἐπὶ τοσοῦτον εἰρήσθω. πάλιν δ' ἐπανέλθωμεν[1] ἐπὶ τὸ ζητούμενον ἀγαθόν, τί ποτ' ἂν εἴη. φαίνεται μὲν γὰρ ἄλλο ἐν ἄλλῃ πράξει καὶ τέχνῃ· ἄλλο γὰρ ἐν ἰᾱτρικῇ καὶ στρατηγικῇ καὶ ταῖς λοιπαῖς[2] ὁμοίως. τί οὖν ἑκάστης τἀγαθόν; ἢ[3] οὗ χάριν τὰ λοιπὰ πράττεται; τοῦτο δ' ἐν ἰᾱτρικῇ μὲν ὑγίεια, ἐν στρατηγικῇ δὲ νίκη, ἐν οἰκοδομικῇ δ' οἰκίᾱ, ἐν ἄλλῳ δ' ἄλλο, ἐν ἁπάσῃ δὲ πράξει καὶ προαιρέσει τὸ τέλος· τούτου γὰρ ἕνεκα τὰ λοιπὰ πράττουσι πάντες. ὥστ' εἴ τι τῶν πρᾱκτῶν ἁπάντων ἐστὶ τέλος, τοῦτ' ἂν εἴη τὸ πρᾱκτὸν ἀγαθόν, εἰ δὲ πλείω, ταῦτα. μεταβαίνων δὴ ὁ λόγος εἰς ταὐτὸν[4] ἀφῖκται.

Ethica Nicomachea i. 1097a13-24.

So much for these topics. Let us again return to the good we are seeking, and ask what in the world it can be. It is clearly different in different actions and arts, for it is one thing in medicine, and another in strategy, and in the other arts likewise. What then is the good of each? Is it not that for the sake of which everything else is done? In medicine this is health, in strategy it is victory, in the art of building it is a house, in any other sphere it is something else, but in every action we perform and in every choice we make it is the end; for it is for the sake of this that all men do whatever else they do. If then there is an end for all things that men do, this must be the realizable good, and if there are more ends than one, these must be the realizable goods. Thus the argument, shifting its ground, has arrived at the same point.

---

1. Hair spaces mark the first occurrence of a word that has not appeared in preceding vocabularies. 2. Sc. τέχναις. 3. ἤ sometimes introduces a question suggesting Aristotle's own answer to a question just raised. 4. τὸ αὐτό: *the same point* as one previously reached.

297. (1) We asked him where he had found his daughter. (2) Do you think that all who run away (ptc.) will be found? (3) He promises me that, if we are inexperienced, we shall learn. (4) Some philosophers say that God and nature make nothing idly. (5) The speaker said that whoso sought for wisdom should not seek in vain. (6) The heralds say that, if they had known him, they would not have run away. (7) She said that, if she had known that he was at home, she would have looked for him. (8) Did you ask him where your wine was? (9) It has been explained what are the causes of revolutions in states ("whence the changes of states come into being"). (10) He says that, if you always sit in silence, you will have no share in bliss.

XLIV. TEMPORAL CLAUSES;
WHAT IS "HAPPINESS"? (Cont.)

> Ἐμοὶ δὲ μόνοις πρόπῑνε τοῖς ὄμμασιν.
> Ἐκ τῶν Φιλοστράτου Ἐπιστολῶν
> Ἐρωτικῶν 33.
> *Drink to me only with thine eyes.*

298. Temporal clauses may be introduced by ὅτε or ὁπότε *when*, ἐπεί or ἐπειδή *after*, ὡς *as soon as*, ἕως or μέχρι *until* or *while*, and πρίν *until* (after a negative main verb) or *before* (after an affirmative main verb).

299. All these words except πρίν *before*, which is followed by the infinitive, may introduce conditional relative sentences, and they may all take the construction of the corresponding conditions (482-486, 488-489), ὅτε ἄν becoming ὅταν, ὁπότε ἄν becoming ὁπόταν, ἐπεὶ ἄν becoming ἐπάν or ἐπήν, and ἐπειδή ἄν becoming ἐπειδάν. But

(1) ὡς is rarely followed by a verb referring to present or future action;
(2) whereas the negative of a protasis is always μή, a temporal clause referring to a definite point of time (usually present or past) takes οὐ.

300. VOCABULARY

ἀπο-βαίνω, *disembark, result* (with ἀπό and gen.), *turn out to be, prove to be.*
ἀπο-κρίνω, *separate, distinguish*; mid., *answer* (with ὅτι or ὡς or inf.).
γνώριμος, ον [γιγνώσκω], *well-*KNOWN, *notable.*
ἑκάτερος, ᾱ, ον (pron.), *each* (of two); ἑκάτεροι, *either party.* Superl. ἕκαστος, η, ον, *each*; ἕκαστα, *the various groups of things*; τὰ καθ' ἕκαστα, *particulars.*
εὐδαιμονέω, εὐδαιμονήσω, etc., *be prosperous* (εὐδαίμων), *be happy.*
ἕως (conj.), *until, while* (298-299); as prep., *until* (with gen.).
μέχρι (adv.), *as far as*; as prep., *as far as, until* (with gen.); as conj., *until, while* (298-299).
μηδέποτε (adv.), *never.*

ὁπόταν = ὁπότε ἄν.
ὁπότε (indef. rel. and indir. interrog. pronom. adv.), *when* (298-299).
ὅσος, η, ον (rel. pronom. adj.), *as great as, as many as, as* (as correlative with τοσοῦτος); as indir. interrog. pronom. adj., *how great, how many.*
οὐδέποτε (adv.), *never.*
ποσότης, ητος, ἡ, *quantity.*
πρίν (adv.), *before, formerly*; as conj., *until, before* (298-299).
προ-βαίνω, *advance.*
στοιχεῖον, ου, τό, *element.*
σύνεσις, εως, ἡ [συν-ίημι *understand*], *sagacity, knowledge.*
ὑγιαίνω (ὑγιαν: 477), ὑγιανῶ, ὑγίᾱνα [ὑγίεια], *be healthy, become healthy.*
ὑπ-οπτεύω, ὑποπτεύσω, ὑπώπτευσα, *be* SUSPICIOUS, SUSPECT (with acc. or with inf. in indir. disc.).

301.   What is "Happiness"? (Cont.)

Τοῦτο [1] δ' ἔτι μᾶλλον διασαφῆσαι πειρατέον. ἐπεὶ δὲ πλείω φαίνεται τὰ τέλη, τούτων δ' αἱρούμεθά τινα δι' ἕτερον, οἷον πλοῦτον, αὐλούς, καὶ ὅλως τὰ ὄργανα, δῆλον ὡς οὐκ ἔστι πάντα τέλεια· τὸ δ' ἄριστον τέλειόν τι φαίνεται. ὥστ' εἰ μέν ἐστιν ἕν τι μόνον τέλειον, τοῦτ' ἂν εἴη τὸ ζητούμενον, εἰ δὲ πλείω, τὸ τελειότατον τούτων. τελειότερον δὲ λέγομεν τὸ καθ' αὑτὸ διωκτὸν τοῦ δι' ἕτερον καὶ τὸ μηδέποτε δι' ἄλλο αἱρετὸν τῶν καὶ καθ' αὑτὰ καὶ δι' ἄλλο αἱρετῶν, καὶ ἁπλῶς δὴ τέλειον τὸ καθ' αὑτὸ αἱρετὸν ἀεὶ καὶ μηδέποτε δι' ἄλλο. τοιοῦτον δ' ἡ εὐδαιμονία μάλιστ' εἶναι δοκεῖ· ταύτην γὰρ αἱρούμεθα ἀεὶ δι' αὐτὴν καὶ οὐδέποτε δι' ἄλλο, τιμὴν δὲ καὶ ἡδονὴν καὶ νοῦν καὶ πᾶσαν ἀρετὴν αἱρούμεθα μὲν καὶ δι' αὐτά (μηδενὸς γὰρ ἀποβαίνοντος [2] ἑλοίμεθ' ἂν ἕκαστον αὐτῶν), αἱρούμεθα δὲ καὶ τῆς εὐδαιμονίας χάριν, διὰ τούτων ὑπολαμβάνοντες εὐδαιμονήσειν. τὴν δ' εὐδαιμονίαν οὐδεὶς αἱρεῖται τούτων χάριν, οὐδ' ὅλως δι' ἄλλο.

Ethica Nicomachea i. 1097a24-b6.

shall be happy. But no one chooses happiness for the sake of these, nor, in general, for the sake of anything other than itself.

This point we must try to make even clearer. Since there are evidently more ends than one, and we choose some of these (wealth, for instance, flutes, and instruments in general) for the sake of something else, it is plain that not all ends are final; but the chief good is evidently something final. If then there is only one final end, this must be what we are seeking, and if there are more than one, then the most final of these. Now we call that which is in itself worthy of pursuit more final than that which is worthy of pursuit for the sake of something else, and that which is never an object of choice for the sake of something else more final than the things that are objects of choice both in themselves and for the sake of something else, and thus we call final without qualification that which is always an object of choice in itself and never for the sake of something else. But this is the kind of thing that happiness, more than anything else, is thought to be; for this we choose always for its own sake and never for the sake of something else, but honor and pleasure and reason and every virtue we do indeed choose for their own sakes (for if nothing resulted from them we should still choose each of them) but we choose them also for the sake of happiness, supposing that by means of them we

---

1. Obj. of διασαφῆσαι (311.2).   2. Gen. abs. expressing condition (172.2).

302. (1) For when he answers that it is and it isn't, his hearers think he is at a loss. (2) In induction the universal is secured from the particulars. (3) From this city they expelled many of the notables, until they made the exiles numerous. (4) When he says that quantity and quality are elements, I never tell him he is speaking falsely. (5) Men always want more and more without end ("want the greater until they come to infinity"). (6) There must therefore be as many forms of government as he said. (7) When we have spoken of quantity and quality, what each of them is, we shall go on and ("we advancing shall") distinguish the elements. (8) We suspect that when he is well he will again be happy. (9) During the night they put out to sea, and a little before day they disembarked on the island. (10) Each of these philosophers will have more ignorance than knowledge.

XLV. THE INFINITIVE; WHAT IS "HAPPINESS"? (Cont.)

> Αἱ περὶ ἕκαστα ἐνέργειαι τοιούτους ποιοῦσιν.
>   'Αριστοτέλης ἐν τρίτῳ Νῑκομαχείων 1114a7.
> *Conduct makes character.*

303. The infinitive is formed by adding to the appropriate tense stem one of the following endings:

εν   Present active of ω-verbs:

    παιδευ-ε-εν   παιδεύειν (36, 436)
    τῑμα-ε-εν   τῑμᾶν (185.3, 452)
    φιλε-ε-εν   φιλεῖν (190.8, 454)
    δηλο-ε-εν   δηλοῦν (190.8, 456)

    Future active:

    παιδευ-σ-ε-εν   παιδεύσειν (49, 437)
    φαν-εσ-ε-εν   φανεῖν (105, 443)

    Second aorist active having thematic vowel:

    λιπ-ε-εν   λιπεῖν (87, 445)

αι   First aorist active (but here, instead of being *added to* the tense stem, the ending αι *takes the place of* the final α):

    παιδευ-σ-αι   παιδεῦσαι (87, 438)
    φαν-σ-αι   φῆναι (87, 444)

ναι   Present active of μι-verbs:

    τι-θε-ναι   τιθέναι (458)
    δι-δο-ναι   διδόναι (459)
    σι-στα-ναι   ἱστάναι (460)
    δεικνυ-ναι   δεικνύναι (464)
    ἐσ-ναι   εἶναι (470)
    φα-ναι   φάναι (469)
    ῐ-ε-ναι   ἰέναι (472)

Second aorist active lacking thematic vowel:

στη-ναι   στῆναι (270.8, 463)
δῡ-ναι   δῦναι (274.5, 465)
γνω-ναι   γνῶναι (465)
δρᾱ-ναι   δρᾶναι (465)
βη-ναι   βῆναι (463)
ἁλω-ναι   ἁλῶναι (463)
φῡ-ναι   φῦναι (465)
φθη-ναι   φθῆναι (463)

Aorist passive:

παιδευ-θη-ναι   παιδευθῆναι (148, 442)
βαφ-η-ναι   βαφῆναι (148, 447)

Perfect active:

πε-παιδευ-κε-ναι   πεπαιδευκέναι (100, 439)
λε-λοιπ-ε-ναι   λελοιπέναι (100, 446)
θε-θνα-ναι   τεθνάναι (466)
σε-στα-ναι   ἑστάναι (467)

εναι   Second aorist active of μι-verbs: —

θε-εναι   θεῖναι (262.8, 461)
δο-εναι   δοῦναι (266.8, 462)
ἑ-εναι   εἷναι (472)

Present of μι-verb:

ἰ-εναι   ἰέναι (471)

Perfect of εἴδω:

εἰδ-εναι   εἰδέναι (468)

σθαι   All others.

304. The infinitive was in its origin a case-form (dative or locative) of a verbal noun; its original force can be seen plainly in 305.1b.

305. The chief uses of the infinitive may be classified under the following heads:

(1) Without the article:

(a) With a finite verb:

As subject nominative: διαφέρει δὲ ἴσως οὐ μῑκρὸν ἐν κτήσει ἢ χρήσει τὸ ἄριστον ὑπολαμβάνειν, καὶ ἐν ἕξει ἢ ἐνεργείᾳ, *but it makes, perhaps, no small difference whether we place the chief good in possession or in use, in state of mind or in activity.* (Ross.)
As predicate nominative: τὸ γὰρ γνῶναι ἐπιστήμην λαβεῖν ἐστιν, *for to learn is to get knowledge.*
As appositive: εἷς οἰωνὸς ἄριστος, ἀμῡνεσθαι περὶ πάτρης, *one omen is best, to fight for our country.*
As object:
Not in indirect discourse (complementary or object infinitive in the narrower sense): βούλεται ἐλθεῖν, *he wishes to go.*
In indirect discourse: φησὶν ἐλθεῖν, *he says that he went.*
To express purpose: παρέχω ἐμαυτὸν ἐρωτᾶν, *I offer myself to be questioned.*

(b) With an adjective (the two following subclasses tend to merge):

As complementary or object infinitive, the adjective being related in meaning to a verb that would take a direct object: δεινὸς λέγειν, *clever at speaking.*
As limiting the meaning of the adjective: ἄξιος θαυμάσαι, *worthy to be admired.*

(c) Absolutely: ὡς ἔπος εἰπεῖν, *so to speak.*

(2) With the article:

As nominative, genitive, dative, or accusative in almost any construction possible to a noun.: ἄνευ τοῦ σωφρονεῖν, *without exercising self-control.*

The negative of the infinitive is μή except in indirect discourse, which retains the negative of the original verb. (But see 294.)

306. VOCABULARY

εἴτε ... εἴτε (disjunctive conj.), *either ... or, whether ... or.*

ἐπι-σκοπέω (in Attic this usually replaces ἐπι-σκέπτομαι), ἐπισκέψομαι, ἐπεσκεψάμην, ἐπέσκεμμαι, *examine, consider*; ἐπισκεπτέος, ᾱ, ον (verbal adj.), *to be examined, to be considered* (311).

ἐφεξῆς [ἐπί + ἑξῆς *in order*] (adv.), *in order, one after another, adjacent, next*; τὸ ἐφεξῆς, *the adjacent part.*

κατ-ηγορέω, κατηγορήσω, κατηγόρησα, etc. (as though it were a compound vb.), *be an accuser* (κατήγορος) *of* (with gen.); *bring as a charge, indicate, predicate* (τί τινος).

κατηγορίᾱ, ᾱς, ἡ, *accusation, form of predication,* **category**.

κατηγορικός, ή, όν, *accusatory, affirmative*, **categorical**.

ὀρέγω, ὀρέξω, ὤρεξα, *reach, hand*; mid., *reach for, desire* (with gen.); ὀρεκτός, ή, όν (verbal adj.), *stretched out, desired* (310).

ὀρεκτικός, ή, όν, *desiderative*; ὀρεκτικόν, οὗ, τό, *the desiring element*.
σπουδαῖος, ᾶ, ον, *serious, good*.
συμπέρασμα, ατος, τό [συμπεραίνω *conclude*], *conclusion*.
σωφροσύνη, ης, ἡ, *soundness of mind, temperance*.

307. What is "Happiness"? (Cont.)

Φαίνεται δὲ καὶ ἐκ τῆς αὐταρκείας¹ τὸ αὐτὸ συμβαίνειν· τὸ γὰρ τέλειον ἀγαθὸν αὔταρκες εἶναι δοκεῖ. τὸ δ᾽ αὔταρκες λέγομεν οὐκ αὐτῷ μόνῳ², τῷ ζῶντι βίον μονώτην, ἀλλὰ καὶ γονεῦσι καὶ τέκνοις καὶ γυναικὶ καὶ ὅλως τοῖς φίλοις καὶ πολίταις, ἐπειδὴ φύσει πολιτικὸν³ ὁ ἄνθρωπος. τούτων δὲ ληπτέος ὅρος⁴ τις· ἐπεκτείνοντι⁵ γὰρ ἐπὶ τοὺς γονεῖς καὶ τοὺς ἀπογόνους καὶ τῶν φίλων τοὺς φίλους εἰς ἄπειρον πρόεισιν⁶. ἀλλὰ τοῦτο μὲν εἰσαῦθις ἐπισκεπτέον· τὸ δ᾽ αὔταρκες τίθεμεν⁷ ὃ μονούμενον αἱρετὸν ποιεῖ τὸν βίον καὶ μηδενὸς ἐνδεᾶ· τοιοῦτον δὲ τὴν εὐδαιμονίαν οἰόμεθα εἶναι· ἔτι δὲ πάντων αἱρετωτάτην μὴ συναριθμουμένην⁸ — συναριθμουμένην δὲ δῆλον ὡς αἱρετωτέραν μετὰ τοῦ ἐλαχίστου τῶν ἀγαθῶν· ὑπεροχὴ γὰρ ἀγαθῶν γίγνεται τὸ προστιθέμενον, ἀγαθῶν δὲ τὸ μεῖζον αἱρετώτερον ἀεί. τέλειον δή τι φαίνεται καὶ αὔταρκες ἡ εὐδαιμονίᾱ, τῶν πρᾱκτῶν οὖσα τέλος⁹.

Ethica Nicomachea i. 1097b6-21.

308. (1) That substances come to be from some substratum, will appear on examination ("from something underlying, would become evident for one examining"). (2) We call temperance by this name as preserving practical wisdom. (3) Hence also it is work to be good. (4) We must consider also the other forms of predication. (5) In every syllogism one of the premises must be affirmative. (6) If the conclusion is universal, the premises also must be universal. (7). The sphere of fire is the outermost ("last") both on the common view and on ours ("whether as the most or as we"). (8) These [things] having been distinguished, we must discuss the sequel ("say the next thing"). (9) All men by nature desire to know (articular inf.). (10) The desiring element shares in a sense ("somehow") in a rational principle (λόγος).

1. *From the consideration of the self-sufficiency* (*of happiness*). 2. *For a man by himself* (this dat., as well as γονεῦσι etc., is dependent on a second αὔταρκες understood). 3. *A social being* (pred. nom.). 4. *Limit.* 5. Dat. of relation: *for one who extends the limit.* 6. Impers. 7. *Regard as.* 8. *And further we think it most desirable of all things, without being counted as one good thing among others —if it were so counted it would clearly be made more desirable by the addition of even the least of goods; for that which is added becomes an excess of goods, and of goods the greater is always more desirable.* (Ross.) 9. *The end.*

XLVI. VERBAL ADJECTIVES; WHAT IS "HAPPINESS"? (Cont.)

> "Ἃ γὰρ δεῖ μαθόντας ποιεῖν, ταῦτα ποιοῦντες μανθάνομεν.
> Ἀριστοτέλης ἐν δευτέρῳ Νῑκομαχείων 1103a32-33.
> *For the things we have to learn before we can do them, we learn by doing them.* (Ross.)

309. Verbal adjectives are formed by adding -τός, -τή, -τόν or -τέος, -τέᾱ, -τέον to the verb stem—generally to that form of the stem which occurs in the aorist passive:

παιδεύω	ἐπαιδεύθην		παιδευτέος
πέμπω	ἐπέμφθην	πεμπτός (356)	πεμπτέος
διώκω	ἐδιώχθην	διωκτός (356)	διωκτέος
φράζω (φραδ)	ἐφράσθην		φραστέος
ἀνύτω *accomplish*		ἀνυστός (357)	
ἄρχω	ἤρχθην	ἀρκτός (356)	ἀρκτέος
βάλλω	ἐβλήθην	βλητός	βλητέος
γράφω	ἐγράφην	γραπτός (356)	γραπτέος
θύω	ἐτύθην (367)		θυτέος
ἵστημι	ἐστάθην	στατός	στατέον
λέγω	ἐλέχθην	λεκτός (356)	λεκτέος
πείθω	ἐπείσθην		πειστέον
σέβω *revere*	ἐσέφθην	σεπτός (356)	
τῑμάω	ἐτῑμήθην		τῑμητέος

310. Verbal adjectives in -τός, -τή, -τόν denote either (1) capability (λεκτός *capable of being spoken*, Lat. *dīcibilis*) or (2) what has been done (γραπτός *written*, Lat. *scrīp*TUS). In either case the agent may be expressed by a dative of interest (327.2).

311. Verbal adjectives in -τέος, -τέᾱ, -τέον have two constructions:

(1) personal (passive in sense and expressing necessity): ἐπιστολὴ γραπτέᾱ *a letter that must be written*, Lat. **epistola** *scrībenda*.

(2) impersonal (active in sense and expressing necessity): ἐπιστολὴν ἡμῖν γραπτέον (or γραπτέα) ἐστίν *we must write a letter*. (This corresponds syntactically to the rare Latin use of the gerund as a nominative: **epistolam** *nōbīs scrībendum est*.)

In either of these constructions the agent may be expressed by a dative of interest; in the impersonal construction by an accusative (as in ἐπιστολὴν ἡμᾶς δεῖ γράψαι).

312. VOCABULARY

ἀδιάβατος, ον [ἀ + διαβατός], *impassable*.

ἀκίνητος, ον [ἀ + κῑνητός], *immovable, unmoved*.

ἀμετακίνητος, ον, *immovable, nonportable*.

ἀρκτέον [ἄρχομαι], *one must begin*.

δέδοικα (δϝει, δϝοι; pf. as pres.), ἔδεισα *fear* (of reasonable fear; with acc., with inf., or with obj. clause introduced by μή or μὴ οὐ [228.2]).

δια-βαίνω, *step across, pass over*; διαβατός, ή, όν (verbal adj.), *crossable*; διαβατέος, ᾱ, ον (verbal adj.), *that must be crossed*.

διοριστέον (verbal adj. of διορίζω), *one must distinguish*.

ἐμ-βαίνω, *step in, step into* (with dat. or with εἰς and acc.).

ἐναργής, ές, *visible, palpable*; ἐναργῶς (adv.), *visibly, palpably*. Compar. ἐναργέστερος; superl. ἐναργέστατος.

μεταφορητός, ή, όν (verbal adj. of μεταφορέω, frequentative of μεταφέρω *carry across*), *portable*.

μόριον, ου, τό [dimin. of μόρος *portion*, μέρος], *part, member*.

ὁμολογέω, ὁμολογήσω, etc., *agree with* (with dat.), *agree to* (with acc.), *agree* (with inf. in indir. disc.).

ποθέω, ποθήσω, etc., *long for* (with acc.).

φυγάς, άδος, ὁ, ἡ [φεύγω], FUGITIVE, *exile*.

χαλεπαίνω (χαλεπαν: 477), χαλεπανῶ, ἐχαλέπηνα, ἐχαλεπάνθην as act.), *be angry at* (with dat.), *be annoyed*.

χαλεπός, ή, όν, *difficult, hard to deal with*; χαλεπῶς (adv.), *hardly, with difficulty*; χαλεπῶς φέρω, *be distressed at* (with dat. of cause).

χείρ, χειρός, ἡ [**chir**ography, **s**urgeon], *hand* (398).

313. What is "Happiness?" (Cont.)

Ἀλλ' ἴσως τὴν μὲν εὐδαιμονίᾱν τὸ ἄριστον λέγειν ὁμολογούμενόν τι φαίνεται, ποθεῖται δ' ἐναργέστερον[1] τί ἐστιν ἔτι λεχθῆναι. τάχα δὴ γένοιτ' ἂν τοῦτ', εἰ ληφθείη τὸ ἔργον τοῦ ἀνθρώπου. ὥσπερ γὰρ αὐλητῇ καὶ ἀγαλματοποιῷ καὶ παντὶ τεχνίτῃ, καὶ ὅλως ὧν[2] ἐστιν ἔργον τι καὶ πρᾶξις, ἐν τῷ ἔργῳ δοκεῖ τἀγαθὸν εἶναι καὶ τὸ εὖ, οὕτω δόξειεν ἂν καὶ ἀνθρώπῳ, εἴπερ ἔστι τι ἔργον αὐτοῦ. πότερον οὖν τέκτονος μὲν καὶ σκῡτέως ἐστὶν ἔργα τινὰ καὶ πράξεις, ἀνθρώπου δ' οὐδέν ἐστιν, ἀλλ' ἀργὸν πέφῡκεν[3]; ἢ καθάπερ ὀφθαλμοῦ καὶ χειρὸς καὶ ποδὸς καὶ ὅλως ἑκάστου τῶν μορίων φαίνεταί τι ἔργον, οὕτω καὶ ἀνθρώπου παρὰ πάντα ταῦτα θείη τις ἂν ἔργον τι; τί οὖν δὴ τοῦτ' ἂν εἴη ποτέ; τὸ μὲν γὰρ ζῆν κοινὸν εἶναι φαίνεται καὶ τοῖς φυτοῖς, ζητεῖται δὲ τὸ ἴδιον.

Ethica Nicomachea i. 1097b22-34.

---

1. Adv. with λεχθῆναι. 2. Supply an antecedent in the dat. 3. Sc. ὁ ἄνθρωπος.

314. (1) After this the exiles came to a large and uncrossable river. (2) Just as the receptacle is portable place, so place (use generic article) is a nonportable receptacle. (3) Those who have done wrong fear that they may be punished. (4) We must begin with (ἀπό) things known. (5) When we do not perceive clearly, we are annoyed. (6) It is not yet evident how the movable and the immovable are to be distinguished. (7) We admitted that this could not pass over from one genus to another. (8) He advised that they must cross the river. (9) Who said that it was impossible to step twice into the same river? (10) Noble things are difficult.

XLVII. USES OF THE ACCUSATIVE; WHAT IS "HAPPINESS"? (Concl.)

> Γνῶθι σαυτόν.
> Θαλῆς.
> *Know thyself.*

315. The accusative may be:

(1) Direct object of a verb, of an adjective, or of a noun: πάντες φυλάττονται τὰ εἰωθότα ἀδικήματα *all men guard against ordinary offences*; ἐδόκει τὰ πολῑτικὰ συνετὸς εἶναι *he was thought to understand politics* (Dion. Hal. iv. 45); τὰ σπουδαῖα ποιητής *a writer of serious poetry* (Arist. 1448b34). Many verbs may take two direct objects: ἐμὲ τὰ ἐρωτικὰ ἐδίδαξεν *she taught me the art of love*; τί ἐροῦσιν οἱ πολλοὶ ἡμᾶς; *what will the multitude say of us?*

(2) Internal object (cognate accusative) of a verb, of an adjective, or of a noun: βουλὴν βουλεύειν *to form a plan*; ἄδικος ἑκάστην ἀδικίαν *unjust with respect to each type of injustice*; δοῦλος τὰς μεγίστας δουλείας *a slave to the direst slavery*.

(3) Accusative of specification with a verb, with an adjective, or with a noun: διαφέρει τὴν φύσιν *he differs in nature*; ἄπειροι τὸ πλῆθος *infinite in number*; Ἕλληνές εἰσι τὸ γένος *they are Greeks by race*.

(4) Adverbial: τέλος *finally*; ὀλίγον *a little*.

(5) Accusative of extent (in time or in space): ἕνα μῆνα μένων *remaining one month*; πόλις ἀπέχουσα ὀκτὼ ἡμερῶν ὁδόν *a city eight days' journey distant*.

(6) Predicate accusative: καλοῦσιν αὐτὸ κεφαλήν τινες *some call it a head*.

(7) Accusative absolute: δέον ὅλον τι θεωρῆσαι μέρος τι τυγχάνουσι λέγοντες ἑκάτεροι *whereas they ought to have viewed the subject as a whole, each group is in fact stating a part*. (Note that with impersonal verbs the accusative absolute is used instead of the genitive absolute.)

316. VOCABULARY

ἀνδριάς, άντος, ὁ [ἀνήρ], *statue*.
ἁπτικός, ή, όν [ἅπτομαι], *endowed with touch, tactile*.
αὔξησις, εως, ἡ [αὔξω], *growth, increase in size,* **auxesis**.
αὐξητικός, ή, όν, *growing, of growth, promoting growth*.
αὐξάνω or αὔξω (αὐξ, αὐξη: 478), αὐξήσω, ηὔξησα, ηὔξηκα, ηὔξημαι, ηὐξήθην, *increase* (usually trans.);

αὐξητός, ή, όν (verbal adj.), *increasable, increased.*
ἀφ-ορίζω, *determine, limit, define, distinguish, exclude;* ἀφοριστέον (verbal adj.), *one must exclude.*
δεκτικός, ή, όν [δέχομαι], *receptive, capable of* (with object. gen.).
θεωρέω, θεωρήσω, *be a spectator* (θεωρός) *of, look, look at, contemplate, speculate* (to use *knowledge*).
θεωρητικός ή, όν, *contemplative, speculative.*

θεωρίᾱ, ᾱς, ή [**theory**], *viewing, contemplation, speculation, study.*
θρεπτικός, ή, όν [τρέφω], *nutritive, promoting growth;* θρεπτικόν, οῦ, τό, *nutritive faculty.*
συνετός, ή, όν (verbal adj. of συνίημι *understand*), *intelligent, intelligible.*
φροντιστής, οῦ, ὁ [φροντίζω *consider*], *thinker.*
χαλκός, οῦ, ὁ, *copper, bronze.*

317. What is "Happiness"? (Concl.)

Ἀφοριστέον ἄρα τὴν θρεπτικὴν καὶ αὐξητικὴν ζωήν. ἑπομένη δὲ αἰσθητική τις ἂν εἴη, φαίνεται δὲ καὶ αὕτη κοινὴ καὶ ἵππῳ καὶ βοῒ καὶ παντὶ ζῴῳ. λείπεται δὴ πρᾱκτική τις τοῦ λόγον ἔχοντος· τούτου δὲ τὸ μὲν ὡς ἐπιπειθὲς λόγῳ, τὸ δ' ὡς ἔχον [1] καὶ διανοούμενον. διττῶς δὲ καὶ ταύτης λεγομένης τὴν κατ' ἐνέργειαν θετέον· κυριώτερον [2] γὰρ αὕτη [3] δοκεῖ λέγεσθαι [2]. εἰ δ' ἐστὶν ἔργον [4] ἀνθρώπου ψυχῆς ἐνέργεια κατὰ λόγον ἢ μὴ ἄνευ λόγου, τὸ δ' αὐτό φαμεν ἔργον εἶναι τῷ γένει [5] τοῦδε [6] καὶ τοῦδε σπουδαίου [7], ὥσπερ κιθαριστοῦ καὶ σπουδαίου κιθαριστοῦ, καὶ ἁπλῶς δὴ τοῦτ' ἐπὶ πάντων, προστιθεμένης τῆς κατὰ τὴν ἀρετὴν ὑπεροχῆς πρὸς τὸ ἔργον· κιθαριστοῦ μὲν γὰρ κιθαρίζειν, σπουδαίου δὲ τὸ εὖ. . . . εἰ δ' οὕτως, τὸ ἀνθρώπινον ἀγαθὸν ψυχῆς ἐνέργεια γίγνεται [8] κατ' ἀρετήν, εἰ δὲ πλείους αἱ ἀρεταί, κατὰ τὴν ἀρίστην καὶ τελειοτάτην, ἔτι δ' ἐν βίῳ τελείῳ.

Ethica Nicomachea i. 1097b34-1098a12, 1098a15-18.

318.
(1) This is the function of the nutritive faculty. (2) A certain intelligent man was in the habit of calling that statue "the thinker". (3) That's the way the stars appear to us, looking at them from here ("the stars appear thus to us looking hence"). (4) Increase of size is a sort of (τὶς) addition. (5) The bronze has the form of the statue. (6) Matter is the substratum which is receptive of coming-to-be and passing-away. (7) The nutritive faculty is distinguished from (πρός and acc.) the other faculties by this function. (8) Everything that grows (ptc.) must take nourishment. (9) It is plain that (φαίνομαι and ptc.) all animals have the sense of touch. (10) Heat is conducive to growth.

---

1. Supply obj. λόγον.   2. *To be the more proper term.*   3. Sc. ἡ κατ' ἐνέργειαν.   4. *The function.*   5. Dat. of respect with αὐτό (328.1).   6. *A so-and-so.*   7. *A good so-and-so.*   8. *Turns out to be.*

XLVIII. USES OF THE GENITIVE; A TELEOLOGICAL APPROACH TO BIOLOGY

> Σπεῦδε βραδέως.
> Αὔγουστος.
> *Make haste slowly.*

319. Genitives are particularly hard to classify. In so far as they are apparently true genitives or apparently ablatival genitives (18) they may be grouped as in 320 and 321. For the miscellaneous remainder see 322.

320. True genitives may be *attributive* (limiting the meaning of a noun or adjective) or *predicate* (following a verb but usually dependent upon a substantive notion):

	Attributive	Predicate
(1) Possessive:	ἡ τοῦ πατρὸς οἰκίᾱ *the father's house.*	ἡ οἰκίᾱ ἦν ποτε τοῦ πατρός *the house used to belong to the father* (56); τοῦ πολίτου ἐστὶ μάχεσθαι *it is the citizen's duty to fight.*
(2) Subjective:	ὁ τῶν πολεμίων φόβος *the enemy's fear.*	οἶμαι αὐτὸ (τὸ ῥῆμα) Περιάνδρου εἶναι *I think it (the saying) is Periander's.*
(3) Objective:	ὁ τῶν πολεμίων φόβος *the fear of the enemy* (felt by someone else); πρᾱκτικοὶ τῶν καλῶν *capable of noble acts.*	τοιαῦτ' ἄττα ἐστὶν ὧν ἡ ἐπιθῡμίᾱ ἐστίν *these are the sort of things that desire seeks.*
(4) Genitive of Material:	τὸ τῶν ἰχθύων γένος *the race of fishes.*	ἔρυμα λίθων πεποιημένον *a wall built of stones.*
(5) Genitive of Measure:	τριῶν ἡμερῶν ὁδός *a three days' journey;* τριάκοντα ταλάντων οὐσίᾱ *an estate of thirty talents.*	τὰ τείχη ἦν σταδίων ὀκτώ *the walls were eight stades long.*

	Attributive	Predicate
(6) Partitive:	αἱ πολλαὶ τῶν καλουμένων ἀριστοκρατιῶν *most of the so-called aristocracies*.	ἦν τῶν ἀριστοκρατιῶν *it was one of the aristocracies*; ὁδοῦ τυχεῖν *to find a road*. So also with verbs meaning *sharing, touching, making trial of, beginning, desiring, obtaining, perceiving, hearing, smelling, tasting, eating, drinking, caring for, neglecting, filling, being full of, ruling, leading*.

321. The chief ablatival genitives express

(1) Separation (18): λῦσόν με δεσμῶν *release me from chains*; τῑμῆς ἄτῑμος πάσης *destitute of all honor*.

(2) Comparison: πονηρίᾱ θᾶττον θανάτου θεῖ *wickedness runs faster than death*; ἡττώμενοι τῶν φόβων *overcome by their fears*.

(3) Cause: ζηλῶ σε τοῦ νοῦ *I envy you for your mind*.

(4) Source: μάθε μου τάδε *learn this from me*.

322. Miscellaneous genitives:

(1) Genitive of price: πόσου διδάσκει; *how much does he charge for his lessons?* ἄξιος λόγου *worthy of mention*.

(2) Genitive of accountability: δώρων ἐκρίθησαν *they were tried for bribery*; ἑάλω κλοπῆς *he was convicted of theft*.

(3) Genitive with adverbs of place: χωρὶς τοῦ σώματος *apart from the body*; εἴσω τῆς σκηνῆς *inside the tent*.

(4) Genitive of time within which: δέκα ἡμερῶν οὐχ ἥξουσι *they will not come within ten days*.

(5) Genitive with prepositions and compound verbs (a great variety of uses, some of them corresponding wholly or in part to uses listed in 320-321): παρὰ σοῦ ἐμάθομεν *we learned from you*; ὅταν κατηγορῇ τις τῶν νῦν ὑπαρχόντων ἐν ταῖς πολῑτείαις κακῶν *when someone denounces the evils now existing in states*.

(6) Genitive absolute: ὄντος γε ψεύδους ἔστιν ἀπάτη *when there is falsehood, there is deceit*. (Note that the participle is circumstantial (172.2), and that it agrees with a noun which is not in the main construction.)

323. VOCABULARY

αἰνέω, αἰνέσω, ᾔνεσα, ᾔνεκα, ᾔνημαι, ᾐνέθην [αἶνος *tale, praise*], *praise*.
ἀριστοκρατίᾱ, ᾱς, ἡ [ἄριστος + κράτος], *rule of the best*, **aristocracy**.
δρᾶμα, ατος, τό, *deed, action*, **drama**.
δράω, δράσω, ἔδρᾱσα, δέδρᾱκα, δέδρᾱμαι, ἐδράσθην [**drastic**], *do*.
ἐλευθεριότης, ητος, ἡ, *liberality*.
ἐνεργέω, ἐνήργησα, ἐνήργηκα, ἐνηργήθην [**energetic**], *be* IN *action* (ἐνεργός), *effect*.
ἐπ-αινέω, *praise*.
καθ-εύδω (εὐδ, εὐδη), impf. ἐκάθευδον (70) and καθηῦδον, καθευδήσω, *sleep*.
κράτος, ους, τό [demo**crat**], *strength*.
κριτικός, ή, όν [κρίνω], *able to discern*,

critical (with object. gen.).
μῑμέομαι, μῑμήσομαι, ἐμῑμησάμην, μεμίμημαι, ἐμῑμήθην, *imitate, represent*.
μίμημα, ατος, τό, *copy, likeness*.
μίμησις, εως, ἡ, *imitation, representation*.
μῑμητικός, ή, όν, *imitative*, **mimetic**.
μνήμη, ης, ἡ [**mnemonic**, MIND], *memory*, MENTION.
πίπτω (πι-πτ-ω, πετ, πεσ, πτω: 98.2), πεσοῦμαι, ἔπεσον, πέπτωκα, *fall*.
πορείᾱ, ᾱς, ἡ [ἄ-πορος], *gait, journey, progression*.
πορεύω, πορεύσω, etc. [FORD, FARE], *make to go*; pass. deponent, *go, walk about, journey*; πορευτέος, ᾱ, ον (verbal adj.), *to be traversed*.

324. A Teleological Approach to Biology

Περὶ πᾶσαν θεωρίᾱν τε καὶ μέθοδον, ὁμοίως ταπεινοτέρᾱν τε καὶ τῑμιωτέρᾱν, δύο φαίνονται τρόποι τῆς ἕξεως[1] εἶναι, ὧν τὴν μὲν ἐπιστήμην[2] τοῦ πράγματος καλῶς ἔχει προσαγορεύειν, τὴν δ᾽ οἷον παιδείᾱν[2] τινά. πεπαιδευμένου γάρ ἐστι κατὰ τρόπον[3] τὸ δύνασθαι κρῖναι εὐστόχως τί καλῶς ἢ μὴ καλῶς ἀποδίδωσιν ὁ λέγων. τοιοῦτον γὰρ δή τινα καὶ τὸν ὅλως πεπαιδευμένον οἰόμεθ᾽ εἶναι, καὶ τὸ πεπαιδεῦσθαι τὸ δύνασθαι ποιεῖν τὸ εἰρημένον[4]. πλὴν τοῦτον μὲν περὶ πάντων[5] ὡς εἰπεῖν κριτικόν τινα νομίζομεν εἶναι ἕνα τὸν ἀριθμὸν[6] ὄντα, τὸν δὲ περί τινος φύσεως[7] ἀφωρισμένης· εἴη γὰρ ἄν τις ἕτερος[8] τὸν αὐτὸν τρόπον τῷ εἰρημένῳ[9] διακείμενος περὶ μόριον.

De Partibus Animalium i. 639a1-11.

325.
(1) In tragedies and all dramas they imitate [men] doing. (2) Man is the most imitative and the most discerning of all animals. (3) If there is (μέλλει) to be generation and destruction, there must be something else which is always acting. (4) Was he praised for (εἰς) liberality or for strength? (πότερον ... ἤ.) (5) There are some who get up while sleeping and walk about. (6) Sense perception is of the present, but memory is of the past. (7) Touch is more discerning of forms than is taste. (8) If the journey is long, we say that the road is long. (9) Why does imitation give ("make") pleasure? (10) The leaves of some trees have fallen; the leaves of others haven't.

1. The *state* of a person with reference to a θεωρίᾱ; i.e. *proficiency*. 2. Pred. noun without art. 3. *Properly* (to be construed with πεπαιδευμένου). 4. Sc. κρῖναι εὐστόχως. 5. With κριτικόν. 6. ἕνα (with acc. of specif. τὸν ἀριθμόν) is pred. to circumstantial ptc. ὄντα. 7. *Subject*. 8. Sc. the specialist. 9. Sc. τῷ ὅλως πεπαιδευμένῳ.

XLIX. USES OF THE DATIVE;
A TELEOLOGICAL APPROACH TO BIOLOGY (Cont.)

> Θάλαττα, θάλαττα.
> Ξενοφῶντος ἐν τῇ Κύρου Ἀναβάσει
> iv. 7. 24.
> *The sea, the sea!*

326. Since the Greek datives have taken over most of the functions of the lost instrumentals and locatives (both of which in Latin became ablatives; see 18), they may be conveniently classified under the headings of Dative Proper, Instrumental Dative, and Locative Dative. For the miscellaneous remainder see 330.

327. The Dative Proper may denote

(1) Indirect Object: δίδομεν ταῦτα τοῖς ποιηταῖς *we grant this to the poets*; ἐπίστευον αὐτῷ *they trusted him.* ("The verbs of this class which are not translated with *to* in English are chiefly those signifying *to benefit, serve, obey, defend, assist, please, trust, satisfy, advise, exhort,* or any of their opposites; also those expressing *friendliness, hostility, blame, abuse, reproach, envy, anger, threats.*"—Goodwin-Gulick, 1160.)

(2) Interest:

  (a) Advantage or Disadvantage: ἄλλο στράτευμα Κύρῳ συνελέγετο *another force was collected for Cyrus*; ἐμοὶ κακὸν βουλεύεις *you are plotting harm against me*; τί σοι μαθήσομαι; *what would you have me learn?* (In cases like this last, where the person referred to in the dative is represented as having a strong emotional interest, the dative is often called *ethical*.)

  (b) Relation: ἅπαντα τῷ φοβουμένῳ ψοφεῖ *everything sounds to one who is afraid.*

  (c) Possession: υἱὸς ἦν αὐτῷ *he had a son.*

  (d) Agent: πάνθ' ἡμῖν πεποίηται *everything has been done by us.*

328. The Instrumental Dative may be subdivided as follows:

(1) Instrumental Dative proper, denoting

  (a) Means or Instrument: λίθοις ἔβαλλον *they pelted (them) with stones.*

(b) Manner: τῷ ὄντι *in reality*; οὐ πολλαῖς ἡμέραις ὕστερον *not many days later* (when used thus with a comparative, this dative is often called dative of *degree of difference*); ὁ αὐτὸς τῷ γένει *the same in genus* (dative of *respect*).

(c) Cause: χαλεπῶς φέρω τοῖς παροῦσι πράγμασι *I am distressed at the present circumstances*.

(2) Dative of Accompaniment: μίαν ναῦν αὐτοῖς ἀνδράσιν εἷλον *they took one ship, men and all*; ἀμφισβητεῖ τισι *he is disputing with some people*; μάχομαι αὐτῷ *I am fighting with him*.

329. The Locative Dative may denote

(1) Place Where (in poetry; the ordinary prose construction is ἐν with the dative): ἀγρῷ *in the country*.

(2) Time When: τῇ τρίτῃ ἡμέρᾳ *on the third day*.

330. Miscellaneous Datives, including those with prepositions and compound verbs (a great variety of uses, some of them corresponding wholly or in part to uses listed in 327-329): πρὸς τούτοις *in addition to this*; δὶς τῷ αὐτῷ ποταμῷ οὐκ ἔστιν ἐμβῆναι *it is impossible to step in the same river twice*; τὸ ἀνθρώπῳ εἶναι *the being of a man*, i.e. the conception of a man (as opposed to his existence or manifestation).

331. VOCABULARY

ἀγνοέω, ἀγνοήσω, etc., *not* KNOW (with acc., with indir. question, with ptc., with ὅτι).
ἀΐδιος, ον [ἀεί], EVER*lasting, eternal*.
ἀμφισβητέω, impf. ἠμφεσβήτουν (69), ἀμφισβητήσω, ἠμφεσβήτησα [ἀμφίς *asunder* + βαίνω], *go asunder, disagree, dispute*.
αὐτόματος, η, ον (or ος, ον) [**automatic**], *spontaneous*; αὐτομάτως (adv.), *spontaneously*.
διανοητικός, ή, όν, *intellectual, intelligent*; διανοητικόν, οῦ, τό, *power of thinking*.
διάνοια, ας, ἡ, *thought, process of thinking, thinking faculty*.
ἐν-δέχομαι, ἐνδέξομαι, *accept, admit of* (with inf. or acc.); *be possible* (with inf. or with acc. and inf.).

ἐντελέχεια, ας, ἡ, *full reality*, the actuality resulting from ἐνέργεια *actualization*; ἐντελεχείᾳ (dat. of manner as adv.), *actually*, ACTU, IN ACTU.
συλ-λαμβάνω, *comprehend, seize, arrest*.
συλ-λέγω, συλλέξω, συνέλεξα, συνείλοχα, συνείλεγμαι, συνελέχθην or συνελέγην, *bring together, collect*; pass. deponent, *come together*.
σχεδόν [ἔχω] (adv.), *about, practically, roughly speaking*.
τοιόσδε, τοιάδε, τοιόνδε (dem. pronom. adj.), *such as this, such as follows, of such and such a kind*.
φθίσις, εως, ἡ [φθίνω], *waning, decrease*, **phthisis**.
φθιτός, ή, όν (verbal adj. of φθίνω), *capable of being decreased*.

332. A Teleological Approach to Biology (Cont.)

Ὥστε δῆλον ὅτι καὶ τῆς περὶ φύσιν ἱστορίας δεῖ τινας ὑπάρχειν ὅρους [1] τοιούτους [2] πρὸς οὓς ἀναφέρων ἀποδέξεται [3] τὸν τρόπον τῶν δεικνυμένων [4], χωρὶς τοῦ πῶς ἔχει τἀληθές [5], εἴτε οὕτως εἴτε ἄλλως. λέγω δ' οἷον πότερον δεῖ λαμβάνοντας μίαν ἑκάστην οὐσίαν [6] περὶ ταύτης διορίζειν καθ' αὑτήν, οἷον περὶ ἀνθρώπου φύσεως ἢ λέοντος ἢ βοὸς ἢ καί τινος ἄλλου καθ' ἕκαστον προχειριζομένους [7], ἢ τὰ κοινῇ συμβεβηκότα πᾶσι κατά τι κοινὸν [8] ὑποθεμένους [9]. πολλὰ γὰρ ὑπάρχει ταὐτὰ πολλοῖς γένεσιν ἑτέροις οὖσιν ἀλλήλων, οἷον ὕπνος, ἀναπνοή, αὔξησις, φθίσις, θάνατος, καὶ πρὸς τούτοις ὅσα τοιαῦτα τῶν λειπομένων παθῶν τε καὶ διαθέσεων· ἄδηλον γὰρ καὶ ἀδιόριστόν ἐστι [10] λέγειν νῦν περὶ τούτων.

De Partibus Animalium i. 639a12-23.

333. (1) There are in the natural order of things (πέφυκε), therefore, two causes, Thought and Character, of a man's actions. (2) Some existing things (partit. gen.) are eternal and divine, while others admit of both existence and non-existence (inf.). (3) Do you not know that they are still disputing about the name? (4) Aristotle thought (νομίζω) that some animals came into being spontaneously. (5) It is possible to think (διανοέομαι) either falsely or rightly. (6) Practically all these things have heat. (7) Those who have been cured come together often to talk about doctors. (8) Those who are intelligent think; those who aren't don't. (9) Those who had been arrested inside the city were all of the following sort. (10) The fulfilment of that which can be decreased is decrease.

---

1. *Standards, canons.* 2. τοιούτους does not refer to anything above, but is explained wholly by the following rel. clause of characteristic. 3. *By reference to which the hearer may take* (or *approve*). Since he will *take* them by reference to standards, he will in effect be *examining* them. 4. *Exposition.* 5. *How the truth stands.* 6. *Each species separately.* 7. *Taking in hand*, i.e. *discussing.* 8. *In virtue of something that they have in common.* 9. *Laying down to begin with.* 10. *It is a vague and uncertain business.*

L. A TELEOLOGICAL APPROACH TO BIOLOGY (Concl.)

334. VOCABULARY

ἁρμονίᾱ, ᾱς, ἡ, *music, scale*, **harmony**.
ἀσθενέω, ἠσθένησα, ἠσθένηκα, *be weak* (ἀσθενής, from ἀ + σθένος), *be sickly*.
ἔαρ, ἔαρος, τό, *spring*, Lat. VER (392).
θεραπεύω, θεραπεύσω, etc., *serve, tend, treat medically*.
μέλος, ους, τό, *limb, song, lyric poem, tune*, **mel***ody*.
μουσικός, ή, όν, **musical**, *scholarly*; μουσική (sc. τέχνη), **music**, *letters*.
νοσέω, νοσήσω, ἐνόσησα, νενόσηκα [νόσος], *be sick* (in body or mind).
νόσος, ου, ἡ, *sickness* (of body or mind).
πυ-ν-θ-άν-ο-μαι (πευθ, πυθ: 478), πεύσομαι, ἐπυθόμην, πέπυσμαι, *learn by hearsay, learn by inquiry, inquire* (with gen. and ptc. [of physical perception], or acc. and ptc. [of intellectual perception], or acc. and inf. in indir. disc., or ὅτι, or indir. question).
ῥυθμός, οῦ, ὁ, **rhythm**.
σθένος, ους, τό, *strength, force*.
ὑπερβολή, ῆς, ἡ [ὑπέρ + βάλλω], *a throwing beyond, excess*, **hyperbole**.
φθαρτός, ή, όν (verbal adj. of φθείρω), *destructible, perishable*.
φυτικός, ή, όν [φυτόν], *of plants*; φυτικόν, οῦ, τό, *vegetative principle*.
χελῑδών, όνος, ἡ (epicene), *swallow*.
χρεών (indecl.), τό, *necessity*; χρεών (ἐστί) = χρή.

335. A Teleological Approach to Biology (Concl.)

Φανερὸν δ᾽ ὅτι καὶ κατὰ μέρος μὲν λέγοντες περὶ πολλῶν ἐροῦμεν πολλάκις ταὐτά· καὶ γὰρ ἵπποις καὶ κυσὶ καὶ ἀνθρώποις ὑπάρχει τῶν εἰρημένων ἕκαστον, ὥστε ἐὰν καθ᾽ ἕκαστον τὰ συμβεβηκότα λέγῃ τις, πολλάκις ἀναγκασθήσεται περὶ τῶν αὐτῶν λέγειν, ὅσα ταὐτὰ μὲν ὑπάρχει τοῖς εἴδει διαφέρουσι τῶν ζῴων, αὐτὰ δὲ μηδεμίαν ἔχει διαφοράν. ἕτερα δ᾽ ἴσως ἐστὶν οἷς συμβαίνει τὴν μὲν κατηγορίᾱν ἔχειν[1] τὴν αὐτὴν διαφέρειν δὲ τῇ κατ᾽ εἶδος[2] διαφορᾷ, οἷον ἡ τῶν ζῴων πορείᾱ· οὐ γὰρ φαίνεται μία τῷ εἴδει[2]· διαφέρει γὰρ πτῆσις καὶ νεῦσις καὶ βάδισις καὶ ἕρψις.

Διὸ δεῖ μὴ διαλεληθέναι πῶς ἐπισκεπτέον, λέγω δὲ πότερον κοινῇ κατὰ γένος πρῶτον, εἶτα ὕστερον περὶ τῶν ἰδίων θεωρητέον, ἢ καθ᾽ ἕκαστον[3] εὐθύς. νῦν γὰρ οὐ διώρισται περὶ αὐτοῦ[4], οὐδέ γε τὸ νῦν ῥηθησόμενον[5], οἷον πότερον καθάπερ οἱ μαθηματικοὶ τὰ περὶ τὴν ἀστρολογίᾱν δεικνύουσιν, οὕτω δεῖ καὶ τὸν φυσικὸν τὰ φαινόμενα πρῶτον τὰ περὶ τὰ ζῷα θεωρήσαντα καὶ τὰ

---

1. "*Come under*". 2. *Species*. 3. i.e. the ultimate species (not the individual animals). 4. The problem posed in the preceding sentence. 5. Subj. of a personal διώρισται which must be supplied.

μέρη τὰ περὶ ἕκαστον, ἔπειθ' οὕτω ¹ λέγειν τὸ διὰ τί καὶ τὰς αἰτίας, ἢ ἄλλως πως. πρὸς δὲ τούτοις, ἐπεὶ πλείους ὁρῶμεν αἰτίας περὶ τὴν γένεσιν τὴν φυσικήν, οἷον τήν θ' οὗ ἕνεκα ² καὶ τὴν ὅθεν ἡ ἀρχὴ τῆς κινήσεως ³, διοριστέον καὶ περὶ τούτων, ποῖα πρώτη καὶ δευτέρα πέφυκεν. φαίνεται δὲ πρώτη ἣν λέγομεν ἕνεκά τινος· λόγος ⁴ γὰρ οὗτος, ἀρχὴ δ' ὁ λόγος ⁴ ὁμοίως ἔν τε τοῖς κατὰ τέχνην καὶ ἐν τοῖς φύσει συνεστηκόσιν. ἢ γὰρ τῇ διανοίᾳ ἢ τῇ αἰσθήσει ὁρισάμενος ὁ μὲν ἰατρὸς τὴν ὑγίειαν, ὁ δ' οἰκοδόμος τὴν οἰκίαν, ἀποδιδόᾱσι τοὺς λόγους καὶ τὰς αἰτίας οὗ ποιοῦσιν ἑκάστου ⁵, καὶ διότι ποιητέον οὕτως. μᾶλλον δ' ἐστὶ τὸ οὗ ἕνεκα καὶ τὸ καλὸν ἐν τοῖς τῆς φύσεως ἔργοις ἢ ἐν τοῖς τῆς τέχνης. τὸ δ' ἐξ ἀνάγκης ⁶ οὐ πᾶσιν ὑπάρχει τοῖς κατὰ φύσιν ὁμοίως, εἰς ὃ πειρῶνται πάντες σχεδὸν τοὺς λόγους ἀνάγειν, οὐ διελόμενοι ποσαχῶς λέγεται τὸ ἀναγκαῖον. ὑπάρχει δὲ τὸ μὲν ἁπλῶς ⁷ τοῖς ἀϊδίοις, τὸ δ' ἐξ ὑποθέσεως ⁸ καὶ τοῖς ἐν γενέσει πᾶσιν ὥσπερ ἐν τοῖς τεχναστοῖς, οἷον οἰκίᾳ καὶ τῶν ἄλλων ὁτῳοῦν τῶν τοιούτων. ἀνάγκη δὲ τοιάνδε τὴν ὕλην ὑπάρξαι, εἰ ἔσται οἰκίᾱ ἢ ἄλλο τι τέλος· καὶ γενέσθαι τε καὶ κινηθῆναι δεῖ τόδε πρῶτον, εἶτα τόδε, καὶ τοῦτον δὴ τὸν τρόπον ἐφεξῆς μέχρι τοῦ τέλους καὶ οὗ ⁹ ἕνεκα γίγνεται ἕκαστον καὶ ἔστιν. ὡσαύτως δὲ καὶ ἐν τοῖς φύσει γιγνομένοις. ἀλλ' ὁ τρόπος τῆς ἀποδείξεως καὶ τῆς ἀνάγκης ἕτερος ἐπί τε τῆς φυσικῆς καὶ τῶν θεωρητικῶν ἐπιστημῶν. (εἴρηται δ' ἐν ἑτέροις ¹⁰ περὶ τούτων.) ἡ γὰρ ἀρχὴ τοῖς μὲν ¹¹ τὸ ὄν, τοῖς δὲ ¹² τὸ ἐσόμενον· ἐπεὶ γὰρ τοιόνδ' ἐστὶν ἡ ὑγίεια ἢ ὁ ἄνθρωπος, ἀνάγκη τόδ' εἶναι ἢ γενέσθαι, ἀλλ' οὐκ ἐπεὶ τόδ' ἐστὶν ἢ γέγονεν, ἐκεῖνο ἐξ ἀνάγκης ἐστὶν ἢ ἔσται. οὐδ' ἔστιν εἰς ἀΐδιον συναρτῆσαι τῆς τοιαύτης ἀποδείξεως τὴν ἀνάγκην ¹³, ὥστε εἰπεῖν, ἐπεὶ τόδ' ἐστίν, ὅτι τόδ' ἐστίν. διώρισται δὲ καὶ περὶ τούτων ἐν ἑτέροις ¹⁴, καὶ ποίοις ὑπάρχει ¹⁵ καὶ ποῖα ἀντιστρέφει ¹⁶ καὶ διὰ τίν' αἰτίαν.

1. οὕτω is almost redundant; in effect it repeats the θεωρήσαντα clause. 2. i.e. the final cause. 3. i.e. the efficient cause. 4. *Rational ground*. 5. *Of each thing that they do* (186). 6. *The influence of necessity*. 7. Sc. ἀναγκαῖον. 8. Sc. ἀναγκαῖον *hypothetical necessity*; the following καί is not to be translated; it merely contrasts τοῖς ἐν τῇ γενέσει πᾶσιν with τοῖς ἀϊδίοις. 9. Supply an antecedent (in gen. sing.) dependent on μέχρι. 10. Sc. ἐν τοῖς Μετὰ τὰ Φυσικά. 11. *The latter*. 12. *The former*. 13. *To trace back the links of Necessity*. (Peck.) 14. Sc. ἐν τοῖς Περὶ Γενέσεως καὶ Φθορᾶς. 15. Supply as subj. τὸ ἁπλῶς ἀναγκαῖον καὶ τὸ ἐξ ὑποθέσεως ἀναγκαῖον. Eternal things *are* of necessity (*De Gen. et Corr.* ii. 335a33-34). In the world of perishable things it is not the individual but the species that has eternity—in some such series of transformations as that of water into air, air into fire, fire into water (*ibid.* 337a4-6); in such a series "the coming-to-be of any determinate 'this' amongst the later members of the sequence will not be *absolutely*, but only *conditionally*, necessary. For it will always be necessary that some other member shall have come-to-be before 'this' as the presupposed condition of the necessity that 'this' should come-to-be." (*Ibid.* 337b25-28; tr. Joachim.) 16. *Which propositions involving Necessity are convertible*. "By this I mean that the necessary occurrence of 'this' involves the necessary occurrence of its antecedent: and conversely that, given the antecedent, it is also necessary

Δεῖ δὲ μὴ λεληθέναι καὶ πότερον προσήκει λέγειν, ὥσπερ οἱ πρότερον ἐποιοῦντο τὴν θεωρίαν, πῶς ἕκαστον γίγνεσθαι πέφυκε μᾶλλον ἢ πῶς ἔστιν. οὐ γάρ τι μῑκρὸν διαφέρει τοῦτο ἐκείνου. ἔοικε δ' ἐντεῦθεν ἀρκτέον εἶναι (καθάπερ καὶ πρότερον εἴπομεν ὅτι πρῶτον τὰ φαινόμενα ληπτέον περὶ ἕκαστον γένος, εἶθ' οὕτω τὰς αἰτίας τούτων λεκτέον) καὶ περὶ γενέσεως [1]· μᾶλλον γὰρ τάδε [2] συμβαίνει καὶ περὶ τὴν οἰκοδόμησιν ἐπεὶ τοιόνδ' ἐστὶ τὸ εἶδος [3] τῆς οἰκίας, ἢ [4] τοιόνδ' ἐστὶν ἡ οἰκία ὅτι γίγνεται οὕτως. ἡ γὰρ γένεσις ἕνεκα τῆς οὐσίας [5] ἐστίν, ἀλλ' οὐχ ἡ οὐσία [5] ἕνεκα τῆς γενέσεως. διόπερ Ἐμπεδοκλῆς οὐκ ὀρθῶς εἴρηκε λέγων ὑπάρχειν πολλὰ τοῖς ζῴοις διὰ τὸ συμβῆναι οὕτως ἐν τῇ γενέσει, οἷον καὶ τὴν ῥάχιν τοιαύτην [6] ἔχειν [7], ὅτι στραφέντος [8] καταχθῆναι [9] συνέβη, ἀγνοῶν πρῶτον μὲν ὅτι δεῖ τὸ σπέρμα τὸ συνιστὰν [10] ὑπάρχειν τοιαύτην ἔχον δύναμιν, εἶτα ὅτι τὸ ποιῆσαν [11] πρότερον ὑπῆρχεν οὐ μόνον τῷ λόγῳ ἀλλὰ καὶ τῷ χρόνῳ· γεννᾷ γὰρ ὁ ἄνθρωπος ἄνθρωπον, ὥστε διὰ τὸ ἐκεῖνον τοιόνδ' εἶναι ἡ γένεσις τοιάδε συμβαίνει τῳδί [12]. ὁμοίως δὲ καὶ ἐπὶ τῶν αὐτομάτως δοκούντων γίγνεσθαι καθάπερ καὶ ἐπὶ τῶν τεχναστῶν· ἔνια γὰρ καὶ ἀπὸ ταὐτομάτου γίγνεται ταὐτὰ τοῖς ἀπὸ τέχνης, οἷον ὑγίεια. τῶν μὲν οὖν προϋπάρχει τὸ ποιητικὸν [13] ὅμοιον, οἷον ἀνδριαντοποιητική· οὐ γὰρ γίγνεται [14] αὐτόματον. ἡ δὲ τέχνη λόγος [15] τοῦ ἔργου ὁ ἄνευ τῆς ὕλης ἐστίν. καὶ τοῖς ἀπὸ τύχης ὁμοίως· ὡς γὰρ ἡ τέχνη ἔχει, οὕτω γίγνεται [16]. διὸ μάλιστα μὲν λεκτέον ὡς ἐπειδὴ τοῦτ' ἦν [17] τὸ ἀνθρώπῳ εἶναι [18], διὰ τοῦτο ταῦτ' [19] ἔχει· οὐ γὰρ ἐνδέχεται εἶναι ἄνευ τῶν μορίων τούτων. εἰ δὲ μή, ὅ τι ἐγγύτατα τούτου, καὶ [20] ἢ ὅτι ὅλως ἀδύνατον ἄλλως, ἢ καλῶς γε οὕτως. ταῦτα [21] δ' ἕπεται. ἐπεὶ δ' ἐστὶ [22] τοιοῦτον [23], τὴν γένεσιν ὡδὶ καὶ τοιαύτην συμβαίνειν ἀναγκαῖον. διὸ γίγνεται πρῶτον τῶν μορίων τόδε, εἶτα τόδε. καὶ τοῦτον δὴ τὸν τρόπον ὁμοίως ἐπὶ πάντων τῶν φύσει συνισταμένων.

De Partibus Animalium i. 639a23-640b4.

for the consequent to come-to-be. And this reciprocal *nexus* will hold continuously throughout the sequence: for it makes no difference whether the reciprocal *nexus*, of which we are speaking, is mediated by two, or by many, members." (*De Gen. et Corr.* ii. 338a11-14; tr. Joachim.) 1. *In the case also of coming-to-be* (as well as in the case of astronomy). 2. *The particulars*, i.e. the particular stages in the process. 3. *Form*, i.e. the formal cause. 4. *Than*; the contrast is between τάδε ... οἰκίας and τοιόνδ' ... οὕτως. 5. *The actual thing*. 6. i.e. divided into vertebrae. 7. Supply as subj. τὰ ζῷα. 8. Supply τοῦ ἐμβρύου (*the foetus*): gen. abs. expressing cause. 9. Aor. pass. inf. of καταγνῦμι *break in pieces*. 10. *Forming*; supply as obj. τὸ ζῷον. 11. *The parent animal*. 12. Dat. of ὁδί. 13. *Efficient cause.* 14. Supply as subj. *the thing that is made*, i.e. ἀνδριάς. 15. *Conception*. 16. Supply as subj. τὰ ἀπὸ τύχης. *For as is the art, so do the chance things come to be*; i.e. the products of chance are formed in the same way as the products of art. 17. "Philosophic imperfect", denoting a truth only now recognized, although it was true before. 18. *The being of a man*, i.e. the conception of a man (as opposed to his existence or manifestation). 19. *Such and such parts* (μόρια). 20. *And if one cannot say that, then one must say the next thing to it, namely.* 21. *These parts*. 22. Supply as subj. ὁ ἄνθρωπος. 23. = τοιοῦτο.

336. (1) One swallow does not make a spring. (2) We inquired whether there were imitations of character both in tunes and in rhythms. (3) One ought always to give good tendance to the sick. (4) Who pointed out that harmony was a composition of contraries? (5) They neither tended the weak nor cured the ill. (6) Physicians know that in every disease there is either excess or deficiency. (7) The pleasure given by music is natural ("music has the pleasure natural"). (8) By "vegetative principle" the philosopher meant that which caused nutrition and growth (" 'vegetative principle' the philosopher said that which was responsible for being nourished and for growing"). (9) Nothing is by accident perishable. (10) Great is the force of necessity.

LI. THE CATEGORIES

337. The Categories: Substance, Quantity, Quality, Relation, Place, Date, Posture, Possession *or* State, Action, Passivity

Τῶν κατὰ μηδεμίαν συμπλοκὴν λεγομένων ἕκαστον ἤτοι οὐσίαν σημαίνει ἢ ποσὸν ἢ ποιὸν ἢ πρός τι ἢ ποῦ ἢ ποτὲ ἢ κεῖσθαι ἢ ἔχειν ἢ ποιεῖν ἢ πάσχειν. ἔστι δὲ οὐσία μὲν ὡς τύπῳ εἰπεῖν οἷον ἄνθρωπος, ἵππος· ποσὸν δὲ οἷον δίπηχυ, τρίπηχυ· ποιὸν δὲ οἷον λευκόν, γραμματικόν· πρός τι δὲ οἷον διπλάσιον, ἥμισυ, μεῖζον· ποῦ δὲ οἷον ἐν Λυκείῳ, ἐν ἀγορᾷ· ποτὲ δὲ οἷον ἐχθές, πέρυσιν· κεῖσθαι δὲ οἷον ἀνάκειται, κάθηται· ἔχειν δὲ οἷον ὑποδέδεται, ὥπλισται· ποιεῖν δὲ οἷον τέμνει, καίει· πάσχειν δὲ οἷον τέμνεται, καίεται. ἕκαστον δὲ τῶν εἰρημένων αὐτὸ μὲν καθ᾽ αὑτὸ ἐν οὐδεμιᾷ καταφάσει λέγεται, τῇ δὲ πρὸς ἄλληλα τούτων συμπλοκῇ [1] κατάφασις ἢ ἀπόφασις γίγνεται. ἅπασα γὰρ δοκεῖ κατάφασις καὶ ἀπόφασις ἤτοι ἀληθὴς ἢ ψευδὴς εἶναι· τῶν δὲ κατὰ μηδεμίαν συμπλοκὴν λεγομένων οὐδὲν οὔτε ἀληθὲς οὔτε ψεῦδός ἐστιν, οἷον ἄνθρωπος, λευκόν, τρέχει, νικᾷ.

Οὐσία δέ ἐστιν ἡ κυριώτατά τε καὶ πρώτως καὶ μάλιστα λεγομένη ἣ μήτε καθ᾽ ὑποκειμένου τινὸς λέγεται μήτ᾽ ἐν ὑποκειμένῳ τινί ἐστιν, οἷον ὁ τὶς ἄνθρωπος [2] ἢ ὁ τὶς ἵππος. δεύτεραι δὲ οὐσίαι λέγονται ἐν οἷς εἴδεσιν [3] αἱ πρώτως οὐσίαι λεγόμεναι ὑπάρχουσι, ταῦτά τε καὶ τὰ τῶν εἰδῶν τούτων γένη, οἷον ὁ τὶς ἄνθρωπος ἐν εἴδει μὲν ὑπάρχει τῷ ἀνθρώπῳ, γένος δὲ τοῦ εἴδους ἐστὶ τὸ ζῷον· δεύτεραι [4] οὖν αὗται λέγονται οὐσίαι, οἷον ὅ τε ἄνθρωπος καὶ τὸ ζῷον.

Categoriae 4-5. 1b25-2a19.

---

1. Dat. of means.   2. *The individual man.*   3. ἐν οἷς εἴδεσιν = τὰ εἴδη ἐν οἷς.
4. Attributive with οὐσίαι.

LII. THE PREDICABLES

338. The Predicables: Definition, Property, Genus (including Differentia), Accident

Ἀνάγκη γὰρ πᾶν τὸ περί τινος κατηγορούμενον ἤτοι ἀντικατηγορεῖσθαι τοῦ πράγματος ἢ μή. καὶ εἰ μὲν ἀντικατηγορεῖται, ὅρος ἢ ἴδιον ἂν εἴη· εἰ μὲν γὰρ σημαίνει τὸ τί ἦν εἶναι, ὅρος, εἰ δὲ μὴ σημαίνει, ἴδιον· τοῦτο γὰρ ἦν ἴδιον, τὸ ἀντικατηγορούμενον μὲν μὴ σημαῖνον δὲ τὸ τί ἦν εἶναι. εἰ δὲ μὴ ἀντικατηγορεῖται τοῦ πράγματος, ἤτοι τῶν ἐν τῷ ὁρισμῷ τοῦ ὑποκειμένου λεγομένων [1] ἐστὶν ἢ οὔ. καὶ εἰ μὲν τῶν ἐν τῷ ὁρισμῷ λεγομένων, γένος ἢ διαφορὰ ἂν εἴη, ἐπειδὴ ὁ ὁρισμὸς ἐκ γένους καὶ διαφορῶν ἐστιν· εἰ δὲ μὴ τῶν ἐν τῷ ὁρισμῷ λεγομένων ἐστί, δῆλον ὅτι συμβεβηκὸς ἂν εἴη. τὸ γὰρ συμβεβηκὸς ἐλέγετο [2] ὃ μήτε ὅρος μήτε γένος μήτε ἴδιόν ἐστιν, ὑπάρχει δὲ τῷ πράγματι.

Μετὰ τοίνυν ταῦτα δεῖ διορίσασθαι τὰ γένη τῶν κατηγοριῶν, ἐν οἷς ὑπάρχουσιν αἱ ῥηθεῖσαι τέτταρες. ἔστι δὲ ταῦτα τὸν ἀριθμὸν δέκα, τί ἐστι, ποσόν, ποιόν, πρός τι, ποῦ, ποτέ, κεῖσθαι, ἔχειν, ποιεῖν, πάσχειν. ἀεὶ γὰρ τὸ συμβεβηκὸς καὶ τὸ γένος καὶ τὸ ἴδιον καὶ ὁ ὁρισμὸς ἐν μιᾷ τούτων τῶν κατηγοριῶν ἔσται· πᾶσαι γὰρ αἱ διὰ τούτων προτάσεις [3] ἢ τί ἐστιν ἢ ποιὸν ἢ ποσὸν ἢ τῶν ἄλλων τινὰ κατηγοριῶν σημαίνουσιν. δῆλον δ' ἐξ αὐτῶν ὅτι ὁ τὸ τί ἐστι σημαίνων ὁτὲ μὲν οὐσίαν σημαίνει, ὁτὲ δὲ ποιόν, ὁτὲ δὲ τῶν ἄλλων τινὰ κατηγοριῶν. ὅταν μὲν γὰρ ἐκκειμένου ἀνθρώπου φῇ τὸ ἐκκείμενον ἄνθρωπον εἶναι ἢ ζῷον, τί ἐστι λέγει καὶ οὐσίαν σημαίνει· ὅταν δὲ χρώματος λευκοῦ ἐκκειμένου φῇ τὸ ἐκκείμενον λευκὸν εἶναι ἢ χρῶμα, τί ἐστι λέγει καὶ ποιὸν σημαίνει. ὁμοίως δὲ καὶ ἐὰν πηχυαίου μεγέθους ἐκκειμένου φῇ τὸ ἐκκείμενον πηχυαῖον εἶναι μέγεθος, τί ἐστιν ἐρεῖ καὶ ποσὸν σημαίνει. ὁμοίως δὲ καὶ ἐπὶ τῶν ἄλλων.

Topica i. 103b7-35.

---

1. *Terms.* 2. *Was used to mean.* 3. *Propositions formed.*

LIII. THE CAUSES

339. The Causes: Material, Formal, Efficient, Final

Αἴτιον λέγεται ἕνα μὲν τρόπον ἐξ οὗ γίγνεταί τι ἐνυπάρχοντος, οἷον ὁ χαλκὸς τοῦ ἀνδριάντος καὶ ὁ ἄργυρος τῆς φιάλης καὶ τὰ τούτων γένη· ἄλλον [1] δὲ τὸ εἶδος καὶ τὸ παράδειγμα, τοῦτο δ' ἐστὶν ὁ λόγος [2] τοῦ τί ἦν εἶναι καὶ τὰ τούτου γένη (οἷον τοῦ διὰ πασῶν [3] τὰ δύο πρὸς ἓν καὶ ὅλως ὁ ἀριθμός) καὶ τὰ μέρη τὰ ἐν τῷ λόγῳ [2]. ἔτι ὅθεν ἡ ἀρχὴ τῆς μεταβολῆς ἡ πρώτη ἢ τῆς ἠρεμήσεως, οἷον ὁ βουλεύσας αἴτιος, καὶ ὁ πατὴρ τοῦ τέκνου, καὶ ὅλως τὸ ποιοῦν τοῦ ποιουμένου καὶ τὸ μεταβλητικὸν τοῦ μεταβάλλοντος. ἔτι ὡς τὸ τέλος· τοῦτο δ' ἐστὶ τὸ οὗ ἕνεκα, οἷον τοῦ περιπατεῖν ἡ ὑγίεια. διὰ τί γὰρ περιπατεῖ; φαμέν, ἵνα ὑγιαίνῃ. καὶ εἰπόντες οὕτως οἰόμεθα ἀποδεδωκέναι τὸ αἴτιον.

Metaphysica Δ. 1013a24-35.

---

1. Supply τρόπον. 2. *Definition.* 3. *Octave.*

LIV. CHANCE AND SPONTANEITY

340. Chance and spontaneity are not causes, but are names by which we try to explain incidental results; every incidental result has, either in reason or in nature, an efficient cause.

Λέγεται δὲ καὶ ἡ τύχη καὶ τὸ αὐτόματον τῶν αἰτίων [1], καὶ πολλὰ καὶ εἶναι καὶ γίγνεσθαι διὰ τύχην καὶ διὰ τὸ αὐτόματον· τίνα οὖν τρόπον ἐν τούτοις ἐστὶ τοῖς αἰτίοις ἡ τύχη καὶ τὸ αὐτόματον, καὶ πότερον τὸ αὐτὸ ἡ τύχη καὶ τὸ αὐτόματον ἢ ἕτερον, καὶ ὅλως τί ἐστιν ἡ τύχη καὶ τὸ αὐτόματον, ἐπισκεπτέον.

Πρῶτον μὲν οὖν, ἐπειδὴ ὁρῶμεν τὰ μὲν ἀεὶ ὡσαύτως γιγνόμενα τὰ δὲ ὡς ἐπὶ τὸ πολύ, φανερὸν ὅτι οὐδετέρου τούτων αἰτία ἡ τύχη λέγεται οὐδὲ τὸ ἀπὸ τύχης [2], οὔτε τοῦ ἐξ ἀνάγκης καὶ ἀεὶ οὔτε τοῦ ὡς ἐπὶ τὸ πολύ. ἀλλ' ἐπειδὴ ἔστιν ἃ γίγνεται καὶ παρὰ ταῦτα, καὶ ταῦτα πάντες φᾶσὶν εἶναι ἀπὸ τύχης, φανερὸν ὅτι ἔστι τι ἡ τύχη καὶ τὸ αὐτόματον· τά τε γὰρ τοιαῦτα ἀπὸ τύχης καὶ τὰ ἀπὸ τύχης τοιαῦτα ὄντα ἴσμεν. τῶν δὲ γιγνομένων τὰ μὲν ἕνεκά του γίγνεται τὰ δ' οὔ (τούτων [3] δὲ τὰ μὲν κατὰ προαίρεσιν, τὰ δ' οὐ κατὰ προαίρεσιν, ἄμφω δ' ἐν τοῖς ἕνεκά του), ὥστε δῆλον ὅτι καὶ ἐν τοῖς παρὰ [4] τὸ ἀναγκαῖον καὶ τὸ ὡς ἐπὶ τὸ πολὺ ἔστιν ἔνια περὶ ἃ ἐνδέχεται ὑπάρχειν τὸ ἕνεκά του [5]. (ἔστι δ' ἕνεκά του ὅσα τε ἀπὸ διανοίας ἂν πραχθείη καὶ ὅσα ἀπὸ φύσεως.) τὰ δὴ τοιαῦτα ὅταν κατὰ συμβεβηκὸς γένηται, ἀπὸ τύχης φαμὲν εἶναι (ὥσπερ γὰρ καὶ ὂν [6] ἔστι τὸ μὲν καθ' αὑτὸ τὸ δὲ κατὰ συμβεβηκός, οὕτω καὶ αἴτιον ἐνδέχεται εἶναι, οἷον οἰκίας καθ' αὑτὸ μὲν αἴτιον τὸ οἰκοδομικόν, κατὰ συμβεβηκὸς δὲ τὸ λευκὸν ἢ τὸ μουσικόν· τὸ μὲν οὖν καθ' αὑτὸ αἴτιον ὡρισμένον, τὸ δὲ κατὰ συμβεβηκὸς ἀόριστον· ἄπειρα γὰρ ἂν τῷ ἑνὶ συμβαίη). καθάπερ οὖν ἐλέχθη, ὅταν ἐν τοῖς ἕνεκά του γιγνομένοις τοῦτο γένηται, τότε λέγεται ἀπὸ ταὐτομάτου καὶ ἀπὸ τύχης (αὐτῶν δὲ πρὸς ἄλληλα τὴν διαφορὰν τούτων ὕστερον διοριστέον· νῦν δὲ τοῦτο ἔστω φανερόν, ὅτι ἄμφω ἐν τοῖς ἕνεκά τού ἐστιν)· οἷον ἕνεκα τοῦ ἀπολαβεῖν τὸ ἀργύριον ἦλθεν ἄν [7] κομιζομένου τὸν ἔρανον [8], εἰ ᾔδει· ἦλθε δ' οὐ τούτου ἕνεκα, ἀλλὰ συνέβη αὐτῷ ἐλθεῖν, καὶ ποιῆσαι τοῦτο τοῦ κομίσασθαι ἕνεκα [9]· τοῦτο δὲ [10] οὔθ' ὡς ἐπὶ τὸ πολὺ φοιτῶν εἰς τὸ χωρίον

---

1. Pred. partit. gen. 2. *The effect of chance* (subj. nom.). 3. *Of the former* (partit. gen.). 4. *Beyond* or *besides,* i.e. *outside the realm of.* 5. The purpose is only the unconscious purpose of nature. 6. Pred. nom. 7. *A man might have gone.* 8. Gen. abs.: *when his debtor was getting a subscription.* 9. The purpose is only the unconscious purpose of nature. 10. *Idque.*

οὔτ' ἐξ ἀνάγκης· ἔστι δὲ τὸ τέλος, ἡ κομιδή, οὐ τῶν ἐν αὐτῷ [1] αἰτίων [2], ἀλλὰ τῶν προαιρετῶν καὶ ἀπὸ διανοίας· καὶ λέγεταί γε τότε ἀπὸ τύχης ἐλθεῖν, εἰ δὲ προελόμενος καὶ τούτου ἕνεκα ἢ [3] ἀεὶ φοιτῶν ἢ ὡς ἐπὶ τὸ πολύ, οὐκ ἀπὸ τύχης. δῆλον ἄρα ὅτι ἡ τύχη αἰτία κατὰ συμβεβηκὸς ἐν τοῖς κατὰ προαίρεσιν τῶν [4] ἕνεκά του. διὸ περὶ τὸ αὐτὸ διάνοια καὶ τύχη· ἡ γὰρ προαίρεσις οὐκ ἄνευ διανοίας. ἀόριστα μὲν οὖν τὰ αἴτια ἀνάγκη εἶναι ἀφ' ὧν ἂν γένοιτο τὸ ἀπὸ τύχης. ὅθεν καὶ ἡ τύχη τοῦ ἀορίστου εἶναι δοκεῖ καὶ ἄδηλος ἀνθρώπῳ, καὶ ἔστιν ὡς [5] οὐδὲν ἀπὸ τύχης δόξειεν ἂν γίγνεσθαι. πάντα γὰρ ταῦτα ὀρθῶς λέγεται, εὐλόγως. ἔστιν μὲν γὰρ ὡς γίγνεται [6] ἀπὸ τύχης· κατὰ συμβεβηκὸς γὰρ γίγνεται, καὶ ἔστιν αἴτιον ὡς συμβεβηκὸς ἡ τύχη· ὡς [7] δ' ἁπλῶς οὐδενός· οἷον οἰκίας οἰκοδόμος μὲν αἴτιος, κατὰ συμβεβηκὸς δὲ αὐλητής, καὶ τοῦ ἐλθόντα κομίσασθαι τὸ ἀργύριον, μὴ τούτου ἕνεκα ἐλθόντα, ἄπειρα [8] τὸ πλῆθος· καὶ γὰρ ἰδεῖν τινὰ βουλόμενος καὶ διώκων καὶ φεύγων καὶ θεᾱσόμενος. καὶ τὸ φάναι εἶναί τι παράλογον τὴν τύχην ὀρθῶς [9]· ὁ γὰρ λόγος [10] ἢ τῶν ἀεὶ ὄντων ἢ τῶν ὡς ἐπὶ τὸ πολύ, ἡ δὲ τύχη ἐν τοῖς γιγνομένοις παρὰ ταῦτα. ὥστ' ἐπεὶ ἀόριστα τὰ οὕτως αἴτια, καὶ ἡ τύχη ἀόριστον. ... ἔστι μὲν οὖν ἄμφω αἴτια (καθάπερ εἴρηται) κατὰ συμβεβηκός—καὶ ἡ τύχη καὶ τὸ αὐτόματον—ἐν τοῖς ἐνδεχομένοις γίγνεσθαι μὴ ἁπλῶς [11] μηδ' ὡς ἐπὶ τὸ πολύ, καὶ τούτων [12] ὅσ' ἂν γένοιτο ἕνεκά του.

Physica ii. 195b31-36, 196b10-197a21, 197a32-35.

---

1. *In him* (the creditor). 2. Pred. partit. gen. 3. *Either*. 4. Partit. gen. with τοῖς: "*in the sphere of those actions for the sake of something which involve purpose*" (Hardie). 5. *It is possible that* (lit. *there is how*). 6. *Things occur*. 7. Rel. adv. modifying (and intensifying) ἁπλῶς. 8. Pred. adj. modifying the understood subj. τὰ αἴτια (with which τοῦ κομίσασθαι is object. gen.). 9. Sc. ἔχει. 10. *Rule*. 11. *Absolutely*, i.e. ἐξ ἀνάγκης. 12. Partit. gen. with ὅσα and referring to τοῖς ἐνδεχομένοις.

LV. CHANCE AND SPONTANEITY (Concl.)

341. Chance is spontaneity in the sphere of moral actions.

Διαφέρει δ' ὅτι τὸ αὐτόματον ἐπὶ πλεῖόν ἐστί [1]· τὸ μὲν γὰρ ἀπὸ τύχης πᾶν ἀπὸ ταὐτομάτου, τοῦτο δ' οὐ πᾶν ἀπὸ τύχης. ἡ μὲν γὰρ τύχη καὶ τὸ ἀπὸ τύχης ἐστὶν ὅσοις καὶ τὸ εὐτυχῆσαι ἂν ὑπάρξειεν καὶ ὅλως πρᾶξις. διὸ καὶ ἀνάγκη περὶ τὰ πρακτὰ εἶναι τὴν τύχην (σημεῖον δ' ὅτι δοκεῖ ἤτοι ταὐτὸν εἶναι τῇ εὐδαιμονίᾳ ἡ εὐτυχία ἢ ἐγγύς, ἡ δ' εὐδαιμονία πρᾶξίς τις· εὐπρᾱξίᾱ γάρ), ὥσθ' ὁπόσοις μὴ ἐνδέχεται πρᾶξαι, οὐδὲ τὸ ἀπὸ τύχης τι ποιῆσαι. καὶ διὰ τοῦτο οὔτε ἄψυχον οὐδὲν οὔτε θηρίον οὔτε παιδίον οὐδὲν [2] ποιεῖ ἀπὸ τύχης, ὅτι οὐκ ἔχει προαίρεσιν· οὐδ' εὐτυχίᾱ οὐδ' ἀτυχίᾱ ὑπάρχει τούτοις, εἰ μὴ καθ' ὁμοιότητα, ὥσπερ ἔφη Πρώταρχος εὐτυχεῖς εἶναι τοὺς λίθους ἐξ ὧν οἱ βωμοί, ὅτι τῑμῶνται, οἱ δὲ ὁμόζυγες αὐτῶν καταπατοῦνται. τὸ δὲ πάσχειν ἀπὸ τύχης ὑπάρξει πως καὶ τούτοις, ὅταν ὁ πράττων τι περὶ αὐτὰ πράξῃ ἀπὸ τύχης, ἄλλως δὲ οὐκ ἔστιν· τὸ δ' αὐτόματον καὶ τοῖς ἄλλοις ζῴοις καὶ πολλοῖς τῶν ἀψύχων, οἷον ὁ ἵππος αὐτόματος, φαμέν, ἦλθεν, ὅτι ἐσώθη μὲν ἐλθών, οὐ τοῦ σωθῆναι δὲ ἕνεκα ἦλθε· καὶ ὁ τρίπους αὐτόματος κατέπεσεν ἔστη [3] μὲν γὰρ τοῦ καθῆσθαι ἕνεκα [4], ἀλλ' οὐ τοῦ καθῆσθαι ἕνεκα κατέπεσεν. ὥστε φανερὸν ὅτι ἐν τοῖς ἁπλῶς ἕνεκά του γιγνομένοις, ὅταν μὴ τοῦ συμβάντος ἕνεκα γένηται ὧν [5] ἔξω τὸ αἴτιον, τότε ἀπὸ τοῦ αὐτομάτου λέγομεν· ἀπὸ τύχης δέ, τούτων ὅσα ἀπὸ τοῦ αὐτομάτου γίγνεται τῶν προαιρετῶν τοῖς ἔχουσι προαίρεσιν [6].

τί μὲν οὖν ἐστιν τὸ αὐτόματον καὶ τί ἡ τύχη, εἴρηται, καὶ τί [7] διαφέρουσιν ἀλλήλων. τῶν δὲ τρόπων τῆς αἰτίας ἐν τοῖς ὅθεν ἡ ἀρχὴ τῆς κῑνήσεως ἑκάτερον αὐτῶν [8]. ἢ γὰρ τῶν φύσει τι ἢ τῶν ἀπὸ διανοίας αἰτίων ἀεί ἐστιν.

Physica ii. 197a36-b22, 198a1-4.

---

1. *Covers a wider field.* 2. Acc. 3. *Fell on its feet.* 4. *So as to serve for a seat* (Hardie); the purpose is only the unconscious purpose of nature. 5. The antecedent is the understood subj. of γένηται; "*when events of which the cause is outside happen not for the sake of the result which actually follows*" (Ross). 6. *Whereas we say that, of this class of events (spontaneous), those of the objects of purpose which happen spontaneously for beings that have purpose, happen by chance.* 7. Cogn. acc.: *how they differ.* 8. *As for the kinds of cause, both chance and spontaneity belong in the class* "*source of the origination of motion*", i.e. efficient cause.

LVI. NATURE

342. Substances consist of matter and form. Substances that exist "by nature" are the objects of physical science. "Nature is a source or cause of being moved and of being at rest in that to which it belongs primarily, in virtue of itself and not in virtue of a concomitant attribute" (Hardie).

Τῶν ὄντων τὰ μέν ἐστι φύσει, τὰ δὲ δι' ἄλλας αἰτίας, φύσει μὲν τά τε ζῷα καὶ τὰ μέρη αὐτῶν καὶ τὰ φυτὰ καὶ τὰ ἁπλᾶ τῶν σωμάτων, οἷον γῆ καὶ πῦρ καὶ ἀὴρ καὶ ὕδωρ (ταῦτα γὰρ εἶναι καὶ τὰ τοιαῦτα φύσει φαμέν), πάντα δὲ ταῦτα φαίνεται διαφέροντα πρὸς τὰ μὴ φύσει συνεστῶτα. τούτων μὲν γὰρ ἕκαστον ἐν ἑαυτῷ ἀρχὴν ἔχει κινήσεως καὶ στάσεως, τὰ μὲν κατὰ τόπον, τὰ δὲ κατ' αὔξησιν καὶ φθίσιν, τὰ δὲ κατ' ἀλλοίωσιν· κλίνη δὲ καὶ ἱμάτιον, καὶ εἴ τι τοιοῦτον ἄλλο γένος ἐστίν, ᾗ μὲν τετύχηκε τῆς κατηγορίας ἑκάστης [1] καὶ καθ' ὅσον ἐστὶν ἀπὸ τέχνης, οὐδεμίαν ὁρμὴν ἔχει μεταβολῆς ἔμφυτον, ᾗ δὲ συμβέβηκεν αὐτοῖς εἶναι λιθίνοις ἢ γηΐνοις ἢ μικτοῖς ἐκ τούτων, ἔχει, καὶ κατὰ τοσοῦτον, ὡς οὔσης τῆς φύσεως ἀρχῆς τινος καὶ αἰτίας τοῦ κινεῖσθαι καὶ ἠρεμεῖν ἐν ᾧ [2] ὑπάρχει πρώτως καθ' αὑτὸ καὶ μὴ κατὰ συμβεβηκός (λέγω δὲ τὸ μὴ κατὰ συμβεβηκός, ὅτι γένοιτ' ἂν αὐτὸς αὑτῷ τις αἴτιος ὑγιείας ὢν ἰατρός· ἀλλ' ὅμως οὐ καθὸ ὑγιάζεται τὴν ἰατρικὴν ἔχει, ἀλλὰ συμβέβηκεν τὸν αὐτὸν ἰατρὸν εἶναι καὶ ὑγιαζόμενον· διὸ καὶ χωρίζεταί ποτ' ἀπ' ἀλλήλων). ὁμοίως δὲ καὶ τῶν ἄλλων ἕκαστον τῶν ποιουμένων [3]. οὐδὲν γὰρ αὐτῶν ἔχει τὴν ἀρχὴν ἐν ἑαυτῷ τῆς ποιήσεως, ἀλλὰ τὰ μὲν ἐν ἄλλοις καὶ ἔξωθεν, οἷον οἰκία καὶ τῶν ἄλλων τῶν χειροκμήτων ἕκαστον, τὰ δ' [4] ἐν αὑτοῖς μὲν ἀλλ' οὐ καθ' αὑτά, ὅσα κατὰ συμβεβηκὸς αἴτια γένοιτ' ἂν αὐτοῖς. φύσις μὲν οὖν ἐστι τὸ ῥηθέν· φύσιν δὲ ἔχει ὅσα τοιαύτην ἔχει ἀρχήν. καὶ ἔστιν πάντα ταῦτα οὐσία· ὑποκείμενον γάρ τι [5], καὶ ἐν ὑποκειμένῳ ἐστὶν ἡ φύσις ἀεί.

Physica ii. 192b8-34.

---

1. *Each such predicate* (e.g. κλίνη). 2. ἐν ᾧ = ἐν τούτῳ ἐν ᾧ. 3. *Manufactured things*. 4. e.g. the physician who, as patient, was only κατὰ συμβεβηκὸς αἴτιος of his cure. 5. ὑποκείμενόν τι is pred. nom. to the understood subj. ταῦτα.

LVII. NATURE (Concl.)

343. Nature is always *in* substances; it is less in the matter than in the form.

Δοκεῖ δ' ἡ φύσις καὶ ἡ οὐσία τῶν φύσει ὄντων ἐνίοις [1] εἶναι τὸ πρῶτον [2] ἐνυπάρχον ἑκάστῳ, ἀρρύθμιστον ὂν καθ' ἑαυτό, οἷον κλίνης [3] φύσις τὸ ξύλον, ἀνδριάντος δ' ὁ χαλκός. ... ἕνα μὲν οὖν τρόπον οὕτως ἡ φύσις λέγεται, ἡ πρώτη [2] ἑκάστῳ ὑποκειμένη ὕλη τῶν ἐχόντων ἐν αὑτοῖς ἀρχὴν κῑνήσεως καὶ μεταβολῆς, ἄλλον δὲ τρόπον ἡ μορφὴ καὶ τὸ εἶδος τὸ κατὰ τὸν λόγον. ... καὶ μᾶλλον αὕτη φύσις τῆς ὕλης [4]· ἕκαστον γὰρ τότε λέγεται [5] ὅταν ἐντελεχείᾳ ᾖ, μᾶλλον ἢ ὅταν δυνάμει. ἔτι γίγνεται ἄνθρωπος ἐξ ἀνθρώπου, ἀλλ' οὐ κλίνη ἐκ κλίνης· διὸ καί φᾱσιν οὐ τὸ σχῆμα εἶναι τὴν φύσιν ἀλλὰ τὸ ξύλον, ὅτι γένοιτ' ἄν, εἰ βλαστάνοι, οὐ κλίνη ἀλλὰ ξύλον. εἰ δ' ἄρα τοῦτο [6] φύσις, καὶ ἡ μορφὴ φύσις· γίγνεται γὰρ ἐξ ἀνθρώπου ἄνθρωπος.

Physica ii. 193a9-12, 28-31, 193b6-12.

---

1. With δοκεῖ. 2. *Proximate.* 3. Though a bed as a bed is a ποιούμενον, a bed as wood is a φύσει ὄν. 4. Gen. of compar. 5. *Is called what it is called.* 6. τοῦτο = ξύλον. The wood is the nature of a bed; the form is the nature of a man.

LVIII. CHANGE AND MOTION

344. There are four kinds of change: change of substance, of quality, of quantity, and of place. The last three of these are the three kinds of movement. (In the following passage this distinction is not observed.)

Ἐπεὶ δ' ἡ φύσις μέν ἐστιν ἀρχὴ κινήσεως καὶ μεταβολῆς, ἡ δὲ μέθοδος ἡμῖν περὶ φύσεώς ἐστι, δεῖ μὴ λανθάνειν τί ἐστι κίνησις· ἀναγκαῖον γὰρ ἀγνοουμένης αὐτῆς ἀγνοεῖσθαι καὶ τὴν φύσιν. ... ἔστι δὴ τὸ μὲν ἐντελεχείᾳ μόνον, τὸ δὲ δυνάμει καὶ ἐντελεχείᾳ [1], τὸ μὲν τόδε τι, τὸ δὲ τοσόνδε, τὸ δὲ τοιόνδε, καὶ τῶν ἄλλων τῶν τοῦ ὄντος κατηγοριῶν ὁμοίως [2]. τοῦ δὲ πρός τι [3] τὸ μὲν καθ' ὑπεροχὴν λέγεται καὶ κατ' ἔλλειψιν, τὸ δὲ κατὰ τὸ ποιητικὸν καὶ παθητικόν, καὶ ὅλως κινητικόν τε καὶ κινητόν· τὸ γὰρ κινητικὸν κινητικὸν τοῦ κινητοῦ καὶ τὸ κινητὸν κινητὸν ὑπὸ τοῦ κινητικοῦ. οὐκ ἔστι δὲ κίνησις παρὰ τὰ πράγματα [4]· μεταβάλλει γὰρ ἀεὶ τὸ μεταβάλλον ἢ κατ' οὐσίαν ἢ κατὰ ποσὸν ἢ κατὰ ποιὸν ἢ κατὰ τόπον, κοινὸν δ' ἐπὶ τούτων οὐδέν ἐστι λαβεῖν, ὥς φαμεν, ὃ οὔτε τόδε οὔτε ποσὸν οὔτε ποιὸν οὔτε τῶν ἄλλων κατηγορημάτων οὐθέν· ὥστ' οὐδὲ κίνησις οὐδὲ μεταβολὴ οὐθενὸς ἔσται παρὰ τὰ εἰρημένα, μηθενός γε ὄντος παρὰ τὰ εἰρημένα. ἕκαστον [5] δὲ διχῶς ὑπάρχει πᾶσιν, οἷον τὸ τόδε (τὸ μὲν γὰρ μορφὴ αὐτοῦ, τὸ δὲ στέρησις), καὶ κατὰ τὸ ποιόν (τὸ μὲν γὰρ λευκὸν τὸ δὲ μέλαν), καὶ κατὰ τὸ ποσὸν τὸ μὲν τέλειον τὸ δ' ἀτελές. ὁμοίως δὲ καὶ κατὰ τὴν φορὰν τὸ μὲν ἄνω τὸ δὲ κάτω, ἢ τὸ μὲν κοῦφον τὸ δὲ βαρύ. ... ἡ τοῦ δυνάμει ὄντος ἐντελέχεια [6], ᾗ τοιοῦτον, κίνησίς ἐστιν, οἷον τοῦ μὲν ἀλλοιωτοῦ, ᾗ ἀλλοιωτόν, ἀλλοίωσις, τοῦ δὲ αὐξητοῦ καὶ τοῦ ἀντικειμένου φθιτοῦ (οὐδὲν γὰρ ὄνομα κοινὸν ἐπ' ἀμφοῖν) αὔξησις καὶ φθίσις, τοῦ δὲ γενητοῦ καὶ φθαρτοῦ γένεσις καὶ φθορά, τοῦ δὲ φορητοῦ φορά.

Physica iii. 200b12-15, 200b26-201a8, 201a10-15.

---

1. "τὸ ἐντελεχείᾳ μόνον is that which is always actually what it ever is, in respect of substance, size, quality, and the other categories; τὸ δυνάμει καὶ ἐντελεχείᾳ is that which passes from a state of potentiality to one of actuality in any of these respects." (Ross.) 2. *And so too in the case of things in the other categories* (Ross). The other categories are not listed, for, though the antithesis is to be found in them also, change is not. 3. *Of the relative* (partit. gen.). 4. *The things that move.* 5. Sc. κατηγόρημα. 6. *Actualization.*

LIX. CHANGE

345. A thing may change (1) accidentally, (2) because something belonging to it changes, (3) because it itself is directly in motion. A mover may cause motion (1) accidentally, (2) because something belonging to it causes motion, (3) directly. A goal of motion may be so (1) accidentally, (2) partially, (3) directly and in itself.

Μεταβάλλει δὲ τὸ μεταβάλλον πᾶν τὸ μὲν κατὰ συμβεβηκός, οἷον ὅταν λέγωμεν τὸ μουσικὸν βαδίζειν, ὅτι ᾧ συμβέβηκεν μουσικῷ [1] εἶναι, τοῦτο βαδίζει· τὸ δὲ τῷ τούτου τι μεταβάλλειν [2] ἁπλῶς λέγεται μεταβάλλειν, οἷον ὅσα λέγεται κατὰ μέρη [3] (ὑγιάζεται γὰρ τὸ σῶμα, ὅτι ὁ ὀφθαλμὸς ἢ ὁ θώραξ, ταῦτα δὲ μέρη τοῦ ὅλου σώματος)· ἔστι δέ τι ὃ οὔτε κατὰ συμβεβηκὸς κινεῖται οὔτε τῷ ἄλλο τι τῶν αὐτοῦ [4], ἀλλὰ τῷ αὐτὸ κινεῖσθαι πρῶτον.

Ἔστι δὲ καὶ ἐπὶ τοῦ κινοῦντος ὡσαύτως· τὸ μὲν γὰρ κατὰ συμβεβηκὸς κινεῖ, τὸ δὲ κατὰ μέρος τῷ τῶν τούτου τι [5], τὸ δὲ καθ' αὑτὸ πρῶτον, οἷον ὁ μὲν ἰατρὸς ἰᾶται, ἡ δὲ χεὶρ πλήττει. ἐπεὶ δ' ἔστι μέν τι τὸ κινοῦν πρῶτον, ἔστι δέ τι τὸ κινούμενον, ἔτι ἐν ᾧ [6], ὁ χρόνος, καὶ παρὰ ταῦτα ἐξ οὗ καὶ εἰς ὅ [7] (πᾶσα γὰρ κίνησις ἔκ τινος καὶ εἴς τι· ἕτερον γὰρ τὸ πρῶτον κινούμενον καὶ εἰς ὃ [8] κινεῖται καὶ ἐξ οὗ, οἷον τὸ ξύλον καὶ τὸ θερμὸν καὶ τὸ ψυχρόν· τούτων δὲ τὸ μὲν ὅ, τὸ δ' εἰς ὅ, τὸ δ' ἐξ οὗ), ἡ δὴ κίνησις δῆλον ὅτι ἐν τῷ ξύλῳ, οὐκ ἐν τῷ εἴδει· οὔτε γὰρ κινεῖ οὔτε κινεῖται τὸ εἶδος ἢ ὁ τόπος ἢ τὸ τοσόνδε.

Τὰ δὲ εἴδη καὶ τὰ πάθη καὶ ὁ τόπος, εἰς ἃ κινοῦνται τὰ κινούμενα, ἀκίνητά ἐστιν, οἷον ἡ ἐπιστήμη καὶ ἡ θερμότης. ... ἔστιν δὲ καὶ ἐν ἐκείνοις καὶ τὸ κατὰ συμβεβηκὸς καὶ τὸ κατὰ μέρος καὶ κατ' ἄλλο καὶ τὸ πρώτως καὶ μὴ κατ' ἄλλο, οἷον τὸ λευκαινόμενον εἰς μὲν τὸ νοούμενον μεταβάλλει κατὰ συμβεβηκός (τῷ γὰρ χρώματι συμβέβηκε νοεῖσθαι), εἰς δὲ χρῶμα ὅτι μέρος τὸ λευκὸν τοῦ χρώματος (καὶ εἰς τὴν Εὐρώπην ὅτι μέρος αἱ Ἀθῆναι τῆς Εὐρώπης), εἰς δὲ τὸ λευκὸν χρῶμα καθ' αὑτό [9].

Physica v. 224a21-28, 224a30-b6, 224b11-13, 16-22.

---

1. Pred. adj. assimilated to the dat. 2. Dat. of cause: *that which changes because something belonging to it changes.* 3. Sc. μεταβάλλειν. 4. Sc. κινεῖσθαι. 5. Sc. κινεῖν. 6. *That in which.* 7. *That from which and that to which.* 8. *That to which.* 9. καθ' αὑτό is dependent on μεταβάλλει understood.

LX. THE INFINITE

346. Ἔχει δ' ἀπορίαν ἡ περὶ τοῦ ἀπείρου θεωρία· καὶ γὰρ μὴ εἶναι τιθεμένοις πόλλ' ἀδύνατα συμβαίνει καὶ εἶναι [1]. ἔτι δὲ ποτέρως ἔστιν, πότερον ὡς οὐσία ἢ ὡς συμβεβηκὸς καθ' αὑτὸ φύσει τινί [2]· ἢ οὐδετέρως, ἀλλ' οὐδὲν ἧττον ἔστιν ἄπειρον ἢ ἄπειρα τῷ πλήθει; μάλιστα δὲ φυσικοῦ ἐστιν σκέψασθαι εἰ ἔστι μέγεθος αἰσθητὸν ἄπειρον. πρῶτον οὖν διοριστέον ποσαχῶς λέγεται τὸ ἄπειρον. ἕνα μὲν δὴ τρόπον τὸ ἀδύνατον διελθεῖν [3] τῷ μὴ πεφυκέναι [4] διιέναι [3], ὥσπερ ἡ φωνὴ ἀόρατος· ἄλλως δὲ τὸ διέξοδον ἔχον ἀτελεύτητον, ἢ ὃ μόγις [5], ἢ ὃ πεφυκὸς ἔχειν μὴ ἔχει διέξοδον ἢ πέρας. ἔτι ἄπειρον ἅπαν ἢ κατὰ πρόσθεσιν ἢ κατὰ διαίρεσιν ἢ ἀμφοτέρως [6].

Ἄλλως [7] δ' ἔν τε τῷ χρόνῳ δῆλον τὸ ἄπειρον καὶ ἐπὶ τῶν ἀνθρώπων καὶ ἐπὶ τῆς διαιρέσεως τῶν μεγεθῶν. ὅλως μὲν γὰρ οὕτως ἔστιν [8] τὸ ἄπειρον, τῷ ἀεὶ ἄλλο καὶ ἄλλο λαμβάνεσθαι [9], καὶ τὸ λαμβανόμενον μὲν ἀεὶ εἶναι πεπερασμένον, ἀλλ' ἀεί γε ἕτερον καὶ ἕτερον. . . . ἀλλ' ἐν τοῖς μεγέθεσιν ὑπομένοντος τοῦ ληφθέντος τοῦτο συμβαίνει, ἐπὶ δὲ τοῦ χρόνου καὶ τῶν ἀνθρώπων φθειρομένων [10] οὕτως ὥστε μὴ ἐπιλείπειν. τὸ δὲ κατὰ πρόσθεσιν [11] τὸ αὐτό ἐστί πως καὶ [12] τὸ κατὰ διαίρεσιν· ἐν γὰρ τῷ πεπερασμένῳ κατὰ πρόσθεσιν γίγνεται [13] ἀντεστραμμένως· ἧ γὰρ διαιρούμενον ὁρᾶται εἰς ἄπειρον, ταύτῃ προστιθέμενον φανεῖται πρὸς τὸ ὡρισμένον. ἐν γὰρ τῷ πεπερασμένῳ μεγέθει ἂν λαβών τις ὡρισμένον προσλαμβάνῃ τῷ αὐτῷ λόγῳ [14], μὴ τὸ αὐτό τι τοῦ ὅλου μέγεθος περιλαμβάνων, οὐ διέξεισι τὸ πεπερασμένον· ἐὰν δ' οὕτως αὔξῃ τὸν λόγον ὥστε ἀεί τι τὸ αὐτὸ περιλαμβάνειν μέγεθος, διέξεισι, διὰ τὸ πᾶν πεπερασμένον ἀναιρεῖσθαι ὁτῳοῦν ὡρισμένῳ. ἄλλως μὲν οὖν οὐκ ἔστιν, οὕτως δ' ἔστι τὸ ἄπειρον, δυνάμει τε καὶ ἐπὶ καθαιρέσει [15] (καὶ ἐντελεχείᾳ δὲ ἔστιν, ὡς τὴν ἡμέραν εἶναι λέγομεν καὶ τὸν ἀγῶνα)· καὶ δυνάμει οὕτως ὡς ἡ ὕλη, καὶ οὐ καθ' αὑτό, ὡς τὸ πεπερασμένον. καὶ κατὰ πρόσθεσιν δὴ οὕτως ἄπειρον [16] δυνάμει ἐστίν, ὃ ταὐτὸ λέγομεν τρόπον τινὰ εἶναι τῷ κατὰ διαίρεσιν· ἀεὶ μὲν γάρ τι ἔξω ἔσται [17] λαμβάνειν, οὐ μέντοι

---

1. Sc. τιθεμένοις. 2. *The essential attribute of some entity* (Hardie). 3. Act. for pass., as in "house to let." 4. Dat. of cause. 5. ὃ μόγις = ὃ διέξοδον μόγις ἔχει, *what scarcely admits of being gone through* (Hardie). 6. "According to Aristotle, number is infinite κατὰ πρόσθεσιν, space κατὰ διαίρεσιν, and time ἀμφοτέρως." Ross. 7. *Differently.* 8. *Has this mode of existence* (Hardie); οὕτως refers to what follows. 9. Dat. of manner. 10. φθειρομένων (supply τοῦ χρόνου καὶ τῶν ἀνθρώπων) begins a second gen. abs.; it is on the two gen. absolutes that the chief emphasis lies. 11. Sc. ἄπειρον. 12. *As.* 13. *The infinite by addition comes about* (Hardie). 14. *Add another part determined by the same ratio.* 15. *By way of exhaustion.* 16. Subj. nom. 17. *It will be possible.*

ὑπερβαλεῖ παντὸς μεγέθους, ὥσπερ ἐπὶ τὴν διαίρεσιν [1] ὑπερβάλλει [2] παντὸς ὡρισμένου καὶ ἀεὶ ἔσται ἔλαττον [3]. ὥστε δὲ παντὸς ὑπερβάλλειν [4] κατὰ τὴν πρόσθεσιν, οὐδὲ δυνάμει οἷόν τε εἶναι [5], εἴπερ μὴ ἔστι κατὰ συμβεβηκὸς ἐντελεχείᾳ ἄπειρον, ὥσπερ φᾶσὶν οἱ φυσιολόγοι τὸ ἔξω σῶμα τοῦ κόσμου [6], οὗ ἡ οὐσία ἢ ἀὴρ ἢ ἄλλο τι τοιοῦτον, ἄπειρον εἶναι. ἀλλ' εἰ μὴ οἷόν τε εἶναι ἄπειρον ἐντελεχείᾳ σῶμα αἰσθητὸν οὕτω [7], φανερὸν ὅτι οὐδὲ δυνάμει ἂν εἴη κατὰ πρόσθεσιν, ἀλλ' ἢ [8] ὥσπερ εἴρηται ἀντεστραμμένως τῇ διαιρέσει.

Συμβαίνει δὲ τοὐναντίον εἶναι ἄπειρον ἢ ὡς λέγουσιν. οὐ γὰρ οὗ μηδὲν ἔξω, ἀλλ' οὗ ἀεί τι ἔξω ἐστί, τοῦτο ἄπειρόν ἐστιν. σημεῖον δέ· καὶ γὰρ τοὺς δακτυλίους ἀπείρους λέγουσι τοὺς μὴ ἔχοντας σφενδόνην, ὅτι αἰεί τι ἔξω ἔστι λαμβάνειν, καθ' ὁμοιότητα μέν τινα λέγοντες, οὐ μέντοι κυρίως· δεῖ γὰρ τοῦτό τε ὑπάρχειν καὶ μηδέ ποτε τὸ αὐτὸ λαμβάνεσθαι· ἐν δὲ τῷ κύκλῳ οὐ γίγνεται οὕτως, ἀλλ' αἰεὶ τὸ ἐφεξῆς μόνον ἕτερον. ἄπειρον μὲν οὖν ἐστιν οὗ κατὰ τὸ ποσὸν λαμβάνουσιν [9] αἰεί τι λαμβάνειν ἔστιν ἔξω. οὗ δὲ μηδὲν ἔξω, τοῦτ' ἔστι τέλειον καὶ ὅλον· οὕτω γὰρ ὁριζόμεθα τὸ ὅλον, οὗ μηδὲν ἄπεστιν, οἷον ἄνθρωπον ὅλον.

Physica iii. 203b30-204a7, 206a25-29, 206a33-b27, 206b33-207a10.

1. *In the direction of division.* 2. *Surpasses in smallness.* 3. Subj. nom. 4. ὥστε παντὸς ὑπερβάλλειν, *so as to exceed any assigned magnitude.* 5. Sc. ἄπειρον (subj. acc.). 6. Gen. with ἔξω. 7. With εἶναι. 8. ἀλλ' ἢ *except.* 9. Dat.

LXI. PLACE

347. That place exists is indicated by (1) the fact of mutual replacement, (2) the trends of earth, air, fire, and water. Place must be (1) form or (2) the interval between the extremities or (3) matter or (4) the boundary of what contains. It cannot be (1) the form, which is not *separate* from the thing and which bounds the *thing*, (2) the interval between the extremities, which exists only as an accident of the contained bodies, (3) the matter, which is not separate from the thing and which does not contain the thing. Place is the first motionless boundary of what contains.

Ὅτι μὲν οὖν ἔστιν ὁ τόπος, δοκεῖ δῆλον εἶναι ἐκ τῆς ἀντιμεταστάσεως· ὅπου γὰρ ἔστι νῦν ὕδωρ, ἐνταῦθα ἐξελθόντος[1] ὥσπερ ἐξ ἀγγείου πάλιν ἀὴρ ἔνεστιν, ὁτὲ δὲ τὸν αὐτὸν τόπον τοῦτον ἄλλο τι τῶν σωμάτων κατέχει· τοῦτο δὴ τῶν ἐγγιγνομένων καὶ μεταβαλλόντων ἕτερον πάντων εἶναι δοκεῖ· ἐν ᾧ γὰρ ἀήρ ἐστι νῦν, ὕδωρ ἐν τούτῳ πρότερον ἦν, ὥστε δῆλον ὡς ἦν ὁ τόπος τι καὶ ἡ χώρα ἕτερον ἀμφοῖν[2], εἰς ἣν καὶ ἐξ ἧς μετέβαλλον. ἔτι δὲ αἱ φοραὶ τῶν φυσικῶν σωμάτων καὶ ἁπλῶν, οἷον πυρὸς καὶ γῆς καὶ τῶν τοιούτων, οὐ μόνον δηλοῦσιν ὅτι ἐστί τι ὁ τόπος, ἀλλ' ὅτι καὶ ἔχει τινὰ δύναμιν. φέρεται γὰρ ἕκαστον εἰς τὸν αὑτοῦ τόπον μὴ κωλυόμενον, τὸ μὲν ἄνω τὸ δὲ κάτω· ταῦτα δ' ἐστὶ τόπου μέρη καὶ εἴδη, τό τε ἄνω καὶ τὸ κάτω καὶ αἱ λοιπαὶ τῶν ἓξ διαστάσεων. ἔστι δὲ τὰ τοιαῦτα οὐ μόνον πρὸς ἡμᾶς, τὸ ἄνω καὶ κάτω καὶ δεξιὸν καὶ ἀριστερόν· ἡμῖν μὲν γὰρ οὐκ ἀεὶ τὸ αὐτό, ἀλλὰ κατὰ τὴν θέσιν, ὅπως ἂν στραφῶμεν, γίγνεται (διὸ καὶ ταὐτὸ πολλάκις δεξιὸν καὶ ἀριστερὸν καὶ ἄνω καὶ κάτω καὶ πρόσθεν καὶ ὄπισθεν), ἐν δὲ τῇ φύσει διώρισται χωρὶς ἕκαστον. οὐ γὰρ ὅ τι ἔτυχέν ἐστι τὸ ἄνω, ἀλλ' ὅπου φέρεται τὸ πῦρ καὶ τὸ κοῦφον· ὁμοίως δὲ καὶ τὸ κάτω οὐχ ὅ τι ἔτυχεν, ἀλλ' ὅπου τὰ ἔχοντα βάρος καὶ τὰ γεηρά, ὡς οὐ τῇ θέσει διαφέροντα μόνον ἀλλὰ καὶ τῇ δυνάμει.

Ὅτι μὲν οὖν ἐστί τι ὁ τόπος παρὰ τὰ σώματα, καὶ πᾶν σῶμα αἰσθητὸν ἐν τόπῳ[3], διὰ τούτων ἄν τις ὑπολάβοι.

Οὐ μὴν ἀλλ' ἔχει γε ἀπορίαν, εἰ ἔστι, τί ἐστι, πότερον ὄγκος τις σώματος ἤ τις ἑτέρα φύσις[4]. ζητητέον γὰρ τὸ γένος αὐτοῦ πρῶτον. διαστήματα μὲν οὖν ἔχει τρία, μῆκος καὶ πλάτος καὶ βάθος, οἷς ὁρίζεται σῶμα πᾶν. ἀδύνατον δὲ

---

1. Sc. τοῦ ὕδατος. 2. *The place or space was something different from both.*
3. ἐν τόπῳ is the pred. 4. *Entity.*

σῶμα εἶναι τὸν τόπον· ἐν ταὐτῷ γὰρ ἂν εἴη δύο σώματα. ἔτι εἴπερ ἔστι σώματος τόπος καὶ χώρα, δῆλον ὅτι καὶ ἐπιφανείας καὶ τῶν λοιπῶν περάτων· ὁ γὰρ αὐτὸς ἁρμόσει λόγος· ὅπου γὰρ ἦν πρότερον τὰ τοῦ ὕδατος ἐπίπεδα, ἔσται πάλιν τὰ τοῦ ἀέρος. ἀλλὰ μὴν οὐδεμίαν διαφορὰν ἔχομεν στιγμῆς καὶ τόπου στιγμῆς, ὥστ' εἰ μηδὲ ταύτης ἕτερόν ἐστιν ὁ τόπος, οὐδὲ τῶν ἄλλων οὐδενός, οὐδ' ἐστί τι παρ' ἕκαστον τούτων ὁ τόπος. τί γὰρ ἄν ποτε καὶ θείημεν εἶναι τὸν τόπον; οὔτε γὰρ στοιχεῖον οὔτ' ἐκ στοιχείων οἷόν τε εἶναι τοιαύτην ἔχοντα φύσιν, οὔτε τῶν σωματικῶν οὔτε τῶν ἀσωμάτων· μέγεθος μὲν γὰρ ἔχει, σῶμα δ' οὐδέν. ἔστι δὲ τὰ μὲν τῶν αἰσθητῶν στοιχεῖα σώματα, ἐκ δὲ τῶν νοητῶν οὐδὲν γίγνεται μέγεθος. ἔτι δὲ καὶ τίνος ἄν τις θείη τοῖς οὖσιν αἴτιον εἶναι τὸν τόπον; οὐδεμία γὰρ αὐτῷ ὑπάρχει αἰτία τῶν τεττάρων· οὔτε γὰρ ὡς ὕλη τῶν ὄντων (οὐδὲν γὰρ ἐξ αὐτοῦ συνέστηκεν) οὔτε ὡς εἶδος καὶ λόγος τῶν πραγμάτων οὔθ' ὡς τέλος, οὔτε κινεῖ τὰ ὄντα. ... διὰ μὲν οὖν τούτων οὐ μόνον τί ἐστιν, ἀλλὰ καὶ εἰ ἔστιν, ἀπορεῖν ἀναγκαῖον.

Ἐπεὶ δὲ τὸ μὲν καθ' αὑτὸ τὸ δὲ κατ' ἄλλο λέγεται [1], καὶ τόπος ὁ μὲν κοινός, ἐν ᾧ ἅπαντα τὰ σώματά ἐστιν, ὁ δ' ἴδιος, ἐν ᾧ πρώτῳ (λέγω δὲ οἷον σὺ νῦν ἐν τῷ οὐρανῷ ὅτι ἐν τῷ ἀέρι οὗτος [2] δ' ἐν τῷ οὐρανῷ, καὶ ἐν τῷ ἀέρι δὲ ὅτι ἐν τῇ γῇ, ὁμοίως δὲ καὶ ἐν ταύτῃ ὅτι ἐν τῷδε τῷ τόπῳ, ὃς περιέχει οὐδὲν πλέον ἢ σέ), εἰ δή ἐστιν ὁ τόπος τὸ πρῶτον περιέχον ἕκαστον τῶν σωμάτων, πέρας τι ἂν εἴη, ὥστε δόξειεν ἂν τὸ εἶδος καὶ ἡ μορφὴ ἑκάστου ὁ τόπος εἶναι, ᾧ ὁρίζεται τὸ μέγεθος καὶ ἡ ὕλη ἡ τοῦ μεγέθους· τοῦτο γὰρ ἑκάστου πέρας. οὕτω μὲν οὖν σκοποῦσιν [3] ὁ τόπος τὸ ἑκάστου εἶδός ἐστιν· ᾗ δὲ δοκεῖ ὁ τόπος εἶναι τὸ διάστημα τοῦ μεγέθους, ἡ ὕλη· τοῦτο [4] γὰρ ἕτερον τοῦ μεγέθους, τοῦτο [4] δ' ἐστὶ τὸ περιεχόμενον ὑπὸ τοῦ εἴδους καὶ ὡρισμένον, οἷον ὑπὸ ἐπιπέδου καὶ πέρατος, ἔστι δὲ τοιοῦτον ἡ ὕλη καὶ τὸ ἀόριστον· ὅταν γὰρ ἀφαιρεθῇ τὸ πέρας καὶ τὰ πάθη τῆς σφαίρας, λείπεται οὐδὲν παρὰ τὴν ὕλην.

Ἀλλὰ μὴν ὅτι γε ἀδύνατον ὁποτερονοῦν τούτων [5] εἶναι τὸν τόπον, οὐ χαλεπὸν ἰδεῖν. τὸ μὲν γὰρ εἶδος καὶ ἡ ὕλη οὐ χωρίζεται τοῦ πράγματος, τὸν δὲ τόπον ἐνδέχεται [6]· ἐν ᾧ γὰρ ἀὴρ ἦν, ἐν τούτῳ πάλιν ὕδωρ, ὥσπερ ἔφαμεν, γίγνεται, ἀντιμεθισταμένων ἀλλήλοις τοῦ τε ὕδατος καὶ τοῦ ἀέρος, καὶ τῶν ἄλλων σωμάτων ὁμοίως, ὥστε οὔτε μόριον οὔθ' ἕξις ἀλλὰ χωριστὸς ὁ τόπος ἑκάστου ἐστί. καὶ γὰρ δοκεῖ τοιοῦτό τι εἶναι ὁ τόπος οἷον τὸ ἀγγεῖον (ἔστι γὰρ τὸ ἀγγεῖον τόπος μεταφορητός)· τὸ δ' ἀγγεῖον οὐδὲν τοῦ πράγματός ἐστιν. ᾗ μὲν οὖν χωριστὸς τοῦ πράγματος, ταύτῃ μὲν οὐκ ἔστι τὸ εἶδος· ᾗ δὲ περιέχει, ταύτῃ δ' [7] ἕτερος τῆς ὕλης. δοκεῖ δὲ ἀεὶ τὸ ὄν που αὐτό τε εἶναί τι καὶ ἕτερόν τι [8] ἐκτὸς αὐτοῦ.

---

1. *Since one thing is predicated with reference to itself* (i.e. *absolutely*) *and another with reference to something else* (i.e. *relatively*). 2. Air. 3. Dat. 4. Refers to τὸ διάστημα τοῦ μεγέθους. 5. Form and matter. 6. Sc. χωρίζεσθαι. 7. δέ marks the apodosis. 8. ἕτερόν τι is grammatically parallel with τὸ ὄν.

Τί δέ ποτ' ἐστὶν ὁ τόπος, ὧδ' ἂν γένοιτο φανερόν. λάβωμεν δὲ περὶ αὐτοῦ ὅσα δοκεῖ ἀληθῶς καθ' αὑτὸ ὑπάρχειν αὐτῷ. ἀξιοῦμεν[1] δὴ τὸν τόπον εἶναι πρῶτον[2] μὲν περιέχον ἐκεῖνο[3] οὗ τόπος ἐστί, καὶ μηδὲν[4] τοῦ πράγματος, ἔτι τὸν πρῶτον[5] μήτ' ἐλάττω μήτε μείζω[6], ἔτι ἀπολείπεσθαι ἑκάστου[7] καὶ χωριστὸν εἶναι, πρὸς δὲ τούτοις πάντα τόπον ἔχειν τὸ ἄνω καὶ κάτω, καὶ φέρεσθαι φύσει καὶ μένειν ἐν τοῖς οἰκείοις τόποις ἕκαστον τῶν σωμάτων, τοῦτο[8] δὲ ποιεῖν ἢ ἄνω ἢ κάτω.

Ἤδη τοίνυν φανερὸν ἐκ τούτων τί ἐστιν ὁ τόπος. σχεδὸν γὰρ τέτταρά ἐστιν ὧν ἀνάγκη τὸν τόπον ἕν τι εἶναι· ἢ γὰρ μορφὴ ἢ ὕλη ἢ διάστημά τι τὸ μεταξὺ τῶν ἐσχάτων[9], ἢ τὰ ἔσχατα εἰ μὴ ἔστι μηδὲν διάστημα παρὰ τὸ τοῦ ἐγγιγνομένου σώματος μέγεθος. τούτων δ' ὅτι οὐκ ἐνδέχεται τὰ τρία εἶναι, φανερόν· ἀλλὰ διὰ μὲν τὸ περιέχειν δοκεῖ ἡ μορφὴ εἶναι[10]· ἐν ταὐτῷ γὰρ τὰ ἔσχατα τοῦ περιέχοντος καὶ τοῦ περιεχομένου. ἔστι μὲν ἄμφω[11] πέρατα, ἀλλ' οὐ τοῦ αὐτοῦ, ἀλλὰ τὸ μὲν εἶδος τοῦ πράγματος[12], ὁ δὲ τόπος τοῦ περιέχοντος σώματος. διὰ δὲ τὸ μεταβάλλειν πολλάκις μένοντος τοῦ περιέχοντος τὸ περιεχόμενον καὶ διῃρημένον[13], οἷον ἐξ ἀγγείου ὕδωρ, τὸ μεταξὺ εἶναί τι δοκεῖ διάστημα[14], ὡς ὄν τι παρὰ τὸ σῶμα τὸ μεθιστάμενον. τὸ δ' οὐκ ἔστιν, ἀλλὰ τὸ τυχὸν ἐμπίπτει[15] σῶμα τῶν μεθισταμένων καὶ ἅπτεσθαι[16] πεφυκότων. εἰ δ' ἦν τι διάστημα καθ' αὑτὸ πεφυκὸς εἶναι καὶ μένον, ἐν τῷ αὐτῷ ἄπειροι ἂν ἦσαν τόποι (μεθισταμένου γὰρ τοῦ ὕδατος καὶ τοῦ ἀέρος ταὐτὸ ποιήσει τὰ μόρια πάντα ἐν τῷ ὅλῳ ὅπερ ἅπαν τὸ ὕδωρ ἐν τῷ ἀγγείῳ)· ἅμα δὲ καὶ ὁ τόπος ἔσται μεταβάλλων· ὥστ' ἔσται τοῦ τόπου τ' ἄλλος τόπος, καὶ πολλοὶ τόποι ἅμα ἔσονται. οὐκ ἔστι δὲ ἄλλος ὁ τόπος τοῦ μορίου, ἐν ᾧ κινεῖται, ὅταν ὅλον τὸ ἀγγεῖον μεθίστηται, ἀλλ' ὁ αὐτός· ἐν ᾧ γὰρ ἔστιν, ἀντιμεθίσταται ὁ ἀὴρ καὶ τὸ ὕδωρ ἢ τὰ μόρια τοῦ ὕδατος, ἀλλ' οὐκ ἐν ᾧ γίγνονται τόπῳ[17], ὃς μέρος ἐστὶ τοῦ τόπου ὅς ἐστι τόπος ὅλου τοῦ οὐρανοῦ. καὶ ἡ ὕλη δὲ δόξειεν ἂν εἶναι τόπος, εἴ γε ἐν ἠρεμοῦντί τις σκοποίη καὶ μὴ κεχωρισμένῳ ἀλλὰ συνεχεῖ[18]. ὥσπερ γὰρ εἰ ἀλλοιοῦται, ἔστι τι ὃ νῦν μὲν λευκὸν πάλαι δὲ μέλαν, καὶ νῦν μὲν σκληρὸν πάλαι δὲ μαλακόν (διὸ φαμὲν εἶναί τι τὴν ὕλην), οὕτω καὶ ὁ τόπος διὰ τοιαύτης τινὸς εἶναι[19] δοκεῖ φαντασίας, πλὴν ἐκεῖνο[20] μὲν διότι ὃ ἦν ἀήρ, τοῦτο νῦν ὕδωρ, ὁ δὲ τόπος ὅτι οὗ ἦν ἀήρ, ἐνταῦθ' ἔστι νῦν ὕδωρ. ἀλλ' ἡ μὲν ὕλη, ὥσπερ ἐλέχθη ἐν τοῖς πρότερον, οὔτε χωριστὴ τοῦ πράγματος οὔτε περιέχει, ὁ δὲ τόπος ἄμφω.

---

1. *Assume.* 2. Adverb. 3. Obj. of περιέχον. 4. *No part.* 5. Sc. τόπον. 6. Sc. τοῦ πράγματος. 7. *Each thing* (gen. of separation). 8. Obj. of ποιεῖν. 9. *An interval between the extremities of the container* (Ross). 10. Supply pred. nom. ὁ τόπος. 11. Place and form. 12. Sc. πέρας ἐστίν. 13. τὸ περιεχόμενον καὶ διῃρημένον (*that which is contained and separate*) is the subj. of μεταβάλλειν. 14. τὸ μεταξὺ διάστημα is the subj. 15. *Falls into the vacated place.* 16. *To fit the container.* 17. ἐν ᾧ γίγνονται τόπῳ = ἐν τούτῳ τῷ τόπῳ ἐν ᾧ γίγνονται. 18. *In unbroken contact* (Ross). 19. *To exist.* 20. Matter.

Εἰ τοίνυν μηδὲν τῶν τριῶν ὁ τόπος ἐστίν, μήτε τὸ εἶδος μήτε ἡ ὕλη μήτε διάστημά τι ἀεὶ ὑπάρχον ἕτερον παρὰ τὸ[1] τοῦ πράγματος τοῦ μεθισταμένου, ἀνάγκη τὸν τόπον εἶναι τὸ λοιπὸν τῶν τεττάρων, τὸ πέρας τοῦ περιέχοντος σώματος καθ' ὃ συνάπτει τῷ περιεχομένῳ. ... ἔστι δ' ὥσπερ τὸ ἀγγεῖον τόπος μεταφορητός, οὕτως καὶ ὁ τόπος ἀγγεῖον ἀμετακίνητον. διὸ ὅταν μὲν ἐν κινουμένῳ κινῆται καὶ μεταβάλλῃ τὸ ἐντός[2], οἷον ἐν ποταμῷ πλοῖον, ὡς ἀγγείῳ χρῆται μᾶλλον ἢ τόπῳ τῷ περιέχοντι[3]. βούλεται[4] δ' ἀκίνητος εἶναι ὁ τόπος· διὸ ὁ πᾶς μᾶλλον ποταμὸς τόπος, ὅτι ἀκίνητος ὁ πᾶς. ὥστε τὸ τοῦ περιέχοντος πέρας ἀκίνητον πρῶτον[5], τοῦτ' ἔστιν ὁ τόπος.

Physica iv. 208b1-22, 27-29, 209a2-22, 209a29-b11, 209b21-33, 210b32-211a6, 211b5-212a6, 212a14-21.

---

1. Sc. διάστημα.   2. Nom.   3. Dat. with χρῆται.   4. *Tends.*   5. i.e. *innermost.*

LXII. THE VOID

348. There is no void in the ordinary sense of the term.

Τὸν αὐτὸν δὲ τρόπον ὑποληπτέον εἶναι τοῦ φυσικοῦ θεωρῆσαι καὶ περὶ κενοῦ, εἰ ἔστιν ἢ μή, καὶ πῶς ἔστι, καὶ τί ἐστιν, ὥσπερ καὶ περὶ τόπου. . . . οἷον γὰρ τόπον τινὰ καὶ ἀγγεῖον τὸ κενὸν τιθέασιν οἱ λέγοντες, δοκεῖ δὲ πλῆρες μὲν εἶναι, ὅταν ἔχῃ τὸν ὄγκον οὗ δεκτικόν ἐστιν, ὅταν δὲ στερηθῇ, κενόν, ὡς τὸ αὐτὸ μὲν ὂν [1] κενὸν καὶ πλῆρες καὶ τόπον, τὸ δ' εἶναι αὐτοῖς οὐ ταὐτὸ ὄν [1].

Δοκεῖ δὴ τὸ κενὸν τόπος εἶναι ἐν ᾧ μηδέν ἐστι. τούτου δ' αἴτιον ὅτι τὸ ὂν σῶμα οἴονται εἶναι, πᾶν δὲ σῶμα ἐν τόπῳ, κενὸν δὲ ἐν ᾧ τόπῳ [2] μηδέν ἐστι σῶμα ὥστ' εἴ που μὴ ἔστι σῶμα, οὐδὲν εἶναι ἐνταῦθα.

Ἐπεὶ δὲ περὶ τόπου διώρισται, καὶ τὸ κενὸν ἀνάγκη τόπον εἶναι, εἰ ἔστιν [3], ἐστερημένον σώματος, τόπος δὲ καὶ πῶς ἔστι καὶ πῶς οὐκ ἔστιν εἴρηται, φανερὸν ὅτι οὕτω [4] μὲν κενὸν οὐκ ἔστιν, οὔτε κεχωρισμένον οὔτε ἀχώριστον [5]. τὸ γὰρ κενὸν οὐ σῶμα ἀλλὰ σώματος διάστημα [6] βούλεται εἶναι [7]. διὸ καὶ τὸ κενὸν δοκεῖ τι εἶναι, ὅτι καὶ ὁ τόπος, καὶ διὰ ταὐτά.

Ἐκ δὴ τῶν εἰρημένων φανερὸν ὡς οὔτ' ἀποκεκριμένον κενόν ἐστιν (οὔθ' ἁπλῶς οὔτ' ἐν τῷ μανῷ) οὔτε δυνάμει, εἰ μή τις βούλεται πάντως καλεῖν κενὸν τὸ αἴτιον τοῦ φέρεσθαι. οὕτω δ' ἡ τοῦ βαρέος καὶ κούφου ὕλη, ᾗ τοιαύτη, εἴη ἂν τὸ κενόν· τὸ γὰρ πυκνὸν καὶ τὸ μανὸν κατὰ ταύτην τὴν ἐναντίωσιν [8] φορᾶς ποιητικά, κατὰ δὲ τὸ σκληρὸν καὶ μαλακὸν πάθους καὶ ἀπαθείας, καὶ οὐ φορᾶς ἀλλ' ἑτεροιώσεως μᾶλλον. καὶ περὶ μὲν κενοῦ, πῶς ἔστι καὶ πῶς οὐκ ἔστι, διωρίσθω τὸν τρόπον τοῦτον.

Physica iv. 213a12-14, 15-19, 213b31-34, 214a16-22, 217b20-28.

---

1. Acc. abs. 2. ἐν ᾧ τόπῳ = τόπον ἐν ᾧ. 3. *If there is such a thing as void.* 4. *As a place deprived of body* (Ross). 5. "κενὸν κεχωρισμένον = a self-subsistent void, some of which . . . never has body in it." "κενὸν ἀχώριστον = a self-subsistent interval always in fact filled with body." (Ross.) 6. *An intermission of body* (Ross). 7. βούλεται εἶναι = *means.* 8. The contrariety of heavy and light (Ross).

LXIII. TIME

349. Time is not change or movement, for (1) change or movement is only *in* the thing or *where* the thing is, and (2) change or movement is always faster or slower. Yet, since we perceive movement and time together, time must in some way *pertain to* movement; time is the number of movement in respect of the before and after. Though time is greater than everything *in* time, it does not include things that exist eternally. Of the four kinds of changes—changes of substance, of quality, of quantity, and of place—only in the last is there found a change that always goes on at a regular rate: the circular motion of the heavenly bodies is invariable.

Ἐπεὶ δὲ δοκεῖ μάλιστα κίνησις εἶναι καὶ μεταβολή τις ὁ χρόνος, τοῦτ᾽ ἂν εἴη σκεπτέον. ἡ μὲν οὖν ἑκάστου μεταβολὴ καὶ κίνησις ἐν αὐτῷ τῷ μεταβάλλοντι μόνον ἐστίν, ἢ οὗ ἂν τύχῃ ὂν αὐτὸ τὸ κινούμενον καὶ μεταβάλλον· ὁ δὲ χρόνος ὁμοίως καὶ πανταχοῦ καὶ παρὰ πᾶσιν. ἔτι δὲ μεταβολὴ μέν ἐστι θάττων καὶ βραδυτέρα, χρόνος δ᾽ οὐκ ἔστιν· τὸ γὰρ βραδὺ καὶ ταχὺ χρόνῳ ὥρισται, ταχὺ μὲν τὸ ἐν ὀλίγῳ πολὺ κινούμενον, βραδὺ δὲ τὸ ἐν πολλῷ ὀλίγον· ὁ δὲ χρόνος οὐχ ὥρισται χρόνῳ, οὔτε τῷ ποσός τις εἶναι οὔτε τῷ ποιός. ὅτι μὲν τοίνυν οὐκ ἔστιν κίνησις, φανερόν· μηδὲν δὲ διαφερέτω λέγειν ἡμῖν ἐν τῷ παρόντι κίνησιν ἢ μεταβολήν.

Ὅτι μὲν οὖν οὔτε κίνησις οὔτ᾽ ἄνευ κινήσεως ὁ χρόνος ἐστί, φανερόν· ληπτέον δέ, ἐπεὶ ζητοῦμεν τί ἐστιν ὁ χρόνος, ἐντεῦθεν ἀρχομένοις, τί τῆς κινήσεώς [1] ἐστιν. ἅμα γὰρ κινήσεως αἰσθανόμεθα καὶ χρόνου· καὶ γὰρ ἐὰν ᾖ σκότος καὶ μηδὲν διὰ τοῦ σώματος πάσχωμεν, κίνησις δέ τις ἐν τῇ ψυχῇ ἐνῇ, εὐθὺς ἅμα δοκεῖ τις γεγονέναι καὶ χρόνος. ἀλλὰ μὴν καὶ ὅταν γε χρόνος δοκῇ γεγονέναι τις, ἅμα καὶ κίνησίς τις δοκεῖ γεγονέναι. ὥστε ἤτοι κίνησις ἢ τῆς κινήσεώς τί ἐστιν ὁ χρόνος. ἐπεὶ οὖν οὐ κίνησις, ἀνάγκη τῆς κινήσεώς τι εἶναι αὐτόν.

Οὐκ ἄρα κίνησις ὁ χρόνος ἀλλ᾽ ᾗ ἀριθμὸν ἔχει ἡ κίνησις [2]. σημεῖον δέ· τὸ μὲν γὰρ πλεῖον καὶ ἔλαττον κρίνομεν ἀριθμῷ, κίνησιν δὲ πλείω καὶ ἐλάττω χρόνῳ· ἀριθμὸς ἄρα τις ὁ χρόνος. ἐπεὶ δ᾽ ἀριθμός ἐστι διχῶς (καὶ γὰρ τὸ ἀριθμούμενον καὶ τὸ ἀριθμητὸν ἀριθμὸν λέγομεν, καὶ ᾧ [3] ἀριθμοῦμεν), ὁ δὴ

---

1. Part. gen. with τί. 2. *But the aspect of movement in respect of which it is numerable* (Ross). 3. ᾧ = τοῦτο ᾧ.

χρόνος ἐστὶν τὸ ἀριθμούμενον καὶ οὐχ ᾧ ἀριθμοῦμεν. ἔστι δ' ἕτερον ᾧ ἀριθμοῦμεν καὶ τὸ ἀριθμούμενον.

Ὅτι μὲν τοίνυν ὁ χρόνος ἀριθμός ἐστιν κινήσεως κατὰ τὸ πρότερον καὶ ὕστερον, καὶ συνεχής (συνεχοῦς γάρ [1]), φανερόν.

Ἐπεὶ δέ ἐστιν ὡς ἐν ἀριθμῷ τὸ ἐν χρόνῳ [2], ληφθήσεταί [3] τις πλείων χρόνος παντὸς τοῦ ἐν χρόνῳ ὄντος· διὸ ἀνάγκη πάντα τὰ ἐν χρόνῳ ὄντα περιέχεσθαι ὑπὸ χρόνου, ὥσπερ καὶ τἆλλα ὅσα ἔν τινί ἐστιν, οἷον τὰ ἐν τόπῳ ὑπὸ τοῦ τόπου. καὶ πάσχει δή τι ὑπὸ τοῦ χρόνου, καθάπερ καὶ λέγειν εἰώθαμεν ὅτι κατατήκει ὁ χρόνος, καὶ γηράσκει πάνθ' ὑπὸ τοῦ χρόνου, καὶ ἐπιλανθάνεται διὰ τὸν χρόνον, ἀλλ' οὐ [4] μεμάθηκεν [5], οὐδὲ νέον γέγονεν [6] οὐδὲ καλόν· φθορᾶς γὰρ αἴτιος καθ' ἑαυτὸν μᾶλλον ὁ χρόνος· ἀριθμὸς [7] γὰρ κινήσεως, ἡ δὲ κίνησις ἐξίστησιν τὸ ὑπάρχον· ὥστε φανερὸν ὅτι τὰ αἰεὶ ὄντα, ᾗ αἰεὶ ὄντα, οὐκ ἔστιν ἐν χρόνῳ· οὐ γὰρ περιέχεται ὑπὸ χρόνου, οὐδὲ μετρεῖται τὸ εἶναι αὐτῶν ὑπὸ τοῦ χρόνου· σημεῖον δὲ τούτου ὅτι οὐδὲ πάσχει οὐδὲν [8] ὑπὸ τοῦ χρόνου ὡς οὐκ ὄντα ἐν χρόνῳ.

Ἀπορήσειε δ' ἄν τις καὶ ποίας κινήσεως ὁ χρόνος ἀριθμός. ἢ [9] ὁποιασοῦν; καὶ γὰρ γίγνεται [10] ἐν χρόνῳ καὶ φθείρεται καὶ αὐξάνεται καὶ ἀλλοιοῦται καὶ φέρεται· ᾗ οὖν κίνησίς ἐστι [11], ταύτῃ ἐστὶν ἑκάστης κινήσεως ἀριθμός. διὸ κινήσεώς ἐστιν ἁπλῶς ἀριθμὸς συνεχοῦς, ἀλλ' οὐ τινός [12].

Ἀλλοίωσις μὲν οὖν οὐδὲ [13] αὔξησις οὐδὲ γένεσις οὐκ εἰσὶν ὁμαλεῖς [14], φορὰ δ' ἔστιν [15]. διὸ καὶ δοκεῖ ὁ χρόνος εἶναι ἡ τῆς σφαίρας κίνησις, ὅτι ταύτῃ μετροῦνται αἱ ἄλλαι κινήσεις καὶ ὁ χρόνος ταύτῃ τῇ κινήσει.

Physica iv. 218b9-20, 219a1-10, 219b2-9, 220a24-26, 221a26-b7, 223a29-b1, 223b20-23.

---

1. Since it is an attribute of what is continuous (Hardie). 2. Since what is "in time" is so in the same sense as what is in number is so (Hardie). 3. Can be taken, i.e. considered. 4. We should expect not οὐ but οὐχ ὅτι. 5. Sc. τὶς. 6. Sc. τὶ as subj. 7. Pred. nom. 8. That they do not suffer anything either. 9. Or should we not say. 10. Supply an indef. subj., things. 11. Supply as subj. ἡ κίνησις. 12. Not of any particular kind of it (Hardie). 13. οὐδέ negatives ἀλλοίωσις as well as αὔξησις. 14 Not regular, because from an opposite to an opposite. 15. There is such a thing as regular motion, viz. rotatory motion.

LXIV. CONTINUITY

350. No continuous thing can be composed of indivisibles: a line is not composed of points; a time is not composed of moments; a movement is not composed of indivisible movements.

Εἰ δ' ἐστὶ συνεχὲς καὶ ἁπτόμενον καὶ ἐφεξῆς [1], ὡς διώρισται πρότερον, συνεχῆ μὲν ὧν τὰ ἔσχατα ἕν, ἁπτόμενα δ' ὧν [2] ἅμα, ἐφεξῆς δ' ὧν μηδὲν μεταξὺ συγγενές, ἀδύνατον ἐξ ἀδιαιρέτων εἶναί τι συνεχές, οἷον γραμμὴν ἐκ στιγμῶν, εἴπερ ἡ γραμμὴ μὲν συνεχές, ἡ στιγμὴ δὲ ἀδιαίρετον. οὔτε γὰρ ἓν τὰ ἔσχατα τῶν στιγμῶν (οὐ γάρ ἐστι τὸ μὲν ἔσχατον τὸ δ' ἄλλο τι μόριον τοῦ ἀδιαιρέτου), οὔθ' ἅμα τὰ ἔσχατα (οὐ γάρ ἐστιν ἔσχατον τοῦ ἀμεροῦς οὐδέν· ἕτερον γὰρ τὸ ἔσχατον καὶ οὗ [3] ἔσχατον). ἔτι δ' ἀνάγκη ἤτοι συνεχεῖς εἶναι τὰς στιγμὰς ἢ ἁπτομένας ἀλλήλων, ἐξ ὧν ἐστι τὸ συνεχές [4]· ὁ δ' αὐτὸς λόγος καὶ ἐπὶ πάντων τῶν ἀδιαιρέτων. συνεχεῖς μὲν δὴ οὐκ ἂν εἶεν διὰ τὸν εἰρημένον λόγον· ἅπτεται δ' ἅπαν ἢ ὅλον ὅλου ἢ μέρος μέρους ἢ ὅλου μέρος. ἐπεὶ δ' ἀμερὲς τὸ ἀδιαίρετον, ἀνάγκη ὅλον ὅλου ἅπτεσθαι. ὅλον δ' ὅλου ἁπτόμενον οὐκ ἔσται συνεχές. τὸ γὰρ συνεχὲς ἔχει τὸ [5] μὲν ἄλλο τὸ [5] δ' ἄλλο μέρος, καὶ διαιρεῖται εἰς οὕτως ἕτερα καὶ τόπῳ κεχωρισμένα. ἀλλὰ μὴν οὐδὲ ἐφεξῆς ἔσται στιγμὴ στιγμῇ ἢ τὸ νῦν τῷ νῦν, ὥστ' ἐκ τούτων εἶναι τὸ μῆκος ἢ τὸν χρόνον· ἐφεξῆς μὲν γάρ ἐστιν ᾧ μηθέν ἐστι μεταξὺ συγγενές, στιγμῶν δ' ἀεὶ [6] μεταξὺ γραμμὴ καὶ τῶν νῦν χρόνος. ἔτι [7] διαιροῖτ' ἂν εἰς ἀδιαίρετα, εἴπερ ἐξ ὧν ἐστιν ἑκάτερον [8], εἰς ταῦτα διαιρεῖται· ἀλλ' οὐθὲν ἦν [9] τῶν συνεχῶν εἰς ἀμερῆ διαιρετόν. ἄλλο δὲ γένος οὐχ οἷόν τ' εἶναι μεταξύ. ἢ γὰρ ἀδιαίρετον ἔσται ἢ διαιρετόν, καὶ εἰ διαιρετόν, ἢ εἰς ἀδιαίρετα ἢ εἰς ἀεὶ διαιρετά· τοῦτο δὲ συνεχές. φανερὸν δὲ καὶ ὅτι πᾶν συνεχὲς διαιρετὸν [10] εἰς αἰεὶ διαιρετά· εἰ γὰρ εἰς ἀδιαίρετα, ἔσται ἀδιαίρετον ἀδιαιρέτου ἁπτόμενον, ἓν γὰρ τὸ ἔσχατον καὶ ἅπτεται τῶν συνεχῶν [11]. τοῦ δ' αὐτοῦ λόγου [12] μέγεθος καὶ χρόνον καὶ κίνησιν ἐξ ἀδιαιρέτων συγκεῖσθαι, καὶ διαιρεῖσθαι εἰς ἀδιαίρετα, ἢ μηθέν [13].

Physica vi. 231a21-b20.

---

1. Subj. nominatives; the predicates begin with ὧν. 2. Sc. τὰ ἔσχατα. 3. οὗ = τοῦτο οὗ. 4. τὰς στιγμὰς ἐξ ὧν ἐστὶ τὸ συνεχές: there are of course no such points. 5. τὸ ... τὸ ... μέρος: obj. accusatives. ἄλλο ... ἄλλο: tertiary predicates. 6. αἰεὶ γραμμή is the pred. 7. Sc. if length and time were composed of successive indivisibles (Ross). 8. Length and time. 9. Philosophic impf.: *is, as we saw*. 10. Pred. adj. 11. *The extremities of things that are continuous with one another are one and are in contact* (Hardie). 12. Pred. gen.; sc. ἐστί. 13. *None*; sc. of the three; μηθέν is grammatically parallel with μέγεθος καὶ χρόνον καὶ κίνησιν.

LXV. THE PRIME MOVER

351. Since time, which is eternal, is an attribute of motion, motion also must be eternal. A thing in motion is moved by something else. The prime mover is at rest and is eternal; it has neither parts nor magnitude. (See 217: κίνησις.)

Ἀρξώμεθα δὲ πρῶτον ἐκ τῶν διωρισμένων ἡμῖν ἐν τοῖς φυσικοῖς [1] πρότερον. φαμὲν δὴ τὴν κίνησιν εἶναι ἐνέργειαν τοῦ κινητοῦ ᾗ κινητόν. ἀναγκαῖον ἄρα ὑπάρχειν τὰ πράγματα τὰ δυνάμενα κινεῖσθαι καθ' ἑκάστην κίνησιν. καὶ χωρὶς δὲ τοῦ τῆς κινήσεως ὁρισμοῦ, πᾶς ἂν ὁμολογήσειεν ἀναγκαῖον εἶναι κινεῖσθαι τὸ δυνατὸν κινεῖσθαι καθ' ἑκάστην κίνησιν, οἷον ἀλλοιοῦσθαι μὲν τὸ ἀλλοιωτόν, φέρεσθαι δὲ τὸ κατὰ τόπον μεταβλητόν, ὥστε δεῖ πρότερον καυστὸν εἶναι πρὶν κάεσθαι καὶ καυστικὸν πρὶν κάειν. οὐκοῦν καὶ ταῦτα ἀναγκαῖον ἢ γενέσθαι ποτὲ οὐκ ὄντα ἢ ἀΐδια εἶναι. εἰ μὲν τοίνυν ἐγένετο [2] τῶν κινητῶν ἕκαστον, ἀναγκαῖον πρότερον τῆς ληφθείσης [3] ἄλλην γενέσθαι μεταβολὴν καὶ κίνησιν, καθ' ἣν ἐγένετο τὸ δυνατὸν κινηθῆναι ἢ κινῆσαι· εἰ δ' ὄντα προϋπῆρχεν ἀεὶ κινήσεως μὴ οὔσης, ἄλογον μὲν φαίνεται. ... εἰ γὰρ τῶν μὲν κινητῶν ὄντων τῶν δὲ κινητικῶν ὁτὲ μὲν ἔσται τι πρῶτον κινοῦν, τὸ δὲ κινούμενον, ὁτὲ δ' οὐθέν, ἀλλ' ἠρεμεῖ, ἀναγκαῖον τοῦτο [4] μεταβάλλειν πρότερον· ἦν γάρ τι αἴτιον τῆς ἠρεμίας· ἡ γὰρ ἠρέμησις στέρησις κινήσεως [5].

Πρὸς δὲ τούτοις τὸ πρότερον καὶ ὕστερον πῶς ἔσται χρόνου μὴ ὄντος; ἢ χρόνος μὴ οὔσης κινήσεως; εἰ δή ἐστιν ὁ χρόνος κινήσεως ἀριθμὸς ἢ κίνησίς τις, εἴπερ ἀεὶ χρόνος ἔστιν, ἀνάγκη καὶ κίνησιν ἀΐδιον εἶναι. ... εἰ οὖν ἀδύνατόν ἐστιν καὶ εἶναι καὶ νοῆσαι χρόνον ἄνευ τοῦ νῦν, τὸ δὲ νῦν ἐστι μεσότης τις, καὶ ἀρχὴν καὶ τελευτὴν ἔχον ἅμα, ἀρχὴν μὲν τοῦ ἐσομένου χρόνου, τελευτὴν δὲ τοῦ παρελθόντος, ἀνάγκη ἀεὶ εἶναι χρόνον. τὸ γὰρ ἔσχατον τοῦ τελευταίου ληφθέντος χρόνου ἔν τινι τῶν νῦν ἔσται (οὐδὲν γάρ ἐστι λαβεῖν ἐν τῷ χρόνῳ παρὰ τὸ νῦν), ὥστ' ἐπεί ἐστιν ἀρχή τε καὶ τελευτὴ τὸ νῦν, ἀνάγκη αὐτοῦ ἐπ' ἀμφότερα [6] εἶναι ἀεὶ χρόνον. ἀλλὰ μὴν εἴ γε χρόνον [7], φανερὸν ὅτι ἀνάγκη εἶναι καὶ κίνησιν, εἴπερ ὁ χρόνος πάθος τι κινήσεως.

---

1. The title τὰ Φυσικά refers to Books i-iv only. 2. *Came into being*: emphatic, as shown by the position. 3. Sc. κινήσεως. 4. τοῦτο refers to the thing that was at rest (ἠρεμεῖ). 5. "With these words we must understand 'and there must have been a change consisting in the removal of this αἴτιον τῆς ἠρεμίας'." (Ross.) 6. *On both sides of it* (Hardie). 7. Sc. ἀνάγκη αὐτοῦ ἐπ' ἀμφότερα εἶναι ἀεί.

AN INTRODUCTION

Τῶν δὴ κινούντων καὶ κινουμένων τὰ μὲν κατὰ συμβεβηκὸς κινεῖ καὶ κινεῖται, τὰ δὲ καθ' αὑτά, κατὰ συμβεβηκὸς μὲν οἷον ὅσα τε [1] τῷ ὑπάρχειν [2] τοῖς κινοῦσιν ἢ κινουμένοις καὶ τὰ κατὰ μόριον [3], τὰ δὲ καθ' αὑτά [4], ὅσα [5] μὴ τῷ ὑπάρχειν τῷ κινοῦντι ἢ τῷ κινουμένῳ, μηδὲ τῷ μόριόν τι αὐτῶν κινεῖν ἢ κινεῖσθαι. τῶν δὲ καθ' αὑτά [6] τὰ μὲν ὑφ' ἑαυτοῦ τὰ δ' ὑπ' ἄλλου, καὶ τὰ μὲν φύσει τὰ δὲ βίᾳ καὶ παρὰ φύσιν. τό τε γὰρ αὐτὸ ὑφ' αὑτοῦ κινούμενον φύσει κινεῖται, οἷον ἕκαστον τῶν ζῴων (κινεῖται γὰρ τὸ ζῷον αὐτὸ ὑφ' αὑτοῦ, ὅσων δ' ἡ ἀρχὴ ἐν αὐτοῖς τῆς κινήσεως [7], ταῦτα φύσει φαμὲν κινεῖσθαι· διὸ μὲν τὸ ζῷον ὅλον φύσει αὐτὸ ἑαυτὸ κινεῖ, τὸ μέντοι σῶμα ἐνδέχεται καὶ φύσει καὶ παρὰ φύσιν κινεῖσθαι· διαφέρει γὰρ ὁποίαν τε ἂν κίνησιν [8] κινούμενον τύχῃ καὶ ἐκ ποίου στοιχείου συνεστηκός), καὶ τῶν ὑπ' ἄλλου κινουμένων τὰ μὲν φύσει κινεῖται τὰ δὲ παρὰ φύσιν, παρὰ φύσιν μὲν οἷον τὰ γεηρὰ ἄνω καὶ τὸ πῦρ κάτω, ἔτι δὲ τὰ μόρια τῶν ζῴων πολλάκις κινεῖται παρὰ φύσιν, παρὰ τὰς θέσεις [9] καὶ τοὺς τρόπους [10] τῆς κινήσεως.

Οὐκ ἄρα ἀνάγκη ἀεὶ κινεῖσθαι τὸ κινούμενον ὑπ' ἄλλου [11], καὶ [12] τούτου κινουμένου· στήσεται [13] ἄρα. ὥστε ἤτοι ὑπὸ ἠρεμοῦντος κινήσεται [14] τὸ κινούμενον πρῶτον, ἢ αὐτὸ ἑαυτὸ κινήσει.

Φανερὸν τοίνυν ἐκ τούτων ὅτι ἔστιν τὸ πρώτως κινοῦν ἀκίνητον· εἴτε γὰρ εὐθὺς ἵσταται τὸ κινούμενον, ὑπό τινος δὲ κινούμενον, εἰς [15] ἀκίνητον τὸ πρῶτον, εἴτε εἰς κινούμενον μέν, αὐτὸ δ' αὑτὸ κινοῦν καὶ ἱστάν, ἀμφοτέρως συμβαίνει τὸ πρώτως κινοῦν ἅπασιν εἶναι τοῖς κινουμένοις ἀκίνητον [16].

Εἴπερ οὖν ἀΐδιος ἡ κίνησις, ἀΐδιον καὶ τὸ κινοῦν ἔσται πρῶτον, εἰ ἕν· εἰ δὲ πλείω, πλείω τὰ ἀΐδια. ἓν δὲ μᾶλλον ἢ πολλά, καὶ πεπερασμένα ἢ [17] ἄπειρα, δεῖ νομίζειν. τῶν αὐτῶν γὰρ συμβαινόντων [18] αἰεὶ τὰ πεπερασμένα μᾶλλον [19] ληπτέον· ἐν γὰρ τοῖς φύσει δεῖ τὸ πεπερασμένον καὶ τὸ βέλτιον, ἂν ἐνδέχηται, ὑπάρχειν μᾶλλον. ἱκανὸν δὲ [20] καὶ ἕν [21], ὃ πρῶτον τῶν ἀκινήτων ἀΐδιον ὂν ἔσται ἀρχὴ τοῖς ἄλλοις κινήσεως [22].

---

1. Sc. κινεῖ καὶ κινεῖται. 2. Dat. of manner. 3. Sc. κινοῦντα καὶ κινούμενα. 4. Instead of τὰ δὲ καθ' αὑτά we should expect καθ' αὑτά δέ. 5. Sc. κινεῖ καὶ κινεῖται. 6. Sc. κινούντων καὶ κινουμένων. 7. Gen. with ἀρχή. 8. Cogn. acc. with κινούμενον. 9. "e.g. when a man walks on his hands." (Ross.) 10. "e.g. when he rolls along the ground instead of walking." (Ross.) 11. ὑπ' ἄλλου depends on κινεῖσθαι. 12. Also. 13. *There will be an end to the series* (Hardie). 14. Fut. mid. used as pass. 15. ἵσταται εἰς: lit. *stops into*; i.e., as one goes back over the series of causes, searching for a prior and a still prior cause, one comes presently to the first member of the series and finds that it is itself unmoved. 16. *For whether that which is moved but is moved by something else leads straight to the first unmoved mover or whether it leads to something which is indeed in motion but which moves itself and stops itself, in either event the result is that, in the case of all things that are in motion, that which primarily causes motion is unmoved.* 17. ἢ = μᾶλλον ἤ. 18. *When the consequences of either assumption are the same* (Hardie). 19. Sc. ἢ τὰ ἄπειρα. 20. Sc. λαβεῖν. 21. *Even one*, i. e. one only. 22. Gen. with ἀρχή.

Διωρισμένων δὲ τούτων φανερὸν ὅτι ἀδύνατον τὸ πρῶτον κῑνοῦν καὶ ἀκίνητον ἔχειν τι μέγεθος. εἰ γὰρ μέγεθος ἔχει, ἀνάγκη ἤτοι πεπερασμένον αὐτὸ εἶναι ἢ ἄπειρον. ἄπειρον μὲν οὖν ὅτι οὐκ ἐνδέχεται μέγεθος εἶναι, δέδεικται πρότερον ἐν τοῖς φυσικοῖς· ὅτι δὲ τὸ πεπερασμένον[1] ἀδύνατον ἔχειν δύναμιν ἄπειρον, καὶ ὅτι ἀδύνατον ὑπὸ πεπερασμένου κῑνεῖσθαί τι ἄπειρον χρόνον, δέδεικται νῦν. τὸ δέ γε[2] πρῶτον κῑνοῦν ἀίδιον κῑνεῖ κίνησιν καὶ ἄπειρον χρόνον. φανερὸν τοίνυν ὅτι ἀδιαίρετόν ἐστι καὶ ἀμερὲς καὶ οὐδὲν ἔχον μέγεθος.

Physica viii. 251a8-21, 23-27, 251b10-13, 19-28, 254b7-24, 257a25-27, 258b4-9, 259a6-13, 267b17-26.

---

1. *A finite magnitude.*   2. γέ emphasises the adversative δέ.

LXVI. THE SOUL

352.
"Substance" is used in three senses: matter, form or essence, and that which is compounded of the two (e.g. a natural body that has life in it). Soul is the first actuality of a natural body potentially having life; if the eye were an animal, sight would be its soul. The soul of a plant is nutritive; of an animal, nutritive and sensitive; of a man, nutritive, sensitive, and rational.

Τὰ μὲν δὴ ὑπὸ τῶν πρότερον παραδεδομένα περὶ ψυχῆς εἰρήσθω· πάλιν δ' ὥσπερ ἐξ ὑπαρχῆς ἐπανίωμεν, πειρώμενοι διορίσαι τί ἐστι ψυχὴ καὶ τίς ἂν εἴη κοινότατος λόγος αὐτῆς. λέγομεν δὴ γένος ἕν τι τῶν ὄντων τὴν οὐσίᾱν[1], ταύτης δὲ τὸ μὲν ὡς ὕλην, ὃ καθ' αὑτὸ μὲν οὐκ ἔστι τόδε τι[2], ἕτερον δὲ μορφὴν καὶ εἶδος[3], καθ' ἣν ἤδη[4] λέγεται τόδε τι, καὶ τρίτον τὸ ἐκ τούτων. ἔστι δ' ἡ μὲν ὕλη δύναμις, τὸ δ' εἶδος ἐντελέχεια (καὶ τοῦτο διχῶς, τὸ μὲν ὡς ἐπιστήμη, τὸ δ' ὡς τὸ θεωρεῖν). οὐσίαι δὲ μάλιστ' εἶναι δοκοῦσι τὰ σώματα, καὶ τούτων τὰ φυσικά· ταῦτα γὰρ τῶν ἄλλων ἀρχαί. τῶν δὲ φυσικῶν τὰ μὲν ἔχει ζωήν, τὰ δ' οὐκ ἔχει· ζωὴν δὲ λέγομεν τὴν δι' αὑτοῦ[5] τροφήν τε καὶ αὔξησιν καὶ φθίσιν. ὥστε πᾶν σῶμα φυσικὸν μετέχον ζωῆς οὐσίᾱ ἂν εἴη, οὐσίᾱ δ' οὕτως ὡς συνθέτη[6]. ἐπεὶ δ' ἐστὶ καὶ σῶμα τοιόνδε[7], ζωὴν γὰρ ἔχον, οὐκ ἂν εἴη τὸ σῶμα ἡ ψῡχή· οὐ γάρ ἐστι τῶν καθ' ὑποκειμένου[8] τὸ σῶμα, μᾶλλον δ' ὡς ὑποκείμενον καὶ[9] ὕλη. ἀναγκαῖον ἄρα τὴν ψῡχὴν οὐσίᾱν εἶναι ὡς εἶδος σώματος φυσικοῦ δυνάμει ζωὴν ἔχοντος. ἡ δ' οὐσίᾱ ἐντελέχεια[10]. τοιούτου ἄρα σώματος ἐντελέχεια[11]. αὕτη δὲ λέγεται διχῶς, ἡ μὲν ὡς ἐπιστήμη, ἡ δ' ὡς τὸ θεωρεῖν. φανερὸν οὖν ὅτι ὡς ἐπιστήμη· ἐν γὰρ τῷ ὑπάρχειν τὴν ψῡχὴν καὶ ὕπνος καὶ ἐγρήγορσίς ἐστιν[12], ἀνάλογον δ' ἡ μὲν ἐγρήγορσις τῷ θεωρεῖν, ὁ δ' ὕπνος τῷ ἔχειν καὶ μὴ ἐνεργεῖν· προτέρᾱ δὲ τῇ γενέσει ἐπὶ τοῦ αὐτοῦ[13] ἡ ἐπιστήμη. διὸ ἡ ψῡχή ἐστιν ἐντελέχεια ἡ πρώτη σώματος φυσικοῦ δυνάμει ζωὴν ἔχοντος. τοιοῦτο[14] δέ, ὃ ἂν ᾖ ὀργανικόν. ὄργανα δὲ καὶ τὰ τῶν φυτῶν μέρη, ἀλλὰ παντελῶς ἁπλᾶ, οἷον τὸ φύλλον περικαρπίου σκέπασμα, τὸ δὲ περικάρπιον καρποῦ· αἱ δὲ ῥίζαι τῷ στόματι ἀνάλογον· ἄμφω γὰρ

---

1. Pred. acc. 2. τόδε τι = *a determinate something* (Hicks). 3. καὶ εἶδος: i.e. *form*. This is merely explanatory of μορφή; note the fem. ἥν. 4. *At once.* 5. *By the self.* 6. *Compounded* of matter and form (Hicks). 7. *But since it is also a* body *of such and such a kind* (Smith). 8. Sc. λεγομένων: *of the attributes of a subject* (partit. gen. in pred.). 9. *i.e.* 10. *But substance in this sense is actuality* (in the sense of form). 11. Sc. ἐστιν ἡ ψῡχή 12. *Both sleeping and waking presuppose the existence of soul* (Smith). 13. *In the same individual.* 14. Pred. nom.

ἕλκει τὴν τροφήν. εἰ δή τι κοινὸν ἐπὶ πάσης ψυχῆς δεῖ λέγειν, εἴη ἂν ἐντελέχεια ἡ πρώτη σώματος φυσικοῦ ὀργανικοῦ. διὸ καὶ οὐ δεῖ ζητεῖν εἰ ἓν ἡ ψυχὴ καὶ τὸ σῶμα, ὥσπερ οὐδὲ τὸν κηρὸν καὶ τὸ σχῆμα[1], οὐδ' ὅλως τὴν ἑκάστου ὕλην καὶ τὸ οὗ ἡ ὕλη· τὸ γὰρ ἓν καὶ τὸ εἶναι ἐπεὶ πλεοναχῶς λέγεται, τὸ κυρίως ἡ ἐντελέχειά ἐστιν[2].

Καθόλου μὲν οὖν εἴρηται τί ἐστιν ἡ ψυχή· οὐσία γὰρ ἡ κατὰ τὸν λόγον[3]. τοῦτο δὲ τὸ τί ἦν εἶναι[4] τῷ τοιῳδὶ σώματι, καθάπερ εἴ τι τῶν ὀργάνων φυσικὸν ἦν σῶμα, οἷον πέλεκυς· ἦν μὲν γὰρ ἂν τὸ πελέκει εἶναι[5] ἡ οὐσία[6] αὐτοῦ, καὶ ἡ ψυχὴ τοῦτο[7]· χωρισθείσης δὲ ταύτης οὐκ ἂν ἔτι πέλεκυς ἦν, ἀλλ' ἢ ὁμωνύμως. νῦν[8] δ' ἐστὶ πέλεκυς. οὐ γὰρ τοιούτου σώματος τὸ τί ἦν εἶναι καὶ ὁ λόγος ἡ ψυχή[9], ἀλλὰ φυσικοῦ τοιουδὶ ἔχοντος ἀρχὴν κινήσεως καὶ στάσεως ἐν ἑαυτῷ. θεωρεῖν δὲ καὶ ἐπὶ τῶν μερῶν δεῖ τὸ λεχθέν. εἰ γὰρ ἦν ὁ ὀφθαλμὸς ζῷον, ψυχὴ ἂν ἦν αὐτοῦ ἡ ὄψις· αὕτη γὰρ οὐσία[10] ὀφθαλμοῦ ἡ κατὰ τὸν λόγον. ὁ δ' ὀφθαλμὸς ὕλη ὄψεως, ἧς ἀπολειπούσης οὐκέτ' ὀφθαλμός, πλὴν ὁμωνύμως, καθάπερ ὁ λίθινος καὶ ὁ γεγραμμένος.

Λέγομεν οὖν ἀρχὴν λαβόντες τῆς σκέψεως, διωρίσθαι τὸ ἔμψυχον τοῦ ἀψύχου τῷ ζῆν. πλεοναχῶς δὲ τοῦ ζῆν λεγομένου, κἂν ἕν τι τούτων ἐνυπάρχῃ μόνον, ζῆν αὐτό φαμεν, οἷον νοῦς, αἴσθησις, κίνησις καὶ στάσις ἡ κατὰ τόπον, ἔτι κίνησις ἡ κατὰ τροφὴν καὶ φθίσις τε καὶ αὔξησις. διὸ καὶ τὰ φυόμενα[11] πάντα δοκεῖ ζῆν· φαίνεται γὰρ ἐν αὐτοῖς ἔχοντα δύναμιν καὶ ἀρχὴν τοιαύτην[12] δι' ἧς αὔξησίν τε καὶ φθίσιν λαμβάνουσι κατὰ τοὺς ἐναντίους τόπους[13]· οὐ γὰρ ἄνω μὲν αὔξεται κάτω δ' οὔ, ἀλλ' ὁμοίως ἐπ' ἄμφω καὶ πάντῃ, ὅσα ἀεὶ τρέφεταί τε καὶ ζῇ διὰ τέλους[14], ἕως ἂν δύνηται λαμβάνειν τροφήν. χωρίζεσθαι δὲ τοῦτο μὲν τῶν ἄλλων δυνατόν, τὰ δ' ἄλλα τούτου ἀδύνατον ἐν τοῖς θνητοῖς. φανερὸν δ' ἐπὶ τῶν φυομένων· οὐδεμία γὰρ αὐτοῖς ὑπάρχει δύναμις ἄλλη ψυχῆς. τὸ μὲν οὖν ζῆν διὰ τὴν ἀρχὴν ταύτην ὑπάρχει τοῖς ζῶσι, τὸ δὲ ζῷον διὰ τὴν αἴσθησιν πρώτως· καὶ γὰρ τὰ μὴ κινούμενα μηδ' ἀλλάττοντα τόπον, ἔχοντα δ' αἴσθησιν ζῷα λέγομεν καὶ οὐ ζῆν μόνον.

De Anima ii. 412a3-b22, 413a20-b4.

---

1. The acc. implies a proleptic construction: *to search into the wax and the shape to see whether*. 2. *Actuality is the meaning which belongs to them by the fullest right* (Hicks). With τὸ κυρίως supply λεγόμενον. 3. *It is substance in the sense which corresponds to the definitive formula of a thing's essence* (Smith). 4. *The quiddity*. 5. *Its axeity* (Hicks). See 330. 6. Pred. nom. 7. τοῦτο: τὸ πελέκει εἶναι. 8. *As it is.* 9. *For it is not of a body of this kind that the soul is the quiddity, that is, the notion or form* (Hicks). 10. Pred. nom. 11. *Plants*; but τὰ ζῶντα comprises plants and animals. 12. τοιαύτην is defined only by the restrictive clause that follows. 13. *In opposite directions.* 14. *Continuously.*

LXVII. CHARMIDES DESIRES A CURE FOR THE HEADACHE

353. Socrates tells a friend the story of a conversation he had yesterday with Chaerephon, Critias, and Charmides.

Ἥκομεν τῇ προτεραίᾳ ἑσπέρας ἐκ Ποτειδαίας ἀπὸ τοῦ στρατοπέ- 153 δου, οἷον [1] δὲ διὰ χρόνου ἀφιγμένος ἀσμένως ᾖα ἐπὶ τὰς συνήθεις διατριβάς. καὶ δὴ καὶ [2] εἰς τὴν Ταυρέου παλαίστραν τὴν καταντικρὺ τοῦ τῆς Βασίλης ἱεροῦ εἰσῆλθον, καὶ αὐτόθι κατέλαβον πάνυ πολλούς, τοὺς μὲν καὶ [3] ἀγνῶτας ἐμοί, τοὺς δὲ πλείστους γνωρίμους. καί με ὡς εἶδον εἰσιόντα ἐξ b ἀπροσδοκήτου, εὐθὺς πόρρωθεν ἠσπάζοντο ἄλλος ἄλλοθεν· Χαιρεφῶν δέ, ἅτε καὶ μανικὸς ὤν, ἀναπηδήσας ἐκ μέσων ἔθει πρός με, καί μου [4] λαβόμενος τῆς χειρός [4], Ὦ Σώκρατες, ἦ [5] δ' ὅς, πῶς ἐσώθης ἐκ τῆς μάχης; Ὀλίγον δὲ πρὶν ἡμᾶς ἀπιέναι μάχη ἐγεγόνει ἐν τῇ Ποτειδαίᾳ, ἣν ἄρτι ἦσαν οἱ τῇδε πεπυσμένοι.

Καὶ ἐγὼ πρὸς αὐτὸν ἀποκρινόμενος, Οὑτωσί, ἔφην, ὡς σὺ ὁρᾷς.

Καὶ μὴν ἤγγελταί [6] γε δεῦρο, ἔφη, ἥ τε μάχη πάνυ ἰσχυρὰ γεγονέναι καὶ ἐν αὐτῇ πολλοὺς τῶν γνωρίμων τεθνάναι. c

Καὶ ἐπιεικῶς, ἦν δ' ἐγώ, ἀληθῆ ἀπήγγελται.

Παρεγένου μέν, ἦ δ' ὅς, τῇ μάχῃ;

Παρεγενόμην.

Δεῦρο δή, ἔφη, καθεζόμενος ἡμῖν διήγησαι· οὐ γάρ τί πω πάντα σαφῶς πεπύσμεθα. Καὶ ἅμα με καθίζει ἄγων παρὰ Κριτίαν τὸν Καλλαίσχρου.

Παρακαθεζόμενος οὖν ἠσπαζόμην τόν τε Κριτίαν καὶ τοὺς ἄλλους, καὶ διηγούμην αὐτοῖς τὰ ἀπὸ στρατοπέδου, ὅ τι μέ τις ἀνέροιτο· ἠρώτων δὲ d ἄλλος ἄλλο.

Ἐπειδὴ δὲ τῶν τοιούτων ἅδην εἴχομεν, αὖθις ἐγὼ αὐτοὺς ἀνηρώτων τὰ τῇδε, περὶ φιλοσοφίας ὅπως [7] ἔχοι τὰ νῦν [8], περί τε τῶν νέων, εἴ τινες ἐν αὐτοῖς [9] διαφέροντες ἢ σοφίᾳ ἢ κάλλει ἢ ἀμφοτέροις ἐγγεγονότες εἶεν. καὶ ὁ Κριτίας ἀποβλέψας πρὸς τὴν θύραν, ἰδών τινας νεανίσκους εἰσιόντας καὶ 154 λοιδορουμένους ἀλλήλοις καὶ ἄλλον ὄχλον ὄπισθεν ἑπόμενον, Περὶ μὲν

---

1. Label of causal ptc. (172.2b). 2. *And lo even* (particularizing); i.e. *and so*.
3. Intensive. 4. Partit. genitives, the first of the whole, the second of the part.
5. From ἠμί; ὅς is dem. 6. Zeugma: at first personal and then impers. 7. Indir. interrog., introducing a clause whose subj. has by prolepsis been made obj. of the main vb. 8. τὰ νῦν (adverb. phrase) = νῦν; cf. τά γε δὴ νῦν below (154a5).
9. The phrase depends on ἐγγεγονότες.

τῶν καλῶν, ἔφη, ὦ Σώκρατες, αὐτίκα μοι δοκεῖς εἴσεσθαι· οὗτοι γὰρ τυγχάνουσιν οἱ εἰσιόντες πρόδρομοί τε καὶ ἐρασταὶ ὄντες τοῦ δοκοῦντος καλλίστου εἶναι τά γε δὴ νῦν, φαίνεται δέ μοι καὶ αὐτὸς ἐγγὺς ἤδη που εἶναι προσιών.

Ἔστιν δέ, ἦν δ' ἐγώ, τίς τε καὶ τοῦ [1];

b Οἶσθά πού σύ γε, ἔφη, ἀλλ' οὔπω ἐν ἡλικίᾳ ἦν πρίν σε ἀπιέναι, Χαρμίδην τὸν τοῦ Γλαύκωνος τοῦ ἡμετέρου θείου ὑόν, ἐμὸν δὲ ἀνεψιόν.

Οἶδα μέντοι νὴ Δία, ἦν δ' ἐγώ· οὐ γάρ τι φαῦλος οὐδὲ τότε ἦν ἔτι παῖς ὤν, νῦν δ' οἶμαί που εὖ μάλα ἂν ἤδη μειράκιον εἴη.

Αὐτίκα, ἔφη, εἴσῃ καὶ ἡλίκος καὶ οἷος [2] γέγονεν. Καὶ ἅμα ταῦτ' αὐτοῦ λέγοντος ὁ Χαρμίδης εἰσέρχεται.

Ἐμοὶ μὲν οὖν, ὦ ἑταῖρε, οὐδὲν σταθμητόν [3]· ἀτεχνῶς γὰρ λευκὴ στάθμη [4] εἰμὶ πρὸς τοὺς καλούς—σχεδὸν γάρ τί μοι πάντες οἱ ἐν τῇ ἡλικίᾳ καλοὶ c φαίνονται—ἀτὰρ οὖν δὴ καὶ τότε ἐκεῖνος ἐμοὶ θαυμαστὸς ἐφάνη τό τε μέγεθος καὶ τὸ κάλλος [5], οἱ δὲ δὴ ἄλλοι πάντες ἐρᾶν ἔμοιγε ἐδόκουν αὐτοῦ—οὕτως ἐκπεπληγμένοι τε καὶ τεθορυβημένοι ἦσαν, ἡνίκ' εἰσῄει—πολλοὶ δὲ δὴ ἄλλοι ἐρασταὶ καὶ ἐν τοῖς ὄπισθεν εἵποντο. καὶ τὸ μὲν ἡμέτερον τὸ τῶν ἀνδρῶν [6] ἧττον θαυμαστὸν ἦν· ἀλλ' ἐγὼ καὶ τοῖς παισὶ προσέσχον τὸν νοῦν, ὡς οὐδεὶς ἄλλοσ' ἔβλεπεν αὐτῶν, οὐδ' [7] ὅστις σμῑκρότατος ἦν, ἀλλὰ d πάντες ὥσπερ ἄγαλμα ἐθεῶντο αὐτόν. καὶ ὁ Χαιρεφῶν καλέσας με, Τί σοι φαίνεται ὁ νεᾱνίσκος, ἔφη, ὦ Σώκρατες; οὐκ εὐπρόσωπος;

Ὑπερφυῶς, ἦν δ' ἐγώ.

Οὗτος μέντοι, ἔφη, εἰ ἐθέλοι ἀποδῦναι, δόξει σοι ἀπρόσωπος εἶναι [8]· οὕτως τὸ εἶδος παγκαλός ἐστιν.

Συνέφασαν οὖν καὶ οἱ ἄλλοι ταὐτὰ ταῦτα τῷ Χαιρεφῶντι· κἀγώ, Ἡράκλεις, ἔφην, ὡς [9] ἄμαχον λέγετε τὸν ἄνδρα, εἰ ἔτι αὐτῷ ἓν δὴ μόνον τυγχάνει προσὸν σμῑκρόν τι.

Τί; ἔφη ὁ Κριτίας.

e Εἰ τὴν ψῡχήν, ἦν δ' ἐγώ, τυγχάνει εὖ πεφῡκώς. πρέπει δέ που, ὦ Κριτίᾱ, τοιοῦτον αὐτὸν εἶναι τῆς γε ὑμετέρᾱς ὄντα οἰκίᾱς [10].

Ἀλλ', ἔφη, πάνυ καλὸς καὶ ἀγαθός ἐστιν καὶ ταῦτα [11].

---

1. τοῦ = τίνος πατρός. 2. Relatives in place of the indirect interrogatives ὁπηλίκος and ὁποῖος. 3. *Nothing is measurable to me*, i.e. *I am no judge*. 4. A line or cord covered with red chalk would leave a clear mark when snapped on white stone; not so one covered with white chalk. 5. Accusatives of specif. 6. A common periphrasis for ἡμεῖς or ἄνδρες. So τὰ τῶν ὀμμάτων (156c1), τὸ ταύτης τῆς ἐπῳδῆς (156d3), καὶ τὰ τῆς κεφαλῆς καὶ τὰ τοῦ ἄλλου σώματος 157a2-3). 7. Adv. 8. A sophistic commonplace; cf. Alciphron, frag. 5: "When she has on her clothes her face is wondrous fair, and when she has taken them off her whole body appears as fair as her face." 9. *How* (exclamatory). 10. Circumstantial participial clause expressing cause (172.2b). 11. Acc., referring to τὴν ψῡχήν.

Τί οὖν, ἔφην, οὐκ ἀπεδύσαμεν αὐτοῦ αὐτὸ τοῦτο [1] καὶ ἐθεασάμεθα πρότερον τοῦ εἴδους; πάντως γάρ που τηλικοῦτος ὢν ἤδη [2] ἐθέλει διαλέγεσθαι.

Καὶ πάνυ γε, ἔφη ὁ Κριτίας, ἐπεί τοι καὶ ἔστιν φιλόσοφός τε καί, ὡς δοκεῖ 155 ἄλλοις τε καὶ ἑαυτῷ, πάνυ ποιητικός.

Τοῦτο μέν, ἦν δ' ἐγώ, ὦ φίλε Κριτία, πόρρωθεν ὑμῖν τὸ καλὸν ὑπάρχει ἀπὸ τῆς Σόλωνος συγγενείας. ἀλλὰ τί οὐκ ἐπέδειξάς μοι τὸν νεανίαν καλέσας δεῦρο; οὐδὲ γὰρ ἄν που εἰ ἔτι ἐτύγχανε νεώτερος ὤν, αἰσχρὸν ἂν ἦν αὐτῷ [3] διαλέγεσθαι ἡμῖν ἐναντίον γε σοῦ, ἐπιτρόπου τε ἅμα καὶ ἀνεψιοῦ ὄντος.

Ἀλλὰ καλῶς, ἔφη, λέγεις, καὶ καλοῦμεν αὐτόν. Καὶ ἅμα πρὸς τὸν ἀκό- b λουθον, Παῖ, ἔφη, κάλει Χαρμίδην, εἰπὼν ὅτι βούλομαι αὐτὸν ἰατρῷ συστῆσαι περὶ τῆς ἀσθενείας ἧς [4] πρώην πρός με ἔλεγεν ὅτι ἀσθενοῖ. Πρὸς οὖν ἐμὲ ὁ Κριτίας, Ἐναγχός τοι ἔφη βαρύνεσθαί τι τὴν κεφαλὴν ἕωθεν ἀνιστάμενος [5]· ἀλλὰ τί σε κωλύει προσποιήσασθαι πρὸς αὐτὸν ἐπίστασθαί τι κεφαλῆς φάρμακον;

Οὐδέν, ἦν δ' ἐγώ· μόνον ἐλθέτω.

Ἀλλ' ἥξει, ἔφη.

Ὃ οὖν καὶ ἐγένετο. ἧκε γάρ, καὶ ἐποίησε γέλωτα πολύν· ἕκαστος γὰρ c ἡμῶν τῶν καθημένων συγχωρῶν τὸν πλησίον ἐώθει σπουδῇ, ἵνα παρ' αὐτῷ καθέζοιτο, ἕως τῶν ἐπ' ἐσχάτῳ καθημένων [6] τὸν μὲν ἀνεστήσαμεν, τὸν δὲ πλάγιον [7] κατεβάλομεν. ὁ δ' ἐλθὼν μεταξὺ ἐμοῦ τε καὶ τοῦ Κριτίου ἐκαθέζετο. ἐνταῦθα μέντοι, ὦ φίλε, ἐγὼ ἤδη ἠπόρουν, καί μου ἡ πρόσθεν θρασύτης ἐξεκέκοπτο, ἣν εἶχον ἐγὼ ὡς πάνυ ῥᾳδίως αὐτῷ διαλεξόμενος· ἐπειδὴ δέ, φράσαντος τοῦ Κριτίου ὅτι ἐγὼ εἴην ὁ τὸ φάρμακον ἐπιστάμενος, ἐνέβλεψέν τέ μοι τοῖς ὀφθαλμοῖς ἀμήχανόν τι οἷον [8] καὶ ἀνήγετο ὡς d ἐρωτήσων [9], καὶ οἱ ἐν τῇ παλαίστρᾳ ἅπαντες περιέρρεον ἡμᾶς κύκλῳ κομιδῇ [10], τότε δή, ὦ γεννάδα, εἶδόν τε τὰ ἐντὸς τοῦ ἱματίου [11] καὶ ἐφλεγόμην καὶ οὐκέτ' ἐν ἐμαυτοῦ ἦν [12] καὶ ἐνόμισα σοφώτατον εἶναι τὸν Κυδίαν τὰ ἐρωτικά, ὃς εἶπεν ἐπὶ [13] καλοῦ λέγων παιδός, ἄλλῳ ὑποτιθέμενος, εὐλαβεῖσθαι μὴ κατέναντα λέοντος νεβρὸν ἐλθόντα μοῖραν αἱρεῖσθαι κρεῶν [14]· αὐτὸς e γάρ μοι ἐδόκουν ὑπὸ τοῦ τοιούτου θρέμματος ἑαλωκέναι. ὅμως δὲ αὐτοῦ

---

1. *Why do we not bare his very soul?* The use of the aor. for the pres. indicates surprise that the thing has not been done; cf. τί οὐκ ἐπέδειξας (155a4). 2. With ἐθέλει. 3. With αἰσχρόν. 4. Attracted to case of antecedent in spite of fact that it was cognate acc. (with ἀσθενοῖ), not obj. acc. (186). 5. Nom. to agree with subj. of inf. (293). 6. τῶν . . . καθημένων: partit. gen. 7. Pred. adj. 8. Cogn. acc.: *in such an indescribable way* (lit., *something inconceivable of what sort*). 9. Circumstantial ptc. expressing purpose (172.2e). 10. With κύκλῳ. 11. Gen. with adv. of place (322.3). 12. *I was no longer my own master* (supply οἴκῳ). 13. *In the case of, with reference to.* 14. *To be careful, fawn that he was, not to beard the lion and so become a part of the lion's meal.*

ἐρωτήσαντος εἰ ἐπισταίμην τὸ τῆς κεφαλῆς φάρμακον, μόγις πως ἀπεκρινάμην ὅτι ἐπισταίμην.

Τί οὖν, ἦ δ' ὅς, ἐστίν;

Καὶ ἐγὼ εἶπον ὅτι αὐτὸ μὲν εἴη φύλλον τι, ἐπῳδὴ δέ τις ἐπὶ τῷ φαρμάκῳ εἴη, ἣν εἰ μέν τις ἐπᾴδοι ἅμα καὶ χρῷτο αὐτῷ[1], παντάπασιν ὑγιᾶ[2] ποιοῖ τὸ φάρμακον· ἄνευ δὲ τῆς ἐπῳδῆς οὐδὲν ὄφελος εἴη τοῦ φύλλου.

156 Καὶ ὅς[3], Ἀπογράψομαι τοίνυν, ἔφη, παρὰ σοῦ[4] τὴν ἐπῳδήν.

Πότερον, ἦν δ' ἐγώ, ἐάν με πείθῃς ἢ κἂν μή;

Γελάσας οὖν, Ἐάν σε πείθω, ἔφη, ὦ Σώκρατες.

Εἶέν, ἦν δ' ἐγώ· καὶ τοὔνομά μου σὺ ἀκριβοῖς;

Εἰ μὴ ἀδικῶ[5] γε, ἔφη· οὐ γάρ τι σοῦ ὀλίγος λόγος ἐστὶν ἐν τοῖς ἡμετέροις ἡλικιώταις, μέμνημαι δὲ ἔγωγε καὶ παῖς ὢν[6] Κριτίᾳ τῷδε συνόντα[7] σε.

b Καλῶς γε σύ, ἦν δ' ἐγώ, ποιῶν[8]· μᾶλλον γάρ σοι παρρησιάσομαι περὶ τῆς ἐπῳδῆς οἷα τυγχάνει οὖσα[9]· ἄρτι δ' ἠπόρουν τίνι τρόπῳ σοι ἐνδειξαίμην τὴν δύναμιν αὐτῆς. ἔστι γάρ, ὦ Χαρμίδη, τοιαύτη οἵα μὴ δύνασθαι τὴν κεφαλὴν μόνον ὑγιᾶ ποιεῖν, ἀλλ' ὥσπερ ἴσως ἤδη καὶ σὺ ἀκήκοας τῶν ἀγαθῶν ἰατρῶν, ἐπειδάν τις αὐτοῖς προσέλθῃ τοὺς ὀφθαλμοὺς ἀλγῶν, λέγουσί[10] που ὅτι οὐχ οἷόν τε[11] αὐτοὺς[12] μόνους ἐπιχειρεῖν τοὺς ὀφθαλμοὺς ἰᾶσθαι, ἀλλ' ἀναγκαῖον
c εἴη ἅμα καὶ τὴν κεφαλὴν θεραπεύειν, εἰ μέλλοι καὶ τὰ τῶν ὀμμάτων εὖ ἔχειν· καὶ αὖ τὸ τὴν κεφαλὴν οἴεσθαι ἄν ποτε θεραπεῦσαι[13] αὐτὴν ἐφ' ἑαυτῆς ἄνευ ὅλου τοῦ σώματος πολλὴν ἄνοιαν εἶναι. ἐκ δὴ τούτου τοῦ λόγου διαίταις[14] ἐπὶ πᾶν τὸ σῶμα τρεπόμενοι μετὰ τοῦ ὅλου τὸ μέρος ἐπιχειροῦσιν θεραπεύειν τε καὶ ἰᾶσθαι· ἢ οὐκ ᾔσθησαι ὅτι ταῦτα[15] οὕτως λέγουσίν τε καὶ ἔχει;

Πάνυ γε, ἔφη.

Οὐκοῦν καλῶς σοι δοκεῖ λέγεσθαι καὶ ἀποδέχῃ τὸν λόγον;

Πάντων μάλιστα, ἔφη.

d Κἀγὼ ἀκούσας αὐτοῦ ἐπαινέσαντος ἀνεθάρρησά τε, καί μοι κατὰ σμικρὸν πάλιν ἡ θρασύτης συνηγείρετο, καὶ ἀνεζωπυρούμην. καὶ εἶπον· Τοιοῦτον[16] τοίνυν ἐστίν, ὦ Χαρμίδη, καὶ τὸ ταύτης τῆς ἐπῳδῆς. ἔμαθον δ' αὐτὴν ἐγὼ ἐκεῖ ἐπὶ στρατιᾶς[17] παρά τινος τῶν Θρᾳκῶν τῶν Ζαλμόξιδος ἰατρῶν, οἳ λέγονται καὶ ἀπαθανατίζειν. ἔλεγεν δὲ ὁ Θρᾷξ οὗτος ὅτι ταῦτα μὲν οἱ

---

1. i.e. τῷ φαρμάκῳ. 2. Acc. sing. masc. of ὑγιής. 3. Dem. 4. *From your dictation.* 5. *If I am not mistaken.* 6. Circumstantial (172.2). 7. Supplementary in indir. disc. (172.3b); the pres. ptc. represents the impf. ind. συνῆσθα. 8. i.e., *it is kind of you to remember me.* 9. Supplementary not in indir. disc. (172.3a); supply ἡ ἐπῳδή. 10. By anacoluthon for λεγόντων, after which the secondary sequence in εἴη (c1) would have been natural. 11. Supply εἴη. 12. Intensive with μόνους: *by themselves alone.* 13. In dir. disc. this would be potential opt. 14. Dat. of means with θεραπεύειν. 15. Obj. of λέγουσιν and subj. of ἔχει. 16. = τοιοῦτο. 17. *On an expedition,* i.e. *in the army.*

Ἕλληνες, ἃ [1] νυνδὴ ἐγὼ ἔλεγον, καλῶς λέγοιεν· ἀλλὰ Ζάλμοξις, ἔφη, λέγει ὁ ἡμέτερος βασιλεύς, θεὸς ὤν, ὅτι ὥσπερ ὀφθαλμοὺς ἄνευ κεφαλῆς οὐ δεῖ ἐπι- e χειρεῖν ἰᾶσθαι οὐδὲ κεφαλὴν ἄνευ σώματος, οὕτως οὐδὲ σῶμα ἄνευ ψυχῆς, ἀλλὰ τοῦτο καὶ αἴτιον εἴη [2] τοῦ διαφεύγειν τοὺς παρὰ τοῖς Ἕλλησιν ἰατροὺς τὰ πολλὰ νοσήματα, ὅτι τοῦ ὅλου ἀμελοῖεν οὗ δέοι τὴν ἐπιμέλειαν ποιεῖσθαι, οὗ μὴ καλῶς ἔχοντος [3] ἀδύνατον εἴη τὸ μέρος εὖ ἔχειν. πάντα γὰρ ἔφη ἐκ τῆς ψυχῆς ὡρμῆσθαι καὶ τὰ κακὰ καὶ τὰ ἀγαθὰ τῷ σώματι καὶ παντὶ τῷ ἀνθρώπῳ, καὶ ἐκεῖθεν ἐπιρρεῖν ὥσπερ ἐκ τῆς κεφαλῆς ἐπὶ τὰ ὄμματα· δεῖν οὖν ἐκεῖνο 157 καὶ πρῶτον καὶ μάλιστα θεραπεύειν, εἰ μέλλει καὶ τὰ τῆς κεφαλῆς καὶ τὰ τοῦ ἄλλου σώματος καλῶς ἔχειν. θεραπεύεσθαι δὲ τὴν ψυχὴν ἔφη, ὦ μακάριε, ἐπῳδαῖς τισίν, τὰς δ' ἐπῳδὰς ταύτας τοὺς [4] λόγους εἶναι τοὺς καλούς· ἐκ δὲ τῶν τοιούτων λόγων ἐν ταῖς ψυχαῖς σωφροσύνην ἐγγίγνεσθαι, ἧς ἐγγενομένης καὶ παρούσης ῥᾴδιον ἤδη εἶναι τὴν ὑγίειαν καὶ τῇ κεφαλῇ καὶ τῷ ἄλλῳ σώματι b πορίζειν. διδάσκων [5] οὖν με τό τε φάρμακον καὶ τὰς ἐπῳδάς, "Ὅπως", ἔφη, "τῷ φαρμάκῳ τούτῳ μηδείς σε πείσει [6] τὴν αὑτοῦ κεφαλὴν θεραπεύειν, ὃς ἂν μὴ τὴν ψυχὴν πρῶτον παράσχῃ τῇ ἐπῳδῇ [7] ὑπὸ σοῦ θεραπευθῆναι. καὶ γὰρ νῦν", ἔφη, "τοῦτ' ἔστιν τὸ ἁμάρτημα περὶ τοὺς ἀνθρώπους, ὅτι χωρὶς ἑκατέρου [8], σωφροσύνης τε καὶ ὑγιείας, ἰατροί τινες ἐπιχειροῦσιν εἶναι"· καί μοι πάνυ σφόδρα ἐνετέλλετο μήτε πλούσιον οὕτω μηδένα εἶναι μήτε γενναῖον μήτε καλόν, ὃς ἐμὲ πείσει [9] ἄλλως ποιεῖν. ἐγὼ οὖν—ὀμώμοκα γὰρ c αὐτῷ, καί μοι ἀνάγκη πείθεσθαι—πείσομαι οὖν, καὶ σοί, ἐὰν μὲν βούλῃ κατὰ τὰς τοῦ ξένου ἐντολὰς τὴν ψυχὴν πρῶτον παρασχεῖν ἐπᾷσαι [10] ταῖς τοῦ Θρᾳκὸς ἐπῳδαῖς, προσοίσω τὸ φάρμακον τῇ κεφαλῇ· εἰ δὲ μή, οὐκ ἂν ἔχοιμεν ὅ τι ποιοῖμέν σοι [11], ὦ φίλε Χαρμίδη.

Plato, *Charmides* 153a-157c.

---

1. The antecedent is the acc. ταῦτα, which refers back to 156b. 2. Secondary sequence; the main vb. (λέγει d6) implies a reference to the past. 3. Circumstantial ptc. in gen. abs. (172.2). 4. Generic. 5. Circumstantial ptc. expressing time (172.2a). 6. A warning (250.4). 7. Construe with παράσχῃ; θεραπευθῆναι is inf. of purpose (305.1a). 8. Object. gen. with ἰατροί. 9. Rel. clause of result: *And he added, with emphasis* ... "*Let no one, however rich, or noble, or fair, persuade you,*" etc. (Jowett); lit., *he enjoined upon me that no one should be so rich ... as to persuade me.* 10. Inf. of purpose (305.1a); act. for pass., as in "house to let". 11. *With you, to you*; the acc. is usual (315.1).

LXVIII. ΜΕΝΑΝΔΡΟΥ ΓΝΩΜΑΙ ΜΟΝΟΣΤΙΧΟΙ

354. The following proverbial sayings, each filling but a single line (στίχος), are taken from an ancient anthology (date unknown) bearing the above title. It is not certain that all the sayings in this anthology were Menander's. The appended numbers refer to A. Meineke, *Fragmenta Comicorum Graecorum* ii (Berlin, 1847), 1041-1066.

The metre is iambic trimeter:

```
 ∪ ᷄   ∪–      ∪ ᷄   ∪–      ∪ ᷄   ∪–
 > ᷄           > ᷄           > ᷄
 ∪∪∪ ∪∪∪       ∪∪∪ ∪∪∪       ∪∪∪
 >∪∪           >∪∪           >∪∪
 ∪∪᷄  ∪∪–      ∪∪᷄  ∪∪–      ∪∪
```

Οὐκ ἔστιν αἰσχρὸν ἀγνοοῦντα μανθάνειν.	405
Οὐκ ἔστι σοφίας κτῆμα τῑμιώτερον.	416
Ὁ νοῦς γὰρ ἡμῶν ἐστιν ἐν ἑκάστῳ θεός.	434
Σοφίᾱ γάρ ἐστι καὶ μαθεῖν ἃ μὴ νοεῖς.	481
Σοφίᾱ δὲ πλούτου κτῆμα τῑμιώτερον.	482
Ὑφ' ἡδονῆς ὁ φρόνιμος οὐχ ἁλίσκεται.	518
Ὑγίεια καὶ νοῦς ἀγαθὰ τῷ βίῳ δύο.	519
Ὡς οὐδὲν ἡ μάθησις ἂν μὴ νοῦς παρῇ.	557
Τὸ γνῶθι σαυτὸν πᾶσίν ἐστι χρήσιμον.	584
Φῶς ἐστι τῷ νῷ πρὸς θεὸν βλέπειν ἀεί.	589
Ὦ Ζεῦ, τὸ πάντων κρεῖττόν ἐστι νοῦν ἔχειν.	637
Αὐτά σε διδάσκει τοῦ βίου τὰ πράγματα.	647
Ἰσχῡρότερον δέ γ' οὐδέν ἐστι τοῦ λόγου.	258
Λόγῳ με πεῖσον, φαρμάκῳ σοφωτάτῳ.	313
Λύπης ἰατρός ἐστιν ἀνθρώποις λόγος.	326
Ἡ γλῶσσα πολλῶν ἐστιν αἰτίᾱ κακῶν.	220
Σῑγή ποτ' ἐστὶν αἱρετωτέρᾱ λόγου.	477
Ἄγει δὲ πρὸς φῶς τὴν ἀλήθειαν χρόνος.	11
Ἀγαθὸν μέγιστον ἡ φρόνησίς ἐστ' ἀεί.	12
Ἐν νυκτὶ βουλὴ τοῖς σοφοῖσι γίγνεται.	150
Καλὸν δὲ καὶ γέροντι μανθάνειν σοφά.	297
Λαβὼν ἀπόδος, ἄνθρωπε, καὶ λήψῃ πάλιν.	317
Μέμνησο νέος ὢν ὡς γέρων ἔσῃ ποτέ.	354

Αἰσχρὸν δὲ μηδὲν πρᾶττε μηδὲ μάνθανε.	23
Ἄριστόν ἐστι πάντ' ἐπίστασθαι καλά.	33
Ἃ μὴ προσήκει μήτ' ἄκουε μήθ' ὁρᾶ.	39
Βίος βίου δεόμενος οὐκ ἔστιν βίος.	74
Δίκαιον εὖ πράττοντα μεμνῆσθαι θεοῦ.	118
Δίκαιος ἀδικεῖν οὐκ ἐπίσταται τρόπος.	136
Ἔλπιζε τῑμῶν τοὺς γονεῖς (= γονέᾱς) πρᾶξαι καλῶς.	155
Ζῆν ἡδέως οὐκ ἔστιν ἀργὸν καὶ κακόν.	201
Θεὸς πέφῡκεν ὅστις οὐδὲν δρᾷ κακόν.	234
Κάλλιστα πειρῶ (impv.) καὶ λέγειν καὶ μανθάνειν.	284
Μή μοι γένοιθ' (= γένοιτο) ἃ βούλομ' ἀλλ' ἃ συμφέρει.	366
Νόμιζε σαυτῷ τοὺς γονεῖς εἶναι θεούς.	379
Οὐδεὶς ὃ νοεῖς μὲν οἶδεν, ὃ δὲ ποιεῖς βλέπει.	424
Οὐ χρὴ φέρειν τὰ πρόσθεν ἐν μνήμῃ κακά.	435
Τὸ μὲν θανεῖν οὐκ αἰσχρόν, ἀλλ' αἰσχρῶς θανεῖν.	504
Χαίρειν ἐπ' αἰσχροῖς οὐδέποτε χρὴ πράγμασιν.	544
Δίκαιος ἴσθι καὶ φίλοισι καὶ ξένοις.	570
Μηδέποτε δοῦλον ἡδονῆς σαυτὸν ποίει.	578
Τοῦτ' ἔστι τὸ ζῆν μὴ σεαυτῷ ζῆν μόνῳ.	585
Τρόπος δίκαιος κτῆμα τῑμιώτατον.	717
Μὴ κρῖν' ὁρῶν τὸ κάλλος ἀλλὰ τὸν τρόπον.	333
Ψῡχῆς γὰρ οὐδέν ἐστι τῑμιώτερον.	552
Ἄγει τὸ θεῖον τοὺς κακοὺς πρὸς τὴν δίκην.	14
Ἀνδρὸς δικαίου καρπὸς οὐκ ἀπόλλυται.	27
Βίου δικαίου γίγνεται τέλος καλόν.	67
Ἔρως δίκαιος καρπὸν εὐθέως (= εὐθὺς) φέρει.	140
Εἰ μὴ φυλάσσεις μῑκρ', ἀπολεῖς τὰ μείζονα.	172
Ἔστιν Δίκης ὀφθαλμός, ὃς τὰ πάνθ' ὁρᾷ.	179
Τοὺς τῆς φύσεως οὐκ ἔστι λανθάνειν νόμους.	492
Ἐν ταῖς ἀνάγκαις χρημάτων κρείττων φίλος.	143
Κακὸν φέρουσι καρπὸν οἱ κακοὶ φίλοι.	293
Οὐκ ἔστιν οὐδὲν κτῆμα κάλλῑον φίλου.	423
Φίλος φίλου δεόμενος οὐκ ἔστι φίλος.	590
Ἄνθρωπος ὢν μέμνησο τῆς κοινῆς τύχης.	8
Ζῶμεν γὰρ οὐχ ὡς θέλομεν ἀλλ' ὡς δυνάμεθα.	190
Θέλομεν καλῶς ζῆν πάντες ἀλλ' οὐ δυνάμεθα.	236
Στρέφει δὲ πάντα τἂν (= τὰ ἐν) βίῳ μῑκρὰ τύχη.	712
Οὐκ ἔστι λύπης χεῖρον ἀνθρώποις κακόν.	414
Ἀνὴρ ὁ φεύγων καὶ πάλιν μαχήσεται (= μαχεῖται).	45
Ἀνὴρ δίκαιος πλοῦτον οὐκ ἔχει ποτέ.	52

Ἐὰν δ' ἔχωμεν χρήμαθ', ἕξομεν φίλους. 165
Εἷς ἐστι δοῦλος οἰκίας ὁ δεσπότης. 168
Οὐκ ἔστιν οὐδεὶς ὅστις οὐχ αὑτῷ φίλος. 407
Ὃν οἱ θεοὶ φιλοῦσιν ἀποθνήσκει νέος. 425
Τὸ δὴ τρέφον με τοῦτ' ἐγὼ λέγω θεόν. 490
Τὰ χρήματ' ἀνθρώποισιν εὑρίσκει φίλους. 500
Φιλεῖ δ' ἑαυτοῦ πλεῖον οὐδεὶς οὐδένα. 528
Ὡς τῶν ἐχόντων πάντες ἄνθρωποι φίλοι. 558
Πολλοὶ τραπεζῶν, οὐ φίλων εἰσὶν φίλοι. 627
Πολλοὶ τραπέζης, οὐκ ἀληθείας φίλοι. 708
Ὡς ἡδὺς ὁ βίος, ἄν τις αὐτὸν μὴ μάθῃ. 756
Γυναιξὶ πάσαις κόσμον ἡ σιγὴ φέρει. 83
Γέρων ἐραστὴς ἐσχάτη κακὴ τύχη. 90
Διὰ τὰς γυναῖκας πάντα τὰ κακὰ γίγνεται. 134
Θάλασσα καὶ πῦρ καὶ γυνὴ τρίτον κακόν. 231
Ὅπου γυναῖκές εἰσι, πάντ' ἐκεῖ κακά. 623, 694

SOME CONSONANT CHANGES

(See Table I, p. 4)

355. The only permissible combinations of different mutes are πφ, κχ, τθ, πτ, κτ, βδ, γδ, φθ, χθ. (By exception the prefix ἐκ- remains unchanged before any consonant; e.g., ἐκπλήττω, ἐκβάλλω, ἐκδίδωμι, ἐκθέω, ἐκσπεύδω.) When in the process of inflection other combinations arise, changes listed below occur. γ before κ, γ, χ, or ξ, as in ἄγκῡρα *anchor*, ἄγγελος *messenger*, ἀγχόνη a *strangling*, and σφίγξ *sphinx*, is not a mute but a nasal.

356. A Π-mute or K-mute (π, β, φ, κ, γ, χ) before a T-mute (τ, δ, θ) must ordinarily be of the same order (smooth, middle, rough):

ἐ-λείπ-θην	becomes ἐλείφθην	ἐ-δείκ-θην	becomes ἐδείχθην
ἐ-βλάβ-θην	becomes ἐβλάφθην	ἐ-λέγ-θην	becomes ἐλέχθην
γέ-γραφ-ται	becomes γέγραπται	δέ-δεχ-ται	becomes δέδεκται

357. A T-mute (τ, δ, θ) before a T-mute becomes σ:

ἀνυτ-τός	becomes ἀνυστός	ἤδ-θην	becomes ἤσθην
πέ-φραδ-ται	becomes πέφρασται	πέ-πειθ-ται	becomes πέπεισται
οἶδ-(σ)θα	becomes οἶσθα	ἐ-πείθ-θην	becomes ἐπείσθην

358. A Π-mute (π, β, φ) combines with σ to form ψ:

λείπ-σω	becomes λείψω	βάφ-σω	becomes βάψω
τρίβ-σω	becomes τρίψω		

359. A K-mute (κ, γ, χ) combines with σ to form ξ:

πλέκ-σω	becomes πλέξω	τεύχ-σο-μαι	becomes τεύξομαι
πράγ-σω	becomes πράξω		

360. A T-mute (τ, δ, θ) is assimilated to a following σ and then one σ is dropped:

χρήματ-σι	becomes χρήμασι	πείθ-σω	becomes πείσω
ποδ-σί	becomes ποσί		

361. A Π-mute (π, β, φ) is assimilated to a following μ:

λέ-λειπ-μαι becomes λέλειμμαι βέ-βαφ-μαι becomes βέβαμμαι
τέ-τριβ-μαι becomes τέτριμμαι

362. A K-mute (κ, γ, χ) before μ becomes or remains γ:

πέ-πλεκ-μαι becomes πέπλεγμαι τέ-τευχ-μαι becomes τέτευγμαι
πέ-πρᾱγ-μαι remains πέπρᾱγμαι

363. A T-mute (τ, δ, θ) before μ becomes σ by analogy with T-mutes before T-mutes:

ἤνυτ-μαι becomes ἤνυσμαι πέ-πειθ-μαι becomes πέπεισμαι
πέ-φραδ-μαι becomes πέφρασμαι

364. In many second perfects from stems ending in a Π-mute or a K-mute, the mute is roughened if it is not already rough (97); πέπομφα (from πέμπω), τέθλιφα (from θλίβω), πέπλοχα (from πλέκω), ἦχα (from ἄγω).

365. In first perfects from stems ending in a T-mute the mute is dropped before κ:

πέ-πειθ-κα becomes πέπεικα ἐ-κε-κομίδ-κει becomes ἐκεκομίκει

366. A smooth mute (π, κ, τ) before a rough breathing becomes rough:

ἀπ' ἧς becomes ἀφ' ἧς ἀπ-ίστημι becomes ἀφίστημι
οὐκ ἑαυτόν becomes οὐχ ἑαυτόν τὸ ἄτερον becomes θάτερον

367. When two aspirates (φ, χ, θ, ‘) would begin successive syllables of the same word, the first ordinarily becomes smooth:

φέ-φην-α becomes πέφηνα ἔχω becomes ἔχω
χε-χώριδ-μαι becomes κεχώρισμαι θριχ-ός becomes τριχός
θε-θαύμαδ-κα becomes τεθαύμακα ἐ-θύ-θην becomes ἐτύθην

But sometimes it is the second aspirate that becomes smooth:

παιδεύ-θη-θι becomes παιδεύθητι

And sometimes there is no change:

ἐ-θρέφ-θη-ν remains ἐθρέφθην φά-θι remains φάθι
φε-φάν-σθαι becomes πεφάνθαι

368. ν before π, β, φ, ψ, μ becomes μ:

ἐν-πίπτω	becomes ἐμπίπτω	ἔν-ψῡχος	becomes ἔμψῡχος
ἐν-βλέπω	becomes ἐμβλέπω	ἐν-μένω	becomes ἐμμένω
ἔν-φυτος	becomes ἔμφυτος		

But the final ν of a verb stem before μ is replaced by σ:

πέ-φαν-μαι   becomes πέφασμαι

369. ν before κ, γ, χ, or ξ becomes γ-nasal:

| ἐν-κλίνω | becomes ἐγκλίνω | συν-χαίρω | becomes συγχαίρω |
| ἐν-γίγνομαι | becomes ἐγγίγνομαι | συν-ξέω | becomes συγξέω |

370. ν is assimilated to a following λ or ρ:

συν-λέγω   becomes συλλέγω   συν-ῥέω   becomes συρρέω

371. ν before σ disappears, and the preceding vowel is often lengthened in compensation:

συν-σπεύδω   becomes συσπεύδω   μέλαν-ς   becomes μέλᾱς

372. ντ and νθ disappear before σ, and the preceding vowel is lengthened in compensation:

| γίγαντ-ς | becomes γίγᾱς | πένθ-σ-ο-μαι | becomes πείσομαι |
| διδόντ-ς | becomes διδούς | | |

373. Initial σ before a vowel often becomes a rough breathing:

σέξ   becomes ἕξ   σί-στη-μι   becomes ἵστημι

374. σ between consonants is dropped:

ἦγ-σθε   becomes ἦχθε   πε-πέμπ-σθαι   becomes πεπέμφθαι

375. σ between vowels is often dropped:

γένεσ-ος becomes γένε-ος, then γένους
παιδεύ-ε-σαι becomes παιδεύῃ or παιδεύει

376. y often jumps a preceding ν or ρ to form with a preceding α the diphthong αι (104):

φάν-yω   becomes φαίνω   καθάρ-yω   becomes καθαίρω

If the ν or ρ is preceded by ε, ι, or υ, the y disappears and these vowels are lengthened to ει, ῑ, ῡ:

κτέν-γω   becomes κτείνω   κρίν-γω   becomes κρῑ́νω
φθέρ-γω   becomes φθείρω   αἰσχύν-γω   becomes αἰσχῡ́νω

377. Between vowels γy or δy becomes ζ; πy, βy, or φy becomes πτ:

κράγ-γω   becomes κράζω   βλάβ-γω   becomes βλάπτω
ἐλπίδ-γω   becomes ἐλπίζω   ἄφ-γω   becomes ἅπτω
κλέπ-γω   becomes κλέπτω

378. λy becomes λλ:

βάλ-γω   becomes βάλλω   φύλ-γον (Lat. FOLIUM) becomes φύλλον
ἄλ-γος (Lat. ALIUS) becomes ἄλλος

379. κy or χy becomes ττ:

φυλάκ-γω   becomes φυλάττω   θάχ-γων   becomes θάττων

380. Ϝ often disappears before vowels; before a consonant it becomes υ:

Ϝέργον   becomes ἔργον   ἔπλεϜσα   becomes ἔπλευσα
νέϜος (Lat. NOVUS) becomes νέος

NOUNS

381. *First Declension, Feminines (20-21, 25-26, 55, 60-61)*

θεά	θεᾱ	βουλή	μάχαιρά	θάλαττά	stēlla
θεᾶς	θεᾱς	βουλῆς	μαχαίρᾱς	θαλάττης	stēllae
θεᾷ	θέα	βουλῇ	μαχαίρᾳ	θαλάττῃ	stēllae
θεάν	θεᾶν	βουλήν	μάχαιραν	θάλατταν	stēllam
θεά	θεᾱ	βουλή	μάχαιρα	θάλαττά	stēlla
θεά	θεᾱ	βουλά	μαχαίρᾱ	θαλάττᾱ	
θεαῖν	θεαιν	βουλαῖν	μαχαίραιν	θαλάτταιν	
θεαί	θέαι	βουλαί	μάχαιραι	θάλατται	stēllae
θεῶν	θεῶν	βουλῶν	μαχαιρῶν	θαλαττῶν	stēllārum
θεαῖς	θέαις	βουλαῖς	μαχαίραις	θαλάτταις	stēllīs
θεάς	θεᾱς	βουλάς	μαχαίρᾱς	θαλάττᾱς	stēllās

382.

χώρᾱ	κώμη	μάχη	δόξα	πεῖρα	Μοῦσα
χώρᾱς	κώμης	μάχης	δόξης	πείρᾱς	Μούσης
χώρᾳ	κώμῃ	μάχῃ	δόξῃ	πείρᾳ	Μούσῃ
χώρᾱν	κώμην	μάχην	δόξαν	πεῖραν	Μοῦσαν
χώρᾱ	κώμη	μάχη	δόξα	πεῖρα	Μοῦσα
χώρᾱ	κώμᾱ	μάχᾱ	δόξᾱ	πείρᾱ	Μούσᾱ
χώραιν	κώμαιν	μάχαιν	δόξαιν	πείραιν	Μούσαιν
χῶραι	κῶμαι	μάχαι	δόξαι	πεῖραι	Μοῦσαι
χωρῶν	κωμῶν	μαχῶν	δοξῶν	πειρῶν	Μουσῶν
χώραις	κώμαις	μάχαις	δόξαις	πείραις	Μούσαις
χώρᾱς	κώμᾱς	μάχᾱς	δόξᾱς	πείρᾱς	Μούσᾱς

383. *First Declension, Masculines (79-80)*

νεᾱνίᾱς	Ἀτρείδης	πολίτης	ποιητής	Πέρσης	παιδοτρίβης	nauta
νεᾱνίου	Ἀτρείδου	πολίτου	ποιητοῦ	Πέρσου	παιδοτρίβου	nautae
νεᾱνίᾳ	Ἀτρείδῃ	πολίτῃ	ποιητῇ	Πέρσῃ	παιδοτρίβῃ	nautae
νεᾱνίᾱν	Ἀτρείδην	πολίτην	ποιητήν	Πέρσην	παιδοτρίβην	nautam
νεᾱνίᾱ	Ἀτρείδη	πολῖτα	ποιητά	Πέρσα	παιδοτρίβα	nauta

νεᾱνίᾱ	Ἀτρείδᾱ	πολίτᾱ	ποιητά	Πέρσᾱ	παιδοτρίβᾱ	
νεᾱνίαιν	Ἀτρείδαιν	πολίταιν	ποιηταῖν	Πέρσαιν	παιδοτρίβαιν	
νεᾱνίαι	Ἀτρεῖδαι	πολῖται	ποιηταί	Πέρσαι	παιδοτρίβαι	nautae
νεᾱνιῶν	Ἀτρειδῶν	πολῖτῶν	ποιητῶν	Περσῶν	παιδοτριβῶν	nautārum
νεᾱνίαις	Ἀτρείδαις	πολίταις	ποιηταῖς	Πέρσαις	παιδοτρίβαις	nautīs
νεᾱνίᾱς	Ἀτρείδᾱς	πολίτᾱς	ποιητάς	Πέρσᾱς	παιδοτρίβᾱς	nautās

384. *Second Declension, Masculines and Feminines* (40, 42, 65, 75)

ποταμός (ὁ)	ἵππος (ὁ, ἡ)	νῆσος (ἡ)	μέθοδος (ἡ)	equus (m.)
ποταμοῦ	ἵππου	νήσου	μεθόδου	equī
ποταμῷ	ἵππῳ	νήσῳ	μεθόδῳ	equō
ποταμόν	ἵππον	νῆσον	μέθοδον	equum
ποταμέ	ἵππε	νῆσε	μέθοδε	eque
ποταμώ	ἵππω	νήσω	μεθόδω	
ποταμοῖν	ἵπποιν	νήσοιν	μεθόδοιν	
ποταμοί	ἵπποι	νῆσοι	μέθοδοι	equī
ποταμῶν	ἵππων	νήσων	μεθόδων	equōrum
ποταμοῖς	ἵπποις	νήσοις	μεθόδοις	equīs
ποταμούς	ἵππους	νήσους	μεθόδους	equōs

385. *Second Declension, Neuters* (40, 42, 65, 75)

ποτόν	τέκνον	δῶρον	φάρμακον	dōnum
ποτοῦ	τέκνου	δώρου	φαρμάκου	dōnī
ποτῷ	τέκνῳ	δώρῳ	φαρμάκῳ	dōnō
ποτόν	τέκνον	δῶρον	φάρμακον	dōnum
ποτόν	τέκνον	δῶρον	φάρμακον	dōnum
ποτώ	τέκνω	δώρω	φαρμάκω	
ποτοῖν	τέκνοιν	δώροιν	φαρμάκοιν	
ποτά	τέκνα	δῶρα	φάρμακα	dōna
ποτῶν	τέκνων	δώρων	φαρμάκων	dōnōrum
ποτοῖς	τέκνοις	δώροις	φαρμάκοις	dōnīs
ποτά	τέκνα	δῶρα	φάρμακα	dōna

386. *Contract Nouns of First Declension*   **387.** *Contract Noun of Second Declension*

(μνάᾱ)	μνᾶ (ἡ)	(γέᾱ)	γῆ (ἡ)	(νόος)	νοῦς (ὁ)
(μνάᾱς)	μνᾶς	(γέᾱς)	γῆς	(νόου)	νοῦ

(μνάα)	μνᾶ	(γέα)	γῆ	(νόω)	νῷ
(μνάᾱν)	μνᾶν	(γέᾱν)	γῆν	(νόον)	νοῦν
(μνάᾱ)	μνᾶ	(γέᾱ)	γῆ	(νόε)	νοῦ
(μνάᾱ)	μνᾶ	(γέᾱ)	γᾶ	(νόω)	νώ
(μνάαιν)	μναῖν	(γέαιν)	γαῖν	(νόοιν)	νοῖν
(μνάαι)	μναῖ	(γέαι)	γαῖ	(νόοι)	νοῖ
(μναῶν)	μνῶν	(γεῶν)	γῶν	(νόων)	νῶν
(μνάαις)	μναῖς	(γέαις)	γαῖς	(νόοις)	νοῖς
(μνάᾱς)	μνᾶς	(γέᾱς)	γᾶς	(νόους)	νοῦς

388. *Third Declension,* Π-*mute and* Κ-*mute Stems* (111-114, 116)

κλώψ (ὁ)	φλέψ (ἡ)	κῆρυξ (ὁ)	φάλαγξ (ἡ)	θρίξ (ἡ)	dux (m.)
κλωπός	φλεβός	κήρῡκος	φάλαγγος	τριχός	ducis
κλωπί	φλεβί	κήρῡκι	φάλαγγι	τριχί	ducī
κλῶπα	φλέβα	κήρῡκα	φάλαγγα	τρίχα	ducem
κλώψ	φλέψ	κῆρυξ	φάλαγξ	θρίξ	dux
κλῶπε	φλέβε	κήρῡκε	φάλαγγε	τρίχε	
κλωποῖν	φλεβοῖν	κηρύκοιν	φαλάγγοιν	τριχοῖν	
κλῶπες	φλέβες	κήρῡκες	φάλαγγες	τρίχες	ducēs
κλωπῶν	φλεβῶν	κηρύκων	φαλάγγων	τριχῶν	ducum
κλωψί(ν)	φλεψί(ν)	κήρυξι(ν)	φάλαγξι(ν)	θριξί(ν)	ducibus
κλῶπας	φλέβας	κήρῡκας	φάλαγγας	τρίχας	ducēs

389. *Third Declension, Masculine and Feminine* Τ-*mute Stems*
(111-113, 115-116)

νύξ (ἡ)	χάρις (ἡ)	ἔρως (ὁ)	γέρων (ὁ)	γίγᾱς (ὁ)
νυκτός	χάριτος	ἔρωτος	γέροντος	γίγαντος
νυκτί	χάριτι	ἔρωτι	γέροντι	γίγαντι
νύκτα	χάριν	ἔρωτα	γέροντα	γίγαντα
νύξ	χάρι	ἔρως	γέρον	γίγαν
νύκτε	χάριτε	ἔρωτε	γέροντε	γίγαντε
νυκτοῖν	χαρίτοιν	ἐρώτοιν	γερόντοιν	γιγάντοιν
νύκτες	χάριτες	ἔρωτες	γέροντες	γίγαντες
νυκτῶν	χαρίτων	ἐρώτων	γερόντων	γιγάντων
νυξί(ν)	χάρισι(ν)	ἔρωσι(ν)	γέρουσι(ν)	γίγᾱσι(ν)
νύκτας	χάριτας	ἔρωτας	γέροντας	γίγαντας

ἐλπίς (ἡ)	πούς (ὁ)	ὄρνῑς (ὁ, ἡ)	pēs (m.)
ἐλπίδος	ποδός	ὄρνῑθος	pedis
ἐλπίδι	ποδί	ὄρνῑθι	pedi
ἐλπίδα	πόδα	ὄρνῑν	pedem
ἐλπί	πούς	ὄρνῑ	pēs
ἐλπίδε	πόδε	ὄρνῑθε	
ἐλπίδοιν	ποδοῖν	ὀρνίθοιν	
ἐλπίδες	πόδες	ὄρνῑθες	pedēs
ἐλπίδων	ποδῶν	ὀρνίθων	pedum
ἐλπίσι(ν)	ποσί(ν)	ὄρνῑσι(ν)	pedibus
ἐλπίδας	πόδας	ὄρνῑθας	pedēs

390. *Third Declension, Neuter T-mute Stems*
(111-113, 115, 117)

σῶμα	πέρας	ὕδωρ	γόνυ	caput
σώματος	πέρατος	ὕδατος	γόνατος	capitis
σώματι	πέρατι	ὕδατι	γόνατι	capitī
σῶμα	πέρας	ὕδωρ	γόνυ	caput
σῶμα	πέρας	ὕδωρ	γόνυ	caput
σώματε	πέρατε	ὕδατε	γόνατε	
σωμάτοιν	περάτοιν	ὑδάτοιν	γονάτοιν	
σώματα	πέρατα	ὕδατα	γόνατα	capita
σωμάτων	περάτων	ὑδάτων	γονάτων	capitum
σώμασι(ν)	πέρασι(ν)	ὕδασι(ν)	γόνασι(ν)	capitibus
σώματα	πέρατα	ὕδατα	γόνατα	capita

391. *Third Declension, N-stems* (111-113, 121)

ἀγών (ὁ)	ἡγεμών (ὁ)	δαίμων (ὁ)	μήν (ὁ)	φρήν (ἡ)	leō (m.)
ἀγῶνος	ἡγεμόνος	δαίμονος	μηνός	φρενός	leōnis
ἀγῶνι	ἡγεμόνι	δαίμονι	μηνί	φρενί	leōnī
ἀγῶνα	ἡγεμόνα	δαίμονα	μῆνα	φρένα	leōnem
ἀγών	ἡγεμών	δαῖμον	μήν	φρήν	leō
ἀγῶνε	ἡγεμόνε	δαίμονε	μῆνε	φρένε	
ἀγώνοιν	ἡγεμόνοιν	δαιμόνοιν	μηνοῖν	φρενοῖν	
ἀγῶνες	ἡγεμόνες	δαίμονες	μῆνες	φρένες	leōnēs
ἀγώνων	ἡγεμόνων	δαιμόνων	μηνῶν	φρενῶν	leōnum
ἀγῶσι(ν)	ἡγεμόσι(ν)	δαίμοσι(ν)	μησί(ν)	φρεσί(ν)	leōnibus
ἀγῶνας	ἡγεμόνας	δαίμονας	μῆνας	φρένας	leōnēs

392. Third Declension, Liquid Stems (111-113, 121)

ἅλς (ὁ, ἡ)	ἔαρ (τό)	σωτήρ (ὁ)	θήρ (ὁ)	ἀήρ (ὁ)	ῥήτωρ (ὁ)	πῦρ (τό)	ōrātor
ἁλός	ἔαρος	σωτῆρος	θηρός	ἀέρος	ῥήτορος	πυρός	ōrātōris
ἁλί	ἔαρι	σωτῆρι	θηρί	ἀέρι	ῥήτορι	πυρί	ōrātōrī
ἅλα	ἔαρ	σωτῆρα	θῆρα	ἀέρα	ῥήτορα	πῦρ	ōrātōrem
ἅλς	ἔαρ	σῶτερ	θήρ	ἀήρ	ῥῆτορ	πῦρ	ōrātor
ἅλε		σωτῆρε	θῆρε	ἀέρε	ῥήτορε		
ἁλοῖν		σωτήροιν	θηροῖν	ἀέροιν	ῥητόροιν		
ἅλες		σωτῆρες	θῆρες	ἀέρες	ῥήτορες		ōrātōrēs
ἁλῶν		σωτήρων	θηρῶν	ἀέρων	ῥητόρων		ōrātōrum
ἁλσί(ν)		σωτῆρσι(ν)	θηρσί(ν)	ἀέρσι(ν)	ῥήτορσι(ν)		ōrātōribus
ἅλας		σωτῆρας	θῆρας	ἀέρας	ῥήτορας		ōrātōrēs

393. Third Declension, "Syncopated" EP-stems (111, 122)

πατήρ	μήτηρ	θυγάτηρ	ἀνήρ	pater
πατρός	μητρός	θυγατρός	ἀνδρός	patris
πατρί	μητρί	θυγατρί	ἀνδρί	patrī
πατέρα	μητέρα	θυγατέρα	ἄνδρα	patrem
πάτερ	μῆτερ	θύγατερ	ἄνερ	pater
πατέρε	μητέρε	θυγατέρε	ἄνδρε	
πατέροιν	μητέροιν	θυγατέροιν	ἀνδροῖν	
πατέρες	μητέρες	θυγατέρες	ἄνδρες	patrēs
πατέρων	μητέρων	θυγατέρων	ἀνδρῶν	patrum
πατράσι(ν)	μητράσι(ν)	θυγατράσι(ν)	ἀνδράσι(ν)	patribus
πατέρας	μητέρας	θυγατέρας	ἄνδρας	patrēs

394. Third Declension, Σ-stems (111, 123)

		γένος (τό)		τριήρης (ἡ)	genus (n.)
(γένε(σ)-ος)		γένους	(τριήρε(σ)-ος)	τριήρους	generis
(γένε(σ)-ι)		γένει	(τριήρε(σ)-ι)	τριήρει	generī
		γένος	(τριήρε(σ)-α)	τριήρη	genus
		γένος		τριῆρες	genus
(γένε(σ)-ε)		γένει	(τριήρε(σ)-ε)	τριήρει	
(γενέ(σ)-οιν)		γενοῖν	(τριηρέ(σ)-οιν)	τριήροιν	
(γένε(σ)-α)		γένη	(τριήρε(σ)-ες)	τριήρεις	genera
(γενέ(σ)-ων)		γενῶν	(τριηρέ(σ)-ων)	τριήρων	generum
(γένε(σ)-σι)		γένεσι(ν)	(τριήρε(σ)-σι)	τριήρεσι(ν)	generibus
(γένε(σ)-α)		γένη		τριήρεις	genera

395.

Ἀριστοτέλης (ὁ)	Ἡρακλῆς (ὁ)		κέρας (τό)
Ἀριστοτέλους	Ἡρακλέους	(κέρα(σ)-ος)	κέρως
Ἀριστοτέλει	Ἡρακλεῖ	(κέρα(σ)-ι)	κέραι
Ἀριστοτέλη(ν)	Ἡρακλέᾱ		κέρας
Ἀριστότελες	Ἡράκλεις		κέρας
		(κέρα(σ)-ε)	κέρᾱ
		(κερά(σ)-οιν)	κερῶν
		(κέρα(σ)-α)	κέρᾱ
		(κερά(σ)-ων)	κερῶν
		(κέρᾱτ-σι)	κέρᾱσι(ν)
		(κέρα(σ)-α)	κέρᾱ

396. *Third Declension, Stems in -I and -Y* (III, 127, 129)

	πόλις (ἡ)	ἰχθῦς (ὁ)		ἄστυ (τό)
	πόλεως	ἰχθύος		ἄστεως
(πόλε-ι)	πόλει	ἰχθύι	(ἄστε-ι)	ἄστει
	πόλιν	ἰχθῦν		ἄστυ
	πόλι	ἰχθῦ		ἄστυ
(πόλε-ε)	πόλει	ἰχθύε	(ἄστε-ε)	ἄστει
	πολέοιν	ἰχθύοιν		ἀστέοιν
(πόλε-ες)	πόλεις	ἰχθύες	(ἄστε-α)	ἄστη
	πόλεων	ἰχθύων		ἄστεων
	πόλεσι(ν)	ἰχθύσι(ν)		ἄστεσι(ν)
	πόλεις	ἰχθῦς	(ἄστε-α)	ἄστη

397. *Third Declension, Diphthong Stems* (III, 128-129)

γραῦς (ἡ)	ναῦς (ἡ)		βασιλεύς (ὁ)	βοῦς (ὁ, ἡ)
γραός	νεώς		βασιλέως	βοός
γραΐ	νηΐ	(βασιλέ-ι)	βασιλεῖ	βοΐ
γραῦν	ναῦν		βασιλέᾱ	βοῦν
γραῦ	ναῦ		βασιλεῦ	βοῦ
γρᾶε	νῆε		βασιλῆ	βόε
γραοῖν	νεοῖν		βασιλέοιν	βοοῖν
γρᾶες	νῆες	(βασιλῆ-ες)	βασιλῆς, βασιλεῖς	βόες
γρᾶῶν	νεῶν		βασιλέων	βοῶν
γραυσί(ν)	ναυσί(ν)		βασιλεῦσι(ν)	βουσί(ν)
γραῦς	ναῦς		βασιλέᾱς	βοῦς

398. *Third Declension, Irregular Nouns* (III)

παῖς (ὁ, ἡ)	γυνή (ἡ)	κύων (ὁ, ἡ)	Ζεύς (ὁ)	χείρ (ἡ)
παιδός	γυναικός	κυνός	Διός	χειρός
παιδί	γυναικί	κυνί	Διί	χειρί
παῖδα	γυναῖκα	κύνα	Δία	χεῖρα
παῖ	γύναι	κύον	Ζεῦ	χείρ
παῖδε	γυναῖκε	κύνε		χεῖρε
παίδοιν	γυναικοῖν	κυνοῖν		χεροῖν
παῖδες	γυναῖκες	κύνες		χεῖρες
παίδων	γυναικῶν	κυνῶν		χειρῶν
παισί(ν)	γυναιξί(ν)	κυσί(ν)		χερσί(ν)
παῖδας	γυναῖκας	κύνας		χεῖρας

ADJECTIVES

399. *Second and First Declensions, Oxytone Adjectives* (41-42)

μῑκρός	μῑκρᾱ́	μῑκρόν	στενός	στενή	στενόν
μῑκροῦ	μῑκρᾶς	μῑκροῦ	στενοῦ	στενῆς	στενοῦ
μῑκρῷ	μῑκρᾷ	μῑκρῷ	στενῷ	στενῇ	στενῷ
μῑκρόν	μῑκρᾱ́ν	μῑκρόν	στενόν	στενήν	στενόν
μῑκρέ	μῑκρᾱ́	μῑκρόν	στενέ	στενή	στενόν
μῑκρώ	μῑκρᾱ́	μῑκρώ	στενώ	στενᾱ́	στενώ
μῑκροῖν	μῑκραῖν	μῑκροῖν	στενοῖν	στεναῖν	στενοῖν
μῑκροί	μῑκραί	μῑκρᾱ́	στενοί	στεναί	στενᾱ́
μῑκρῶν	μῑκρῶν	μῑκρῶν	στενῶν	στενῶν	στενῶν
μῑκροῖς	μῑκραῖς	μῑκροῖς	στενοῖς	στεναῖς	στενοῖς
μῑκρούς	μῑκρᾱ́ς	μῑκρᾱ́	στενούς	στενᾱ́ς	στενᾱ́

400. *Second and First Declensions, Paroxytone and Proparoxytone Adjectives* (41, 65)

νέος	νέᾱ	νέον	ἄξιος	ἀξίᾱ	ἄξιον
νέου	νέᾱς	νέου	ἀξίου	ἀξίᾱς	ἀξίου
νέῳ	νέᾳ	νέῳ	ἀξίῳ	ἀξίᾳ	ἀξίῳ
νέον	νέᾱν	νέον	ἄξιον	ἀξίᾱν	ἄξιον
νέε	νέᾱ	νέον	ἄξιε	ἀξίᾱ	ἄξιον
νέω	νέᾱ	νέω	ἀξίω	ἀξίᾱ	ἀξίω
νέοιν	νέαιν	νέοιν	ἀξίοιν	ἀξίαιν	ἀξίοιν
νέοι	νέαι	νέα	ἄξιοι	ἄξιαι	ἄξια
νέων	νέων	νέων	ἀξίων	ἀξίων	ἀξίων
νέοις	νέαις	νέοις	ἀξίοις	ἀξίαις	ἀξίοις
νέους	νέᾱς	νέα	ἀξίους	ἀξίᾱς	ἄξια

401. *Second and First Declensions, Paroxytone Adjectives* (41, 65)

ἄκρος	ἄκρᾱ	ἄκρον	φίλος	φίλη	φίλον
ἄκρου	ἄκρᾱς	ἄκρου	φίλου	φίλης	φίλου
ἄκρῳ	ἄκρᾳ	ἄκρῳ	φίλῳ	φίλῃ	φίλῳ
ἄκρον	ἄκρᾱν	ἄκρον	φίλον	φίλην	φίλον
ἄκρε	ἄκρᾱ	ἄκρον	φίλε	φίλη	φίλον

PARADIGMS: ADJECTIVES   205

| ἄκρω | ἄκρᾱ | ἄκρω | φίλω | φίλᾱ | φίλω |
| ἄκροιν | ἄκραιν | ἄκροιν | φίλοιν | φίλαιν | φίλοιν |

ἄκροι	ἄκραι	ἄκρα	φίλοι	φίλαι	φίλα
ἄκρων	ἄκρων	ἄκρων	φίλων	φίλων	φίλων
ἄκροις	ἄκραις	ἄκροις	φίλοις	φίλαις	φίλοις
ἄκρους	ἄκρᾱς	ἄκρα	φίλους	φίλᾱς	φίλα

402. *Second and First Declensions, Properispomenon Adjectives* (41, 75)

θεῖος	θείᾱ	θεῖον	δῆλος	δήλη	δῆλον
θείου	θείᾱς	θείου	δήλου	δήλης	δήλου
θείῳ	θείᾳ	θείῳ	δήλῳ	δήλῃ	δήλῳ
θεῖον	θείᾱν	θεῖον	δῆλον	δήλην	δῆλον
θεῖε	θείᾱ	θεῖον	δῆλε	δήλη	δῆλον

| θείω | θείᾱ | θείω | δήλω | δήλᾱ | δήλω |
| θείοιν | θείαιν | θείοιν | δήλοιν | δήλαιν | δήλοιν |

θεῖοι	θεῖαι	θεῖα	δῆλοι	δῆλαι	δῆλα
θείων	θείων	θείων	δήλων	δήλων	δήλων
θείοις	θείαις	θείοις	δήλοις	δήλαις	δήλοις
θείους	θείᾱς	θεῖα	δήλους	δήλᾱς	δῆλα

403. *Second and First Declensions, Contract Adjectives*

(ἁπλόος)	ἁπλοῦς	(ἁπλέᾱ)	ἁπλῆ	(ἁπλόον)	ἁπλοῦν
(ἁπλόου)	ἁπλοῦ	(ἁπλέᾱς)	ἁπλῆς	(ἁπλόου)	ἁπλοῦ
(ἁπλόῳ)	ἁπλῷ	(ἁπλέᾳ)	ἁπλῇ	(ἁπλόῳ)	ἁπλῷ
(ἁπλόον)	ἁπλοῦν	(ἁπλέᾱν)	ἁπλῆν	(ἁπλόον)	ἁπλοῦν

| (ἁπλόω) | ἁπλώ | (ἁπλέᾱ) | ἁπλᾶ | (ἁπλόω) | ἁπλώ |
| (ἁπλόοιν) | ἁπλοῖν | (ἁπλέαιν) | ἁπλαῖν | (ἁπλόοιν) | ἁπλοῖν |

(ἁπλόοι)	ἁπλοῖ	(ἁπλέαι)	ἁπλαῖ	(ἁπλόα)	ἁπλᾶ
(ἁπλόων)	ἁπλῶν	(ἁπλέων)	ἁπλῶν	(ἁπλόων)	ἁπλῶν
(ἁπλόοις)	ἁπλοῖς	(ἁπλέαις)	ἁπλαῖς	(ἁπλόοις)	ἁπλοῖς
(ἁπλόους)	ἁπλοῦς	(ἁπλέᾱς)	ἁπλᾶς	(ἁπλόα)	ἁπλᾶ

404.

(εὔνοος)	εὔνους	(εὔνοον)	εὔνουν
(εὐνόου)	εὔνου	(εὐνόου)	εὔνου
(εὐνόῳ)	εὔνῳ	(εὐνόῳ)	εὔνῳ
(εὔνοον)	εὔνουν	(εὔνοον)	εὔνουν

(εὐνόω)	εὔνω	(εὐνόω)	εὔνω
(εὐνόοιν)	εὔνοιν	(εὐνόοιν)	εὔνοιν
(εὔνοοι)	εὔνοι	(εὔνοα)	εὔνοα
(εὐνόων)	εὔνων	(εὐνόων)	εὔνων
(εὐνόοις)	εὔνοις	(εὐνόοις)	εὔνοις
(εὐνόους)	εὔνους	(εὔνοα)	εὔνοα

405. *Third and First Declensions, NT-stem Adjectives* (165-166)

ἑκών	ἑκοῦσα	ἑκόν	πᾶς	πᾶσα	πᾶν
ἑκόντος	ἑκούσης	ἑκόντος	παντός	πάσης	παντός
ἑκόντι	ἑκούσῃ	ἑκόντι	παντί	πάσῃ	παντί
ἑκόντα	ἑκοῦσαν	ἑκόν	πάντα	πᾶσαν	πᾶν
ἑκών	ἑκοῦσα	ἑκόν	πᾶς	πᾶσα	πᾶν
ἑκόντε	ἑκούσᾱ	ἑκόντε			
ἑκόντοιν	ἑκούσαιν	ἑκόντοιν			
ἑκόντες	ἑκοῦσαι	ἑκόντα	πάντες	πᾶσαι	πάντα
ἑκόντων	ἑκουσῶν	ἑκόντων	πάντων	πασῶν	πάντων
ἑκοῦσι(ν)	ἑκούσαις	ἑκοῦσι(ν)	πᾶσι(ν)	πάσαις	πᾶσι(ν)
ἑκόντας	ἑκούσᾱς	ἑκόντα	πάντας	πάσᾱς	πάντα

406. *Third and First Declensions, N-stem Adjectives* (202)

μέλᾱς	μέλαινα	μέλαν
μέλανος	μελαίνης	μέλανος
μέλανι	μελαίνῃ	μέλανι
μέλανα	μέλαιναν	μέλαν
μέλαν	μέλαινα	μέλαν
μέλανε	μελαίνᾱ	μέλανε
μελάνοιν	μελαίναιν	μελάνοιν
μέλανες	μέλαιναι	μέλανα
μελάνων	μελαινῶν	μελάνων
μέλασι(ν)	μελαίναις	μέλασι(ν)
μέλανας	μελαίνᾱς	μέλανα

407. *Third and First Declensions, Vowel-stem Adjectives* (202)

ἡδύς	ἡδεῖα	ἡδύ
ἡδέος	ἡδείᾱς	ἡδέος

PARADIGMS: ADJECTIVES

(ἡδέ-ι)	ἡδεῖ	ἡδεία	(ἡδέ-ι)	ἡδεῖ
	ἡδύν	ἡδεῖαν		ἡδύ
	ἡδύ	ἡδεῖα		ἡδύ
(ἡδέ-ε)	ἡδεῖ	ἡδείᾱ	(ἡδέ-ε)	ἡδεῖ
	ἡδέοιν	ἡδείαιν		ἡδέοιν
(ἡδέ-ες)	ἡδεῖς	ἡδεῖαι		ἡδέα
	ἡδέων	ἡδειῶν		ἡδέων
	ἡδέσι(ν)	ἡδείαις		ἡδέσι(ν)
	ἡδεῖς	ἡδείᾱς		ἡδέα

408. *Third Declension, ΕΣ-stem Adjectives* (203)

	ἀληθής		ἀληθές
(ἀληθέ(σ)-ος)	ἀληθοῦς	(ἀληθέ(σ)-ος)	ἀληθοῦς
(ἀληθέ(σ)-ι)	ἀληθεῖ	(ἀληθέ(σ)-ι)	ἀληθεῖ
(ἀληθέ(σ)-α)	ἀληθῆ		ἀληθές
	ἀληθές		ἀληθές
(ἀληθέ(σ)-ε)	ἀληθεῖ	(ἀληθέ(σ)-ε)	ἀληθεῖ
(ἀληθέ(σ)-οιν)	ἀληθοῖν	(ἀληθέ(σ)-οιν)	ἀληθοῖν
(ἀληθέ(σ)-ες)	ἀληθεῖς	(ἀληθέ(σ)-α)	ἀληθῆ
(ἀληθέ(σ)-ων)	ἀληθῶν	(ἀληθέ(σ)-ων)	ἀληθῶν
(ἀληθέ(σ)-σι)	ἀληθέσι(ν)	(ἀληθέ(σ)-σι)	ἀληθέσι(ν)
	ἀληθεῖς	(ἀληθέ(σ)-α)	ἀληθῆ

409. *Third Declension N-stem Adjectives* (203, 211)

εὐδαίμων	εὔδαιμον	ἡδίων	ἥδιον
εὐδαίμονος	εὐδαίμονος	ἡδίονος	ἡδίονος
εὐδαίμονι	εὐδαίμονι	ἡδίονι	ἡδίονι
εὐδαίμονα	εὔδαιμον	ἡδίονα, ἡδίω	ἥδιον
εὔδαιμον	εὔδαιμον	ἥδιον	ἥδιον
εὐδαίμονε	εὐδαίμονε	ἡδίονε	ἡδίονε
εὐδαιμόνοιν	εὐδαιμόνοιν	ἡδιόνοιν	ἡδιόνοιν
εὐδαίμονες	εὐδαίμονα	ἡδίονες, ἡδίους	ἡδίονα, ἡδίω
εὐδαιμόνων	εὐδαιμόνων	ἡδιόνων	ἡδιόνων
εὐδαίμοσι(ν)	εὐδαίμοσι(ν)	ἡδίοσι(ν)	ἡδίοσι(ν)
εὐδαίμονας	εὐδαίμονα	ἡδίονας, ἡδίους	ἡδίονα, ἡδίω

410. *Third, Second, and First Declensions, Mixed-stem Adjectives* (204)

μέγας	μεγάλη	μέγα	πολύς	πολλή	πολύ
μεγάλου	μεγάλης	μεγάλου	πολλοῦ	πολλῆς	πολλοῦ
μεγάλῳ	μεγάλῃ	μεγάλῳ	πολλῷ	πολλῇ	πολλῷ
μέγαν	μεγάλην	μέγα	πολύν	πολλήν	πολύ
μέγαλε	μεγάλη	μέγα			
μεγάλω	μεγάλᾱ	μεγάλω			
μεγάλοιν	μεγάλαιν	μεγάλοιν			
μεγάλοι	μεγάλαι	μεγάλα	πολλοί	πολλαί	πολλά
μεγάλων	μεγάλων	μεγάλων	πολλῶν	πολλῶν	πολλῶν
μεγάλοις	μεγάλαις	μεγάλοις	πολλοῖς	πολλαῖς	πολλοῖς
μεγάλους	μεγάλᾱς	μεγάλα	πολλούς	πολλᾱ́ς	πολλά

PARTICIPLES

411.   Ω-verb Participles, Present Active (163)

παιδεύων παιδεύουσα παιδεῦον
παιδεύοντος παιδευούσης παιδεύοντος
παιδεύοντι παιδευούσῃ παιδεύοντι
παιδεύοντα παιδεύουσαν παιδεῦον
παιδεύων παιδεύουσα παιδεῦον

παιδεύοντε παιδευούσᾱ παιδεύοντε
παιδευόντοιν παιδευούσαιν παιδευόντοιν

παιδεύοντες παιδεύουσαι παιδεύοντα
παιδευόντων παιδευουσῶν παιδευόντων
παιδεύουσι(ν) παιδευούσαις παιδεύουσι(ν)
παιδεύοντας παιδευούσᾱς παιδεύοντα

412.   Contract Verb Participles, Present Active (185, 190)

τῑμῶν τῑμῶσα τῑμῶν   φιλῶν φιλοῦσα φιλοῦν
τῑμῶντος τῑμώσης τῑμῶντος   φιλοῦντος φιλούσης φιλοῦντος
τῑμῶντι τῑμώσῃ τῑμῶντι   φιλοῦντι φιλούσῃ φιλοῦντι
τῑμῶντα τῑμῶσαν τῑμῶν   φιλοῦντα φιλοῦσαν φιλοῦν
τῑμῶν τῑμῶσα τῑμῶν   φιλῶν φιλοῦσα φιλοῦν

τῑμῶντε τῑμώσᾱ τῑμῶντε   φιλοῦντε φιλούσᾱ φιλοῦντε
τῑμώντοιν τῑμώσαιν τῑμώντοιν φιλούντοιν φιλούσαιν φιλούντοιν

τῑμῶντες τῑμῶσαι τῑμῶντα   φιλοῦντες φιλοῦσαι φιλοῦντα
τῑμώντων τῑμωσῶν τῑμώντων   φιλούντων φιλουσῶν φιλούντων
τῑμῶσι(ν) τῑμώσαις τῑμῶσι(ν) φιλοῦσι(ν) φιλούσαις φιλοῦσι(ν)
τῑμῶντας τῑμώσᾱς τῑμῶντα   φιλοῦντας φιλούσᾱς φιλοῦντα

413.   Ω-verb Participles, First Aorist Active (163)

παιδεύσᾱς παιδεύσᾱσα παιδεῦσαν
παιδεύσαντος παιδευσάσης παιδεύσαντος
παιδεύσαντι παιδευσάσῃ παιδεύσαντι
παιδεύσαντα παιδεύσᾱσαν παιδεῦσαν
παιδεύσᾱς παιδεύσᾱσα παιδεῦσαν

παιδεύσαντε	παιδευσάσᾱ	παιδεύσαντε
παιδευσάντοιν	παιδευσάσαιν	παιδευσάντοιν
παιδεύσαντες	παιδεύσᾱσαι	παιδεύσαντα
παιδευσάντων	παιδευσᾱσῶν	παιδευσάντων
παιδεύσᾱσι(ν)	παιδευσάσαις	παιδεύσᾱσι(ν)
παιδεύσαντας	παιδευσάσᾱς	παιδεύσαντα

414. Ω-verb Participles, Second Aorist Active (163)

λιπών	λιποῦσα	λιπόν
λιπόντος	λιπούσης	λιπόντος
λιπόντι	λιπούσῃ	λιπόντι
λιπόντα	λιποῦσαν	λιπόν
λιπών	λιποῦσα	λιπόν
λιπόντε	λιπούσᾱ	λιπόντε
λιπόντοιν	λιπούσαιν	λιπόντοιν
λιπόντες	λιποῦσαι	λιπόντα
λιπόντων	λιπουσῶν	λιπόντων
λιποῦσι(ν)	λιπούσαις	λιποῦσι(ν)
λιπόντας	λιπούσᾱς	λιπόντα

415. Ω-verb Participles, Perfect Active (164)

πεπαιδευκώς	πεπαιδευκυῖα	πεπαιδευκός
πεπαιδευκότος	πεπαιδευκυίᾱς	πεπαιδευκότος
πεπαιδευκότι	πεπαιδευκυίᾳ	πεπαιδευκότι
πεπαιδευκότα	πεπαιδευκυῖαν	πεπαιδευκός
πεπαιδευκώς	πεπαιδευκυῖα	πεπαιδευκός
πεπαιδευκότε	πεπαιδευκυίᾱ	πεπαιδευκότε
πεπαιδευκότοιν	πεπαιδευκυίαιν	πεπαιδευκότοιν
πεπαιδευκότες	πεπαιδευκυῖαι	πεπαιδευκότα
πεπαιδευκότων	πεπαιδευκυιῶν	πεπαιδευκότων
πεπαιδευκόσι(ν)	πεπαιδευκυίαις	πεπαιδευκόσι(ν)
πεπαιδευκότας	πεπαιδευκυίᾱς	πεπαιδευκότα

416. Ω-verb Participles, Aorist Passive (170)

παιδευθείς	παιδευθεῖσα	παιδευθέν
παιδευθέντος	παιδευθείσης	παιδευθέντος

παιδευθέντι	παιδευθείσῃ	παιδευθέντι
παιδευθέντα	παιδευθεῖσαν	παιδευθέν
παιδευθείς	παιδευθεῖσα	παιδευθέν
παιδευθέντε	παιδευθείσᾱ	παιδευθέντε
παιδευθέντοιν	παιδευθείσαιν	παιδευθέντοιν
παιδευθέντες	παιδευθεῖσαι	παιδευθέντα
παιδευθέντων	παιδευθεισῶν	παιδευθέντων
παιδευθεῖσι(ν)	παιδευθείσαις	παιδευθεῖσι(ν)
παιδευθέντας	παιδευθείσᾱς	παιδευθέντα

417. Ω-*verb Participles, Present Middle and Passive* (171)

παιδευόμενος	παιδευομένη	παιδευόμενον
παιδευομένου	παιδευομένης	παιδευομένου
παιδευομένῳ	παιδευομένῃ	παιδευομένῳ
παιδευόμενον	παιδευομένην	παιδευόμενον
παιδευόμενε	παιδευομένη	παιδευόμενον
παιδευομένω	παιδευομένᾱ	παιδευομένω
παιδευομένοιν	παιδευομέναιν	παιδευομένοιν
παιδευόμενοι	παιδευόμεναι	παιδευόμενα
παιδευομένων	παιδευομένων	παιδευομένων
παιδευομένοις	παιδευομέναις	παιδευομένοις
παιδευομένους	παιδευομένᾱς	παιδευόμενα

418. Ω-*verb Participles, Perfect Middle and Passive* (171)

πεπαιδευμένος	πεπαιδευμένη	πεπαιδευμένον
πεπαιδευμένου	πεπαιδευμένης	πεπαιδευμένου
πεπαιδευμένῳ	πεπαιδευμένῃ	πεπαιδευμένῳ
πεπαιδευμένον	πεπαιδευμένην	πεπαιδευμένον
πεπαιδευμένε	πεπαιδευμένη	πεπαιδευμένον
πεπαιδευμένω	πεπαιδευμένᾱ	πεπαιδευμένω
πεπαιδευμένοιν	πεπαιδευμέναιν	πεπαιδευμένοιν
πεπαιδευμένοι	πεπαιδευμέναι	πεπαιδευμένα
πεπαιδευμένων	πεπαιδευμένων	πεπαιδευμένων
πεπαιδευμένοις	πεπαιδευμέναις	πεπαιδευμένοις
πεπαιδευμένους	πεπαιδευμένᾱς	πεπαιδευμένα

419. MI-*verb Participles, Present Active* (262.5, 266.5)

τιθείς	τιθεῖσα	τιθέν	διδούς	διδοῦσα	διδόν
τιθέντος	τιθείσης	τιθέντος	διδόντος	διδούσης	διδόντος
τιθέντι	τιθείσῃ	τιθέντι	διδόντι	διδούσῃ	διδόντι
τιθέντα	τιθεῖσαν	τιθέν	διδόντα	διδοῦσαν	διδόν
τιθείς	τιθεῖσα	τιθέν	διδούς	διδοῦσα	διδόν
τιθέντε	τιθείσᾱ	τιθέντε	διδόντε	διδούσᾱ	διδόντε
τιθέντοιν	τιθείσαιν	τιθέντοιν	διδόντοιν	διδούσαιν	διδόντοιν
τιθέντες	τιθεῖσαι	τιθέντα	διδόντες	διδοῦσαι	διδόντα
τιθέντων	τιθεισῶν	τιθέντων	διδόντων	διδουσῶν	διδόντων
τιθεῖσι(ν)	τιθείσαις	τιθεῖσι(ν)	διδοῦσι(ν)	διδούσαις	διδοῦσι(ν)
τιθέντας	τιθείσᾱς	τιθέντα	διδόντας	διδούσᾱς	διδόντα

420. MI-*verb Participles, Present Active* (270.5)

421. MI-*verb Participles, Second Perfect Active* (So θνήσκω)

ἱστάς	ἱστᾶσα	ἱστάν	ἑστώς	ἑστῶσα	ἑστός
ἱστάντος	ἱστάσης	ἱστάντος	ἑστῶτος	ἑστώσης	ἑστῶτος
ἱστάντι	ἱστάσῃ	ἱστάντι	ἑστῶτι	ἑστώσῃ	ἑστῶτι
ἱστάντα	ἱστᾶσαν	ἱστάν	ἑστῶτα	ἑστῶσαν	ἑστός
ἱστάς	ἱστᾶσα	ἱστάν	ἑστώς	ἑστῶσα	ἑστός
ἱστάντε	ἱστάσᾱ	ἱστάντε	ἑστῶτε	ἑστώσᾱ	ἑστῶτε
ἱστάντοιν	ἱστάσαιν	ἱστάντοιν	ἑστώτοιν	ἑστώσαιν	ἑστώτοιν
ἱστάντες	ἱστᾶσαι	ἱστάντα	ἑστῶτες	ἑστῶσαι	ἑστῶτα
ἱστάντων	ἱστᾱσῶν	ἱστάντων	ἑστώτων	ἑστωσῶν	ἑστώτων
ἱστᾶσι(ν)	ἱστάσαις	ἱστᾶσι(ν)	ἑστῶσι(ν)	ἑστώσαις	ἑστῶσι(ν)
ἱστάντας	ἱστάσᾱς	ἱστάντα	ἑστῶτας	ἑστώσᾱς	ἑστῶτα

422. MI-*verb Participles: Present Active* (274.3)

δεικνύς	δεικνῦσα	δεικνύν
δεικνύντος	δεικνύσης	δεικνύντος
δεικνύντι	δεικνύσῃ	δεικνύντι
δεικνύντα	δεικνῦσαν	δεικνύν
δεικνύς	δεικνῦσα	δεικνύν
δεικνύντε	δεικνύσᾱ	δεικνύντε
δεικνύντοιν	δεικνύσαιν	δεικνύντοιν

δεικνύντες	δεικνῦσαι	δεικνύντα
δεικνύντων	δεικνῦσῶν	δεικνύντων
δεικνῦσι(ν)	δεικνύσαις	δεικνῦσι(ν)
δεικνύντας	δεικνύσᾱς	δεικνύντα

423. *Cardinal Numbers and* Οὐδείς (197)

εἷς	μία	ἕν	δύο	τρεῖς	τρία
ἑνός	μιᾶς	ἑνός	δυοῖν	τριῶν	τριῶν
ἑνί	μιᾷ	ἑνί		τρισί(ν)	τρισί(ν)
ἕνα	μίαν	ἕν		τρεῖς	τρία

τέτταρες	τέτταρα	οὐδείς	οὐδεμία	οὐδέν
τεττάρων	τεττάρων	οὐδενός	οὐδεμιᾶς	οὐδενός
τέτταρσι(ν)	τέτταρσι(ν)	οὐδενί	οὐδεμιᾷ	οὐδενί
τέτταρας	τέτταρα	οὐδένα	οὐδεμίαν	οὐδέν

424. NUMERALS

		Cardinal Numbers	Ordinal Numbers	Numeral Adverbs
1	α΄	εἷς, μία, ἕν, *one*	πρῶ-τος, η, ον, *first*	ἅπαξ, *once*
2	β΄	δύο, *two*	δεύ-τερος, ᾱ, ον, *second*	δίς, *twice*
3	γ΄	τρεῖς, τρί-α	τρί-τος, η, ον	τρίς
4	δ΄	τέτταρ-ες, τέτταρ-α	τέταρ-τος, η, ον	τετρά-κις
5	ε΄	πέντε	πέμπ-τος, η, ον	πεντά-κις
6	ϛ΄	ἕξ	ἕκ-τος, η, ον	ἑξά-κις
7	ζ΄	ἑπτά	ἕβδομος, η, ον	ἑπτά-κις
8	η΄	ὀκτώ	ὄγδοος, η, ον	ὀκτά-κις
9	θ΄	ἐννέα	ἔνα-τος, η, ον	ἐνά-κις
10	ι΄	δέκα	δέκα-τος, η, ον	δεκά-κις
11	ια΄	ἕν-δεκα	ἐν-δέκα-τος, η, ον	ἐν-δεκά-κις
12	ιβ΄	δώ-δεκα	δω-δέκα-τος, η, ον	δω-δεκά-κις
13	ιγ΄	τρεῖς καὶ δέκα	τρί-τος καὶ δέκα-τος	τρεισ-και-δεκά-κις
14	ιδ΄	τέτταρες καὶ δέκα	τέταρ-τος καὶ δέκα-τος	τετταρες-και-δεκά-κις
15	ιε΄	πεντε-καί-δεκα	πέμπ-τος καὶ δέκα-τος	πεντε-και-δεκά-κις
16	ιϛ΄	ἑκ-καί-δεκα	ἕκ-τος καὶ δέκα-τος	ἑκ-και-δεκά-κις
17	ιζ΄	ἑπτα-καί-δεκα	ἕβδομος καὶ δέκα-τος	ἑπτα-και-δεκά-κις
18	ιη΄	ὀκτω-καί-δεκα	ὄγδοος καὶ δέκα-τος	ὀκτω-και-δεκά-κις
19	ιθ΄	ἐννεα-καί-δεκα	ἔνα-τος καὶ δέκα-τος	ἐννεα-και-δεκά-κις
20	κ΄	εἴ-κοσι(ν)	εἰ-κοσ-τός, ή, όν	εἰ-κοσά-κις
21	κα΄	εἷς καὶ εἴ-κοσι(ν), εἴ-κοσι καὶ εἷς, εἴ-κοσιν εἷς	πρῶ-τος καὶ εἰ-κοσ-τός	εἰ-κοσά-κις ἅπαξ
30	λ΄	τριᾱ-κοντα	τριᾱ-κοστός, ή, όν	τριᾱ-κοντά-κις
40	μ΄	τετταρά-κοντα	τετταρα-κοστός, ή, όν	τετταρα-κοντά-κις
50	ν΄	πεντή-κοντα	πεντη-κοστός, ή, όν	πεντη-κοντά-κις
60	ξ΄	ἑξή-κοντα	ἑξη-κοστός, ή, όν	ἑξη-κοντά-κις
70	ο΄	ἑβδομή-κοντα	ἑβδομη-κοστός, ή, όν	ἑβδομη-κοντά-κις
80	π΄	ὀγδοή-κοντα	ὀγδοη-κοστός, ή, όν	ὀγδοη-κοντά-κις
90	ϟ΄	ἐνενή-κοντα	ἐνενη-κοστός, ή, όν	ἐνενη-κοντά-κις
100	ρ΄	ἑκατόν	ἑκατοστός, ή, όν	ἑκατοντά-κις
200	σ΄	διᾱ-κόσιοι, αι, α	διᾱ-κοσιοστός, ή, όν	διᾱ-κοσιά-κις
300	τ΄	τριᾱ-κόσιοι, αι, α	τριᾱ-κοσιοστός, ή, όν	τριᾱ-κοσιά-κις

NUMERALS

		Cardinal Numbers	Ordinal Numbers	Numeral Adverbs
400	υ′	τετρα-κόσιοι, αι, α	τετρα-κοσιοστός, ή, όν	τετρα-κοσιά-κις
500	φ′	πεντα-κόσιοι, αι, α	πεντα-κοσιοστός, ή, όν	πεντα-κοσιά-κις
600	χ′	ἑξα-κόσιοι, αι, α,	ἑξα-κοσιοστός, ή, όν	ἑξα-κοσιά-κις
700	ψ′	ἑπτα-κόσιοι, αι, α	ἑπτα-κοσιοστός, ή, όν	ἑπτα-κοσιά-κις
800	ω′	ὀκτα-κόσιοι, αι, α	ὀκτα-κοσιοστός, ή, όν	ὀκτα-κοσιά-κις
900	↗′	ἐνα-κόσιοι, αι, α	ἐνα-κοσιοστός, ή, όν	ἐνα-κοσιά-κις
1000	͵α	χίλιοι, αι, α	χιλιοστός, ή, όν	χιλιά-κις
2000	͵β	δισ-χίλιοι, αι, α	δισ-χιλῑοστός, ή, όν	δισ-χῑλιά-κις
3000	͵γ	τρισ-χίλιοι, αι, α	τρισ-χῑλιοστός, ή, όν	τρισ-χῑλιά-κις
10000	͵ι	μύριοι, αι, α	μυριοστός, ή, όν	μυριά-κις
11000	͵ι,α	μύριοι καὶ χίλιοι	μυριοστὸς καὶ χιλῑοστός	μυριά-κις καὶ χῑλιά-κις
20000	͵κ	δισ-μύριοι, αι, α	δισ-μυριοστός, ή, όν	δισ-μυριά-κις
100000	͵ρ	δεκα-κισ-μύριοι, αι, α	δεκα-κισ-μυριοστός, ή, όν	δεκα-κισ-μυριά-κις

425. ARTICLE (27)

ὁ (procl.)	ἡ (procl.)	τό
τοῦ	τῆς	τοῦ
τῷ	τῇ	τῷ
τόν	τήν	τό
τώ	τώ	τώ
τοῖν	τοῖν	τοῖν
οἱ (procl.)	αἱ (procl.)	τά
τῶν	τῶν	τῶν
τοῖς	ταῖς	τοῖς
τούς	τάς	τά

PRONOUNS

426. Personal Pronouns (194)

ἐγώ	σύ			
ἐμοῦ, μου	σοῦ, σου	αὐτοῦ	αὐτῆς	αὐτοῦ
ἐμοί, μοι	σοί, σοι	αὐτῷ	αὐτῇ	αὐτῷ
ἐμέ, με	σέ, σε	αὐτόν	αὐτήν	αὐτό
νώ	σφώ			
νῷν	σφῷν	αὐτοῖν	αὐταῖν	αὐτοῖν
		αὐτώ	αὐτά	αὐτώ
ἡμεῖς	ὑμεῖς			
ἡμῶν	ὑμῶν	αὐτῶν	αὐτῶν	αὐτῶν
ἡμῖν	ὑμῖν	αὐτοῖς	αὐταῖς	αὐτοῖς
ἡμᾶς	ὑμᾶς	αὐτούς	αὐτάς	αὐτά

427. Reflexive Pronouns (195)

ἐμ-αυτοῦ	ἐμ-αυτῆς	σε-αυτοῦ, σαυτοῦ	σε-αυτῆς, σαυτῆς
ἐμ-αυτῷ	ἐμ-αυτῇ	σε-αυτῷ, σαυτῷ	σε-αυτῇ, σαυτῇ
ἐμ-αυτόν	ἐμ-αυτήν	σε-αυτόν, σαυτόν	σε-αυτήν, σαυτήν
ἡμῶν αὐτῶν	ἡμῶν αὐτῶν	ὑμῶν αὐτῶν	ὑμῶν αὐτῶν
ἡμῖν αὐτοῖς	ἡμῖν αὐταῖς	ὑμῖν αὐτοῖς	ὑμῖν αὐταῖς
ἡμᾶς αὐτούς	ἡμᾶς αὐτάς	ὑμᾶς αὐτούς	ὑμᾶς αὐτάς

ἑ-αυτοῦ, αὐτοῦ	ἑ-αυτῆς, αὐτῆς	ἑ-αυτοῦ, αὐτοῦ
ἑ-αυτῷ, αὐτῷ	ἑ-αυτῇ, αὐτῇ	ἑ-αυτῷ, αὐτῷ
ἑ-αυτόν, αὐτόν	ἑ-αυτήν, αὐτήν	ἑ-αυτό, αὐτό

ἑ-αυτῶν, αὐτῶν, σφῶν αὐτῶν	ἑ-αυτῶν, αὐτῶν, σφῶν αὐτῶν	ἑ-αυτῶν, αὐτῶν
ἑ-αυτοῖς, αὐτοῖς, σφίσιν αὐτοῖς	ἑ-αυταῖς, αὐταῖς, σφίσιν αὐταῖς	ἑ-αυτοῖς, αὐτοῖς
ἑ-αυτούς, αὐτούς, σφᾶς αὐτούς	ἑ-αυτάς, αὐτάς, σφᾶς αὐτάς	ἑ-αυτά, αὐτά

428. Indirect Reflexive Pronoun (194)

οὗ, οὑ
οἷ, οἱ
ἕ, ἑ

429. Reciprocal Pronoun (196)

		ἀλλήλοιν	ἀλλήλαιν	ἀλλήλοιν
		ἀλλήλω	ἀλλήλᾱ	ἀλλήλω
σφεῖς				
σφῶν		ἀλλήλων	ἀλλήλων	ἀλλήλων
σφίσι(ν)		ἀλλήλοις	ἀλλήλαις	ἀλλήλοις
σφᾶς		ἀλλήλους	ἀλλήλᾱς	ἄλληλα

430. *Demonstrative Pronominal Adjectives* (156-158)

οὗτος	αὕτη	τοῦτο	ὅδε	ἥδε	τόδε
τούτου	ταύτης	τούτου	τοῦδε	τῆσδε	τοῦδε
τούτῳ	ταύτῃ	τούτῳ	τῷδε	τῇδε	τῷδε
τοῦτον	ταύτην	τοῦτο	τόνδε	τήνδε	τόδε
τούτω	τούτω	τούτω	τώδε	τώδε	τώδε
τούτοιν	τούτοιν	τούτοιν	τοῖνδε	τοῖνδε	τοῖνδε
οὗτοι	αὗται	ταῦτα	οἵδε	αἵδε	τάδε
τούτων	τούτων	τούτων	τῶνδε	τῶνδε	τῶνδε
τούτοις	ταύταις	τούτοις	τοῖσδε	ταῖσδε	τοῖσδε
τούτους	ταύτᾱς	ταῦτα	τούσδε	τάσδε	τάδε

ἐκεῖνος	ἐκείνη	ἐκεῖνο
ἐκείνου	ἐκείνης	ἐκείνου
ἐκείνῳ	ἐκείνῃ	ἐκείνῳ
ἐκεῖνον	ἐκείνην	ἐκεῖνο
ἐκείνω	ἐκείνω	ἐκείνω
ἐκείνοιν	ἐκείνοιν	ἐκείνοιν
ἐκεῖνοι	ἐκεῖναι	ἐκεῖνα
ἐκείνων	ἐκείνων	ἐκείνων
ἐκείνοις	ἐκείναις	ἐκείνοις
ἐκείνους	ἐκείνᾱς	ἐκεῖνα

431. *Intensive Pronoun* (155)

αὐτός	αὐτή	αὐτό
αὐτοῦ	αὐτῆς	αὐτοῦ
αὐτῷ	αὐτῇ	αὐτῷ
αὐτόν	αὐτήν	αὐτό
αὐτώ	αὐτά	αὐτώ
αὐτοῖν	αὐταῖν	αὐτοῖν

PARADIGMS: PRONOUNS

αὐτοί	αὐταί	αὐτά
αὐτῶν	αὐτῶν	αὐτῶν
αὐτοῖς	αὐταῖς	αὐτοῖς
αὐτούς	αὐτάς	αὐτά

432. *Relative Pronoun* (177)

ὅς	ἥ	ὅ
οὗ	ἧς	οὗ
ᾧ	ᾗ	ᾧ
ὅν	ἥν	ὅ
ὥ	ὥ	ὥ
οἷν	οἷν	οἷν
οἵ	αἵ	ἅ
ὧν	ὧν	ὧν
οἷς	αἷς	οἷς
οὕς	ἅς	ἅ

433. *Indefinite Relative and Indirect Interrogative Pronoun* (180)

ὅστις	ἥτις	ὅ τι
οὗτινος, ὅτου	ἧστινος	οὗτινος, ὅτου
ᾧτινι, ὅτῳ	ᾗτινι	ᾧτινι, ὅτῳ
ὅντινα	ἥντινα	ὅ τι
ὥτινε	ὥτινε	ὥτινε
οἷντινοιν	οἷντινοιν	οἷντινοιν
οἵτινες	αἵτινες	ἅτινα, ἅττα
ὧντινων, ὅτων	ὧντινων	ὧντινων, ὅτων
οἷστισι(ν), ὅτοις	αἷστισι(ν)	οἷστισι(ν) ὅτοις
οὕστινας	ἅστινας	ἅτινα, ἅττα

434. *Direct Interrogative Pronoun* (178)

τίς	τί
τίνος, τοῦ	τίνος, τοῦ
τίνι, τῷ	τίνι, τῷ
τίνα	τί
τίνε	τίνε
τίνοιν	τίνοιν
τίνες	τίνα
τίνων	τίνων
τίσι(ν)	τίσι(ν)
τίνας	τίνα

435. *Indefinite Pronoun* (178)

τὶς	τὶ
τινός, του	τινός, του
τινί, τῳ	τινί, τῳ
τινά	τὶ
τινέ	τινέ
τινοῖν	τινοῖν
τινές	τινά, ἄττα (not encl.)
τινῶν	τινῶν
τισί(ν)	τισί(ν)
τινάς	τινά, ἄττα (not encl.)

VERBS

436. *Present System of* Παιδεύω (παιδευ)

	Active		Middle or Passive	
	Present	Imperfect	Present	Imperfect
Ind.	παιδεύ-ω	ἐ-παίδευ-ο-ν	παιδεύ-ο-μαι	ἐ-παιδευ-ό-μην
	παιδεύ-εις	ἐ-παίδευ-ε-ς	παιδεύ-ῃ, παιδεύ-ει	ἐ-παιδεύ-ου
	παιδεύ-ει	ἐ-παίδευ-ε(ν)	παιδεύ-ε-ται	ἐ-παιδεύ-ε-το
	παιδεύ-ε-τον	ἐ-παιδεύ-ε-τον	παιδεύ-ε-σθον	ἐ-παιδεύ-ε-σθον
	παιδεύ-ε-τον	ἐ-παιδευ-έ-την	παιδεύ-ε-σθον	ἐ-παιδευ-έ-σθην
	παιδεύ-ο-μεν	ἐ-παιδεύ-ο-μεν	παιδευ-ό-μεθα	ἐ-παιδευ-ό-μεθα
	παιδεύ-ε-τε	ἐ-παιδεύ-ε-τε	παιδεύ-ε-σθε	ἐ-παιδεύ-ε-σθε
	παιδεύ-ουσι(ν)	ἐ-παίδευ-ο-ν	παιδεύ-ο-νται	ἐ-παιδεύ-ο-ντο
Subjv.	παιδεύ-ω		παιδεύ-ω-μαι	
	παιδεύ-ῃς		παιδεύ-ῃ	
	παιδεύ-ῃ		παιδεύ-η-ται	
	παιδεύ-η-τον		παιδεύ-η-σθον	
	παιδεύ-η-τον		παιδεύ-η-σθον	
	παιδεύ-ω-μεν		παιδευ-ώ-μεθα	
	παιδεύ-η-τε		παιδεύ-η-σθε	
	παιδεύ-ωσι(ν)		παιδεύ-ω-νται	
Opt.	παιδεύ-ο-ι-μι		παιδευ-ο-ί-μην	
	παιδεύ-ο-ι-ς		παιδεύ-ο-ι-ο	
	παιδεύ-ο-ι		παιδεύ-ο-ι-το	
	παιδεύ-ο-ι-τον		παιδεύ-ο-ι-σθον	
	παιδευ-ο-ί-την		παιδευ-ο-ί-σθην	
	παιδεύ-ο-ι-μεν		παιδευ-ο-ί-μεθα	
	παιδεύ-ο-ι-τε		παιδεύ-ο-ι-σθε	
	παιδεύ-ο-ιε-ν		παιδεύ-ο-ι-ντο	
Impv.	παίδευ-ε		παιδεύ-ου	
	παιδευ-έ-τω		παιδευ-έ-σθω	
	παιδεύ-ε-τον		παιδεύ-ε-σθον	
	παιδευ-έ-των		παιδευ-έ-σθων	
	παιδεύ-ε-τε		παιδεύ-ε-σθε	
	παιδευ-ό-ντων		παιδευ-έ-σθων	
Inf.	παιδεύ-ειν		παιδεύ-ε-σθαι	
Ptc.	παιδεύ-ων		παιδευ-ό-μενος	

437. Future System of Παιδεύω (παιδευ)

438. First Aorist System of Παιδεύω (παιδευ)

	Active	Middle	Active	Middle
	Future		First Aorist	
Ind.	παιδεύ-σ-ω	παιδεύ-σ-ο-μαι	ἐ-παίδευ-σα	ἐ-παιδευ-σά-μην
	παιδεύ-σ-εις	παιδεύ-σ-ῃ, παιδεύ-σ-ει	ἐ-παίδευ-σα-ς	ἐ-παιδεύ-σω
	παιδεύ-σ-ει	παιδεύ-σ-ε-ται	ἐ-παίδευ-σε(ν)	ἐ-παιδεύ-σα-το
	παιδεύ-σ-ε-τον	παιδεύ-σε-σθον	ἐ-παιδεύ-σα-τον	ἐ-παιδεύ-σα-σθον
	παιδεύ-σ-ε-τον	παιδεύ-σ-ε-σθον	ἐ-παιδευ-σά-την	ἐ-παιδευ-σάσθην
	παιδεύ-σ-ο-μεν	παιδευ-σ-ό-μεθα	ἐ-παιδεύ-σα-μεν	ἐ-παιδευ-σά-μεθα
	παιδεύ-σ-ε-τε	παιδεύ-σ-ε-σθε	ἐ-παιδεύ-σα-τε	ἐ-παιδεύ-σα-σθε
	παιδεύ-σ-ουσι(ν)	παιδεύ-σ-ο-νται	ἐ-παίδευ-σα-ν	ἐ-παιδεύ-σα-ντο
Subjv.			παιδεύ-σ-ω	παιδεύ-σ-ω-μαι
			παιδεύ-σ-ῃς	παιδεύ-σ-ῃ
			παιδεύ-σ-ῃ	παιδεύ-σ-η-ται
			παιδεύ-σ-η-τον	παιδεύ-σ-η-σθον
			παιδεύ-σ-η-τον	παιδεύ-σ-η-σθον
			παιδεύ-σ-ω-μεν	παιδευ-σ-ώ-μεθα
			παιδεύ-σ-η-τε	παιδεύ-σ-η-σθε
			παιδεύ-σ-ωσι(ν)	παιδεύ-σ-ω-νται
Opt.	παιδεύ-σ-οι-μι	παιδευ-σ-ο-ί-μην	παιδεύ-σα-ι-μι	παιδευ-σα-ί-μην
	παιδεύ-σ-ο-ι-ς	παιδευ-σ-ο-ι-ο	παιδεύ-σα-ι-ς, -σεια-ς	παιδεύ-σα-ι-ο
	παιδεύ-σ-ο-ι	παιδευ-σ-ο-ι-το	παιδεύ-σα-ι, -σειε(ν)	παιδεύ-σα-ι-το
	παιδεύ-σ-ο-ι-τον	παιδεύ-σ-ο-ι-σθον	παιδεύ-σα-ι-τον	παιδεύ-σα-ι-σθον
	παιδευ-σ-ο-ί-την	παιδευ-σ-ο-ί-σθην	παιδευ-σα-ί-την	παιδευ-σα-ί-σθην
	παιδεύ-σ-ο-ι-μεν	παιδευ-σ-ο-ί-μεθα	παιδεύ-σα-ι-μεν	παιδευ-σα-ί-μεθα
	παιδεύ-σ-ο-ι-τε	παιδεύ-σ-ο-ι-σθε	παιδεύ-σα-ι-τε	παιδεύ-σα-ι-σθε
	παιδεύ-σ-ο-ιε-ν	παιδεύ-σ-ο-ι-ντο	παιδεύ-σα-ιε-ν, -σεια-ν	παιδεύ-σα-ι-ντο
Impv.			παίδευ-σον	παίδευ-σαι
			παιδευ-σά-τω	παιδευ-σά-σθω
			παιδεύ-σα-τον	παιδεύ-σα-σθον
			παιδευ-σά-των	παιδευ-σά-σθων
			παιδεύ-σα-τε	παιδεύ-σα-σθε
			παιδευ-σά-ντων	παιδευ-σά-σθων
Inf.	παιδεύ-σ-ειν	παιδεύ-σ-ε-σθαι	παιδεῦ-σαι	παιδεύ-σα-σθαι
Ptc.	παιδεύ-σ-ων	παιδευ-σ-ό-μενος	παιδεύ-σᾱς	παιδευ-σά-μενος

439. First Perfect System of Παιδεύω (παιδευ)

440. Perfect Middle System of Παιδεύω (παιδευ) (See next page.)

	Active		Middle or Passive	
	First Perfect	First Pluperfect	Perfect	Pluperfect
Ind.	πε-παίδευ-κα	ἐ-πε-παιδεύ-κη	πε-παίδευ-μαι	ἐ-πε-παιδεύ-μην
	πε-παίδευ-κα-ς	ἐ-πε-παιδεύ-κη-ς	πε-παίδευ-σαι	ἐ-πε-παίδευ-σο
	πε-παίδευ-κε(ν)	ἐ-πε-παιδεύ-κει(ν)	πε-παίδευ-ται	ἐ-πε-παίδευ-το
	πε-παιδεύ-κα-τον	ἐ-πε-παιδεύ-κε-τον	πε-παίδευ-σθον	ἐ-πε-παιδεύ-σθον
	πε-παιδεύ-κα-τον	ἐ-πε-παιδεύ-κέ-την	πε-παίδευ-σθον	ἐ-πε-παιδεύ-σθην
	πε-παιδεύ-κα-μεν	ἐ-πε-παιδεύ-κε-μεν	πε-παιδεύ-μεθα	ἐ-πε-παιδεύ-μεθα
	πε-παίδευ-κα-τε	ἐ-πε-παιδεύ-κε-τε	πε-παίδευ-σθε	ἐ-πε-παιδεύ-σθε
	πε-παιδεύ-κᾱσι(ν)	ἐ-πε-παιδεύ-κε-σαν	πε-παίδευ-νται	ἐ-πε-παίδευ-ντο
Subjv.	πε-παιδεύ-κω		πε-παιδευ-μένος ὦ	
	πε-παιδεύ-κῃς		πε-παιδευ-μένος ᾖς	
	πε-παιδεύ-κῃ		πε-παιδευ-μένος ᾖ	
	πε-παιδεύ-κη-τον		πε-παιδευ-μένω ἦ-τον	
	πε-παιδεύ-κη-τον		πε-παιδευ-μένω ἦ-τον	
	πε-παιδεύ-κω-μεν		πε-παιδευ-μένοι ὦ-μεν	
	πε-παιδεύ-κη-τε		πε-παιδευ-μένοι ἦ-τε	
	πε-παιδεύ-κωσι(ν)		πε-παιδευ-μένοι ὦσι(ν)	
Opt.	πε-παιδεύ-κ-ο-ι-μι		πε-παιδευ-μένος ε-ἴη-ν	
	πε-παιδεύ-κ-ο-ι-ς		πε-παιδευ-μένος ε-ἴη-ς	
	πε-παιδεύ-κ-ο-ι		πε-παιδευ-μένος ε-ἴη	
	πε-παιδεύ-κ-ο-ι-τον		πε-παιδευ-μένω ε-ἴη-τον, εἶ-τον	
	πε-παιδεύ-κ-ο-ί-την		πε-παιδευ-μένω ε-ἰή-την, εἴ-την	
	πε-παιδεύ-κ-ο-ι-μεν		πε-παιδευ-μένοι ε-ἴη-μεν, εἶ-μεν	
	πε-παιδεύ-κ-ο-ι-τε		πε-παιδευ-μένοι ε-ἴη-τε, εἶ-τε	
	πε-παιδεύ-κ-ο-ιε-ν		πε-παιδευ-μένοι ε-ἴη-σαν, εἶε-ν	
Impv.			πε-παίδευ-σο	
			πε-παιδεύ-σθω	
			πε-παίδευ-σθον	
			πε-παιδεύ-σθων	
			πε-παίδευ-σθε	
			πε-παιδεύ-σθων	
Inf.	πε-παιδευ-κέ-ναι		πε-παιδεῦ-σθαι	
Ptc.	πε-παιδευ-κώς		πε-παιδευ-μένος	

441. Perfect Middle System of Παιδεύω (concl.)

442. First Passive System of Παιδεύω (παιδευ)

	Middle or Passive Future Perfect	Passive First Aorist	First Future
Ind.	πε-παιδεύ-σ-ο-μαι	ἐ-παιδεύ-θη-ν	παιδευ-θή-σ-ο-μαι
	πε-παιδεύ-σ-ῃ, -σ-ει	ἐ-παιδεύ-θη-ς	παιδευ-θή-σ-ῃ, -σ-ει
	πε-παιδεύ-σ-ε-ται	ἐ-παιδεύ-θη	παιδευ-θή-σ-ε-ται
	πε-παιδεύ-σ-ε-σθον	ἐ-παιδεύ-θη-τον	παιδευ-θή-σ-ε-σθον
	πε-παιδεύ-σ-ε-σθον	ἐ-παιδευ-θή-την	παιδευ-θή-σ-ε-σθον
	πε-παιδευ-σ-ό-μεθα	ἐ-παιδεύ-θη-μεν	παιδευ-θη-σ-ό-μεθα
	πε-παιδεύ-σ-ε-σθε	ἐ-παιδεύ-θη-τε	παιδευ-θή-σ-ε-σθε
	πε-παιδεύ-σ-ο-νται	ἐ-παιδεύ-θη-σαν	παιδευ-θή-σ-ο-νται
Subjv.		παιδευ-θῶ	
		παιδευ-θῇς	
		παιδευ-θῇ	
		παιδευ-θῆ-τον	
		παιδευ-θῆ-τον	
		παιδευ-θῶ-μεν	
		παιδευ-θῆ-τε	
		παιδευ-θῶσι(ν)	
Opt.	πε-παιδεύ-σ-ο-ί-μην	παιδευ-θε-ίη-ν	παιδευ-θη-σ-ο-ί-μην
	πε-παιδεύ-σ-ο-ι-ο	παιδευ-θε-ίη-ς	παιδευ-θή-σ-ο-ι-ο
	πε-παιδεύ-σ-ο-ι-το	παιδευ-θε-ίη	παιδευ-θή-σ-ο-ι-το
	πε-παιδεύ-σ-ο-ι-σθον	παιδευ-θε-ίη-τον, -θε-ῖ-τον	παιδευ-θή-σ-ο-ι-σθον
	πε-παιδεύ-σ-ο-ί-σθην	παιδευ-θε-ιή-την, -θε-ί-την	παιδευ-θη-σ-ο-ί-σθην
	πε-παιδεύ-σ-ο-ί-μεθα	παιδευ-θε-ίη-μεν, -θε-ῖ-μεν	παιδευ-θη-σ-ο-ί-μεθα
	πε-παιδεύ-σ-ο-ι-σθε	παιδευ-θε-ίη-τε, -θε-ῖ-τε	παιδευ-θή-σ-ο-ι-σθε
	πε-παιδεύ-σ-ο-ι-ντο	παιδευ-θε-ίη-σαν, -θε-ῖε-ν	παιδευ-θή-σ-ο-ι-ντο
Impv.		παιδεύ-θη-τι (367)	
		παιδευ-θή-τω	
		παιδεύ-θη-τον	
		παιδευ-θή-των	
		παιδεύ-θη-τε	
		παιδευ-θέ-ντων	
Inf.	πε-παιδεύ-σ-ε-σθαι	παιδευ-θῆ-ναι	παιδευ-θή-σ-ε-σθαι
Ptc.	πε-παιδευ-σ-ό-μενος	παιδευ-θείς	παιδευ-θη-σ-ό-μενος

443. Future System of Nasal Verbs: Φαίνω (φαν)

	Active	Middle
	\multicolumn{2}{c}{Future}

	Active	Middle
Ind.	φαν-ῶ	φαν-οῦ-μαι
	φαν-εῖς	φαν-ῇ, φαν-εῖ
	φαν-εῖ	φαν-εῖ-ται
	φαν-εῖ-τον	φαν-εῖ-σθον
	φαν-εῖ-τον	φαν-εῖ-σθον
	φαν-οῦ-μεν	φαν-ού-μεθα
	φαν-εῖ-τε	φαν-εῖ-σθε
	φαν-οῦσι(ν)	φαν-οῦ-νται
Subjv.		
Opt.	φαν-ο-ίη-ν	φαν-ο-ί-μην
	φαν-ο-ίη-ς	φαν-ο-ῖ-ο
	φαν-ο-ίη	φαν-ο-ῖ-το
	φαν-ο-ῖ-τον	φαν-ο-ῖ-σθον
	φαν-ο-ί-την	φαν-ο-ί-σθην
	φαν-ο-ῖ-μεν	φαν-ο-ί-μεθα
	φαν-ο-ῖ-τε	φαν-ο-ῖ-σθε
	φαν-ο-ῖε-ν	φαν-ο-ῖ-ντο
Impv.	.	
Inf.	φαν-εῖν	φαν-εῖ-σθαι
Ptc.	φαν-ῶν	φαν-ού-μενος

444. First Aorist System of Nasal Verbs: Φαίνω (φαν)

	Active	Middle
	\multicolumn{2}{c}{First Aorist}

	Active	Middle
Ind.	ἔ-φηνα	ἐ-φηνά-μην
	ἔ-φηνα-ς	ἐ-φήνω
	ἔ-φηνε(ν)	ἐ-φήνα-το
	ἐ-φήνα-τον	ἐ-φήνα-σθον
	ἐ-φηνά-την	ἐ-φηνά-σθην
	ἐ-φήνα-μεν	ἐ-φηνά-μεθα
	ἐ-φήνα-τε	ἐ-φήνα-σθε
	ἔ-φηνα-ν	ἐ-φήνα-ντο
Subjv.	φήνω	φήνω-μαι
	φήνῃς	φήνῃ
	φήνῃ	φήνη-ται
	φήνη-τον	φήνη-σθον
	φήνη-τον	φήνη-σθον
	φήνω-μεν	φηνώ-μεθα
	φήνη-τε	φήνη-σθε
	φήνωσι(ν)	φήνω-νται
Opt.	φήνα-ι-μι	φηνα-ί-μην
	φήνα-ι-ς, φήνεια-ς	φήνα-ι-ο
	φήνα-ι, φήνειε(ν)	φήνα-ι-το
	φήνα-ι-τον	φήνα-ι-σθον
	φηνα-ί-την	φηνα-ί-σθην
	φήνα-ι-μεν	φηνα-ί-μεθα
	φήνα-ι-τε	φήνα-ι-σθε
	φήνα-ιε-ν, φήνεια-ν	φήνα-ι-ντο
Impv.	φῆνον	φῆναι
	φηνά-τω	φηνά-σθω
	φήνα-τον	φήνα-σθον
	φηνά-των	φηνά-σθων
	φήνα-τε	φήνα-σθε
	φηνά-ντων	φηνά-σθων
Inf.	φῆναι	φήνα-σθαι
Ptc.	φήνᾱς	φηνά-μενος

445. Second Aorist System of Λείπω (λιπ)

	Active	Middle
	Second Aorist	
Ind.	ἔ-λιπ-ο-ν	ἐ-λιπ-ό-μην
	ἔ-λιπ-ε-ς	ἐ-λίπ-ου
	ἔ-λιπ-ε(ν)	ἐ-λίπ-ε-το
	ἐ-λίπ-ε-τον	ἐ-λίπ-ε-σθον
	ἐ-λιπ-έ-την	ἐ-λιπ-έ-σθην
	ἐ-λίπ-ο-μεν	ἐ-λιπ-ό-μεθα
	ἐ-λίπ-ε-τε	ἐ-λίπ-ε-σθε
	ἔ-λιπ-ο-ν	ἐ-λίπ-ο-ντο
Subjv.	λίπ-ω	λίπ-ω-μαι
	λίπ-ῃς	λίπ-ῃ
	λίπ-ῃ	λίπ-η-ται
	λίπ-η-τον	λίπ-η-σθον
	λίπ-η-τον	λίπ-η-σθον
	λίπ-ω-μεν	λιπ-ώ-μεθα
	λίπ-η-τε	λίπ-η-σθε
	λίπ-ωσι(ν)	λίπ-ω-νται
Opt.	λίπ-ο-ι-μι	λιπ-ο-ί-μην
	λίπ-ο-ι-ς	λίπ-ο-ι-ο
	λίπ-ο-ι	λίπ-ο-ι-το
	λίπ-ο-ι-τον	λίπ-ο-ι-σθον
	λιπ-ο-ί-την	λιπ-ο-ί-σθην
	λίπ-ο-ι-μεν	λιπ-ο-ί-μεθα
	λίπ-ο-ι-τε	λίπ-ο-ι-σθε
	λίπ-ο-ιε-ν	λίπ-ο-ι-ντο
Impv.	λίπ-ε	λιπ-οῦ
	λιπ-έ-τω	λιπ-έ-σθω
	λίπ-ε-τον	λίπ-ε-σθον
	λιπ-έ-των	λιπ-έ-σθων
	λίπ-ε-τε	λίπ-ε-σθε
	λιπ-ό-ντων	λιπ-έ-σθων
Inf.	λιπ-εῖν	λιπ-έ-σθαι
Ptc.	λιπ-ών	λιπ-ό-μενος

446. Second Perfect System of Λείπω (λοιπ)

	Active	
	Second Perfect	Second Pluperfect
Ind.	λέ-λοιπ-α	ἐ-λε-λοίπ-η
	λέ-λοιπ-α-ς	ἐ-λε-λοίπ-ης
	λέ-λοιπ-ε(ν)	ἐ-λε-λοίπ-ει(ν)
	λε-λοίπ-α-τον	ἐ-λε-λοίπ-ε-τον
	λε-λοίπ-α-τον	ἐ-λε-λοιπ-έ-την
	λε-λοίπ-α-μεν	ἐ-λε-λοίπ-ε-μεν
	λε-λοίπ-α-τε	ἐ-λε-λοίπ-ε-τε
	λε-λοίπ-ᾱσι(ν)	ἐ-λε-λοίπ-ε-σαν
Subjv.	λε-λοίπ-ω	
	λε-λοίπ-ῃς	
	λε-λοίπ-ῃ	
	λε-λοίπ-η-τον	
	λε-λοίπ-η-τον	
	λε-λοίπ-ω-μεν	
	λε-λοίπ-η-τε	
	λε-λοίπ-ωσι(ν)	
Opt.	λε-λοίπ-ο-ι-μι	
	λε-λοίπ-ο-ι-ς	
	λε-λοίπ-ο-ι	
	λε-λοίπ-ο-ι-τον	
	λε-λοιπ-ο-ί-την	
	λε-λοίπ-ο-ι-μεν	
	λε-λοίπ-ο-ι-τε	
	λε-λοίπ-ο-ιε-ν	
Inf.	λε-λοιπ-έ-ναι	
Ptc.	λε-λοιπ-ώς	

447. Second Passive System of
Βάπτω (βαφ)

Passive

	Second Aorist	Second Future
Ind.	ἐ-βάφ-η-ν	βαφ-η-σ-ο-μαι
	ἐ-βάφ-η-ς	βαφ-ή-σ-η, -σ-ει
	ἐ-βάφ-η	βαφ-ή-σ-ε-ται
	ἐ-βάφ-η-τον	βαφ-ή-σ-ε-σθον
	ἐ-βαφ-ή-την	βαφ-ή-σ-ε-σθον
	ἐ-βάφ-η-μεν	βαφ-η-σ-ό-μεθα
	ἐ-βάφ-η-τε	βαφ-ή-σ-ε-σθε
	ἐ-βάφ-η-σαν	βαφ-ή-σ-ο-νται
Subjv.	βαφ-ῶ	
	βαφ-ῇς	
	βαφ-ῇ	
	βαφ-ῆ-τον	
	βαφ-ῆ-τον	
	βαφ-ῶ-μεν	
	βαφ-ῆ-τε	
	βαφ-ῶσι(ν)	
Opt.	βαφ-ε-ίη-ν	βαφ-η-σ-ο-ί-μην
	βαφ-ε-ίη-ς	βαφ-ή-σ-ο-ι-ο
	βαφ-ε-ίη	βαφ-ή-σ-ο-ι-το
	βαφ-ε-ίη-τον, βαφ-ε-ῖ-τον	βαφ-ή-σ-ο-ι-σθον
	βαφ-ε-ιή-την, βαφ-ε-ί-την	βαφ-η-σ-ο-ί-σθην
	βαφ-ε-ίη-μεν, βαφ-ε-ῖ-μεν	βαφ-η-σ-ο-ί-μεθα
	βαφ-ε-ίη-τε, βαφ-ε-ῖ-τε	βαφ-ή-σ-ο-ι-σθε
	βαφ-ε-ίη-σαν, βαφ-ε-ῖε-ν	βαφ-ή-σ-ο-ι-ντο
Impv.	βάφ-η-θι	
	βαφ-ή-τω	
	βάφ-η-τον	
	βαφ-ή-των	
	βάφ-η-τε	
	βαφ-έ-ντων	
Inf.	βαφ-ῆ-ναι	βαφ-ή-σ-ε-σθαι
Ptc.	βαφ-είς	βαφ-η-σ-ό-μενος

448. Nasal and Liquid Verbs: Perfect Middle System of Φαίνω (φαν) and of Ἀγγέλλω (ἀγγελ)

Middle or Passive

	Perfect	Pluperfect	Perfect	Pluperfect
Ind.	πέ-φασ-μαι	ἐ-πε-φάσ-μην	ἤγγελ-μαι	ἠγγέλ-μην
	πε-φασ-μένος εἶ	πε-φασ-μένος ἦσθα	ἤγγελ-σαι	ἤγγελ-σο
	πέ-φαν-ται	ἐ-πέ-φαν-το	ἤγγελ-ται	ἤγγελ-το
	πέ-φαν- θον	ἐ-πέ-φαν- θον	ἤγγελ- θον	ἤγγελ- θον
	πέ-φαν- θον	ἐ-πε-φάν- θην	ἤγγελ- θον	ἠγγέλ- θην
	πε-φάσ-μεθα	ἐ-πε-φάσ-μεθα	ἠγγέλ-μεθα	ἠγγέλ-μεθα
	πέ-φαν- θε	ἐ-πέ-φαν- θε	ἤγγελ- θε	ἤγγελ- θε
	πε-φασ-μένοι εἰσί(ν)	πε-φασ-μένοι ἦ-σαν	ἠγγελ-μένοι εἰσί(ν)	ἠγγελ-μένοι ἦσαν
Subjv.	πε-φασ-μένος ὦ		ἠγγελ-μένος ὦ	
	πε-φασ-μένος ᾖς		ἠγγελ-μένος ᾖς	
	πε-φασ-μένος ᾖ		ἠγγελ-μένος ᾖ	
	πε-φασ-μένω ἦ-τον		ἠγγελ-μένω ἦ-τον	
	πε-φασ-μένω ἦ-τον		ἠγγελ-μένω ἦ-τον	
	πε-φασ-μένοι ὦ-μεν		ἠγγελ-μένοι ὦ-μεν	
	πε-φασ-μένοι ἦ-τε		ἠγγελ-μένοι ἦ-τε	
	πε-φασ-μένοι ὦσι(ν)		ἠγγελ-μένοι ὦσι(ν)	
Opt.	πε-φασ-μένος ε-ἴη-ν		ἠγγελ-μένος ε-ἴη-ν	
	πε-φασ-μένος ε-ἴη-ς		ἠγγελ-μένος ε-ἴη-ς	
	πε-φασ-μένος ε-ἴη		ἠγγελ-μένος ε-ἴη	
	πε-φασ-μένω ε-ἴη-τον, ε-ἶ-τον		ἠγγελ-μένω ε-ἴη-τον, ε-ἶ-τον	
	πε-φασ-μένω ε-ἰή-την ε-ἴ-την		ἠγγελ-μένω ε-ἰή-την, ε-ἴ-την	
	πε-φασ-μένοι ε-ἴη-μεν, ε-ἶ-μεν		ἠγγελ-μένοι ε-ἴη-μεν, ε-ἶ-μεν	
	πε-φασ-μένοι ε-ἴη-τε, ε-ἶ-τε		ἠγγελ-μένοι ε-ἴη-τε, ε-ἶ-τε	
	πε-φασ-μένοι ε-ἴη-σαν, ε-ἶε-ν		ἠγγελ-μένοι ε-ἴη-σαν, ε-ἶε-ν	
Impv.	πε-φασ-μένος ἴσθι		ἤγγελ-σο	
	πε-φάν- θω		ἠγγέλ- θω	
	πέ-φαν- θον		ἤγγελ- θον	
	πε-φάν- θων		ἠγγέλ- θων	
	πέ-φαν- θε		ἤγγελ- θε	
	πε-φάν- θων		ἠγγέλ- θων	
Inf.	πε-φάν- θαι		ἠγγέλ- θαι	
Ptc.	πε-φασ-μένος		ἠγγελ-μένος	

449. Π-mute Verbs: Perfect Middle System of
Πέμπω (πεμπ)

Middle or Passive

	Perfect		Pluperfect	
Ind.	(πέ-πεμπ-μαι)	πέ-πεμ -μαι	(ἐ-πε-πέμπ-μην)	ἐ-πε-πέμ -μην
	(πέ-πεμπ-σαι)	πέ-πεμψαι	(ἐ-πέ-πεμπ-σο)	ἐ-πέ-πεμψο
		πέ-πεμπ-ται		ἐ-πέ-πεμπ-το
	(πέ-πεμπ-σθον)	πέ-πεμφ- θον	(ἐ-πέ-πεμπ-σθον)	ἐ-πέ-πεμφ- θον
	(πέ-πεμπ-σθον)	πέ-πεμφ- θον	(ἐ-πε-πέμπ-σθην)	ἐ-πε-πέμφ- θην
	(πε-πέμπ-μεθα)	πε-πέμ -μεθα	(ἐ-πε-πέμπ-μεθα)	ἐ-πε-πέμ -μεθα
	(πέ-πεμπ-σθε)	πέ-πεμφ- θε	(ἐ-πέ-πεμπ-σθε)	ἐ-πέ-πεμφ- θε
	(πέ-πεμπ-νται)	πέ-πεμ -μενοι εἰσί(ν)	(ἐ-πέ-πεμπ-ντο)	πε-πεμ -μένοι ἦσαν
Subjv.	(πε-πεμπ-μένος)	πε-πεμ -μένος ὦ		
	(πε-πεμπ-μένος)	πε-πεμ -μένος ᾖς		
	(πε-πεμπ-μένος)	πε-πεμ -μένος ᾖ		
	(πε-πεμπ-μένω)	πε-πεμ -μένω ἦ-τον		
	(πε-πεμπ-μένω)	πε-πεμ -μένω ἦ-τον		
	(πε-πεμπ-μένοι)	πε-πεμ -μένοι ὦ-μεν		
	(πε-πεμπ-μένοι)	πε-πεμ -μένοι ἦ-τε		
	(πε-πεμπ-μένοι)	πε-πεμ -μένοι ὦσι(ν)		
Opt.	(πε-πεμπ-μένος)	πε-πεμ -μένος ε-ἴη-ν		
	(πε-πεμπ-μένος)	πε-πεμ -μένος ε-ἴη-ς		
	(πε-πεμπ-μένος)	πε-πεμ -μένος ε-ἴη		
	(πε-πεμπ-μένω)	πε-πεμ -μένω ε-ἴη-τον, ε-ῖ-τον		
	(πε-πεμπ-μένω)	πε-πεμ -μένω ε-ἰή-την, ε-ἴ-την		
	(πε-πεμπ-μένοι)	πε-πεμ -μένοι ε-ἴη-μεν, ε-ῖ-μεν		
	(πε-πεμπ-μένοι)	πε-πεμ -μένοι ε-ἴη-τε, ε-ῖ-τε		
	(πε-πεμπ-μένοι)	πε-πεμ -μένοι ε-ἴη-σαν, ε-ῖε-ν		
Impv.	(πέ-πεμπ-σο)	πέ-πεμψο		
	(πε-πέμπ-σθω)	πε-πέμφ- θω		
	(πέ-πεμπ-σθον)	πέ-πεμφ- θον		
	(πε-πέμπ-σθων)	πε-πέμφ- θων		
	(πέ-πεμπ-σθε)	πέ-πεμφ- θε		
	(πε-πέμπ-σθων)	πε-πέμφ- θων		
Inf.	(πε-πέμπ-σθαι)	πε-πέμφ- θαι		
Ptc.	(πε-πεμπ-μένος)	πε-πεμ -μένος		

450. K-mute Verbs: Perfect Middle System of Δοκέω (δοκ)

Middle or Passive

	Perfect		Pluperfect	
Ind.	(δέ-δοκ-μαι)	δέ-δογ-μαι	(ἐ-δε-δόκ-μην)	ἐ-δε-δόγ-μην
	(δέ-δοκ-σαι)	δέ-δοξαι	(ἐ-δέ-δοκ-σο)	ἐ-δέ-δοξο
		δέ-δοκ-ται		ἐ-δέ-δοκ-το
	(δέ-δοκ-σθον)	δέ-δοχ- θον	(ἐ-δέ-δοκ-σθον)	ἐ-δέ-δοχ- θον
	(δέ-δοκ-σθον)	δέ-δοχ- θον	(ἐ-δε-δόκ-σθην)	ἐ-δε-δόχ- θην
	(δε-δόκ-μεθα)	δε-δόγ-μεθα	(ἐ-δε-δόκ-μεθα)	ἐ-δε-δόγ-μεθα
	(δέ-δοκ-σθε)	δέ-δοχ- θε	(ἐ-δέ-δοκ-σθε)	ἐ-δέ-δοχ- θε
	(δέ-δοκ-νται)	δε-δογ-μένοι εἰσί(ν)	(ἐ-δέ-δοκ-ντο)	δε-δογ-μένοι ἦ-σαν
Subjv.	(δε-δοκ-μένος)	δε-δογ-μένος ὦ		
	(δε-δοκ-μένος)	δε-δογ-μένος ᾖς		
	(δε-δοκ-μένος)	δε-δογ-μένος ᾖ		
	(δε-δοκ-μένω)	δε-δογ-μένω ἦ-τον		
	(δε-δοκ-μένω)	δε-δογ-μένω ἦ-τον		
	(δε-δοκ-μένοι)	δε-δογ-μένοι ὦ-μεν		
	(δε-δοκ-μένοι)	δε-δογ-μένοι ἦ-τε		
	(δε-δοκ-μένοι)	δε-δογ-μένοι ὦσι(ν)		
Opt.	(δε-δοκ-μένος)	δε-δογ-μένος ε-ἴη-ν		
	(δε-δοκ-μένος)	δε-δογ-μένος ε-ἴη-ς		
	(δε-δοκ-μένος)	δε-δογ-μένος ε-ἴη		
	(δε-δοκ-μένω)	δε-δογ-μένω ε-ἴη-τον, ε-ἶ-τον		
	(δε-δοκ-μένω)	δε-δογ-μένω ε-ἰή-την, ε-ἴ-την		
	(δε-δοκ-μένοι)	δε-δογ-μένοι ε-ἴη-μεν, ε-ἶ-μεν		
	(δε-δοκ-μένοι)	δε-δογ-μένοι ε-ἴη-τε, ε-ἶ-τε		
	(δε-δοκ-μένοι)	δε-δογ-μένοι ε-ἴη-σαν, ε-ἶε-ν		
Impv.	(δέ-δοκ-σο)	δέ-δοξο		
	(δε-δόκ-σθω)	δε-δόχ- θω		
	(δέ-δοκ-σθον)	δέ-δοχ- θον		
	(δε-δόκ-σθων)	δε-δόχ- θων		
	(δέ-δοκ-σθε)	δέ-δοχ- θε		
	(δε-δόκ-σθων)	δε-δόχ- θων		
Inf.	(δε-δόκ-σθαι)	δε-δόχ- θαι		
Ptc.	(δε-δοκ-μένος)	δε-δογ-μένος		

451. T-mute Verbs: Perfect Middle System of Φράζω (φραδ)

Middle or Passive

	Perfect		Pluperfect	
Ind.	(πέ-φραδ-μαι)	πέ-φρασ-μαι	(ἐ-πε-φράδ-μην)	ἐ-πε-φράσ-μην
	(πέ-φραδ-σαι)	πέ-φρα -σαι	(ἐ-πέ-φραδ-σο)	ἐ-πέ-φρα -σο
	(πέ-φραδ-ται)	πέ-φρασ-ται	(ἐ-πέ-φραδ-το)	ἐ-πέ-φρασ-το
	(πέ-φραδ-σθον)	πέ-φρασ- θον	(ἐ-πέ-φραδ-σθον)	ἐ-πέ-φρασ- θον
	(πέ-φραδ-σθον)	πέ-φρασ- θον	(ἐ-πε-φράδ-σθην)	ἐ-πε-φράσ- θην
	(πε-φράδ-μεθα)	πε-φράσ-μεθα	(ἐ-πε-φράδ-μεθα)	ἐ-πε-φράσ-μεθα
	(πέ-φραδ-σθε)	πέ-φρασ- θε	(ἐ-πέ-φραδ-σθε)	ἐ-πέ-φρασ- θε
	(πέ-φραδ-νται)	πε-φρασ-μένοι εἰσί(ν)	(ἐ-πέ-φραδ-ντο)	πε-φρασ-μένοι ἦσαν
Subjv.	(πε-φραδ-μένος)	πε-φρασ-μένος ὦ		
	(πε-φραδ-μένος)	πε-φρασ-μένος ᾖς		
	(πε-φραδ-μένος)	πε-φρασ-μένος ᾖ		
	(πε-φραδ-μένω)	πε-φρασ-μένω ἦ-τον		
	(πε-φραδ-μένω)	πε-φρασ-μένω ἦ-τον		
	(πε-φραδ-μένοι)	πε-φρασ-μένοι ὦ-μεν		
	(πε-φραδ-μένοι)	πε-φρασ-μένοι ἦ-τε		
	(πε-φραδ-μένοι)	πε-φρασ-μένοι ὦσι(ν)		
Opt.	(πε-φραδ-μένος)	πε-φρασ-μένος ε-ἴη-ν		
	(πε-φραδ-μένος)	πε-φρασ-μένος ε-ἴη-ς		
	(πε-φραδ-μένος)	πε-φρασ-μένος ε-ἴη		
	(πε-φραδ-μένω)	πε-φρασ-μένω ε-ἴη-τον, ε-ἶ-τον		
	(πε-φραδ-μένω)	πε-φρασ-μένω ε-ἰή-την, ε-ἴ-την		
	(πε-φραδ-μένοι)	πε-φρασ-μένοι ε-ἴη-μεν, ε-ἶ-μεν		
	(πε-φραδ-μένοι)	πε-φρασ-μένοι ε-ἴη-τε, ε-ἶ-τε		
	(πε-φραδ-μένοι)	πε-φρασ-μένοι ε-ἴη-σαν, ε-ἶε-ν		
Impv.	(πέ-φραδ-σο)	πέ-φρα -σο		
	(πε-φράδ-σθω)	πε-φράσ- θω		
	(πέ-φραδ-σθον)	πέ-φρασ- θον		
	(πε-φράδ-σθων)	πε-φράσ- θων		
	(πέ-φραδ-σθε)	πέ-φρασ- θε		
	(πε-φράδ-σθων)	πε-φράσ- θων		
Inf.	(πε-φράδ-σθαι)	πε-φράσ- θαι		
Ptc.	(πε-φραδ-μένος)	πε-φρασ-μένος		

452. Contract Verbs: Present System of Τῑμάω (τῑμα)

Active

	Present		Imperfect	
Ind.	(τῑμά-ω)	τῑμῶ	(ἐ-τίμα-ο-ν)	ἐ-τίμω-ν
	(τῑμά-εις)	τῑμᾷς	(ἐ-τίμα-ε-ς)	ἐ-τίμᾱ-ς
	(τῑμά-ει)	τῑμᾷ	(ἐ-τίμα-ε)	ἐ-τίμᾱ
	(τῑμά-ε-τον)	τῑμᾶ-τον	(ἐ-τῑμά-ε-τον)	ἐ-τῑμᾶ-τον
	(τῑμά-ε-τον)	τῑμᾶ-τον	(ἐ-τῑμα-έ-την)	ἐ-τῑμά-την
	(τῑμά-ο-μεν)	τῑμῶ-μεν	(ἐ-τῑμά-ο-μεν)	ἐ-τῑμῶ-μεν
	(τῑμά-ε-τε)	τῑμᾶ-τε	(ἐ-τῑμά-ε-τε)	ἐ-τῑμᾶ-τε
	(τῑμά-ουσι)	τῑμῶσι(ν)	(ἐ-τίμα-ο-ν)	ἐ-τίμω-ν

Subjv.	(τῑμά-ω)	τῑμῶ
	(τῑμά-ῃς)	τῑμᾷς
	(τῑμά-ῃ)	τῑμᾷ
	(τῑμά-η-τον)	τῑμᾶ-τον
	(τῑμά-η-τον)	τῑμᾶ-τον
	(τῑμά-ω-μεν)	τῑμῶ-μεν
	(τῑμά-η-τε)	τῑμᾶ-τε
	(τῑμά-ωσι)	τῑμῶσι(ν)

Opt.	(τῑμά-ο-ι-μι)	(τῑμῶ-μι) or (τῑμα-ο-ίη-ν)	τῑμῴη-ν
	(τῑμά-ο-ι-ς)	(τῑμῷ-ς) (τῑμα-ο-ίη-ς)	τῑμῴη-ς
	(τῑμά-ο-ι)	(τῑμῷ) (τῑμα-ο-ίη)	τῑμῴη
	(τῑμά-ο-ι-τον)	τῑμῷ-τον (τῑμα-ο-ίη-τον)	(τῑμῴη-τον)
	(τῑμα-ο-ί-την)	τῑμῴ-την (τῑμα-ο-ιή-την)	(τῑμῳή-την)
	(τῑμά-ο-ι-μεν)	τῑμῷ-μεν (τῑμα-ο-ίη-μεν)	(τῑμῴη-μεν)
	(τῑμά-ο-ι-τε)	τῑμῷ-τε (τῑμα-ο-ίη-τε) ·	(τῑμῴη-τε)
	(τῑμά-ο-ιε-ν)	τῑμῷε-ν (τῑμα-ο-ίη-σαν)	(τῑμῴη-σαν)

Impv.	(τίμα-ε)	τίμᾱ
	(τῑμα-έ-τω)	τῑμά-τω
	(τῑμα-ε-τον)	τῑμᾶ-τον
	(τῑμα-έ-των)	τῑμά-των
	(τῑμα-ε-τε)	τῑμᾶ-τε
	(τῑμα-ό-ντων)	τῑμώ-ντων

Inf.	(τῑμά-ε-εν)	τῑμᾶν
Ptc.	(τῑμά-ων)	τῑμῶν

453. Contract Verbs: Present System of Τῑμάω (τῑμα)

Middle or Passive

	Present		Imperfect	
Ind.	(τῑμά-ο-μαι)	τῑμῶ-μαι	(ἐ-τῑμα-ό-μην)	ἐ-τῑμώ-μην
	(τῑμά-ῃ, -ει)	τῑμᾷ	(ἐ-τῑμά-ου)	ἐ-τῑμῶ
	(τῑμά-ε-ται)	τῑμᾶ-ται	(ἐ-τῑμά-ε-το)	ἐ-τῑμᾶ-το
	(τῑμά-ε-σθον)	τῑμᾶ-σθον	(ἐ-τῑμά-ε-σθον)	ἐ-τῑμᾶ-σθον
	(τῑμά-ε-σθον)	τῑμᾶ-σθον	(ἐ-τῑμα-έ-σθην)	ἐ-τῑμά-σθην
	(τῑμα-ό-μεθα)	τῑμώ-μεθα	(ἐ-τῑμα-ό-μεθα)	ἐ-τῑμώ-μεθα
	(τῑμά-ε-σθε)	τῑμᾶ-σθε	(ἐ-τῑμά-ε-σθε)	ἐ-τῑμᾶ-σθε
	(τῑμά-ο-νται)	τῑμῶ-νται	(ἐ-τῑμά-ο-ντο)	ἐ-τῑμῶ-ντο
Subjv.	(τῑμά-ω-μαι)	τῑμῶ-μαι		
	(τῑμά-ῃ)	τῑμᾷ		
	(τῑμά-η-ται)	τῑμᾶ-ται		
	(τῑμά-η-σθον)	τῑμᾶ-σθον		
	(τῑμά-η-σθον)	τῑμά-σθον		
	(τῑμα-ώ-μεθα)	τῑμώ-μεθα		
	(τῑμά-η-σθε)	τῑμᾶ-σθε		
	(τῑμά-ω-νται)	τῑμῶ-νται		
Opt.	(τῑμα-ο-ί-μην)	τῑμώ-μην		
	(τῑμά-ο-ι-ο)	τῑμῷ-ο		
	(τῑμά-ο-ι-το)	τῑμῷ-το		
	(τῑμά-ο-ι-σθον)	τῑμῷ-σθον		
	(τῑμα-ο-ί-σθην)	τῑμώ-σθην		
	(τῑμα-ο-ί-μεθα)	τῑμώ-μεθα		
	(τῑμά-ο-ι-σθε)	τῑμῷ-σθε		
	(τῑμά-ο-ι-ντο)	τῑμῷ-ντο		
Impv.	(τῑμά-ου)	τῑμῶ		
	(τῑμα-έ-σθω)	τῑμά-σθω		
	(τῑμά-ε-σθον)	τῑμᾶ-σθον		
	(τῑμα-έ-σθων)	τῑμά-σθων		
	(τῑμά-ε-σθε)	τῑμᾶ-σθε		
	(τῑμα-έ-σθων)	τῑμά-σθων		
Inf.	(τῑμά-ε-σθαι)	τῑμᾶ-σθαι		
Ptc.	(τῑμα-ό-μενος)	τῑμώ-μενος		

454. Contract Verbs: Present System of Φιλέω (φιλε)

Active

	Present			Imperfect
Ind.	(φιλέ-ω)	φιλῶ	(ἐ-φίλε-ο-ν)	ἐ-φίλου-ν
	(φιλέ-εις)	φιλεῖς	(ἐ-φίλε-ε-ς)	ἐ-φίλει-ς
	(φιλέ-ει)	φιλεῖ	(ἐ-φίλε-ε)	ἐ-φίλει
	(φιλέ-ε-τον)	φιλεῖ-τον	(ἐ-φιλέ-ε-τον)	ἐ-φιλεῖ-τον
	(φιλέ-ε-τον)	φιλεῖ-τον	(ἐ-φιλε-έ-την)	ἐ-φιλεί-την
	(φιλέ-ο-μεν)	φιλοῦ-μεν	(ἐ-φιλέ-ο-μεν)	ἐ-φιλοῦ-μεν
	(φιλέ-ε-τε)	φιλεῖ-τε	(ἐ-φιλέ-ε-τε)	ἐ-φιλεῖ-τε
	(φιλέ-ουσι)	φιλοῦσι(ν)	(ἐ-φίλε-ο-ν)	ἐ-φίλου-ν
Subjv.	(φιλέ-ω)	φιλῶ		
	(φιλέ-ῃς)	φιλῇς		
	(φιλέ-ῃ)	φιλῇ		
	(φιλέ-η-τον)	φιλῆ-τον		
	(φιλέ-η-τον)	φιλῆ-τον		
	(φιλέ-ω-μεν)	φιλῶ-μεν		
	(φιλέ-η-τε)	φιλῆ-τε		
	(φιλέ-ωσι)	φιλῶσι(ν)		
Opt.	(φιλέ-ο-ι-μι)	(φιλοῖ-μι) or	(φιλε-ο-ίη-ν)	φιλοίη-ν
	(φιλέ-ο-ι-ς)	(φιλοῖ-ς)	(φιλε-ο-ίη-ς)	φιλοίη-ς
	(φιλέ-ο-ι)	(φιλοῖ)	(φιλε-ο-ίη)	φιλοίη
	(φιλέ-ο-ι-τον)	φιλοῖ-τον	(φιλε-ο-ίη-τον)	(φιλοίη-τον)
	(φιλε-ο-ί-την)	φιλοί-την	(φιλε-ο-ιή-την)	(φιλοιή-την)
	(φιλέ-ο-ι-μεν)	φιλοῖ-μεν	(φιλε-ο-ίη-μεν)	(φιλοίη-μεν)
	(φιλέ-ο-ι-τε)	φιλοῖ-τε	(φιλε-ο-ίη-τε)	(φιλοίη-τε)
	(φιλέ-ο-ιε-ν)	φιλοῖε-ν	(φιλε-ο-ίη-σαν)	(φιλοίη-σαν)
Impv.	(φίλε-ε)	φίλει		
	(φιλε-έ-τω)	φιλεί-τω		
	(φιλέ-ε-τον)	φιλεῖ-τον		
	(φιλε-έ-των)	φιλεί-των		
	(φιλέ-ε-τε)	φιλεῖ-τε		
	(φιλε-ό-ντων)	φιλού-ντων		
Inf.	(φιλέ-ε-εν)	φιλεῖν		
Ptc.	(φιλέ-ων)	φιλῶν		

455. Contract Verbs: Present System of Φιλέω (φιλε)

Middle or Passive

	Present		Imperfect	
Ind.	(φιλέ-ο-μαι)	φιλοῦ-μαι	(ἐ-φιλε-ό-μην)	ἐ-φιλού-μην
	(φιλέ-ῃ, -ει)	φιλῇ, φιλεῖ	(ἐ-φιλέ-ου)	ἐ-φιλοῦ
	(φιλέ-ε-ται)	φιλεῖ-ται	(ἐ-φιλέ-ε-το)	ἐ-φιλεῖ-το
	(φιλέ-ε-σθον)	φιλεῖ-σθον	(ἐ-φιλέ-ε-σθον)	ἐ-φιλεῖ-σθον
	(φιλέ-ε-σθον)	φιλεῖ-σθον	(ἐ-φιλε-έ-σθην)	ἐ-φιλεί-σθην
	(φιλε-ό-μεθα)	φιλού-μεθα	(ἐ-φιλε-ό-μεθα)	ἐ-φιλού-μεθα
	(φιλέ-ε-σθε)	φιλεῖ-σθε	(ἐ-φιλέ-ε-σθε)	ἐ-φιλεῖ-σθε
	(φιλέ-ο-νται)	φιλοῦ-νται	(ἐ-φιλέ-ο-ντο)	ἐ-φιλοῦ-ντο
Subjv.	(φιλέ-ω-μαι)	φιλῶ-μαι		
	(φιλέ-ῃ)	φιλῇ		
	(φιλέ-η-ται)	φιλῆ-ται		
	(φιλέ-η-σθον)	φιλῆ-σθον		
	(φιλέ-η-σθον)	φιλῆ-σθον		
	(φιλε-ώ-μεθα)	φιλώ-μεθα		
	(φιλέ-η-σθε)	φιλῆ-σθε		
	(φιλέ-ω-νται)	φιλῶ-νται		
Opt.	(φιλε-ο-ί-μην)	φιλοί-μην		
	(φιλέ-ο-ι-ο)	φιλοῖ-ο		
	(φιλέ-ο-ι-το)	φιλοῖ-το		
	(φιλέ-ο-ι-σθον)	φιλοῖ-σθον		
	(φιλε-ο-ί-σθην)	φιλοί-σθην		
	(φιλε-ο-ί-μεθα)	φιλοί-μεθα		
	(φιλέ-ο-ι-σθε)	φιλοῖ-σθε		
	(φιλέ-ο-ι-ντο)	φιλοῖ-ντο		
Impv.	(φιλέ-ου)	φιλοῦ		
	(φιλε-έ-σθω)	φιλεί-σθω		
	(φιλέ-ε-σθον)	φιλεῖ-σθον		
	(φιλέ-ε-σθων)	φιλεί-σθων		
	(φιλέ-ε-σθε)	φιλεῖ-σθε		
	(φιλε-έ-σθων)	φιλεί-σθων		
Inf.	(φιλέ-ε-σθαι)	φιλεῖ-σθαι		
Ptc.	(φιλε-ό-μενος)	φιλού-μενος		

456. Contract Verbs: Present System of Δηλόω (δηλο)

Active

		Present		Imperfect
Ind.	(δηλό-ω)	δηλῶ	(ἐ-δήλο-ο-ν)	ἐ-δήλου-ν
	(δηλό-εις)	δηλοῖς	(ἐ-δήλο-ε-ς)	ἐ-δήλου-ς
	(δηλό-ει)	δηλοῖ	(ἐ-δήλο-ε)	ἐ-δήλου
	(δηλό-ε-τον)	δηλοῦ-τον	(ἐ-δηλό-ε-τον)	ἐ-δηλοῦ-τον
	(δηλό-ε-τον)	δηλοῦ-τον	(ἐ-δηλο-έ-την)	ἐ-δηλού-την
	(δηλό-ο-μεν)	δηλοῦ-μεν	(ἐ-δηλό-ο-μεν)	ἐ-δηλοῦ-μεν
	(δηλό-ε-τε)	δηλοῦ-τε	(ἐ-δηλό-ε-τε)	ἐ-δηλοῦ-τε
	(δηλό-ουσι)	δηλοῦσι(ν)	(ἐ-δήλο-ο-ν)	ἐ-δήλου-ν
Subjv.	(δηλό-ω)	δηλῶ		
	(δηλό-ῃς)	δηλοῖς		
	(δηλό-ῃ)	δηλοῖ		
	(δηλό-η-τον)	δηλῶ-τον		
	(δηλό-η-τον)	δηλῶ-τον		
	(δηλό-ω-μεν)	δηλῶ-μεν		
	(δηλό-η-τε)	δηλῶ-τε		
	(δηλό-ωσι)	δηλῶσι(ν)		
Opt.	(δηλό-ο-ι-μι)	(δηλοῖ-μι) or	(δηλο-ο-ίη-ν)	δηλοίη-ν
	(δηλό-ο-ι-ς)	(δηλοῖ-ς)	(δηλο-ο-ίη-ς)	δηλοίη-ς
	(δηλό-ο-ι)	(δηλοῖ)	(δηλο-ο-ίη)	δηλοίη
	(δηλό-ο-ι-τον)	δηλοῖ-τον	(δηλο-ο-ίη-τον)	(δηλοίη-τον)
	(δηλό-ο-ί-την)	δηλοί-την	(δηλο-ο-ιή-την)	(δηλοιή-την)
	(δηλό-ο-ι-μεν)	δηλοῖ-μεν	(δηλο-ο-ίη-μεν)	(δηλοίη-μεν)
	(δηλό-ο-ι-τε)	δηλοῖ-τε	(δηλο-ο-ίη-τε)	(δηλοίη-τε)
	(δηλό-ο-ιε-ν)	δηλοῖε-ν	(δηλο-ο-ίη-σαν)	(δηλοίη-σαν)
Impv.	(δήλο-ε)	δήλου		
	(δηλο-έ-τω)	δηλού-τω		
	(δηλό-ε-τον)	δηλοῦ-τον		
	(δηλο-έ-των)	δηλού-των		
	(δηλό-ε-τε)	δηλοῦ-τε		
	(δηλο-ό-ντων)	δηλού-ντων		
Inf.	(δηλό-ε-εν)	δηλοῦν		
Ptc.	(δηλό-ων)	δηλῶν		

457. Contract Verbs: Present System of Δηλόω (δηλο)

Middle or Passive

	Present		Imperfect	
Ind.	(δηλό-ο-μαι)	δηλοῦ-μαι	(ἐ-δηλο-ό-μην)	ἐ-δηλού-μην
	(δηλό-ῃ, -ει)	δηλοῖ	(ἐ-δηλό-ου)	ἐ-δηλοῦ
	(δηλό-ε-ται)	δηλοῦ-ται	(ἐ-δηλό-ε-το)	ἐ-δηλοῦ-το
	(δηλό-ε-σθον)	δηλοῦ-σθον	(ἐ-δηλό-ε-σθον)	ἐ-δηλοῦ-σθον
	(δηλό-ε-σθον)	δηλοῦ-σθον	(ἐ-δηλο-έ-σθην)	ἐ-δηλού-σθην
	(δηλο-ό-μεθα)	δηλού-μεθα	(ἐ-δηλο-ό-μεθα)	ἐ-δηλού-μεθα
	(δηλό-ε-σθε)	δηλοῦ-σθε	(ἐ-δηλό-ε-σθε)	ἐ-δηλοῦ-σθε
	(δηλό-ο-νται)	δηλοῦ-νται	(ἐ-δηλό-ο-ντο)	ἐ-δηλοῦ-ντο
Subjv.	(δηλό-ω-μαι)	δηλῶ-μαι		
	(δηλό-ῃ)	δηλοῖ		
	(δηλό-η-ται)	δηλῶ-ται		
	(δηλό-η-σθον)	δηλῶ-σθον		
	(δηλό-η-σθον)	δηλῶ-σθον		
	(δηλο-ώ-μεθα)	δηλώ-μεθα		
	(δηλό-η-σθε)	δηλῶ-σθε		
	(δηλό-ω-νται)	δηλῶ-νται		
Opt.	(δηλο-ο-ί-μην)	δηλοί-μην		
	(δηλό-ο-ι-ο)	δηλοῖ-ο		
	(δηλό-ο-ι-το)	δηλοῖ-το		
	(δηλό-ο-ι-σθον)	δηλοῖ-σθον		
	(δηλο-ο-ί-σθην)	δηλοί-σθην		
	(δηλο-ο-ί-μεθα)	δηλοί-μεθα		
	(δηλό-ο-ι-σθε)	δηλοῖ-σθε		
	(δηλό-ο-ι-ντο)	δηλοῖ-ντο		
Impv.	(δηλό-ου)	δηλοῦ		
	(δηλο-έ-σθω)	δηλού-σθω		
	(δηλό-ε-σθον)	δηλοῦ-σθον		
	(δηλο-έ-σθων)	δηλού-σθων		
	(δηλό-ε-σθε)	δηλοῦ-σθε		
	(δηλο-έ-σθων)	δηλού-σθων		
Inf.	(δηλό-ε-σθαι)	δηλοῦ-σθαι		
Ptc.	(δηλο-ό-μενος)	δηλού-μενος		

458. MI-verbs: Present System of Τίθημι (θη, θε)

	Active		Middle or Passive	
	Present	Imperfect	Present	Imperfect
Ind.	τί-θη-μι	ἐ-τί-θη-ν	τί-θε-μαι	ἐ-τι-θέ-μην
	τί-θη-ς	ἐ-τί-θει-ς	τί-θε-σαι	ἐ-τί-θε-σο
	τί-θη-σι(ν)	ἐ-τί-θει	τί-θε-ται	ἐ-τί-θε-το
	τί-θε-τον	ἐ-τί-θε-τον	τί-θε-σθον	ἐ-τί-θε-σθον
	τί-θε-τον	ἐ-τι-θέ-την	τί-θε-σθον	ἐ-τι-θέ-σθην
	τί-θε-μεν	ἐ-τί-θε-μεν	τι-θέ-μεθα	ἐ-τι-θέ-μεθα
	τί-θε-τε	ἐ-τί-θε-τε	τί-θε-σθε	ἐ-τί-θε-σθε
	τι-θέ-ᾱσι(ν)	ἐ-τί-θε-σαν	τί-θε-νται	ἐ-τί-θε-ντο
Subjv.	τι-θῶ		τι-θῶ-μαι	
	τι-θῇς		τι-θῇ	
	τι-θῇ		τι-θῆ-ται	
	τι-θῆ-τον		τι-θῆ-σθον	
	τι-θῆ-τον		τι-θῆ-σθον	
	τι-θῶ-μεν		τι-θώ-μεθα	
	τι-θῆ-τε		τι-θῆ-σθε	
	τι-θῶσι(ν)		τι-θῶ-νται	
Opt.	τι-θε-ίη-ν		τι-θε-ί-μην, τι-θοί-μην	
	τι-θε-ίη-ς		τι-θε-ῖ-ο, τι-θοῖ-ο	
	τι-θε-ίη		τι-θε-ῖ-το, τι-θοῖ-το	
	τι-θε-ίη-τον, τι-θε-ῖ-τον		τι-θε-ῖ-σθον, τι-θοῖ-σθον	
	τι-θε-ιή-την, τι-θε-ί-την		τι-θε-ί-σθην, τι-θοί-σθην	
	τι-θε-ίη-μεν, τι-θε-ῖ-μεν		τι-θε-ί-μεθα, τι-θοί-μεθα	
	τι-θε-ίη-τε, τι-θε-ῖ-τε		τι-θε-ῖ-σθε, τι-θοῖ-σθε	
	τι-θε-ίη-σαν, τι-θε-ῖε-ν		τι-θε-ῖ-ντο, τι-θοῖ-ντο	
Impv.	τί-θει		τί-θε-σο	
	τι-θέ-τω		τι-θέ-σθω	
	τί-θε-τον		τί-θε-σθον	
	τι-θέ-των		τι-θέ-σθων	
	τί-θε-τε		τί-θε-σθε	
	τι-θέ-ντων		τι-θέ-σθων	
Inf.	τι-θέ-ναι		τί-θε-σθαι	
Ptc.	τι-θείς		τι-θέ-μενος	

459. MI-verbs: Present System of Δίδωμι (δω, δο)

	Active		Middle or Passive	
	Present	Imperfect	Present	Imperfect
Ind.	δί-δω-μι	ἐ-δί-δου-ν	δί-δο-μαι	ἐ-δι-δό-μην
	δί-δω-ς	ἐ-δί-δου-ς	δί-δο-σαι	ἐ-δί-δο-σο
	δί-δω-σι(ν)	ἐ-δί-δου	δί-δο-ται	ἐ-δί-δο-το
	δί-δο-τον	ἐ-δί-δο-τον	δί-δο-σθον	ἐ-δί-δο-σθον
	δί-δο-τον	ἐ-δι-δό-την	δί-δο-σθον	ἐ-δι-δό-σθην
	δί-δο-μεν	ἐ-δί-δο-μεν	δι-δό-μεθα	ἐ-δι-δό-μεθα
	δί-δο-τε	ἐ-δί-δο-τε	δί-δο-σθε	ἐ-δί-δο-σθε
	δι-δό-ᾱσι(ν)	ἐ-δί-δο-σαν	δί-δο-νται	ἐ-δί-δο-ντο
Subjv.	δι-δῶ		δι-δῶ-μαι	
	δι-δῷς		δι-δῷ	
	δι-δῷ		δι-δῶ-ται	
	δι-δῶ-τον		δι-δῶ-σθον	
	δι-δῶ-τον		δι-δῶ-σθον	
	δι-δῶ-μεν		δι-δώ-μεθα	
	δι-δῶ-τε		δι-δῶ-σθε	
	δι-δῶσι(ν)		δι-δῶ-νται	
Opt.	δι-δο-ίη-ν		δι-δο-ί-μην	
	δι-δο-ίη-ς		δι-δο-ῖ-ο	
	δι-δο-ίη		δι-δο-ῖ-το	
	δι-δο-ίη-τον, δι-δο-ῖ-τον		δι-δο-ῖ-σθον	
	δι-δο-ιή-την, δι-δο-ί-την		δι-δο-ί-σθην	
	δι-δο-ίη-μεν, δι-δο-ῖ-μεν		δι-δο-ί-μεθα	
	δι-δο-ίη-τε, δι-δο-ῖ-τε		δι-δο-ῖ-σθε	
	δι-δο-ίη-σαν, δι-δο-ῖε-ν		δι-δο-ῖ-ντο	
Impv.	δί-δου		δί-δο-σο	
	δι-δό-τω		δι-δό-σθω	
	δί-δο-τον		δί-δο-σθον	
	δι-δό-των		δι-δό-σθων	
	δί-δο-τε		δί-δο-σθε	
	δι-δό-ντων		δι-δό-σθων	
Inf.	δι-δό-ναι		δί-δο-σθαι	
Ptc.	δι-δούς		δι-δό-μενος	

460. MI-verbs: Present System of
Ἵστημι (στη, στα)

	Active		Middle or Passive	
	Present	Imperfect	Present	Imperfect
Ind.	ἵ-στη-μι	ἵ-στη-ν	ἵ-στα-μαι	ἱ-στά-μην
	ἵ-στη-ς	ἵ-στη-ς	ἵ-στα-σαι	ἵ-στα-σο
	ἵ-στη-σι(ν)	ἵ-στη	ἵ-στα-ται	ἵ-στα-το
	ἵ-στα-τον	ἵ-στα-τον	ἵ-στα-σθον	ἵ-στα-σθον
	ἵ-στα-τον	ἱ-στά-την	ἵ-στα-σθον	ἱ-στά-σθην
	ἵ-στα-μεν	ἵ-στα-μεν	ἱ-στά-μεθα	ἱ-στά-μεθα
	ἵ-στα-τε	ἵ-στα-τε	ἵ-στα-σθε	ἵ-στα-σθε
	ἱ-στᾶσι(ν)	ἵ-στα-σαν	ἵ-στα-νται	ἵ-στα-ντο
Subjv.	ἱ-στῶ		ἱ-στῶ-μαι	
	ἱ-στῇς		ἱ-στῇ	
	ἱ-στῇ		ἱ-στῇ-ται	
	ἱ-στῇ-τον		ἱ-στῇ-σθον	
	ἱ-στῇ-τον		ἱ-στῇ-σθον	
	ἱ-στῶ-μεν		ἱ-στώ-μεθα	
	ἱ-στῇ-τε		ἱ-στῇ-σθε	
	ἱ-στῶσι(ν)		ἱ-στῶ-νται	
Opt.	ἱ-στα-ίη-ν		ἱ-στα-ί-μην	
	ἱ-στα-ίη-ς		ἱ-στα-ῖ-ο	
	ἱ-στα-ίη		ἱ-στα-ῖ-το	
	ἱ-στα-ίη-τον,	ἱ-στα-ῖ-τον	ἱ-στα-ῖ-σθον	
	ἱ-στα-ιή-την,	ἱ-στα-ί-την	ἱ-στα-ί-σθην	
	ἱ-στα-ίη-μεν,	ἱ-στα-ῖ-μεν	ἱ-στα-ί-μεθα	
	ἱ-στα-ίη-τε,	ἱ-στα-ῖ-τε	ἱ-στα-ῖ-σθε	
	ἱ-στα-ίη-σαν,	ἱ-στα-ῖε-ν	ἱ-στα-ῖ-ντο	
Impv.	ἵ-στη		ἵ-στα-σο	
	ἱ-στά-τω		ἱ-στά-σθω	
	ἵ-στα-τον		ἵ-στα-σθον	
	ἱ-στά-των		ἱ-στά-σθων	
	ἵ-στα-τε		ἵ-στα-σθε	
	ἱ-στά-ντων		ἱ-στά-σθων	
Inf.	ἱ-στά-ναι		ἵ-στα-σθαι	
Ptc.	ἱ-στάς		ἱ-στά-μενος	

461. MI-verbs: Second Aorist System of Τίθημι (θη, θε)

	Active	Middle
	Second Aorist	
Ind.	------- ἔ-θη-κα	ἐ-θέ-μην
	------- ἔ-θη-κα-ς	ἔ-θου
	------- ἔ-θη-κε(ν)	ἔ-θε-το
	ἔ-θε-τον	ἔ-θε-σθον
	ἐ-θέ-την	ἐ-θέ-σθην
	ἔ-θε-μεν	ἐ-θέ-μεθα
	ἔ-θε-τε	ἔ-θε-σθε
	ἔ-θε-σαν	ἔ-θε-ντο
Subjv.	θῶ	θῶ-μαι
	θῇς	θῇ
	θῇ	θῆ-ται
	θῆ-τον	θῆ-σθον
	θῆ-τον	θῆ-σθον
	θῶ-μεν	θώ-μεθα
	θῆ-τε	θῆ-σθε
	θῶσι(ν)	θῶ-νται
Opt.	θε-ίη-ν	θε-ί-μην
	θε-ίη-ς	θε-ῖ-ο
	θε-ίη	θε-ῖ-το, θοῖ-το
	θε-ίη-τον, θε-ῖ-τον	θε-ῖ-σθον
	θε-ιή-την, θε-ί-την	θε-ί-σθην
	θε-ίη-μεν, θε-ῖ-μεν	θε-ί-μεθα, θοί-μεθα
	θε-ίη-τε, θε-ῖ-τε	θε-ῖ-σθε, θοῖ-σθε
	θε-ίη-σαν, θε-ῖε-ν	θε-ῖ-ντο, θοῖ-ντο
Impv.	θέ-ς	θοῦ
	θέ-τω	θέ-σθω
	θέ-τον	θέ-σθον
	θέ-των	θέ-σθων
	θέ-τε	θέ-σθε
	θέ-ντων	θέ-σθων
Inf.	(θε-έναι) θεῖναι	θέ-σθαι
Ptc.	θείς	θέ-μενος

462. MI-verbs: Second Aorist System of Δίδωμι (δω, δο)

	Active	Middle
	Second Aorist	
Ind.	------- ἔ-δω-κα	ἐ-δό-μην
	------- ἔ-δω-κα-ς	ἔ-δου
	------- ἔ-δω-κε(ν)	ἔ-δο-το
	ἔ-δο-τον	ἔ-δο-σθον
	ἐ-δό-την	ἐ-δό-σθην
	ἔ-δο-μεν	ἐ-δό-μεθα
	ἔ-δο-τε	ἔ-δο-σθε
	ἔ-δο-σαν	ἔ-δο-ντο
Subjv.	δῶ	δῶ-μαι
	δῷς	δῷ
	δῷ	δῶ-ται
	δῶ-τον	δῶ-σθον
	δῶ-τον	δῶ-σθον
	δῶ-μεν	δώ-μεθα
	δῶ-τε	δῶ-σθε
	δῶσι(ν)	δῶ-νται
Opt.	δο-ίη-ν	δο-ί-μην
	δο-ίη-ς	δο-ῖ-ο
	δο-ίη	δο-ῖ-το
	δο-ίη-τον, δο-ῖ-τον	δο-ῖ-σθον
	δο-ιή-την, δο-ί-την	δο-ί-σθην
	δο-ίη-μεν, δο-ῖ-μεν	δο-ί-μεθα
	δο-ίη-τε, δο-ῖ-τε	δο-ῖ-σθε
	δο-ίη-σαν, δο-ῖε-ν	δο-ῖ-ντο
Impv.	δό-ς	δοῦ
	δό-τω	δό-σθω
	δό-τον	δό-σθον
	δό-των	δό-σθων
	δό-τε	δό-σθε
	δό-ντων	δό-σθων
Inf.	(δο-έναι) δοῦναι	δό-σθαι
Ptc.	δούς	δό-μενος

463. MI-verbs: Second Aorist System of Ἵστημι (στη, στα)

464. MI-verbs: Present System of Δείκνῡμι (δεικ)

	Active Second Aorist	Active Present	Imperfect	Middle or Passive Present	Imperfect
Ind.	ἔ-στη-ν	δείκ-νῡ-μι	ἐ-δείκ-νῡ-ν	δείκ-νυ-μαι	ἐ-δεικ-νύ-μην
	ἔ-στη-ς	δείκ-νῡ-ς	ἐ-δείκ-νῡ-ς	δείκ-νυ-σαι	ἐ-δείκ-νυ-σο
	ἔ-στη	δείκ-νῡ-σι(ν)	ἐ-δείκ-νῡ	δείκ-νυ-ται	ἐ-δείκ-νυ-το
	ἔ-στη-τον	δείκ-νυ-τον	ἐ-δείκ-νυ-τον	δείκ-νυ-σθον	ἐ-δείκ-νυ-σθον
	ἐ-στή-την	δείκ-νυ-τον	ἐ-δεικ-νύ-την	δείκ-νυ-σθον	ἐ-δεικ-νύ-σθην
	ἔ-στη-μεν	δείκ-νυ-μεν	ἐ-δείκ-νυ-μεν	δεικ-νύ-μεθα	ἐ-δεικ-νύ-μεθα
	ἔ-στη-τε	δείκ-νυ-τε	ἐ-δείκ-νυ-τε	δείκ-νυ-σθε	ἐ-δείκ-νυ-σθε
	ἔ-στη-σαν	δεικ-νύ-ᾱσι(ν)	ἐ-δείκ-νυ-σαν	δείκ-νυ-νται	ἐ-δείκ-νυ-ντο
Subjv.	στῶ	δεικ-νύ-ω		δεικ-νύ-ω-μαι	
	στῇς	δεικ-νύ-ῃς		δεικ-νύ-ῃ	
	στῇ	δεικ-νύ-ῃ		δεικ-νύ-η-ται	
	στῆ-τον	δεικ-νύ-η-τον		δεικ-νύ-η-σθον	
	στῆ-τον	δεικ-νύ-η-τον		δεικ-νύ-η-σθον	
	στῶ-μεν	δεικ-νύ-ω-μεν		δεικ-νυ-ώ-μεθα	
	στῆ-τε	δεικ-νύ-η-τε		δεικ-νύ-η-σθε	
	στῶσι(ν)	δεικ-νύ-ωσι(ν)		δεικ-νύ-ω-νται	
Opt.	στα-ίη-ν	δεικ-νύ-ο-ι-μι		δεικ-νυ-ο-ί-μην	
	στα-ίη-ς	δεικ-νύ-ο-ι-ς		δεικ-νύ-ο-ι-ο	
	στα-ίη	δεικ-νύ-ο-ι		δεικ-νύ-ο-ι-το	
	στα-ίη-τον, στα-ῖ-τον	δεικ-νύ-ο-ι-τον		δεικ-νυ-ο-ί-σθον	
	στα-ιή-την, στα-ί-την	δεικ-νυ-ο-ί-την		δεικ-νυ-ο-ί-σθην	
	στα-ίη-μεν, στα-ῖ-μεν	δεικ-νύ-ο-ι-μεν		δεικ-νυ-ο-ί-μεθα	
	στα-ίη-τε, στα-ῖ-τε	δεικ-νύ-ο-ι-τε		δεικ-νύ-ο-ι-σθε	
	στα-ίη-σαν, στα-ῖε-ν	δεικ-νύ-ο-ιε-ν		δεικ-νύ-ο-ι-ντο	
Impv.	στῆ-θι	δείκ-νῡ		δείκ-νυ-σο	
	στή-τω	δεικ-νύ-τω		δεικ-νύ-σθω	
	στῆ-τον	δείκ-νυ-τον		δείκ-νυ-σθον	
	στή-των	δεικ-νύ-των		δεικ-νύ-σθων	
	στῆ-τε	δείκ-νυ-τε		δείκ-νυ-σθε	
	στά-ντων	δεικ-νύ-ντων		δεικ-νύ-σθων	
Inf.	στῆ-ναι	δεικ-νύ-ναι		δείκ-νυ-σθαι	
Ptc.	στάς	δεικ-νῡ́ς		δεικ-νύ-μενος	

465. Ω-verbs: Non-thematic Second Aorist Systems of
Γιγνώσκω (γνω, γνο)   Διδράσκω (δρᾱ, δρα)   Δύω (δῡ, δυ)

	Active Second Aorist	Active Second Aorist	Active Second Aorist
Ind.	ἔ-γνω-ν	ἔ-δρᾱ-ν	ἔ-δῡ-ν
	ἔ-γνω-ς	ἔ-δρᾱ-ς	ἔ-δῡ-ς
	ἔ-γνω	ἔ-δρᾱ	ἔ-δῡ
	ἔ-γνω-τον	ἔ-δρᾱ-τον	ἔ-δῡ-τον
	ἐ-γνώ-την	ἐ-δρά-την	ἐ-δύ-την
	ἔ-γνω-μεν	ἔ-δρᾱ-μεν	ἔ-δῡ-μεν
	ἔ-γνω-τε	ἔ-δρᾱ-τε	ἔ-δῡ-τε
	ἔ-γνω-σαν	ἔ-δρᾱ-σαν	ἔ-δῡ-σαν
Subjv.	γνῶ	δρῶ	δύ-ω
	γνῷς	δρᾷς	δύ-ῃς
	γνῷ	δρᾷ	δύ-ῃ
	γνῶ-τον	δρᾶ-τον	δύ-η-τον
	γνῶ-τον	δρᾶ-τον	δύ-η-τον
	γνῶ-μεν	δρῶ-μεν	δύ-ω-μεν
	γνῶ-τε	δρᾶ-τε	δύ-η-τε
	γνῶσι(ν)	δρῶσι(ν)	δύ-ωσι(ν)
Opt.	γνο-ίη-ν	δρα-ίη-ν	
	γνο-ίη-ς	δρα-ίη-ς	
	γνο-ίη	δρα-ίη	
	γνο-ίη-τον, γνο-ῖ-τον	δρα-ίη-τον, δρα-ῖ-τον	
	γνο-ιή-την, γνο-ί-την	δρα-ιή-την, δρα-ί-την	
	γνο-ίη-μεν, γνο-ῖ-μεν	δρα-ίη-μεν, δρα-ῖ-μεν	
	γνο-ίη-τε, γνο-ῖ-τε	δρα-ίη-τε, δρα-ῖ-τε	
	γνο-ίη-σαν, γνο-ῖε-ν	δρα-ίη-σαν, δρα-ῖε-ν	
Impv.	γνῶ-θι	δρᾶ-θι	δῦ-θι
	γνώ-τω	δρά-τω	δύ-τω
	γνῶ-τον	δρᾶ-τον	δῦ-τον
	γνώ-των	δρά-των	δύ-των
	γνῶ-τε	δρᾶ-τε	δῦ-τε
	γνό-ντων	δρά-ντων	δύ-ντων
Inf.	γνῶ-ναι	δρᾶ-ναι	δῦ-ναι
Ptc.	γνούς	δράς	δύς

466. Second Perfect System of
Θνήσκω (θνη, θνα)

467. Second Perfect System of
Ἵστημι (στη, στα)

Active

Second Perfect	Second Pluperfect	Second Perfect	Second Pluperfect
------- τέ-θνη-κα	------- ἐ-τε-θνή-κη	------- ἔ-στη-κα	------- εἰ-στή-κη
------- τέ-θνη-κα-ς	------- ἐ-τε-θνή-κη-ς	------- ἔ-στη-κα-ς	------- εἰ-στή-κη-ς
------- τέ-θνη-κε(ν)	------- ἐ-τε-θνή-κει(ν)	------- ἔ-στη-κε(ν)	------- εἰ-στή-κει(ν)
τέ-θνα-τον	ἐ-τέ-θνα-τον	ἔ-στα-τον	ἔ-στα-τον
τέ-θνα-τον	ἐ-τε-θνά-την	ἔ-στα-τον	ἐ-στά-την
τέ-θνα-μεν	ἐ-τέ-θνα-μεν	ἔ-στα-μεν	ἔ-στα-μεν
τέ-θνα-τε	ἐ-τέ-θνα-τε	ἔ-στα-τε	ἔ-στα-τε
τε-θνᾶσι(ν)	ἐ-τέ-θνα-σαν	ἑ-στᾶσι(ν)	ἔ-στα-σαν

------- τε-θνή-κω
------- τέ-θνή-κῃς
------- τε-θνή-κῃ
------- τε-θνή-κη-τον
------- τε-θνή-κη-τον
------- τε-θνή-κω-μεν
------- τε-θνή-κη-τε
------- τε-θνή-κωσι(ν)

ἑ-στῶ
ἑ-στῇς
ἑ-στῇ
ἑ-στῆ-τον
ἑ-στῆ-τον
ἑ-στῶ-μεν
ἑ-στῆ-τε
ἑ-στῶσι(ν)

τε-θνα-ίη-ν
τε-θνα-ίη-ς
τε-θνα-ίη
τε-θνα-ίη-τον, τε-θνα-ῖ-τον
τε-θνα-ιή-την, τε-θνα-ί-την
τε-θνα-ίη-μεν, τε-θνα-ῖ-μεν
τε-θνα-ίη-τε, τε-θνα-ῖ-τε
τε-θνα-ίη-σαν, τε-θνα-ῖε-ν

ἑ-στα-ίη-ν
ἑ-στα-ίη-ς
ἑ-στα-ίη
ἑ-στα-ίη-τον, ἑ-στα-ῖ-τον
ἑ-στα-ιή-την, ἑ-στα-ίτην
ἑ-στα-ίη-μεν, ἑ-στα-ῖ-μεν
ἑ-στα-ίη-τε, ἑ-στα-ῖ-τε
ἑ-στα-ίη-σαν, ἑ-στα-ῖε-ν

τέ-θνα-θι
τε-θνά-τω
τέ-θνα-τον
τε-θνά-των
τέ-θνα-τε
τε-θνά-ντων

ἔ-στα-θι
ἑ-στά-τω
ἔ-στα-τον
ἑ-στά-των
ἔ-στα-τε
ἑ-στά-ντων

τε-θνά-ναι,   τε-θνη-κέ-ναι
ἑ-στά-ναι

τε-θνε-ώς (τε-θνε-ῶσα, τε-θνε-ός), τε-θνη-κώς
ἑ-στώς (ἑ-στῶσα, ἑ-στός), ἑ-στη-κώς

468. Second Perfect System of Οἶδα (Ϝειδ, Ϝοιδ, Ϝιδ)

469. Present System of Φημί (φη, φα) (enclitics marked with asterisks)

	Active			Active	
	Second Perfect	Second Pluperfect		Present	Imperfect
Ind.	οἶδ-α	ᾔδ-η,	ᾔδ-ει-ν	φη-μί	ἔ-φη-ν
	οἶσ-θα	ᾔδ-η-σθα,	ᾔδ-ει-ς	φής, *	ἔ-φη-σθα, ἔ-φη-ς
	οἶδ-ε(ν)	ᾔδ-ει(ν)		φη-σί(ν) *	ἔ-φη
	ἴσ-τον	ᾖσ-τον		φα-τόν *	ἔ-φα-τον
	ἴσ-τον	ᾖσ-την		φα-τόν *	ἐ-φά-την
	ἴσ-μεν	ᾖσ-μεν,	ᾔδ-ε-μεν	φα-μέν *	ἔ-φα-μεν
	ἴσ-τε	ᾖσ-τε,	ᾔδ-ε-τε	φα-τέ *	ἔ-φα-τε
	ἴσ-ᾱσι(ν)	ᾖ-σαν,	ᾔδ-ε-σαν	φᾱσί(ν) *	ἔ-φα-σαν
Subjv.	εἰδ-ῶ			φῶ	
	εἰδ-ῇς			φῇς	
	εἰδ-ῇ			φῇ	
	εἰδ-ῆ-τον			φῆ-τον	
	εἰδ-ῆ-τον			φῆ-τον	
	εἰδ-ῶ-μεν			φῶ-μεν	
	εἰδ-ῆ-τε			φῆ-τε	
	εἰδ-ῶσι(ν)			φῶσι(ν)	
Opt.	εἰδ-ε-ίη-ν			φα-ίη-ν	
	εἰδ-ε-ίη-ς			φα-ίη-ς	
	εἰδ-ε-ίη			φα-ίη	
	εἰδ-ε-ίη-τον,	εἰδ-ε-ῖ-τον		φα-ίη-τον,	φα-ῖ-τον
	εἰδ-ε-ιή την,	εἰδ-ε-ί-την		φα-ιή-την,	φα-ί-την
	εἰδ-ε-ίη-μεν,	εἰδ-ε-ῖ-μεν		φα-ίη-μεν,	φα-ῖ-μεν
	εἰδ-ε-ίη-τε,	εἰδ-ε-ῖ-τε		φα-ίη-τε,	φα-ῖ-τε
	εἰδ-ε-ίη-σαν,	εἰδ-ε-ῖε-ν		φα-ίη-σαν,	φα-ῖε-ν
Impv.	ἴσ-θι			φά-θι, φα-θί	
	ἴσ-τω			φά-τω	
	ἴσ-τον			φά-τον	
	ἴσ-των			φά-των	
	ἴσ-τε			φά-τε	
	ἴσ-των			φά-ντων	
Inf.	εἰδ-έναι			φά-ναι	
Ptc.	εἰδ-ώς				

Irregular MI-verbs:

470. Present System of Εἰμί (ἐσ) (enclitics marked with asterisks)   **471.** Present System of Εἶμι (εἰ, ἰ)

Active

	Present	Imperfect	Present	Imperfect
Ind.	(ἐσ-μί) εἰ-μί*	ἦ, ἦ-ν	εἶ-μι	ἦ-α, ἤ-ει-ν
	(ἐσ-σί, ἐ-σί) εἶ	ἦσ-θα	εἶ	ἤ-ει-σθα ἤ-ει-ς
	ἐσ-τί(ν)*	ἦ-ν	εἶ-σι(ν)	ἤ-ει(ν)
	ἐσ-τόν*	ἦσ-τον	ἴ-τον	ἤ-τον
	ἐσ-τόν*	ἦσ-την	ἴ-τον	ἤ-την
	ἐσ-μέν*	ἦ-μεν	ἴ-μεν	ἦ-μεν
	ἐσ-τέ*	ἦ-τε, ἦσ-τε	ἴ-τε	ἦ-τε
	(ἐσ-ντί) εἰσί(ν)*	ἦ-σαν	ἴ-ᾱσι(ν)	ᾖ σαν, ἤ-ε-σαν
Subjv.	(ἔσ-ω) ὦ		ἴ-ω	
	(ἔσ-ῃς) ᾖς		ἴ-ῃς	
	(ἔσ-ῃ) ᾖ		ἴ-ῃ	
	(ἔσ-η-τον) ἦ-τον		ἴ-η-τον	
	(ἔσ-η-τον) ἦ-τον		ἴ-η-τον	
	(ἔσ-ω-μεν) ὦ-μεν		ἴ-ω-μεν	
	(ἔσ-η-τε) ἦ-τε		ἴ-η-τε	
	(ἔσ-ωσι) ὦσι(ν)		ἴ-ωσι(ν)	
Opt.	(ἐσ-ίη-ν) ε-ίη-ν		ἴ-ο-ι-μι, ἰ-ο-ίη-ν	
	(ἐσ-ίη-ς) ε-ίη-ς		ἴ-ο-ι-ς	
	(ἐσ-ίη) ε-ίη		ἴ-ο-ι	
	(ἐσ-ίη-τον) ε-ίη-τον, ε-ἶ-τον		ἴ-ο-ι-τον	
	(ἐσ-ιή-την) ε-ιή-την, ε-ἴ-την		ἰ-ο-ί-την	
	(ἐσ-ίη-μεν) ε-ίη-μεν, ε-ἶ-μεν		ἴ-ο-ι-μεν	
	(ἐσ-ίη-τε) ε-ίη-τε, ε-ἶ-τε		ἴ-ο-ι-τε	
	(ἐσ-ίη-σαν) ε-ίη-σαν, ε-ἶε-ν		ἴ-ο-ιε-ν	
Impv.	(ἔσ-θι) ἴσ-θι		ἴ-θι	
	ἔσ-τω		ἴ-τω	
	ἔσ-τον		ἴ-τον	
	ἔσ-των		ἴ-των	
	ἔσ-τε		ἴ-τε	
	(ἔσ-ντων) ἔσ-των		ἰ-ό-ντων	
Inf.	(ἔσ-ναι) εἶ-ναι		ἰ-έναι	
Ptc.	(ἐσ-ών) ὤν		ἰ-ών	

472. MI-verbs: Present and Second Aorist Systems of
Ἵημι (ση, σε)

	Active		Middle or Passive		Active	Middle
	Present	Imperfect	Present	Imperfect	Second Aorist	
Ind.	ἵ-η-μι	ἵ-η-ν	ἵ-ε-μαι	ἱ-έ-μην	------- ἧ-κα	εἵ-μην
	ἵ-η-ς, ἱεῖς	ἵ-ει-ς	ἵ-ε-σαι	ἵ-ε-σο	------- ἧ-κα-ς	εἷ-σο
	ἵ-η-σι(ν)	ἵ-ει	ἵ-ε-ται	ἵ-ε-το	------- ἧ-κε(ν)	εἷ-το
	ἵ-ε-τον	ἵ-ε-τον	ἵ-ε-σθον	ἵ-ε-σθον	εἷ-τον	εἷ-σθον
	ἵ-ε-τον	ἱ-έ-την	ἵ-ε-σθον	ἱ-έ-σθην	εἵ-την	εἵ-σθην
	ἵ-ε-μεν	ἵ-ε-μεν	ἱ-έ-μεθα	ἱ-έ-μεθα	εἷ-μεν	εἵ-μεθα
	ἵ-ε-τε	ἵ-ε-τε	ἵ-ε-σθε	ἵ-ε-σθε	εἷ-τε	εἷ-σθε
	ἱ-ᾶσι(ν)	ἵ-ε-σαν	ἵ-ε-νται	ἵ-ε-ντο	εἷ-σαν	εἷ-ντο
Subv.	ἱ-ῶ		ἱ-ῶ-μαι		ὧ	ὧ-μαι
	ἱ-ῇς		ἱ-ῇ		ᾖς	ᾖ
	ἱ-ῇ		ἱ-ῆ-ται		ᾖ	ᾖ-ται
	ἱ-ῆ-τον		ἱ-ῆ-σθον		ᾖ-τον	ᾖ-σθον
	ἱ-ῆ-τον		ἱ-ῆ-σθον		ᾖ-τον	ᾖ-σθον
	ἱ-ῶ μεν		ἱ-ώ-μεθα		ὦ-μεν	ὠ-μεθα
	ἱ-ῆ-τε		ἱ-ῆ-σθε		ᾖ-τε	ᾖ-σθε
	ἱ-ῶσι(ν)		ἱ-ῶ-νται		ὦσι(ν)	ὦ-νται
Opt.	ἱ-ε-ίη-ν		ἱ-ε-ί-μην		ε-ίη-ν	ε-ἵ-μην
	ἱ-ε-ίη-ς		ἱ-ε-ῖ-ο		ε-ίη-ς	ε-ἷ-ο
	ἱ-ε-ίη		ἱ-ε-ῖ-το		ε-ίη	ε-ἷ-το
	ἱ-ε-ίη-τον, ἱ-ε-ῖ-τον	ἱ-ε-ῖ-σθον		ε-ίη-τον, ε-ἷ-τον	ε-ἷ-σθον
	ἱ-ε-ιή-την, ἱ-ε-ί-την	ἱ-ε-ί-σθην		ε-ιή-την, ε-ἵ-την	ε-ἵ-σθην
	ἱ-ε-ίη-μεν, ἱ-ε-ῖ-μεν	ἱ-ε-ί-μεθα		ε-ίη-μεν, ε-ἷ-μεν	ε-ἵ-μεθα
	ἱ-ε-ίη-τε, ἱ-ε-ῖ-τε	ἱ-ε-ῖ-σθε		ε-ίη-τε, ε-ἷ-τε	ε-ἷ-σθε
	ἱ-ε-ίη-σαν, ἱ-ε-ῖε-ν	ἱ-ε-ῖ-ντο		ε-ίη-σαν, ε-ἷε-ν	ε-ἷ-ντο
Impv.	ἵ-ει		ἵ-ε-σο		ἕ-ς	οὗ
	ἱ-έ-τω		ἱ-έ-σθω		ἕ-τω	ἕ-σθω
	ἵ-ε-τον		ἵ-ε-σθον		ἕ-τον	ἕ-σθον
	ἱ-έ-των		ἱ-έ-σθων		ἕ-των	ἕ-σθων
	ἵ-ε-τε		ἵ-ε-σθε		ἕ-τε	ἕ-σθε
	ἱ-έ-ντων		ἱ-έ-σθων		ἕ-ντων	ἕ-σθων
Inf.	ἱ-έ-ναι		ἵ-ε-σθαι		(ἑ-έναι) εἶναι	ἕ-σθαι
Ptc.	ἱ-είς		ἱ-έ-μενος		εἵς	ἕ-μενος

473. Irregular MI-verbs: Present Systems of
Κεῖμαι (κει) and Κάθημαι (ἡσ)

	Present	Imperfect	Middle Present	Imperfect	
Ind.	κεῖ-μαι	ἐ-κεί-μην	κάθ-η-μαι	ἐ-καθ-ή-μην,	καθ-ή-μην
	κεῖ-σαι	ἔ-κει-σο	κάθ-η-σαι	ἐ-κάθ-η-σο,	καθ-ῆ-σο
	κεῖ-ται	ἔ-κει-το	κάθ-η-ται	ἐ-κάθ-η-το,	καθ-ῆσ-το
	κεῖ-σθον	ἔ-κει-σθον	κάθ-η-σθον	ἐ-κάθ-η-σθον,	καθ-ῆ-σθον
	κεῖ-σθον	ἐ-κεί-σθην	κάθ-η-σθον	ἐ-κάθ-η-σθην,	καθ-ή-σθην
	κεί-μεθα	ἐ-κεί-μεθα	καθ-ή-μεθα	ἐ-καθ-ή-μεθα,	καθ-ή-μεθα
	κεῖ-σθε	ἔ-κει-σθε	κάθ-η-σθε	ἐ-κάθ-η-σθε	καθ-ῆ-σθε
	κεῖ-νται	ἔ-κει-ντο	κάθ-η-νται	ἐ-κάθ-η-ντο,	καθ-ῆ-ντο
Subjv.	κέ-ω-μαι		καθ-ῶ-μαι		
	κέ-ῃ		καθ-ῇ		
	κέ-η-ται		καθ-ῆ-ται		
	κέ-η-σθον		καθ-ῆ-σθον		
	κέ-η-σθον		καθ-ῆ-σθον		
	κε-ώ-μεθα		καθ-ώ-μεθα		
	κέ-η-σθε		καθ-ῆ-σθε		
	κέ-ω-νται		καθ-ῶ-νται		
Opt.	κε-οί-μην		καθ-οί-μην		
	κέ-οι-ο		καθ-οῖ-ο		
	κέ-οι-το		καθ-οῖ-το		
	κέ-οι-σθον		καθ-οῖ-σθον		
	κε-οί-σθην		καθ-οί-σθην		
	κε-οί-μεθα		καθ-οί-μεθα		
	κέ-οι-σθε		καθ-οῖ-σθε		
	κέ-οι-ντο		καθ-οῖ-ντο		
Impv.	κεῖ-σο		κάθ-η-σο		
	κεί-σθω		καθ-ή-σθω		
	κεῖ-σθον		κάθ-η-σθον		
	κεί-σθων		καθ-ή-σθων		
	κεῖ-σθε		κάθ-η-σθε		
	κεί-σθων		καθ-ή-σθων		
Inf.	κεῖ-σθαι		καθ-ῆ-σθαι		
Ptc.	κεί-μενος		καθ-ή-μενος		

474.   VERB ENDINGS

| | | Active (And Aorist Passive) || Middle and Passive (Except Aorist Passive) ||
		Primary Tenses (And Subjunctive)	Secondary Tenses (And Optative)	Primary Tenses	Secondary Tenses
Indicative Subjunctive Optative	1	μι [1]	ν	μαι	μην
	2	ς	ς	σαι [2]	σο [2]
	3	τι(ν) [3]	--(ν)	ται	το
	2	τον	τον	σθον	σθον
	3	τον	την	σθον	σθην
	1	μεν	μεν	μεθα	μεθα
	2	τε	τε	σθε	σθε
	3	ντι(ν), αντι(ν) [4]	ν, σαν [5]	νται	ντο
Imperative	2	θι, ς, -- [6]		σο [7]	
	3	τω		σθω	
	2	τον		σθον	
	3	των		σθων	
	2	τε		σθε	
	3	ντων		σθων	
Infinitive		εν [8] αι [9] ναι [10] εναι [11]		σθαι	
Participle		ντ(ς) ντ-yα ντ (163) (ὡς υἶα [υ(σ)-yα] ός in pf.: 164)		μενος μενη μενον	
Verbal Adjectives				τός τέος	τή τέᾱ	τόν [12] τέον [12]

1. In Ω-verbs the ω is a lengthened thematic vowel (32), and there is no personal ending.   2. Except in the pf. and plupf. of all vbs. and in the pres. and impf. ind. and pres. impv. of MI-verbs, the σ of σαι and σο is dropped; after a thematic vowel or the aor. tense sign σα or α there is contraction: παιδεύῃ from παιδεύ-

ε-σαι (145), ἐπαιδεύου from ἐ-παιδεύ-ε-σο (146), παιδεύῃ from παιδεύ-η-σαι (436), ἐπαιδεύσω from ἐ-παιδεύ-σα-σο (146), παιδεύοιο from παιδεύ-ο-ι-σο (436). There is also contraction in the second aor. ind. mid. of τίθημι and δίδωμι: ἔθου from ἔ-θε-σο (461), ἔδου from ἔ-δο-σο (462). 3. But τι was softened to σι except after σ as in ἐστί(ν). 4. After the τ has softened to σ before the ι, the ν disappears before σ, and the preceding vowel is lengthened (παιδεύουσι from παιδευ-ο-ντι [33-34], πε-παιδεύκᾱσι from πε-παιδευ-κα-ντι [99]). The αντι ending was used in the pres. of MI-verbs: τιθέᾱσι from τι-θε-αντι (458), διδόᾱσι from δι-δο-αντι (459), ἱστᾶσι from σι-στα-αντι (460), ἱᾶσι from ἱ-αντι (471), ἰᾶσι from σι-σε-αντι (472). 5. σαν occurs in the impf. of MI-verbs (ἐ-τί-θε-σαν: 458), in second aor. indicatives lacking a thematic vowel (ἔ-στη-σαν: 463), in all aorists pass., in plupf. indicatives (ἐ-πε-παιδεύ-κε-σαν: 99), and after the opt. sign ιη (παιδευ-θε-ίη-σαν, τι-θε-ίη-σαν: 442, 458). 6. θι occurs in εἰμί (ἴσθι: 470), εἶμι (ἴθι: 471), φημί (φάθι or φαθί: 469), in οἶδα (ἴσθι: 468) and in perfects act. of the MI-form (τέ-θνα-θι, ἔ-στα-θι: 466-467), in such second aorists act. as have the strong grade of the stem vowel throughout the ind. (στῆ-θι, ind. ἔστησαν [463]), and in all aorists pass. (παιδεύθητι from παιδευ-θη-θι, πλάγηθι: 442, 447). ς occurs in the second aor. of τίθημι (θέ-ς: 461), δίδωμι (δό-ς: 462), ἵημι (ἔ-ς: 472), and ἔχω (σχέ-ς). — occurs elsewhere, except in first aorists act., which are irregular (παίδευσον, φῆνον: 438, 444). 7. σο occurs except in first aorists mid., which are irregular (παίδευσαι, φῆναι: 438, 444). The σ of σο dropped, with contraction, after the thematic vowel and in the aorists of τίθημι, δίδωμι, and ἵημι. 8. εν occurs after the thematic vowel: παιδεύειν from παιδεύ-ε-εν (36), παιδεύσειν from παιδεύ-σ-ε-εν (49), λιπεῖν from λιπ-έ-εν (87). 9. αι occurs in the first aor. act. (παιδεῦ-σ-αι: 87). 10. ναι occurs in the pres. of MI-verbs (τι-θέ-ναι: 458), in all perfects act. (πε-παιδευ-κέ-ναι, πε-πρᾱγ-έ-ναι: 100), in the second aorists of such MI-verbs as have the strong grade of the stem-vowel (i.e. the vowel long) through the ind. (στῆ-ναι, ind. ἔστησαν [463], and in all aorists pass. (παιδευ-θῆ-ναι, κλαπ-ῆ-ναι: 148). 11. έναι occurs in such second aorists as have the weak grade of the stem-vowel (i. e. the vowel short) in the dual and plur. of the ind. (θεῖναι from θε-έναι, ind. ἔθεσαν [461]; δοῦναι from δο-έναι, ind. ἔδοσαν [462]; εἶναι from ἑ-έναι, ind. εἶσαν from ἔ-έ-σαν [472]) and in εἶμι (ἰ-έναι: 471). 12. The form of the stem is usually that which occurs in the aor. pass. (βλη-τός, βλη-τέος, aor. pass. ἐβλήθην).

SOME PRESENT STEMS

475. Simple Class: Present stem = verb stem with or without a thematic vowel and with or without reduplication:

λέγ-ο-μεν   (γι-γ(ε)ν-ό-μεθα)   γι-γν-ό-μεθα
φα-μέν   δί-δο-μεν

476. T Class: Present stem = verb stem plus τ^ε/ο: ἀνύ-το-μεν

477. Y Class: Present stem = verb stem plus y^ε/ο:

(1) Stems ending in π, β, or φ: (κλεπ-yo-μεν) κλέπτομεν
    (βλαβ-yo-μεν) βλάπτομεν   (ἀφ-yo-μεν) ἅπτομεν

(2) Stems ending in κ, γ, or χ: (φυλακ-yo-μεν) φυλάττομεν
    (ταγ-yo-μεν) τάττομεν   (ταραχ-yo-μεν) ταράττομεν

(3) Stems ending in δ: (ἐλπιδ-yo-μεν) ἐλπίζομεν

(Most verbs in -ζω do not come from stems in δ, but are due to analogy; e.g. ἀθροίζω [from adjective ἀθρόος *crowded together*].)

(4) Stems ending in λ, ν, or ρ: (ἀγγελ-yo-μεν) ἀγγέλλομεν
    (φαν-yo-μεν) φαίνομεν   (χαρ-yo-μεν) χαίρομεν

478. N Class: Present stem = verb stem plus a suffix containing ν:

τέμ-νο-μεν   δείκ-νυ-μεν
αὐξ-άνο-μεν   (λα-ν-β-ανο-μεν)   λαμβάνομεν
ἐλα-ύνο-μεν   (ὑπ-ισχ-νεο-μεθα)   ὑπισχνούμεθα

479. ΣΚ Class: Present stem = verb stem plus σκ^ε/ο or ισκ^ε/ο:

γηρά-σκο-μεν   εὑρ-ίσκο-μεν   (θνη-ισκο-μεν) θνῄσκομεν

480. SOME NOUN SUFFIXES

Agent:	ευς	ἱππεύς *horseman* (cf. ἵππος *horse*)
	τήρ	σωτήρ *saviour* (cf. σῴζω *save*)
	της	ποιητής *maker* (cf. ποιέω *make*)
	τωρ	ῥήτωρ *speaker* (cf. εἴρηκα from εἴρω *say*)
	τρός	ἰᾱτρός *healer* (cf. ἰάομαι *heal*)
Action:	σις	κίνησις *motion* (cf. κῑνέω *move*)
Result:	μα	πρᾶγμα *deed* (cf. πράττω *do*)
Quality:	ἰᾱ	κακίᾱ *badness* (cf. κακός *bad*)
	ια	ἀλήθεια *truth* (cf. ἀληθής *true*)
	σύνη	σωφροσύνη *soundness of mind* (cf. σώφρων *of sound mind*)
	της	θερμότης *heat* (cf. θερμός *hot*)
Place:	ιον	βασίλειον *palace* (cf. βασιλεύς *king*)
Diminutive:	ιον	παιδίον *little child* (cf. παῖς *child*)
		θηρίον *wild animal* (cf. θήρ *wild animal*; here, as in many other words, the diminutive ending has no diminutive force)
Patronymic:	ίδης	Ἀτρείδης *son of Atreus* (cf. Ἀτρεύς *Atreus*)

CONDITIONAL SENTENCES

Conditional sentences and their corresponding conditional relative sentences [1] may be arranged thus:

481. Present Definite

εἰ μὴ κελεύει, οὐ πείθομαι,
If he is not commanding, I am not obeying.

482. Present General

ἐὰν { κελεύῃ / κελεύσῃ }, πείθομαι,
If he (ever) commands, I (always) obey.

ὃς ἂν { κελεύῃ / κελεύσῃ }, σοφός ἐστιν,
Whoever commands is wise.

ἐπειδὰν { κελεύῃ / κελεύσῃ }, πείθομαι,
Whenever he commands, I (always) obey.

483. Present Contrary-to-Fact

εἰ ἐκέλευεν, ἐπειθόμην ἄν,
If he were (now) commanding, I should (now) be obeying.

ὃς μὴ ἐκέλευεν, οὐκ ἂν ἦν σοφός.
A man who was not (now) commanding would not (now) be wise.

484. Future Less Vivid

εἰ { κελεύοι / κελεύσειεν }, οὐκ ἂν πειθοίμην,
If he should (in future) command, I should not (in future) obey.

---

1. A conditional rel. sentence is one in which the place of εἰ is taken by a rel. pron., a rel. pronom. adv. (e.g. ὁπότε), or a temporal conj. (e.g. ἐπεί).

ἐπεὶ { κελεύοι / κελεύσειεν }, οὐκ ἂν πειθοίμην,

When he (in future) commanded, I should not (in future) obey.

485. Future More Vivid

ἐὰν { κελεύῃ / κελεύσῃ }, πείσομαι,

If he (in future) commands, I shall obey.

ἐπὰν { κελεύῃ / κελεύσῃ }, πείσομαι,

When he (in future) commands, I shall obey.

486. Future Most Vivid (In threats or warnings)

εἰ τοῦτο ποιήσει, ἀποκτενῶ αὐτόν,

If he (in future) does this, I shall kill him.

ὅστις μὴ πείσεται, ἀποθανεῖται,

Whoever does not (in future) obey shall be put to death.

487. Past Definite

εἰ ἐκέλευεν, ἐπειθόμην,

If he was commanding, I was obeying.

εἰ ἐκέλευσεν, ἐπείσθην,

If he (then) commanded, I obeyed.

488. Past General

εἰ { κελεύοι / κελεύσειεν }, ἐπειθόμην,

If he (ever) commanded, I (always) obeyed.

ἐπεὶ { κελεύοι / κελεύσειεν }, ἐπειθόμην,

Whenever he commanded, I obeyed.

489. Past Contrary-to-Fact

εἰ μὴ ἐκέλευσεν, οὐκ ἂν ἐπείσθην,

If he had not commanded, I should not have obeyed.

ὃς μὴ ἐκέλευσεν, οὐκ ἂν ἐπείσθη,

Whoever had not commanded would not have obeyed.

490. VERBS INTRODUCING INDIRECT DISCOURSE

(When a verb may take two or more constructions, it should be looked up in the Greek-English Vocabulary, for the meaning of the verb may vary with the construction. For the rules of Indirect Discourse see 286-294.)

ὅτι and finite verb	ὡς and finite verb	Infinitive	Participle
ἀγγέλλω	ἀγγέλλω		ἀγγέλλω
ἀγνοέω			ἀγνοέω
αἰσθάνομαι	αἰσθάνομαι		αἰσθάνομαι
ἀκούω	ἀκούω	ἀκούω	ἀκούω
			ἁλίσκομαι
ἀπαγγέλλω	ἀπαγγέλλω		ἀπαγγέλλω
ἀποκρίνομαι	ἀποκρίνομαι	ἀποκρίνομαι	
		γιγνώσκω	γιγνώσκω
γράφω			
δείκνῡμι	δείκνῡμι		δείκνῡμι
	διαβάλλω	δηλόω	δηλόω
		διανοέομαι	
		δοκέω	
εἶπον	εἶπον		
	ἐλπίζω	ἐλπίζω	
		ἔοικα	ἔοικα
			ἐπιδείκνῡμι
			ἐπίσταμαι
			εὑρίσκω
			καταλαμβάνω
λέγω	λέγω	λέγομαι	
μανθάνω	μανθάνω		μανθάνω
μέμνημαι	μέμνημαι		μέμνημαι
	νομίζω	νομίζω	
οἶδα	οἶδα		οἶδα
	οἴομαι	οἴομαι	
		ὄμνῡμι	
		ὁμολογέω	
ὁράω			ὁράω
		πιστεύω	
		προσποιέομαι	
πυνθάνομαι		πυνθάνομαι	πυνθάνομαι
σημαίνω	σημαίνω		
		σύμφημι	
		ὑπισχνέομαι	
	ὑπολαμβάνω	ὑπολαμβάνω	
		ὑποπτεύω	
		φαίνομαι	φαίνομαι
		φημί	
φράζω	φράζω		

256

WORD LISTS

491. First Word List (Lessons II-V)

ἀγαθός	διαφορά	κελεύω	πέμπω	τροπή
ἀγορά	διώκω	μακρός	Περσικός	φανερός
ἄγριος	εἰς	μεταφορά	πομπή	φορά
ἀγρός	ἐν	μή	ποταμός	φράζω
ἀδελφός	ἐξ	μῑκρός	σκηνή	φυγή
ἀθροίζω	ζωή	μορφή	στενός	φυλακή
ἀρετή	θεά	νευρά	στολή	φυτόν
ἀριθμός	θεός	ὁ	στρατιά	φωνή
ἁρπάζω	καί	ὁδός	τε	ψῡχή
βουλή	κακίᾱ	οὐ	τότε	ὦ
γενεά	κακός	οὕτως	τρέπω	ὧδε
δέ	καλός	παιδεύω		

492. Second Word List (Lessons VI-VIII)

ἄγω	δή	ἐπιστολή	μάχαιρα	πείθω
ἀλήθεια	δόξα	ἔτι	μάχη	πεῖρα
ἀπό	ἐκλείπω	θάλαττα	μέν	ποτόν
ἀπολείπω	Ἑλληνικός	θέᾱ	μετά	ποῦ
ἀρχή	ἐνέργεια	κλέπτω	νῦν	ῥίζα
βασίλεια	ἐνταῦθα	κώμη	οἰκίᾱ	σπεύδω
βίᾱ	ἐπεί	λέγω	ὅτι	σύν
γάρ	ἐπειδή	λείπω	οὖν	ὑγίεια
γνώμη	ἐπί	λύω	παρά	χώρᾱ
γράφω				

493. Third Word List (Lessons IX-XI)

ἄγγελος	ἄρα	θεῖος	ὄργανον	σῖτος
ἀγοράζω	βαρβαρικός	θύρᾱ	παύω	σοφίᾱ
ἄκρος	βάρβαρος	ἵππος	πεδίον	σοφός
ἀνά	βασίλειον	κωλύω	πιστεύω	σῴζω
ἀνθρωπικός	δένδρον	λίθος	πιστός	τέκνον
ἀνθρώπινος	δίκαιος	λόγος	πλοῖον	τέχνη

ἄνθρωπος	δίκη	μέθοδος	πολέμιος	τόπος
ἄξιος	δῶρον	νέος	πόλεμος	φάρμακον
ἀπάγω	ἔργον	νῆσος	πράττω	φίλιος
ἀποπέμπω	ζῶον	οἶκος	πρῶτος	φίλος
				φύλλον

494.   Fourth Word List (Lessons XII-XIV)

ἀγγεῖον	δοῦλος	ἴσος	παιδοτρίβης	στρατιώτης
ἄλλος	ἕξ	κιθαρίζω	παίω	συνέχω
ἀλλότριος	ἔχω	κιθαριστής	πάνυ	τάττω
ἄρχω	ἤδη	κινδῡνεύω	παρασκευάζω	υἱός
Ἀτρείδης	θηρεύω	κίνδῡνος	περί	φοβερός
βάπτω	θηρίον	μετέχω	Πέρσης	φόβος
βλάπτω	θῡμός	νεᾱνίας	ποιητής	φύω
βουλεύω	θύω	ξένος	πολίτης	ὡς
δέκα	ἰᾱτρεύω	οἶνος	πρό	ὥσπερ
δεσπότης	ἰᾱτρός	ὅμοιος	πρός	
δῆλος		ὅμως	προσαγορεύω	

495.   Fifth Word List (Lessons XV-XVII)

ἀγών	γόνυ	κλώψ	ὄρνῑς	τείνω
ἀήρ	δαίμων	κρέας	οὔτε	τριήρης
αἷμα	ἐλπίς	κρίνω	πάθημα	ὕδωρ
αἰσχῡ́νω	ἔναιμος	κτῆμα	πάθος	ὑφαίνω
ἅλς	ἡγεμονίᾱ	μένω	πατήρ	φάλαγξ
ἀνήρ	ἡγεμών	μήν	περαίνω	φέρω
ἀποκτείνω	θήρ	μήν	πέρας	φθείρω
ἀπονέμω	θρίξ	μήτε	πῦρ	φθορά
Ἀριστοτέλης	θυγάτηρ	μήτηρ	ῥῆμα	φλέψ
ἄρχων	κέρας	νόμος	ῥήτωρ	φρήν
γε	κέρας	νύξ	σχῆμα	χάρις
γένος	κῆρυξ	ὄνομα	σῶμα	χρῶμα
γέρων				

496.   Sixth Word List (Lessons XVIII-XX)

ἀεί	γυμναστική	ἕξις	οὐκέτι	πώς
ἀλλά	γυμνικός	εὖ	οὔπω	τάξις
ἀπεργάζομαι	γυνή	ἤ	παῖς	τραγῳδίᾱ
ἅπτω	διά	ἱππεύς	πῇ	ὑπέρ

ἄστυ	διαλείπω	ἰχθῦς	πῇ	ὑπό
ἁφή	διατρίβω	κάθαρσις	πληγή	φύλαξ
βάλλω	ἐκβάλλω	κατά	πόλις	φυλάττω
βασιλεύς	ἐκπλήττω	μεταπέμπω	πότε	φύσις
βασιλεύω	ἐλαύνω	μηδέ	ποτέ	χρόνος
βίος	ἔλεος	μηκέτι	πού	ψεῦδος
βούλομαι	ἔλλειψις	ναῦς	πρᾶξις	ψεύδω
βοῦς	ἐντεῦθεν	ὀλίγος	πώ	ὥρᾱ
γραῦς	ἐξελαύνω	οὐδέ	πῶς	
γυμνάζω				

497.   Seventh Word List (Lessons XXI-XXIII)

ἀγγέλλω	αὐτός	καίπερ	ὅλος	τράπεζα
Ἀθηναῖος	αὐτοῦ	κελεύω	οὗτος	τρέχω
αἰσθάνομαι	διαβάλλω	λαμβάνω	πάλιν	τυγχάνω
αἴσθησις	δύο	λανθάνω	πᾶς	τυραννίς
αἰσθητήριον	εἶδος	μάθησις	πούς	τύραννος
αἰσθητικός	ἐκεῖνος	μανθάνω	σοφιστική	τύχη
αἰσχῡ́νω	ἑκών	μεριστός	σοφιστικός	ὕλη
ἀκούω	ἔχω	μέρος	συμβουλεύω	φθάνω
ἄκων	ἥκω	μέσος	συνώνυμος	φιλοσοφίᾱ
ἅμα	ἡμέρᾱ	μεσότης	σωτήρ	φιλόσοφος
ἅτε	ἰδέᾱ	μεταξύ	τέμνω	χαίρω
	ἱκανός	ὅδε		

498.   Eighth Word List (Lessons XXIV-XXVI)

ἀδικέω	γίγνομαι	νῑκάω	ὅρος	πλήν
ἀδικίᾱ	δεῖ	οἴκαδε	ὅς	ποιέω
ἄδικος	δέομαι	οἰκεῖος	ὅσπερ	ποίησις
αἰτέω	δηλόω	οἰκέω	ὅστις	ποιητικός
ἀμφί	δοκέω	οἰκοδομέω	ὁστισοῦν	σπάω
ἀμφότερος	ἐάω	οἰκοδόμος	οὐκοῦν	τῑμάω
ἄμφω	εἰμί	οἴκοθεν	οὔκουν	τῑμή
ἀναγκαῖος	ἐρωτάω	οἴκοι	ὀφθαλμός	τίς
ἀπατάω	ζάω	ὁράω	ὄψις	τὶς
βαίνω	καταβαίνω	ὁρίζω	πειραστικός	φιλέω
γένεσις	κατάγω	ὅρος	πειράω	φοβέω
γεννάω				

499. Ninth Word List (Lessons XXVII-XXIX)

αἰσχρός	δύναμις	κάτω	ὁτέ	σπέρμα
ἀληθής	ἑαυτοῦ	κενός	οὗ	στενός
ἀλλήλων	ἐγώ	κῑνέω	οὐδείς	σύ
ἄνω	εἴρω	κίνησις	πάσχω	συγγενής
ἁπλοῦς	εἷς	κῑνητικός	πικρός	ταχύς
βαθύς	ἐμαυτοῦ	μάλα	πλῆθος	τέλειος
βραχύς	ἕτερος	μέγας	πλήρης	τελειόω
γιγνώσκω	εὐδαίμων	μέλᾱς	πολῑτείᾱ	τελευταῖος
γλυκύς	ἥδομαι	μηδείς	πολλάκις	τελευτή
γνῶσις	ἡδονή	νομίζω	πολλαχῶς	τέλος
διαφέρω	ἡδύνω	οἴομαι	πολύς	φαίνω
δύναμαι	ἡδύς	ὅτε	σεαυτοῦ	ψευδής

500. Tenth Word List (Lessons XXX-XXXII)

αἱρέω	διαιρέω	ἕπομαι	ὅπως	τοιοῦτος
αἰτίᾱ	διό	ἠθικός	ὅταν	τοσοῦτος
αἴτιος	ἐάν	ἦθος	οὐσίᾱ	τρέφω
ἁλίσκομαι	ἔθνος	θάνατος	πείθω	τροφή
ἄν	ἔθος	θερμός	πίστις	ὑγρός
ἀνάγκη	ἔθω	θερμότης	ποῖος	φιλίᾱ
ἄνευ	εἰ	θνήσκω	ποιός	φρόνησις
ἀντί	εἰ γάρ	ἵνα	ποιότης	φρόνιμος
ἄπιστος	εἴθε	μάχομαι	πότερον	ψῡχρός
ἀποθνήσκω	ἔξω	μή	προαίρεσις	ὡς
ἀφαιρέω	ἔξωθεν	νεκρός	προαιρετικός	ὡσαύτως
γεῦσις	ἐπεί	ξηρός	τέτταρες	ὥστε
διαίρεσις	ἐπειδή	οἷος	τοιοσδί	

501. Eleventh Word List (Lessons XXXIII-XXXV)

ἀδυνατέω	διχῶς	καλέω	μνᾶ	τρίτος
ἀδύνατος	ἕνεκα	κοινός	νοέω	τριχῶς
ἀθάνατος	ἔνιοι	κοινωνέω	νοῦς	ὕπνος
ἅπαξ	ἐπέρχομαι	κοινωνίᾱ	οὔποτε	ὑπολαμβάνω
ἀπέρχομαι	ἐπιμελέομαι	κύων	πλάτος	ὕψος
βάθος	ἔρχομαι	λῡπέω	πλοῦς	φθίνω
γῆ	εὐδαιμονίᾱ	λύπη	πόσος	φῶς
δεύτερος	εὔνους	μεταβάλλω	ποσός	χωρίζω

διανοέομαι	εὖρος	μεταβολή	σκοπέω	χωρίς
διάστημα	ἥμισυς	μετρέω	τέταρτος	
δίπηχυς	καθάπερ	μέτρον	τετράκις	
δίς	κακόνους	μῆκος	τρεῖς	
διττός		μήποτε	τρίς	

502. Twelfth Word List (Lessons XXXVI-XXXVIII)

ἄλῡπος	ἐπιθῡμέω	καρπός	πολῑτικός	τίθημι
ἄμετρος	ἐπιθῡμητικός	κόσμος	πολλαπλάσιος	ῡ̔μέτερος
ἀποδίδωμι	ἐπιθῡμίᾱ	κύκλος	προδίδωμι	ὑπάρχω
ἀριθμέω	ἐπιμέλεια	λῡπηρός	πρόσθεσις	ὑπόθεσις
ἀστήρ	ἐπιτίθημι	μέγεθος	προστίθημι	χράομαι
ἄστρον	ἡδέως	μέλλω	σελήνη	χρή
δίδωμι	ἡμέτερος	μόνος	σκοπός	χρῆμα
διπλάσιος	θέσις	ὀρθός	σός	χρήσιμος
δόσις	ἴδιος	οὐρά	συμβαίνω	χρῆσις
ἐλευθέριος	ἱστορίᾱ	οὐρανός	συμφέρω	ψόφος
Ἑλλάς	ἱστορικός	παιδείᾱ	σύνθεσις	
ἔμμετρος	καθόλου	πλέω	σύνθετος	
ἐμός	καρδίᾱ	πλοῦτος	σφαῖρα	

503. Thirteenth Word List (Lessons XXXIX-XLI)

ἀδιόριστος	γραμμή	ἐπίπεδος	μέντοι	σημαντικός
ἀληθεύω	δείκνῡμι	ἐπίσταμαι	νόημα	σημεῖον
ἄλογος	δύω	ἐπιστήμη	ὄμνῡμι	Σκῦρος
ἀνίστημι	ἐγγίγνομαι	ἔρως	ὄρεξις	συλλογισμός
ἄπειμι (εἰμί)	ἐθέλω	ἔσχατος	παιδίον	συνίστημι
ἄπειμι (εἶμι)	εἴκω	εὐθύς	πάρειμι (εἰμί)	τῇ
ἀποδείκνῡμι	εἶμι	ἐφίστημι	πάρειμι (εἶμι)	τραγέλαφος
ἀπόδειξις	ἐναντίος	ἤ	παρέρχομαι	τρίγωνον
ἀπόλλῡμι	ἐπαγωγή	ἵστημι	πρόειμι (εἶμι)	τύπτω
ἀποφατικός	ἔπειμι (εἶμι)	καταφατικός	πρότασις	φεύγω
ἀφίστημι	ἔπειτα	λευκός	πρότερος	φημί
βούλησις	ἐπιδείκνῡμι	λογισμός	σημαίνω	φυσικός

504. Fourteenth Word List (Lessons XLII-XLIV)

ἀντίκειμαι	δημοκρατίᾱ	ἵημι	ὀλιγαρχίᾱ	σῑγή
ἅπᾱς	διορίζω	κάθημαι	ὁπόταν	στοιχεῖον

ἄπειρος	εἴσω	κεῖμαι	ὁπότε	σύνεσις
ἄπειρος	ἕκαστος	κύριος	ὅσος	τρόπος
ἀποβαίνω	ἑκάτερος	μακάριος	ὅπου	ὑγιαίνω
ἀποδιδράσκω	ἐκεῖ	μακαριότης	οὐδέποτε	ὑπισχνέομαι
ἀποκρίνω	εὐδαιμονέω	μάτην	ποσότης	ὑπόκειμαι
ἀπορέω	εὑρίσκω	μέχρι	πρᾶγμα	ὑποπτεύω
ἀπορίᾱ	ἕως	μηδέποτε	πρᾱκτικός	ὕστερος
ἄπορος	ζητέω	ὅθεν	πρίν	ὠφελέω
γνώριμος		οἶδα	προβαίνω	

505. Fifteenth Word List (Lessons XLV-XLVII)

ἀδιάβατος	ἀφορίζω	θεωρέω	μόριον	σωφροσύνη
ἀκίνητος	δέδοικα	θεωρητικός	ὁμολογέω	φροντιστής
ἀμετακίνητος	δεκτικός	θεωρίᾱ	ὀρέγω	φυγάς
ἀνδριάς	διαβαίνω	θρεπτικός	ὀρεκτικός	χαλεπαίνω
ἁπτικός	εἴτε	κατηγορέω	ποθέω	χαλεπός
αὔξησις	ἐμβαίνω	κατηγορίᾱ	σπουδαῖος	χαλκός
αὐξητικός	ἐναργής	κατηγορικός	συμπέρασμα	χείρ
αὐξάνω	ἐπισκοπέω	μεταφορητός	συνετός	
	ἐφεξῆς			

506. Sixteenth Word List (Lessons XLVIII-L)

ἀγνοέω	δρᾶμα	κράτος	νόσος	σχεδόν
ἀΐδιος	δράω	κριτικός	πίπτω	τοιόσδε
αἰνέω	ἔαρ	μέλος	πορείᾱ	ὑπερβολή
ἀμφισβητέω	ἐλευθεριότης	μῑμέομαι	πορεύω	φθαρτός
ἀριστοκρατίᾱ	ἐνδέχομαι	μίμημα	πυνθάνομαι	φθίσις
ἁρμονίᾱ	ἐνεργέω	μίμησις	ῥυθμός	φθιτός
ἀσθενέω	ἐντελέχεια	μῑμητικός	σθένος	φυτικός
αὐτόματος	ἐπαινέω	μνήμη	συλλαμβάνω	χελῑδών
διανοητικός	θεραπεύω	μουσικός	συλλέγω	χρεών
διάνοια	καθεύδω	νοσέω		

507. SOME CORRESPONDENCES IN MUTES

π β φ π β
χ γ χ κ γ
τ δ θ τ δ

If the mutes (Table I, p. 4) be arranged as above, the relation of many English words to their Greek and Latin cognates may be expressed by saying that the consonant in an English word stands two places to be right of its Greek or Latin cousin. But note that, where, according to the table, English might be expected to have a rough mute, a fricative is found instead.

πατήρ	*p*ater	*f*ather	τύρβη	tur*b*a	thor*p*	φέρω	*f*ero	*b*ear
καρδίᾱ	*c*or	*h*eart	ἀγρός	a*g*er	a*c*re	χήν	(*h*)anser	*g*oose
τρεῖς	*t*res	*th*ree	δέκα	*d*ecem	*t*en	τίθημι		*d*o

ABBREVIATIONS

abs.	absolute, absolutely	intrans.	intransitive
acc.	accusative	Lat.	Latin
act.	active	lit.	literally
adj.	adjective	masc.	masculine
adv.	adverb	mid.	middle
adverb.	adverbial	neg.	negative
affirm.	affirmative	neut.	neuter
altern.	alternative	nom.	nominative
aor.	aorist	obj.	object
art.	article	object.	objective
attrib.	attributive	opt.	optative
cogn.	cognate	partit.	partitive
compar.	comparative, comparison	pass.	passive
complem.	complementary	pers.	person, personal
conj.	conjunction	pf.	perfect
contr.	contract, contracted	pl.	plural
copul.	copulative	plupf.	pluperfect
dat.	dative	poss.	possessive
def.	definite	postpos.	postpositive
dem.	demonstrative	pred.	predicate
dimin.	diminutive	prep.	preposition
dir.	direct	pres.	present
disc.	discourse	pron.	pronoun
encl.	enclitic	pronom.	pronominal
esp.	especially	ptc.	participle
fem.	feminine	reflex.	reflexive
frag.	fragment	rel.	relative
fut.	future	s.	century
gen.	genitive	sing.	singular
impers.	impersonal	specif.	specification
impf.	imperfect	subj.	subject
impv.	imperative	subjv.	subjunctive
ind.	indicative	subst.	substantive
indecl.	indeclinable	superl.	superlative
indef.	indefinite	supplem.	suplementary
indir.	indirect	tr.	translated by
inf.	infinitive	trans.	transitive
interj.	interjection	vb.	verb
interrog.	interrogative	voc.	vocative

GREEK-ENGLISH VOCABULARY

The Greek words in square brackets are, for the most part, words that occur in this book; they are often not the words from which the preceding words are derived, but merely related words, which, by association, may make the mastering of the vocabulary easier. No attempt has been made to deal with the subject of derivation, which is left to the teacher's discretion. As in the lesson vocabularies, derivatives are given in boldface, cognates (and words derived from Latin cognates) in small capitals, and technical Latin equivalents in italic capitals. A numeral at the end of an article and not followed by punctuation indicates the lesson vocabulary in which the word occurred first. Words followed by no such numeral occur only in the reading selections (§§ 296-354); in these reading selections their first occurrence is indicated by hair spaces.

A

ἀ- before consonant, ἀν- before vowel ("alpha privative"), UN-, Lat. IN- 205

ἀ-, ἁ- ("alpha copulative"), inseparable prefix denoting union or likeness [acolyte].

ἀγαθός, ή, όν [**Agatha**], *good, brave* (212); εὖ (adv.), *well*. 28

ἄγαλμα, ατος, τό, *statue* (of a god).

ἀγαλματοποιός, οῦ, ὁ [ἄγαλμα + ποιέω], *sculptor*.

Ἀγαμέμνων, ονος, ὁ, **Agamemnon** (play of Aeschylus).

ἄγαν (adv.), *very much, too much*.

ἀγγεῖον, ου, τό, *receptacle, vessel*. 89

ἀγγέλλω (ἀγγελ: 477), ἀγγελῶ (105), ἤγγειλα, ἤγγελκα, ἤγγελμαι (448), ἠγγέλθην [ἄγγελος], *announce, report* (with obj. acc. or with ptc. in indir. disc. or with ὅτι or ὡς and finite vb.; in pass., with inf. in indir. disc.). 174

ἄγγελος, ου, ὁ [**angel**, ev**angel**], *messenger*. 66

ἄγευστος, ον [ἀ + γεῦσις], *not tasting, not having tasted*.

ἅγιος, ᾱ, ον [**hagio**graphy], *holy*.

ἀγνοέω, ἀγνοήσω, etc., *not* KNOW (with acc., with indir. question, with ptc., with ὅτι). 331

ἄγνοια, ας, ἡ, IGNORANCE.

ἀγνώς, ῶτος (masc. and fem. adj.), UNKNOWN.

ἀγορά, ᾶς, ἡ, *market, market place*. 22

ἀγοράζω (477), ἀγοράσω, etc. [ἀγορά], *buy*. 76

ἄγριος, ᾱ, ον [ἀγρός], *living in the fields, wild*, Lat. AGRESTIS. 45

ἀγρός, οῦ, ὁ [**AGRI**culture, ACRE], *field, country* (as opposed to city), Lat. AGER. 45

ἄγω, ἄξω, ἤγαγον (98.3), ἦχα, ἦγμαι, ἤχθην [ped**agogue**, ACTION], *drive, lead*, Lat. AGO. 57 182

ἀγών, ῶνος, ὁ [ἄγω, **agony**], *contest, games* (391). 124

ἀδελφός, οῦ, ὁ [Phil**adelphia**], *brother*. (Voc. sing. ἄδελφε.) 45

ἀδέσποτος, ον [ἀ + δεσπότης], *masterless*, **anon**ymous.

ἄδηλος, ον [ἀ + δῆλος], *unseen, uncertain, inscrutable*.

ἄδην (adv.), *enough*, Lat. SATIS.

ἀδιάβατος, ον [ἀ + διαβατός], *impassable*. 312

ἀδιαίρετος, ον [ἀ + διαιρετός], *undivided, indivisible*.

ἀδικέω, ἀδικήσω, etc., *be unjust* (ἄδικος), *do wrong, injure* (abs. or with obj. acc.). 191

ἀδίκημα, ατος, τό, *wrong done, offence.*
ἀδικίᾱ, ᾱς, ἡ, *injustice, wrongdoing.* 191
ἄδικος, ον [ἀ + δίκη], *unjust, wicked.* 191
ἀδιόριστος, ον [ἀ + διοριστός, verbal adj. of διορίζω], *undefined, indefinite.* 275
ἀδυνατέω, ἀδυνατήσω, etc., *be unable* (ἀδύνατος). 240
ἀδύνατος, ον [ἀ + δυνατός], *unable, impossible.* 240
ᾄδω, ᾄσομαι, ᾖσα, ᾖσμαι, ᾔσθην [ᾠδή], *sing.*
ἀεί or ἀεί [Lat. AEVUM] (adv.), *always*, EVER, AYE, *on any particular occasion.* 142
ἀήρ, ἀέρος, ὁ, **air** (392). 124
ἀθάνατος, ον [ἀ + θάνατος], *undying, immortal.* 251
Ἀθῆναι, ῶν, αἱ, **Athens**.
Ἀθηναῖος, ᾱ, ον, **Athenian**. 167
ἀθροίζω (477), ἀθροίσω, etc., *collect* (trans.). 45
Ἅιδης ου, ὁ, **Hades**.
ἀΐδιος, ον [ἀεί], EVER*lasting, eternal.* 331
αἰεί, variant of ἀεί.
αἰθήρ, έρος, ὁ, **ether**.
αἷμα, ατος, τό [an**aemia**], *blood.* 118
Αἵμων, ονος, ὁ, **Haemon** (son of Creon).
αἰνέω, αἰνέσω, ᾔνεσα, ᾔνεκα, ᾔνημαι, ᾐνέθην [αἶνος *tale, praise*], *praise.* 323
αἱρέω (αἱρε, ἑλ), αἱρήσω, εἷλον, ᾕρηκα, ᾕρημαι, ᾑρέθην [**heresy**], *take, seize, catch*; mid., *take for oneself, choose*; pass., *be chosen* (for *be taken* the usual word is ἁλίσκομαι); αἱρετός, ή, όν (verbal adj.), *that may be taken, that may be chosen, chosen, eligible.* 224
αἰσθάνομαι (αἰσθ, αἰσθη: 478), αἰσθήσομαι, ᾐσθόμην, ᾔσθημαι, *perceive*, SENTIO (with acc. or partit. gen.; with acc. and ptc. not in indir. disc. [of physical perception]; with acc. and ptc. in indir. disc. [of intellectual perception], with ὅτι or ὡς [of intellectual perception]); αἰσθητός, ή, όν (verbal adj.), *perceived by sense, perceptible by sense,* SENSIBILIS. 174
αἴσθησις, εως, ἡ, *perception, sensation,* SENSUS. 174
αἰσθητήριον, ου, τό, *sense organ.* 174
αἰσθητικός, ή, όν [**aesthetics**], *sensitive,* SENSITIVUS. 174
αἰσχρός, ά, όν [αἶσχος *shame*], *shameful, ugly* (211). 217

Αἰσχύλος, ου, ὁ, **Aeschylus** (tragic poet, 525-456 B.C.).
αἰσχύνω (αἰσχυν: 477), αἰσχυνῶ (105), ᾔσχῡνα, ᾐσχύνθην, *disgrace*; pass., *be dishonored, be ashamed* of doing (with ptc.) or to do (with inf.). 108 167
Αἴσωπος, ου, ὁ, **Aesop** (traditional fabulist).
αἰτέω, αἰτήσω, etc., *ask* a favor, *ask somebody for something* (two obj. accusatives). 191
αἰτίᾱ, ᾱς, ἡ [**aetio**logical], *responsibility, blame, cause,* CAUSA. 224
αἴτιος, ᾱ, ον, *responsible, responsible for* (with gen.); αἴτιον, ου, τό, *cause.* 224
ἀκίνητος, ον [ἀ + κῑνητός], *immovable, unmoved.* 312
ἀκόλουθος, ου, ὁ [ἀ copul. + κέλευθος *path*], *attendant,* **acolyte**.
ἀκούω (ἀκου for ἀκοϝ: 380), ἀκούσομαι, ἤκουσα, ἀκήκοα (98.1.c), ἠκούσθην [**acoustics**], *hear* (with gen. or acc. of thing, or gen. and ptc. [of physical perception], or acc. and ptc. in indir. disc. [of intellectual perception], or acc. and inf. in indir. disc., or with ὅτι or ὡς). 167
ἀκρῑβόω, ἀκρῑβώσω, *make exact, be sure of.*
ἄκρος, ᾱ ον [**acro**polis], *topmost, outermost, consummate* (in attrib. position); *the top of* (in pred. position) (401); ἄκρον, ου, τό, *height, summit, extreme, first* or *last term* of a syllogism. 66
ἄκων, ἄκουσα, ἆκον [ἀ + ἑκών], *unwilling* (165). 167
ἀλγέω, ἀλγήσω, etc. [neur**algia**], *feel pain* (ἄλγος).
ἀλήθεια, ᾱς, ἡ, *truth*; τῇ ἀληθείᾳ, *in truth, really.* 57
ἀληθεύω, ἀληθεύσω, etc. [ἀληθής], *speak truth.* 271
ἀληθής, ές [ἀ + ληθ of λανθάνω], *true* (408, 208); ἀληθῶς (adv.), *truly*; ὡς ἀληθῶς, *in very truth.* 205
ἁλίσκομαι (ἁλ, ἁλω, ἁλο: 479), ἁλώσομαι, ἑάλων or ἥλων (69, 465: ἁλῶ, ἁλοίην, ἁλῶναι, ἁλούς), ἑάλωκα or ἥλωκα, *be taken, be seized, be perceived* (with ptc. not in indir. disc. or with ptc. in indir. disc.), *be convicted.* (For *take* see αἱρέω.) 224
ἀλλά [ἄλλος] (adversative conj.), *but*

(stronger than δέ), *well*; ἀλλ' ἤ, *except* (followed by the same case as that which preceded). 130

ἀλλάττω (ἀλλαγ: 477), ἀλλάξω, ἤλλαξα, ἤλλαχα, ἤλλαγμαι, ἠλλάχθην or ἠλλάγην [par**allax**], *change* (trans.).

ἀλλήλων, ων, ων [par**allel**] (reciprocal pron.), *of one another, of each other* (429). 199

ἄλλοθεν (adv.), *from another place*.

ἀλλοιόω, ἀλλοιώσω, *make of another sort* (ἀλλοῖος), *change in quality* (trans.); ἀλλοιωτός, ή, όν (verbal adj.), *subject to change*.

ἀλλοίωσις, εως, ἡ, *alteration*.

ἄλλος, η, ο [**allo**pathy], *other, another,* ELSE, Lat. ALIUS; with art., *the other, the rest, the rest of the*; ἄλλος ... ἄλλος, *one ... another*; ἄλλο ἐν ἄλλῃ τέχνῃ, ἄλλο ἐν ἄλλῃ, *one thing in one art, another in another*; ἄλλως (adv.), *otherwise, differently*. 89

ἄλλοσε (adv.), *otherwhither*.

ἀλλότριος, ᾱ, ον, *belonging to another,* ALIEN, *strange*, Lat. ALIENUS. 89

ἄλογος, ον [ἀ + λόγος], *speechless, irrational*. 279

ἅλς, ἁλός, ὁ, SALT, Lat. SAL; ἡ, *sea* (392). 124

ἄλυπος, ον [ἀ + λύπη], *free from pain, causing no pain*; ἀλύπως (adv.), *without feeling pain, without causing pain*. 267

ἅμα (adv.), *at the* SAME *time*, Lat. SIMUL (ἁ- is alpha copul.), *at the* SAME *time with* (with dat.). 167

ἁμάρτημα, ατος, τό, *fault, error*.

ἄμαχος, ον [ἀ + μάχη], *unconquerable*.

ἀμείνων, compar. of ἀγαθός (212).

ἀμελέω, ἀμελήσω, etc., *be careless of* (ἀμελής from ἀ + μέλει; with gen.).

ἀμερής, ές [ἀ + μέρος], *without parts, indivisible*.

ἀμετακίνητος, ον [ἀ + μετακίνητός, verbal adj. of μετακινέω *remove*], *immovable, nonportable*. 312

ἄμετρος, ον [ἀ + μέτρον], *without measure, without* **metre**. 263

ἀμήχανος, ον [ἀ + μηχανή *device*], *irresistible, inconceivable*.

ἀμύνω (ἀμυν: 477), ἀμυνῶ (105), ἤμῡνα, *ward off*; mid., *defend oneself*.

ἀμφί [ἄμφω, **amphi**theatre, AMBIdextrous] (prep.), *concerning* (with gen.), *about* (of place or time, with acc.); οἱ ἀμφὶ τὸν στατηγόν, *the general and those about him*. In composition, *on both sides, about*. 182

ἀμφισβητέω, impf. ἠμφεσβήτουν (69). ἀμφισβητήσω, ἠμφεσβήτησα [ἀμφίς *asunder* + βαίνω], *go asunder, disagree, dispute*. 331

ἀμφότεροι, αι, α, BOTH; ἐπ' ἀμφότερα, *on* BOTH *sides*; ἀμφοτέρως (adv.), *in either case, in* BOTH *ways*. 182

ἄμφω, ἀμφοῖν, BOTH, Lat. AMBO. 182

ἄν, postpos. particle without English equivalent, used (1) in protases of pres. general and of fut. more vivid conditions and in corresponding conditional rel. sentences (482, 485); (2) in apodoses of fut. less vivid and of contrary-to-fact conditions and in corresponding conditional rel. sentences (483, 489); (3) with potential opt. (234.2), as in apodoses of fut. less vivid conditions and in corresponding conditional rel. sentences (484). 229

ἄν, see ἐάν.

ἀνά [**ana**lysis] (prep.), *up, over, throughout* (with acc.). In composition, *up, back, again*. For ἀνὰ λόγον see ἀνάλογον. 76

ἀναγκάζω (477), ἀναγκάσω, etc. [ἀνάγκη], *compel*.

ἀναγκαῖος, ᾱ, ον [ἀνάγκη], *forcible, forced, necessary, related by blood*. 182

ἀνάγκη, ης, ἡ, *constraint, distress, necessity*, NECESSITAS. 224

ἀν-άγω, *lead up, bring back*; mid. and pass., *put to sea, prepare oneself*. 76

ἀνα-ζωπυρέω, ἀναζωπυρήσω, etc., *rekindle*.

ἀνα-θαρρέω, ἀναθαρρήσω, etc., *regain courage*.

ἀν-αιρέω, *take up, destroy, exhaust*.

ἀνά-κειμαι, *be put up, lie*.

ἀνάλογος, ον [ἀνά + λόγος], **analogous**; ἀνάλογον (adv.) = ἀνὰ λόγον, *in proportion*.

ἀνα-πηδάω, ἀναπηδήσομαι, ἀνεπήδησα, ἀναπεπήδηκα, ἀναπεπήδημαι, *leap up*.

ἀναπνοή, ῆς, ἡ [ἀνα-πνέω *draw breath*], *respiration*.

ἀναρχίᾱ, ᾱς, ἡ [ἀν + ἀρχή], **anarchy**.

ἀνα-φέρω, *bring up, bring back, refer*.

ἀνδριαντο-ποιητική, ῆς, ἡ (sc. τέχνη), *sculptor's art*.

ἀνδριάς, άντος, ὁ [ἀνήρ], *statue.* 316
(ἀν-έρομαι, not Attic; ἐρ, ἐρη), ἀνερήσομαι, ἀνηρόμην, *ask, question* (with acc. of person or acc. of thing or both).
ἀν-ερωτάω, *ask, question* (with acc. of person or acc. of thing or both).
ἄνευ (adv.), *without* (with gen.). 235
ἀνεψιός, οῦ, ὁ, *cousin.*
ἀνήρ, ἀνδρός, ὁ [poly**andry, Andrew**], *man,* Lat. *vir* (393). 124
ἀνθολογίᾱ, ᾱς, ἡ [ἄνθος *blossom* + λέγω colLECT], **anthology**, *flori*LEGIUM. 'Ανθολογίᾱ Παλᾱτίνη, a tenth-century anthology discovered in 1607 by Salmasius in the Palatine Library at Heidelberg.
ἀνθρωπικός, ή, όν [ἄνθρωπος], *human.* 72
ἀνθρώπινος, η, ον (or ος, ον), *human.* 72
ἄνθρωπος, ου, ὁ, ἡ [**anthropo**logy, phil**anthropy**], *man, human being* (as opposed to god or beast), Lat. *homo.* 72
ἀν-ίστημι, *make to* STAND *up*; mid., 2d aor., and 2d pf., *get up.* 271
ἄνοια, ᾱς, ἡ [ἀ + νοῦς], *folly.*
ἀντεστραμμένως (adv. of pf. mid. ptc. of ἀντιστρέφω), *inversely.*
ἀντί [**anti**dote, **ant**arctic] (prep.), *instead of* (with gen.). 229
'Αντιγόνη, ης, ἡ, **Antigone** (play of Sophocles).
ἀντι-κατηγορέω, *accuse in turn* (with gen.); pass., *be convertible with* (with gen.).
ἀντί-κειμαι, *be set over against, be opposite to* (serves as pf. pass. of ἀντιτίθημι). 283
ἀντι-μεθίσταμαι, *exchange places.*
ἀντιμετάστασις, εως, ἡ, *reciprocal replacement.*
ἀντι-στρέφω, *turn to the opposite side, be convertible.*
ἀντι-τίθημι, *set over against.*
ἀνύτω (476), ἀνύσω, ἤνυσα, ἤνυκα, *accomplish;* ἀνυστός, ή, όν (verbal adj.), *accomplishable, accomplished.*
ἄνω [adv. of ἀνά], *up, upwards, aloft.* 205
ἄξιος, ᾱ, ον, *worth, worthy* (abs. or with gen. of measure) (400); ἀξίως (adv.), *worthily.* 66
ἀξι-όω, ἀξιώσω, etc. [**axiom**], *think fit* (with inf. not in indir. disc.).
ἀόρατος, ον [ἀ + ὁρᾱτός], *invisible.*

ἀόριστος, ον [ἀ + ὁριστός, **aorist**], *indeterminate.*
ἀπ-αγγέλλω, *report* (with acc. or with ptc. in indir. disc. or with ὅτι or ὡς and finite vb.).
ἀπ-άγω, *lead away, lead back.* 76
ἀπ-αθανατίζω (477), *deify.*
ἀπάθεια, ᾱς, ἡ [ἀ + πάθος], *impassivity.*
ἅπαξ [**hapax** legomenon] (adv.), *once, once only.* 251
ἅπᾱς, ἅπᾱσα, ἅπαν [ἀ copul. + πᾶς], *quite all, whole, every, all together* (with art. in same position as in English). 295
ἀπατάω, ἀπατήσω, etc. [ἀπάτη], *deceive.* 187
ἀπάτη, ης, ἡ, *deceit.*
ἄπ-ειμι [ἀπό + εἰμί], *be away, be away from* (with ἀπό and gen.). 279
ἄπ-ειμι [ἀπό + εἶμι], *go away, be going away* (serves as fut. of ἀπέρχομαι). 279
ἄπειρος, ον [ἀ + πεῖρα], *without trial, inexperienced* (with object. gen.). 295
ἄπειρος, ον [ἀ + πέρας], *without limit, infinite;* ἄπειρον, ου, τό, *infinity.* 295
ἀπ-εργάζομαι (477), ἀπεργάσομαι, ἀπηργασάμην, ἀπείργασμαι (Fεϝε = εε = ει), ἀπηργάσθην [Fέργον], *finish off, complete, make so and so.* 152
ἀπ-έρχομαι, *go away.* 240
ἀπ-έχω, *be distant, be distant from* (with gen.).
ἄπιστος, ον, *untrustworthy.* 229
ἁπλοῦς, ῆ, οῦν [SIMPLEX, oneFOLD], SIMPLE (403, 210); ἁπλῶς (adv.), SIMPLY, *absolutely, without qualification.* 217
ἀπό [**apo**logy, OFF, OF] (prep.), *from* (with gen.). 52
ἀπο-βαίνω, *disembark, result* (with ἀπό and gen.), *turn out to be, prove to be.* 300
ἀπο-βάλλω, *throw off.*
ἀπο-βλέπω, *glance.*
ἀπόγονος, ου, ὁ [ἀπό + γίγνομαι], *descendant.*
ἀπο-γράφω, *write out, copy.*
ἀπο-δείκνῡμι, *point out, show forth, prove,* DEMONSTRO. 275
ἀπόδειξις, εως, ἡ [ἀποδείκνῡμι], *proof,* DEMONSTRATIO. 275
ἀπο-δέχομαι, *accept, approve.*
ἀπο-διδράσκω (δρᾱ: 98.2, 479), ἀποδρᾱ-

σομαι, ἀπέδρᾶν (465), ἀποδέδρᾶκα, *run away* (abs.), *run away from* (with obj. acc.). 295

ἀπο-δίδωμι, *give back, give, give an account* OF, *render, pay.* 267

ἀπο-δύω, ἀποδύσω, ἀπέδῡσα, ἀποδέδῡκα, *strip* OFF, *strip* (trans.); ἀποδύομαι, ἀποδύσομαι, ἀπεδῡσάμην or ἀπεδύν, ἀποδέδῡκα, ἀπεδύθην, *strip* (intrans.).

ἀπο-θνήσκω, *die* OFF, *die, be put to death* (serves as pass. of ἀποκτείνω). 229

ἀπο-κρῑνω, *separate, distinguish*; mid., *answer* (with ὅτι or ὡς or inf.). 300

ἀπο-κτείνω, *kill* (pass. supplied by ἀποθνήσκω). 108

ἀπο-λαμβάνω, *get what is one's due, recover.*

ἀπο-λείπω, *leave by going away from, abandon* (trans.); *cease* (intrans.). 62

ἀπ-όλλῡμι (ὀλ-νῡ-μι, ὀλε), ἀπ-ολῶ (ἀπ-ολέ-σ-ω 48.2), ἀπ-ώλεσα and ἀπ-ωλόμην, ἀπ-ολώλεκα and ἀπ-όλωλα (93), *destroy, lose.* 275

ἀπο-νέμω (νεμ, νεμη), ἀπονεμῶ (105), ἀπένειμα, ἀπονενέμηκα, ἀπονενένημαι, ἀπενεμήθην [νόμος], *distribute.* 108

ἀπο-πέμπω, *send* OFF, *send away.* 72

ἀπορέω, ἀπορήσω, etc., act. and mid., *be at a loss* (ἄπορος); pass., *be raised as a difficulty*; τὸ ἀπορούμενον *the difficulty.* 283

ἀπορίᾱ, ᾶς, ἡ [ἄπορος], *difficulty, lack.* 283

ἄπορος, ον [ἀ + πόρος *passage,* FORD, thoroughFARE, FAREWELL], *without passage, difficult, without resources.* 283

ἀπόσπασμα, ατος, τό [ἀποσπάω], *fragment.*

ἀπόφασις, εως, ἡ [ἀπόφημι], *negation.*

ἀποφατικός, ἡ, ον [ἀπόφημι], *negative.* 275

ἀπό-φημι, *deny.*

ἀπροσδόκητος, ον [ἀ + προσδοκητός, verbal. adj. of προσδοκάω *expect*], *unexpected*; ἐξ ἀπροσδοκήτου, *unexpectedly.*

ἀπρόσωπος, ον [ἀ + πρόσωπον *face*], *without a face.*

ἁπτικός, ἡ, ον [ἅπτομαι], *endowed with touch, tactile.* 316

ἅπτω (ἀφ: 477), ἅψω, ἧψα, ἧμμαι, ἥφθην, *fasten*; mid., *fasten oneself to, grasp, touch,* TANGO (with partit. gen.). 142

ἄρα (inferential particle, postpos.), *then, accordingly.* 76

ἀργός, όν (or ή, όν) [ἀ + ἔργον], *idle, without a function.*

ἀργύριον, ου, τό, *money.*

ἄργυρος, ου, ὁ [**argyric**], *silver.*

ἀρετή, ῆς, ἡ, *goodness, courage,* VIRTUS. 28

ἀριθμέω, ἀριθμήσω, etc. [ἀριθμός], *number, count*; ἀριθμητός, ή, όν [**arithmetic**] (verbal adj.), *numerable.* 267

ἀριθμός, οῦ, ὁ, *number.* 45

ἀριστερός, ά, όν, *on the left.*

ἀριστοκρατίᾱ, ᾱς, ἡ [ἄριστος + κράτος], *rule of the best,* **aristocracy**. 323

ἄριστος, superl. of ἀγαθός (212).

'Αριστοτέλης, ους, ὁ, **Aristotle** (395). 124

ἁρμονίᾱ, ᾱς, ἡ, *music, scale,* **harmony**. 334

ἁρμόττω, ἁρμόσω, ἥρμοσα, ἥρμοκα, ἥρμοσμαι, ἡρμόσθην, *fit* (trans. and intrans.).

ἁρπάζω (477), ἁρπάσω, ἥρπασα, ἥρπακα, ἥρπασμαι, ἡρπάσθην, *seize, plunder.* 37

ἅρπυιαι, ῶν, αἱ [ἁρπάζω], *harpies.*

ἀρρύθμιστος, ον [ἀ + ῥυθμιστός, verbal adj. of ῥυθμίζω *arrange*], *unarranged.*

ἄρτι (adv.), *just, just now.*

ἀρχή, ῆς, ἡ [**arche**type mon**archy**], *beginning, principle, rule, province.* 52

'Αρχιμήδης, ους, ὁ, **Archimedes** (mathematician and inventor, ca. 287-212 B.C.).

ἄρχω, ἄρξω, ἦρξα, ἦργμαι, ἤρχθην [**arch**angel], *rule* (with partit. gen.); act. and mid., *be first* (with ptc.), *begin* (with partit. gen., inf. [*begin* to do], or ptc. [*begin* by doing]); ἀρκτός, ή, όν (verbal adj.), *rulable, ruled*; ἀρκτέος, ᾱ, ον (verbal adj.), *to be ruled*; ἀρκτέον, *one must begin.* 101 167 312

ἄρχων, οντος, ὁ, *ruler, commander,* **archon**. 118

ἀσθένεια, ᾱς, ἡ [ἀσθενής *weak* from ἀ + σθένος], *weakness, sickness,* **asthenia**.

ἀσθενέω, ἠσθένησα, ἠσθένηκα, *be weak* (ἀσθενής, from ἀ + σθένος), *be sickly.* 334

ἄσμενος, η, ον, *glad*; ἀσμένως (adv.), *gladly.*

ἀσπάζομαι, *greet.*

ἀστήρ, έρος, ὁ, STAR, Lat. STELLA. (Dat. pl. ἀστράσι.) 267

ἀστρολογίᾱ, ᾱς, ἡ [ἄστρον + λόγος], astronomy.
ἄστρον, ου, τό [astrology], STAR, Lat. astrum. 267
ἄστυ, εως, τό, town (396). 130
ἀσώματος, ον [ἀ + σῶμα], incorporeal.
ἀτάρ (adversative conj.), but.
ἄτε, particle sometimes labeling causal ptc. (the cause assigned being one in which the speaker believes). 174
ἀτελεύτητος, ον [ἀ + τελευτητός, verbal adj. of τελευτάω bring to an end], interminable.
ἀτελής, ές [ἀ + τέλος], incomplete.
ἀτεχνῶς (adv.), simply, absolutely.
ἄτῑμος, ον [ἀ + τῑμή], unhonored.
Ἀτρείδης, ου, ὁ, son of Atreus (383). 81
ἄττα = τινά.
ἀτυχίᾱ, ᾱς, ἡ, [ἀ + τύχη], ill fortune.
Αὔγουστος, ου, ὁ, Augustus.
αὖθις (adv.), back, again, hereafter.
αὐλητής, οῦ, ὁ [αὐλός], flute-player.
αὐλός, οῦ, ὁ, flute.
αὐξάνω or αὔξω (αὐξ, αὐξη: 478), αὐξήσω, ηὔξησα, ηὔξηκα, ηὔξημαι, ηὐξήθην, increase (usually trans.); αὐξητός, ή, όν (verbal adj.), increasable, increased. 316
αὔξησις, εως, ἡ [αὔξω], growth, increase in size, auxesis. 316
αὐξητικός, ή, όν, growing, of growth, promoting growth. 316

αὔρᾱ, ᾱς, ἡ [AURA], breeze.
αὐτάρκεια, ᾱς, ἡ, self-sufficiency.
αὐτάρκης, αὔταρκες [αὐτός + ἀρκέω suffice], self-sufficient.
αὐτίκα (adv.), presently.
αὐτόθι (adv.), right there.
αὐτόματος, η, ον (or ος, ον) [automatic], spontaneous; αὐτομάτως (adv.), spontaneously. 331
αὐτός, ή, ὁ [autopsy] (intensive pron.), self (431); as adj., same; as weak dem. pron. in oblique cases only. him, her, it (155, 426); αὐτοῦ (adv.), there. αὐτοῖς ἀνδράσιν, men and all. 160
ἀφ-αιρέω [aphaeresis], take away (with acc. of thing), take ... from (with acc. of thing and gen. of person). 224
ἀφή, ῆς, ἡ [ἅπτω], touch, TACTUS. 142
ἀφ-ίστημι, put away; mid., 2d aor., and 2d pf., STAND away, revolt, shrink. 271
ἀφ-ορίζω, determine, limit, define, distinguish, exclude; ἀφοριστέον (verbal adj.), one must exclude. 316
Ἀφορισμοί, ῶν, οἱ [ἀφορίζω], Aphorisms (work of Hippocrates).
Ἀφροδίτη, ης, ἡ, Aphrodite.
ἄφρων, ον, gen. ονος [ἀ + φρήν], foolish.
ἀχώριστος, ον [ἀ + χωριστός], inseparable.
ἄψῡχος, ον [ἀ + ψῡχή], inanimate.

B

βαδίζω (477), βαδιοῦμαι (48.4), ἐβάδισα, βεβάδικα [βαίνω], walk.
βάδισις, εως, ἡ, a walking.
βάθος, ους, τό [bathos], depth. 245
βαθύς, εῖα, ύ [βάθος], deep. 205
βαίνω (βη, βα, βαν: 478), βήσομαι, ἔβην (463), βέβηκα, βέβαμαι, ἐβάθην [basis, diabetes, COME, Lat. VENIO], go. 182
Βάκχαι, ῶν, αἱ, Bacchae (play of Euripides).
βάλλω (βαλ, βλη: 378, 477), βαλῶ (105), ἔβαλον, βέβληκα, βέβλημαι, ἐβλήθην [problem, hyperbole], throw, pelt, shoot; βλητός, ή, όν (verbal adj.), stricken; βλητέος, ᾱ, ον (verbal adj.), to be struck. 130
βάπτω (βαφ: 477), βάψω, ἔβαψα, βέ-

βαμμαι, ἐβάφην [baptize], dip, dye. 101
βαρβαρικός, ή, όν [βάρβαρος], barbaric, foreign. 72
βάρβαρος, ον (41), barbarian, not Greek, foreign; βάρβαρος, ου, ὁ, barbarian, foreigner. 72
βάρος, ους, τό [barometer], weight.
βαρύνω (βαρυν: 477), βαρυνῶ (105), weigh down, oppress.
βαρύς, εῖα, ύ, heavy.
βασίλεια, ᾱς, ἡ [basilica], queen. 57
βασιλείᾱ, ᾱς, ἡ, kingship.
βασίλειον, ου, τό, palace (commonly in pl. with sing. meaning). 72
βασιλεύς, έως, ὁ, king (397). 130
βασιλεύω, βασιλεύσω, ἐβασίλευσα, be king

(βασιλεύς), *rule* (with gen. or dat.). 130
Βασίλη, ης, ἡ, *Queen* (goddess of Hades).
βέλτερος, ᾱ, ον, poetic equivalent of βελτίων.
βέλτιστος, superl. of ἀγαθός (212).
βελτίων, compar. of ἀγαθός (212).
βία, ᾱς, ἡ, *force*; βίᾳ (dat. of manner as adv.), *by force, violently*. 62
Βίᾱς, αντος, ὁ, **Bias** (one of the Seven Wise Men, s. vi B.C.).
βίος, ου, ὁ [**bio**logy, VITA], *life, way of life*, *VITA*. 142
βλάπτω (βλαβ: 477), βλάψω, ἔβλαψα, βέβλαφα, βέβλαμμαι, ἐβλάφθην or ἐβλάβην, *harm*. 101
βλαστάνω (βλαστ, βλαστη: 478), ἔβλαστον, βεβλάστηκα [**blastoma**], *sprout*.

βλέπω, βλέψομαι, ἔβλεψα, *look*.
βοήθεια, ᾱς, ἡ, *help*.
βουλεύω, βουλεύσω, etc. [βουλή], *plan, plot* (with inf.). 101
βουλή, ῆς, ἡ, *plan, plot, senate* (381). 28
βούλησις, εως, ἡ [βούλομαι], *rational wish*. 279
βούλομαι (βουλ, βουλη), βουλήσομαι, βεβούλημαι, ἐβουλήθην, *wish, have a tendency* (with inf.). 152
βοῦς, βοός, ὁ, ἡ [**bu**colic, hecatom**b**], *ox, cow*, Lat. BOS (397). 130
βραδύς, εῖα, ύ, *slow*; βραδέως (adv.), *slowly*.
βραχύς, εῖα, ύ [**brachy**logy], *short, BRIEF*, Lat. BREVIS (208). 217
βωμός, οῦ, ὁ, *altar*.

Γ

γάρ (causal particle, postpos.), *for*. 62
γε (encl. particle), *at least*. 124
γεηρός, όν [γῆ], *of earth*.
γελάω (γελα for γελασ), γελάσομαι, ἐγέλασα, ἐγελάσθην, *laugh, deride*.
γέλως, ωτος, ὁ, *laughter*.
γενεά, ᾶς, ἡ [**genea**logy], *race, birth*. 22
γένεσις, εως, ἡ, *origin, coming into being*, GENERATION, *GENERATIO*. 187
γενητός, see γίγνομαι.
γεννάδᾱς, ου, ὁ, *noble*; ὦ γεννάδᾱ, *my most excellent friend*.
γενναῖος, ᾱ, ον, *noble*.
γεννάω, γεννήσω, etc. (causative of γίγνομαι), *beget, bear, produce*. 187
γένος, ους, τό, *race, stock*, KIN, *class*, Lat. GENS, GENUS, *GENUS* (394). 124
γέρων, οντος, ὁ, *old man* (389). 118
γεῦσις, εως, ἡ [CHOOSE], *taste*, Lat. GUSTUS, *GUSTUS*. 235
γῆ, γῆς, ἡ [**geo**graphy, **Ge**orge], *earth* (386). 251
γήινος, η, ον, *of earth*.
γηράσκω (γηρα: 479), γηράσομαι, ἐγήρᾱσα, γεγήρᾱκα [γῆρας *old age*], *grow old*.
γίγᾱς, αντος, ὁ [**gig**antic], *giant* (389). 118
γίγνομαι (γεν, γον, γν, γενη, γενε: 98.2), γενήσομαι, ἐγενόμην, γέγονα, γεγένημαι [γένος], *come into being, become, turn out to be, prove to be*; γενητός, ή, όν (verbal adj.), *originated, originable*; τὸ γενόμενον, *the past*. 187
γιγνώσκω (γνω, γνο; 98.2, 479), γνώσομαι, ἔγνων (465), ἔγνωκα, ἔγνωσμαι, ἐγνώσθην [γνώμη, **gnostic**, KEN, CAN], *come to* KNOW, KNOW, Lat. NOSCO, *recognise that something is* (with ptc. in indir. disc.), *decide that something is* (with inf. in indir. disc.). 205
Γλαύκων, ωνος, ὁ, **Glaucon**, (1) brother of Plato, (2) father of Charmides.
γλυκύς, εῖα, ύ [**glycerine**], *sweet*. 205
γλύφω, γέγλυμμαι or ἔγλυμμαι [**glyptic**], *carve*.
γλῶσσα, ης, ἡ [**gloss**], *tongue*.
γνώμη, ης, ἡ [**gnomic**], *opinion, purpose, maxim*, *SENTENTIA*. 62
γνώριμος, ον [γιγνώσκω], *well-*KNOWN, *notable*. 300
γνῶσις, εως, ἡ [γιγνώσκω, dia**gnosis**], *inquiry*, KNOWLEDGE. 205
γονεύς, έως, ὁ [γίγνομαι], *begetter, ancestor*.
γόνυ, ατος, τό, KNEE, Lat. GENU (390). 118
γραμματικός, ή, όν, **grammatical**.
γραμμή, ῆς, ἡ [γράφω], *line*. 271
γραῦς, γρᾱός, ἡ [γέρων], *old woman* (397). 130
γράφω, γράψω, ἔγραψα, γέγραφα, γέγραμ-

μαι, ἐγράφην [**graphic**], *write* (with ὅτι), *draw, paint*; γραπτός, ή, όν (verbal adj.), *writable, written*; γραπτέος, ᾱ, ον (verbal adj.), *to be written.* 52

γυμνάζω (γυμναδ: 477), γυμνάσω, etc. [γυμνός *naked, lightly clad*], *train naked, exercise* (trans.). 142

γυμναστική, ῆς, ή (sc. τέχνη), **gymnastics**. 142

γυμνικός, ή, όν, *of* or *for* **gymnastic** *exercises.* 142

γυνή, γυναικός, ή [**gynaeco**logy, miso**gynist**], *woman, wife* (398). 130

Δ

δαίμων, ονος, ὁ, ή [**demon**], *a divinity* (391). 124

δακτύλιος, ου, ὁ [δάκτυλος *finger*], *ring.*

δέ (adversative conj., postpos., μέν often preceding), *but, and.* 28

δέδοικα (δϜει, δϜοι; pf. as pres.), ἔδεισα, *fear* (of reasonable fear; with acc., with inf., or with obj. clause introduced by μή or μή οὐ [228.2]). 312

δεῖ (δεϜ, δεϜη), δεήσει, ἐδέησε (impers.), *it is necessary* (with inf. or with acc. and inf.), *there is need of* (with gen.); as pass. deponent, δέομαι (2d sing. not δεῖ but δέει: 185), δεήσομαι, δεδέημαι, ἐδεήθην, *need, want, ask* a thing of a person (with gen. or acc. of thing, gen. of pers.). 191

δείκνῡμι and δεικνύω (δεικ) (464), δείξω, ἔδειξα, δέδειχα, δέδειγμαι, ἐδείχθην [**deictic**, para**digm**, TEACH, Lat. DICO], *point out, show forth* (with obj. acc. or with ὅτι or ὡς or with ptc. in indir. disc.). 275

δεινός, ή, όν [**dino**saur], *terrible, marvelous, clever.*

δέκα (indecl.) [**deca**logue], TEN, Lat. DECEM. 89

δεκτικός, ή, όν [δέχομαι], *receptive, capable of* (with object. gen.). 316

δέλτα (indecl.), τό, **delta**.

δέμω, *build.*

δένδρον, ου, τό [philo**dendron**], *tree.* 72

δεξιός, ά, όν, *on the right.*

δεσμός, οῦ, ὁ, *bond, chain.*

δεσμώτης, ου, ὁ, *prisoner.*

δεσπότης, ου, ὁ, *master, lord,* **despot**. (Voc. sing. δέσποτα.) 81

δεῦρο (adv.), *hither.*

δεύτερος, ᾱ, ον [**Deutero**nomy], *second.* 245

δέχομαι, δέξομαι, ἐδεξάμην, δέδεγμαι, ἐδέχθην, *receive.* 152

δή (postpos. particle), *in truth, to be sure, now.* 62

δῆλος, η, ον, *plain, evident* (402). 89

δηλόω (456-457), δηλώσω, etc., *make evident* (δῆλος), *show* (with obj. acc. or with ptc. in indir. disc. or with inf. in indir. disc.). 191

δημοκρατίᾱ, ᾱς, ή [δῆμος + κράτος], **democracy**. 283

Δημόκριτος, ου, ὁ, **Democritus** (philosopher, ss. v-iv B.C.).

διά (prep.), *through* (spatial, temporal, or mediative, with gen.); *on account of* (with acc.); διὰ χρόνου, *after some time.* 142

Δία, acc. of Ζεύς.

δια-βαίνω, *step across, pass over*; διαβατός, ή, όν (verbal adj.), *crossable*; διαβατέος, ᾱ, ον (verbal adj.), *that must be crossed.* 312

δια-βάλλω, *throw across, estrange* (i.e., *put apart*), *slander* (with obj. acc. and ὡς with finite verb). 167

διάθεσις, εως, ή [διατίθημι], *disposition,* **diathesis**.

διαίρεσις, εως, ή [διαιρέω], *division,* **diaeresis**. 224

δι-αιρέω, *take apart, divide, distinguish*; διαιρετός, ή, όν (verbal adj.), *capable of being taken apart, taken apart, divisible, divided.* 224

δίαιτα, ης, ή [**diet**], *way of living, prescribed regimen.*

διά-κειμαι, *be in a certain state.*

δια-λανθάνω, *escape notice, escape the notice of* (with obj. acc.).

δια-λέγομαι, *converse* (with dat. or with πρός and acc.).

δια-λείπω, *intermit* (with acc.), *be dis-*

continuous (with ptc.), *stand at intervals.* 142

διανοέομαι, διανοήσομαι, διανενόημαι, διενοήθην, *think* (abs.); *be minded, have in mind* (with obj. inf.); *think* (with inf. in indir. disc.). 251

διανοητικός, ή, όν, *intellectual, intelligent;* διανοητικόν, οῦ, τό, *power of thinking.* 331

διάνοια, ᾱς, ἡ, *thought, process of thinking, thinking faculty.* 331

διὰ πασῶν (sc. χορδῶν *strings, notes*), τό, *octave,* **diapason**.

δια-πράττω, *get done;* mid., *get for oneself.*

δια-σαφέω [διά + σαφής *clear*], *make quite clear.*

διάστασις, εως, ἡ [δι-ίστημι], *separation, division, extension, direction.*

διάστημα, ατος, τό [δι-ίστημι, **diastem**], *interval, intermission, extension, dimension.* 245

διατριβή, ῆς, ἡ [**diatribe**], *pastime, haunt.*

δια-τρίβω (τρῐβ, τρῑβ), διατρίψω, διέτρῑψα, διατέτρῑφα, διατέτρῑμμαι, διετρίφθην or διετρίβην, *rub through, waste, delay.* 142

δια-φέρω, *dіffer, differ from, surpass* (with gen. of compar.). 199

δια-φεύγω, *escape, elude* (with acc. of pers. or thing).

διαφορά, ᾶς, ἡ [διαφέρω], *diff*ERENCE, DIFFERENTIA. 22

διδάσκω (διδαχ-σκω), διδάξω, ἐδίδαξα, δεδίδαχα, δεδίδαγμαι, ἐδιδάχθην [**didactic**], *teach* (with inf.).

δίδωμι (δω, δο: 459), δώσω, ἔδωκα (461), δέδωκα, δέδομαι, ἐδόθην [δῶρον, anec**dote**], *give,* Lat. DO; δίκην δίδωμι, *be punished.* 267

δί-ειμι [διά + εἶμι], *traverse.*

δι-έξειμι [διά + ἐξ + εἶμι], *traverse.*

διέξοδος, ου, ἡ, *passage, outlet.*

δι-έρχομαι, *traverse.*

δι-ηγέομαι, διηγησάμην [ἡγεμών], *set out in detail, describe.*

δίκαιος, ᾱ, ον (or ος, ον) [δίκη], *right, just;* δικαίως (adv.), *rightly, justly.* 76

δίκη, ης, ἡ [syn**dic**], *right, justice, deserts.* 76

διό (διά ὅ), *wherefore.* 224

Διογένης, ους, ὁ, **Diogenes** (philosopher, 404-323 B.C.).

Διονῡ́σιος, ου, ὁ, **Dionysius** of Halicarnassus, Roman historian and critic (s. i. B.C.), author of Περὶ Συνθέσεως Ὀνομάτων.

δι-ορίζω, *bound, determine, define,* DEFINIO; διοριστέον (verbal adj.), *one must distinguish.* 283 312

διότι (διὰ ὅ τι), *why;* as conj., *for* διὰ τοῦτο ὅτι, *because.*

δίπηχυς, υ, gen. εος [δίς + πῆχυς *cubit*], *two cubits long* or *broad* (41, 408). 251

διπλάσιος, ᾱ, ον, TWOFOLD, TWICE *the size of* (with ἤ or gen. of compar.). 267

δίς [δύο, BIS] (in compounds generally δι-; adv.), TWICE. 245

διττός, ή, όν [δίς, **ditto**graphy], TWOfold, DOUBLE; διττῶς (adv.), DOUBLY, *in* TWO *senses.* 251

διχῶς [**dicho**tomy] (adv.), *in* TWO *ways or senses.* 251

διώκω, διώξω, ἐδίωξα, δεδίωχα, δεδίωγμαι, ἐδιώχθην, *pursue;* διωκτός, ή, όν (verbal adj.), *pursuable, pursued;* διωκτέος, ᾱ, ον (verbal adj.), *to be pursued.* 37

δόγμα, ατος, τό [δοκέω], *belief, decree,* **dogma**.

δοκέω (δοκ, δοκε), δόξω, ἔδοξα, δέδογμαι (450), ἐδόχθην [δόξα], *think* (with inf. in indir. disc.), *be thought, seem, seem best.* 191

δόξα, ης, ἡ [ortho**dox**, para**dox**, **dox**ology], *opinion, reputation, expectation, fame* (382). 62

δόσις, εως, ἡ [δίδωμι], *a giving, gift,* **dose**. 267

δουλείᾱ, ᾱς, ἡ, *slavery.*

δοῦλος, ου, ὁ, *slave.* 89

δρᾶμα, ατος, τό, *deed, action,* **drama**. 323

δραμοῦμαι, see τρέχω.

δράω, δράσω, ἔδρᾱσα, δέδρᾱκα, δέδρᾱμαι, ἐδράσθην [**drastic**], *do.* 323

δύναμαι, δυνήσομαι, δεδύνημαι, ἐδυνήθην, *be able, can, amount to* (pres. inflected like ἵσταμαι [460] except that subjunctives and optatives have recessive accent [as if there were no contraction]: δύνωμαι, δύναιτο); δυνατός, ή, όν (verbal adj.), *powerful, able, possible.* 199

δύναμις, εως, ἡ [**dynamic**, **dynamite**], *power, faculty, potentiality,* POTENTIA; δυνάμει (dat. of manner as adv.), *potentially, POTENTIA, IN POTENTIA.* 199

δύο, δυοῖν [TWIN, TWICE], TWO, Lat. DUO. (423; sometimes indecl.) 167

δύω, δύσω, ἔδυσα and ἔδυν (274-275, 465), δέδυκα, δέδυμαι, ἐδύθην, *sink, go into* (with acc. or with εἰς and acc.). 275

δῶρον, ου, τό, *gift, bribe*, Lat. DONUM (385). 76

E

ἑάλων, see ἁλίσκομαι.

ἐάν (εἰ ἄν), contr. ἄν or ἤν, *if* (with subjv.). 229

ἔαρ, ἔαρος, τό, *spring*, Lat. VER (392). 334

ἑαυτοῦ, ῆς, οῦ (reflex. pron.), *of himself, of herself, of itself* (427). 199

ἐάω (ἐϜα), ἐάσω, εἴασα, εἴακα, εἴαμαι, εἰάθην, *permit* (with acc. and inf.), *let go, let alone* (with acc.). 187

ἐγ-γίγνομαι, *be born* IN (with dat. or with ἐν and dat.). 279

ἐγγύθεν (adv.), *from near at hand, near at hand.*

ἐγγύς (adv.), *near*. Superl. ἐγγύτατα.

ἐγ-κλίνω (κλιν, κλι: 477), ἐγκλινῶ (105), ἐγκέκλικα, ἐγκέκλιμαι, ἐνεκλίθην [**enclitic**], *bend* IN, *lean on* (trans. and intrans.).

ἐγρήγορσις, εως, ἡ, *a waking.*

ἐγώ, ἐμοῦ [ME] (pers. pron.), *I*, Lat. EGO (426); ἔγωγε, *I at least, I for* MY *part.* 199

ἔδραμον, see τρέχω.

ἐθέλω (ἐθελ, ἐθελη) or θέλω, ἐθελήσω or θελήσω, ἠθέλησα, ἠθέληκα, *be willing, wish.* 279

ἔθνος, ους, τό [**ethno**logy], *nation, tribe.* 224

ἔθος, ους, τό [ἔθω], *custom, habit.* 224

(ἔθω not Attic), 2d pf. εἴωθα (with pres. sense), *be accustomed* (with inf.). 224

εἰ (procl. conj.), *if*; in indir. questions, *whether.* 229

εἰ γάρ (particle), *O that, O if* (introducing a wish). 235

εἶδον, see ὁράω.

εἶδος, ους, τό [εἶδον, ἰδέα, kal**eido**scope], *form, kind,* **idea**, SPECIES, FORMA. 167

εἴδω (not Attic), see οἶδα.

εἶέν (particle), *very good!*

εἴθε (particle), *O that, O if* (introducing a wish; with opt. if wish refers to fut., with impf. if wish refers to pres., with aor. ind. if wish refers to past). 235

(Ϝείκω not Attic), εἴξω, ἔοικα (2d pf. with pres. sense), *resemble* (with dat.), *appear* (with inf. in indir. disc. or with ptc. in indir. disc.); εἰκός, ότος (neut. of pf. ptc.), *fitting, likely.* 271

εἰμί (ἐσ), ἔσομαι [AM, IS], *be,* Lat. ESSE (181, 470). 22 118 182

εἶμι (εἰ, ἰ), *go, be going*, Lat. EO, IRE (serves as fut. of ἔρχομαι) (471). 279

εἶπον, see εἴρω.

εἰρήνη, ης, ἡ [**irenic**], *peace.*

(εἴρω not Attic; Ϝερ, Ϝρη, Ϝεπ), ἐρῶ (105), εἶπον, εἴρηκα, εἴρημαι, ἐρρήθην [**epic**, WORD, Lat. VERBUM], *say* (with acc. or with ὅτι or ὡς); *mention* (with acc.); ὡς εἰπεῖν, *so to speak, roughly speaking.* 217

εἰς [**eis**odic] (procl. prep.), IN*to* (with acc. = Lat. IN with acc.). 37

εἷς, μία, ἕν, *one* (423). 199

εἰσ-άγω, *introduce.*

εἰσαῦθις = αὖθις.

εἴσ-ειμι [εἰς + εἶμι], *go* IN, *come* IN.

εἰσ-έρχομαι, *go* IN, *come* IN.

εἴσομαι, see οἶδα.

εἴσω (adv. of εἰς), IN*side* (with gen.). 283

εἶτα (εἶθ᾿) (adv.), *then, therefore.*

εἴτε ... εἴτε (disjunctive conj.), *either ... or, whether ... or.* 306

εἴωθα, see ἔθω.

ἐκ, see ἐξ.

ἑκάτερος, ᾱ, ον (pron.), *each* (of two); ἑκάτεροι, *either party.* Superl. ἕκαστος, η, ον, *each*; ἕκαστα, *the various groups of things*; τὰ καθ᾿ ἕκαστα, *particulars.* 300

ἐκ-βάλλω, *throw out, expel, exile.* 130

ἐκεῖ (dem. pronom. adv.), *there.* 283

ἐκεῖθεν (dem. pronom. adv.), *thence*.
ἐκεῖνος, η, ο (dem. pronom. adj.), *that* (430); ἐκείνως (adv.), *in that way*. 160
ἔκ-κειμαι, *be set before someone*.
ἐκ-κόπτω (κοπ: 477), ἐκκόψω, ἐξέκοψα, ἐκκέκοφα, ἐκκέκομμαι, ἐξεκόπην [apo**cope, comma**], *knock out, end*.
ἐκ-λείπω [**eclipse**], *leave by going out of, abandon*. 62
ἐκ-πλήττω, *strike out of one's senses, amaze, frighten*. 142
ἐκτός [adv. of ἐκ], *outside* (with gen.).
ἑκών, οὖσα, όν, *willing* (165, 405). 167
ἐλάττων (ἐλαχυων), compar. of μῑκρός and of ὀλίγος (212, 409).
ἐλαύνω (ἐλα: 478), ἐλῶ (ἐλά-σ-ω: 48.2), ἤλασα, ἐλήλακα (98.1c) [**elastic**], *drive, ride, march*. 130
ἐλάχιστος, superl. of μῑκρός and of ὀλίγος (212).
ἔλεος, ου, ὁ [**eleemosynary, alms**], *pity*. 130
ἐλευθερίᾱ, ᾱς, ἡ, *freedom*.
ἐλευθέριος, ον (or ᾱ, ον), *free-spirited, liberal*. 267
ἐλευθεριότης, ητος, ἡ, *liberality*. 323
ἕλκω (ἑλκ, ἑλκυ), ἕλξω, εἵλκυσα, εἵλκυκα, εἵλκυσμαι, εἱλκύσθην [Lat. SULCUS], *pull, absorb*.
Ἑλλάς, άδος, ἡ, **Hellas**, *Greece*. 267
ἔλλειψις, εως, ἡ [ἐν-λείπω: 370], **ellipse**, *a falling short, defect, deficiency*. 130
Ἕλλην, ηνος, ὁ, **Hellene**, *Greek*.
Ἑλληνικός, ή, όν, **Hellenic**, *Greek*. 52
ἐλπίζω (ἐλπιδ: 477), ἤλπισα, *hope, expect* (with obj. inf. or inf. in indir. disc. [neg. μή: 294], or with ὡς and finite vb.).
ἐλπίς, ίδος, ἡ, *hope* (389). 118
ἐμαυτοῦ, ῆς (reflex. pron.), *of* MY*self* (427). 199
ἐμ-βαίνω, *step* IN, *step* IN*to* (with dat. or with εἰς and acc.). 312
ἐμ-βλέπω, *look* IN *the face, look at*.
ἐμμελῶς [adv. of ἐμμελής (ἐν + μέλος) *harmonious*], IN *good taste*.
ἔμμετρος, ον [ἐν + μέτρον], IN *measure*, IN **metre**. 263
ἐμός, ή, όν [ME] (poss. adj.), MY, MINE, Lat. MEUS. (ὁ ἐμὸς ἵππος MY *horse*, ἵππος ἐμός *a horse of* MINE, ὁ ἵππος ἐμός *the horse is* MINE.) 258

Ἐμπεδοκλῆς, έους, ὁ, **Empedocles** (philosopher, s. v. B.C.).
ἐμ-πίπτω, *fall* IN.
ἔμφρων, ον, gen. ονος [ἐν + φρήν], *sensible*, IN*telligent*.
ἔμφυτος, ον (verbal adj. of ἐμφύω IM*plant*), IN*born*.
ἔμψῡχος, ον [ἐν + ψῡχή], *besouled, animate*.
ἐν [ENclitic] (procl. prep.), IN (with dat. = Lat. IN with abl.). 37
ἔναγχος (adv.), *lately*.
ἔναιμος, ον [ἐν + αἷμα], *with blood* IN *one*; ἔναιμα, τά, *red-blooded animals*. 118
ἐναντίος, ᾱ, ον [ἐν + ἀντίος *opposite*], *opposite, contrary*; ἐναντίον (adv.), *opposite,* IN *the presence of* (with gen.); ἐναντίως (adv.), *contrariwise*. 271
ἐναντίωσις, εως, ἡ, *contrariety*.
ἐναργής, ές, *visible, palpable*; ἐναργῶς (adv.), *visibly, palpably*. Compar. ἐναργέστερος; superl. ἐναργέστατος.
ἐν-δείκνῡμι, *show*; mid., *make plain*.
ἐνδεής, ές [ἐν + δέομαι], *lacking*. (Acc. sing. masc. and fem. ἐνδεᾶ.)
ἐν-δέχομαι, *accept, admit of* (with inf. or acc.); *be possible* (with inf. or with acc. and inf.). 331
ἔν-ειμι [ἐν + εἰμί], *be* IN (with dat. or with ἐν and dat.).
ἕνεκα or ἕνεκεν (prep., generally postpos.), *on account of, for the sake of, as far as regards* (with gen.); τὸ οὗ ἕνεκα, *that for the sake of which* (the final cause). 240
ἐνέργεια, ᾱς, ἡ [**energy**], *activity* (as opposed to δύναμις *potentiality*), *actualization, actuality, ACTUS, ACTUALITAS*. 57
ἐνεργέω, ἐνήργησα, etc. [**energetic**], *be* IN *action* (ἐνεργός), *effect*. 323
ἔνιοι, αι, α, *some*. 240
ἐνταῦθα (dem. pronom. adv.), *here, there*. 57
ἐντελέχεια, ᾱς, ἡ, *full reality*, the *actuality* resulting from ἐνέργεια, *actualization*; ἐντελεχείᾳ (dat. of manner as adv.) *actually, ACTU, IN ACTU*. 331
ἐν-τέλλομαι (τελ, ταλ: 477), ἐνετειλάμην, ἐντέταλμαι, EN*join*, *command* (with dat. of pers. and acc. of thing, or with dat. of pers. and inf.).
ἐντεῦθεν [ἐνταῦθα] (dem. pronom. adv.), *hence, thence, thereupon*. 130

ἐντολή, ῆς, ἡ [ἐντέλλομαι], INjunction, command.
ἐντός [adv. of ἐν], INside (with gen.).
ἐν-υπάρχω, exist IN (with dat. or with ἐν and dat.).
ἐξ before vowel, ἐκ before consonant [**ex**odus, **ec**stasy] (procl. prep.), *out of* (with gen. = Lat. EX with abl.). 37
ἕξ (indecl.), SIX, Lat. SEX. 89
ἐξ-αμαρτάνω (ἁμαρτ, ἁμαρτη: 478), ἐξαμαρτήσομαι, ἐξήμαρτον, ἐξημάρτηκα, ἐξημάρτημαι, ἐξημαρτήθην, *do wrong, miss the mark*.
ἐξ-ελαύνω, *drive out, march on*. 130
ἐξ-έρχομαι, *go out, come out*.
ἕξις (σέχ-σις: 373), εως, ἡ [ἔχω *have, be*; **hectic**], a *having, state* or *habit of body* or *of mind*, HABITUS. 130
ἐξ-ίστημι, *displace, remove*.
ἔξω [adv. of ἐξ; **exotic**], *outside* (with gen.). 229
ἔξωθεν (adv.), *from outside, outside* (with gen.). 229
ἔοικα, see εἴκω (Ϝείκω).
ἐπ-άγω, *lead on*.
ἐπαγωγή, ῆς, ἡ [ἐπ-άγω], *induction*, INDUCTIO. 275
ἐπ-ᾴδω [ἐπί + ᾠδή], *sing as an incantation*.
ἐπ-αινέω, *praise*. 323
ἐπάν = ἐπεὶ ἄν.
ἐπ-άνειμι [ἐπί + ἀνά + εἶμι], *go back*.
ἐπ-ανέρχομαι, *go back*.
ἐπεί (temporal and causal conj.), *when* (introducing a conditional rel. sentence: 481-489); *since, because* (with ind.). ἐπεὶ ἄν = ἐπήν or ἐπάν. 62 229
ἐπειδάν = ἐπειδὴ ἄν.
ἐπειδή (temporal and causal conj.), *when* (introducing a conditional rel. sentence: 481-489); *since, because* (with ind.). ἐπειδὴ ἄν = ἐπειδάν. 62 229
ἔπ-ειμι [ἐπί + εἶμι], *come upon, come against, invade, come after* (serves as fut. of ἐπέρχομαι). 279
ἔπειτα [ἐπί + εἶτα] (adv.), *thereupon, then*. 279
ἐπ-εκτείνω, *extend* (trans. and intrans.).
ἐπ-έρχομαι, *come on* (abs.); *come upon, attack* (with dat. or acc.). 240
ἐπήν = ἐπεὶ ἄν.
ἐπί (prep.), *on, upon, in the case of* (with gen.); *on, besides, by, at* (with dat.); *upon, to, against* (with acc.). 52

ἐπίγραμμα, ατος, τό [ἐπι-γράφω], *inscription, epitaph*, **epigram**; Ἐπιγράμματα, **Epigrams** (work of Callimachus).
ἐπι-δείκνῡμι, *display, point out* (with obj. acc. or with ptc. in indir.disc.). 275
ἐπιεικῶς (adv.), *fairly, tolerably*.
ἐπιθῡμέω, ἐπιθῡμήσω, etc., *desire* (with object. gen. or inf.). 258
ἐπιθῡμητικός, ή, όν, *desiring* (with object. gen.). 258
ἐπιθῡμίᾱ, ᾱς, ἡ [ἐπιθῡμέω], *desire*. 258
ἐπι-λανθάνομαι, *be forgotten*.
ἐπι-λείπω, *fail, give out*.
ἐπιμέλεια, ᾱς, ἡ, *care, attention* (with object. gen.). 258
ἐπιμελέομαι, ἐπιμελήσομαι, ἐπιμεμέλημαι, ἐπεμελήθην, *take care of* (with object. gen.), *take care that* (with obj. clause: 250.2,3). 251
ἐπίπεδος, ον [ἐπί + πέδον *ground*], *on the ground, plane*; ἐπίπεδον, ου, τό, *plane*. 271
ἐπιπειθής, ές [ἐπι-πείθομαι], *obedient*.
ἐπι-ρρέω, *flow on*.
ἐπι-σκοπέω (in Attic this usually replaces ἐπι-σκέπτομαι), ἐπισκέψομαι, ἐπεσκεψάμην, ἐπέσκεμμαι, *examine, consider*; ἐπισκεπτέος, ᾱ, ον (verbal adj.), *to be examined, to be considered*. 306
ἐπίσταμαι (ἐπιστα), ἐπιστήσομαι, ἠπιστήθην, *know how* (with obj. inf.), *understand* (with ptc. in indir. disc.) (Pres. inflected like ἵσταμαι [460] except that subjunctives and optatives have recessive accent, as if there were no contraction: ἐπίστωμαι, ἐπίσταιτο). 275
ἐπιστήμη, ης, ἡ [ἐπίσταμαι], *science, knowledge*, SCIENTIA. 275
ἐπιστολή, ῆς, ἡ [ἐπι-στέλλω], *letter*, **epistle**; Ἐπιστολαὶ Ἐρωτικαί, **Epistolae Eroticae** (work of Flavius Philostratus). 52
ἐπι-τίθημι, *put on, impose*; mid., *put on oneself, put oneself on* (i.e. *apply oneself to, attack*; with dat.). 263
ἐπίτροπος, ου, ὁ [ἐπι-τρέπω], *trustee, guardian*.
ἐπι-τυγχάνω, *hit the mark* (with gen.), *meet with* (with dat.); τὸ ἐπιτυχόν, *any chance subject*.

ἐπιφάνεια, ᾱς, ἡ [ἐπι-φαίνω], *appearance, surface.*
ἐπιχειρέω, ἐπιχειρήσω, etc. [ἐπί + χείρ], *put one's hand to, attempt* (with dat. or acc. or inf.).
ἕπομαι, (σεπ, σπ), impf. εἱπόμην, ἕψομαι, ἑσπόμην, *follow*, Lat SEQUOR (with dat.). 235
ἑπτά (indecl.), SEVEN; Ἑπτὰ ἐπὶ Θήβᾱς, SEPTEM *contra Thebas* (play of Aeschylus).
ἐπῳδή, ῆς, ἡ [ἐπᾴδω], *incantation, charm.*
ἔρανος, ου, ὁ, *picnic, loan, subscription.*
ἐραστής, οῦ, ὁ, *lover.*
ἐράω [ἔρως], *love* (with gen.).
ἔργον, ου, τό (Ϝεργον), WORK, *deed, function.* 66
ἔρυμα, ατος, τό, *defence, wall.*
ἔρχομαι (ἐρχ, ἐλευθ, ἐλυθ, ἐλθ), ἐλεύσομαι, ἦλθον, ἐλήλυθα, *go, come.* 240
ἕρψις, εως, ἡ [SERPENT], a *creeping.*
ἐρῶ, see εἴρω.
ἔρως, ωτος, ὁ, *love* (389). 275
ἐρωτάω, ἐρωτήσω, etc., *ask* a question, *ask* a person a question (double acc.), *question* a person; with εἰ *whether*; with πότερον . . . ἤ *whether . . . or.* 187
ἐρωτικός, ή, όν [ἔρως], *of love, amorous,* **erotic**.
ἐς, variant of εἰς.
ἕσπερος, ᾱ, ον [Lat. VESPER], *of evening*; ἑσπέρᾱς (sc. ὥρᾱς), *in the evening.*
ἑστώς, see ἵστημι.
ἔσχατος, ον (or η, ον) [**eschato**logy], *utmost, last* (in attrib. position); *the extremity of* (in pred. position); ἔσχατον, ου, τό, *extremity.* 275
ἑτεροίωσις, εως, ἡ, *alteration, qualitative change.*
ἕτερος, ᾱ, ον [**hetero**geneous] (dem. pronom. adj.), *other* (with gen. of compar.), *another, the other; one of two;* ἑτέρως (adv.), *in one or the other way.* 199
ἔτι (adv. of time and degree), *yet, still, further.* 57
εὖ [**eu**logy] (serves as adv. of ἀγαθός), *well.* 142
εὐαγγέλιον, ου, τό, *good news, gospel,* **evangel**.
εὐδαιμονέω, εὐδαιμονήσω, etc., *be prosperous* (εὐδαίμων), *be happy.* 300

εὐδαιμονίᾱ, ᾱς, ἡ [εὐδαίμων], *prosperity, happiness.* 251
εὐδαίμων, εὔδαιμον, gen. ονος [εὖ + δαίμων], *prosperous, happy* (409, 209). 205
εὐθύς, εῖα, ύ, *straight*; εὐθεῖα (sc. γραμμή), *straight line*; εὐθύς (adv.), *straightway.* 271
Εὐκλείδης, ου, ὁ, Euclid (mathematician, fl. 300 B.C.).
εὐλαβέομαι, εὐλαβήσομαι, *be cautious* (εὐλαβής, from εὖ + λαβ).
εὐλόγως (adv.), *reasonably, as one might expect.*
εὔνους, ουν [εὖ + νοῦς], *well-disposed, kindly* (41, 404). 251
εὐπρᾱξίᾱ, ᾱς, ἡ [εὖ + πράττω], *welfare, well-doing.*
εὐπρόσωπος, ον [εὖ + πρόσωπον *face*], *fair of face.*
Εὐρῑπίδης, ου, ὁ, **Euripides** (tragic poet, 480-406 B.C.).
εὑρίσκω (εὑρ, εὑρη, εὑρε: 479), εὑρήσω, ηὗρον or εὗρον, ηὕρηκα or εὕρηκα, ηὕρημαι or εὕρημαι, ηὑρέθην or εὑρέθην (69), *find* (with obj. acc. or with ptc. not in indir. disc. or with ptc. in indir. disc.). 295
εὖρος, ους, τό, *breadth, width.* 245
Εὐρώπη, ης, ἡ, **Europe**.
εὐστόχως (adv.), *with good aim, correctly.*
εὐτυχέω, εὐτυχήσω, etc., act. and pass., *be fortunate* (εὐτυχής).
εὐτύχημα, ατος, τό [εὐτυχέω], *success.*
εὐτυχής, ές [εὖ + τύχη], *fortunate.*
εὐτυχίᾱ, ᾱς, ἡ, *good fortune.*
ἐφεξῆς [ἐπί + ἑξῆς *in order*] (adv.), *in order, one after another, adjacent, next*; τὸ ἐφεξῆς, *the adjacent part.* 306
ἐφ-ίστημι, *set upon, set up, cause to halt*; mid., 2d aor., and 2d pf., STAND *upon*, STAND *near.* 271
ἐχθές (adv.), YESTER*day.*
ἔχω (σεχ [367], σχ, σχη, σχε), impf. εἶχον from ἔσεχον, ἕξω or σχήσω, ἔσχον (474[6]), ἔσχηκα, ἔσχημαι, ἐσχέθην [ἕξις], *have, be* (with adv. of manner, as in καλῶς ἔχει *it is well*; σχήσω and ἔσχον, *get*); mid., *hold oneself fast to, come next to* (with gen.). 81 174
ἕωθεν (adv.), *from* or *at dawn.*
ἕως (conj.), *until, while* (298-299); as prep., *until* (with gen.). 300

Z

Ζάλμοξις, ιδος, ὁ, **Zalmoxis** (Thracian god).
ζάω (185.2), ζήσω [ζωή], *live.* 187
Ζεύς, Διός, ὁ, **Zeus** (398).
ζηλόω, ζηλώσω [**zeal**], *emulate, envy.*

ζητέω, ζητήσω, etc., *seek, seek for, inquire, search into.* 295
ζωή, ῆς, ἡ, *life.* 28
ζῷον, ου, τό [**zoö**logy], *animal, creature.* 76

H

ἤ (disjunctive conj.), *or*; ἤ ... ἤ, *either ... or.* 142
ἤ (conj.), *than* (216). 142
ἦ, see ἠμί.
ᾗ (dat. sing. fem. of ὅς, as rel. pronom. adv.), *where, how, in so far as, qua.* 271
ἦα, see εἶμι.
ἡγεμονίᾱ, ᾱς, ἡ, **hegemony**. 124
ἡγεμών, όνος, ὁ, ἡ, *leader, guide* (391). 124
ᾔδει, see οἶδα.
ἤδη (adv.), *already.* 81
ἥδομαι, ἡσθήσομαι, ἥσθην, *be pleased* (with dat. of cause or with supplem. ptc.). 205
ἡδονή, ῆς, ἡ [**hedonism**], *pleasure.* 205
ἡδύνω (ἥδυν: 477), ἥδῡνα, ἥδυσμαι, ἡδύνθην [ἡδύς], *make pleasant, season.* 205
ἡδύς, εῖα, ύ [σϝαδ; ἥδομαι, SUAVIS for SUADVIS], *pleasant,* SWEET (407); ἡδέως (adv.), *with pleasure, gladly.* Compar. ἡδίων (409), superl. ἥδιστος. 205 267
ἠθικός, ή, όν [ἦθος, **ethics**], *moral, showing moral character*; 'Ηθικὰ Νῑκομάχεια, **Ethica Nicomachea** (work of Aristotle). 224
ἦθος, ους, τό, *haunt, custom, moral character.* 224
ἥκιστα [superl. adv. of κακός: 212], *least.*
ἥκω, ἥξω, *have come.* 160
ἡλικίᾱ, ᾱς, ἡ, *time of life, prime of life.*
ἡλικιώτης, ου, ὁ, *equal in age, comrade.*

ἡλίκος, η, ον (rel. and indir. interrog. pronom. adj.), *as big as, as old as, how big.*
ἡμεῖς, see ἐγώ.
ἡμέρᾱ, ᾱς, ἡ [**hemero**logium, **ephemeral**], *day.* 160
ἡμέτερος, ᾱ, ον [ἡμεῖς] (poss. adj.), *our, ours.* 258
ἠμί (impf. ἦν δ' ἐγώ *said I* and ἦ δ' ὅς *said he*), *say.*
ἥμισυς, εια, υ [**hemi**sphere], *half*; ἡ ἡμίσεια (sc. μοῖρα) or τὸ ἥμισυ, *half.* 245
ἤν, see ἐάν.
ἡνίκα (rel. pronom. adv.), *when.*
'Ηράκλειτος, ου, ὁ, **Heraclitus** (philosopher, ss. vi-v B.C.).
'Ηρακλῆς, έους, ὁ, **Heracles** (395); 'Ηράκλεις (voc.), *by Heracles!*
ἠρεμέω, *be at rest.*
ἠρέμησις, εως, ἡ, *rest* (as opposed to motion).
ἠρεμίᾱ, ᾱς, ἡ, *rest* (as opposed to motion).
'Ηρόδοτος, ου, ὁ, **Herodotus** (historian, s. v. B.C.).
ἤτοι [ἤ τοι] (conj.), *either, or.*
ἡττάομαι, ἡττήσομαι, ἥττημαι, ἡττήθην [ἥττων], *be weaker than* (with gen. of compar.), *be defeated* (with ὑπό and gen.).
ἥττων, compar. of κακός (212).
ᾐών, όνος, ἡ, *shore.*

Θ

θάλασσα, variant of θάλαττα.
θάλαττα, ης, ἡ [**thalasso**cracy], *sea* (381). 57
Θαλῆς, Θάλεω, ὁ, **Thales** (one of the Seven Wise Men, ss. vii-vi B.C.).
θάνατος, ου, ὁ [θνῄσκω, **thanat**opsis], *death.* 229
θάτερον = τὸ ἄτερον = τὸ ἕτερον.

θάττων, compar. of ταχύς (212).
θαυμάζω (477), θαυμάσομαι, ἐθαύμασα, τεθαύμακα, ἐθαυμάσθην [**thaumat**urgy], *wonder, marvel at*; θαυμαστός, ή, όν (verbal adj.), *marvelous*.
θεά, ᾶς, ἡ, *goddess* (381). 22
θέᾱ, ᾱς, ἡ, *spectacle, sight* (381). 62
θεάομαι, θεάσομαι, ἐθεᾱσάμην, τεθέᾱμαι [θέᾱ, **theatre**], *gaze at, see a spectacle*.
θεῖος, ᾱ, ον [θεός], *divine* (402). 76
θεῖος, ου, ὁ, *uncle*.
θέλω, variant of ἐθέλω.
θεός, οῦ, ὁ, ἡ [**theo**logy, Doro**thea**], *god, goddess*. (Nom. sing. used for voc. sing.) 45
θεραπεύω, θεραπεύσω, etc., *serve, tend, treat medically*. 334
θερμός, ή, όν [**thermo**meter], *hot*. 235
θερμότης, ητος, ἡ, *heat*. 235
θέσις, εως, ἡ [τίθημι], *a putting, position*, **thesis**. 263
θετέον, see τίθημι.
θέω (θεϝ: 185, 380), θεύσομαι, *run*.
θεωρέω, θεωρήσω, etc., *be a spectator* (θεωρός) *of, look, look at, contemplate, speculate* (*to use knowledge*). 316
θεωρητικός, ή, όν, *contemplative, speculative*. 316
θεωρίᾱ, ᾱς, ἡ [**theory**], *a viewing, contemplation, speculation, study*. 316
Θῆβαι, ῶν, αἱ, **Thebes** (city of Boeotia).
θήρ, θηρός, ὁ, *wild animal*, Lat. FERA (392). 124
θηρεύω, θηρεύσω, etc. [θήρ], *hunt, catch*. 101
θηρίον, ου, τό (dimin., in form only, of θήρ), *wild animal*. 101
θλίβω (θλῑβ, θλιβ), ἔθλῑψα, τέθλιφα, ἐθλίφθην, *squeeze*.
θνήσκω (θαν, θνη: 479), θανοῦμαι (105), ἔθανον, τέθνηκα (466, 421) (fut. pf. τεθνήξω *I shall be dead*), *die*; θνητός, ή, όν (verbal adj.), *mortal*. 229
θορυβέω, θορυβήσω, etc., *make a noise, confuse*.
Θουκῡδίδης, ου, ὁ, **Thucydides** (historian, ca. 460-400 B.C.).
Θρᾷξ, Θρᾳκός, ὁ, **Thracian**.
θρασύτης, ητος, ἡ, *boldness*.
θρέμμα, ατος, τό [τρέφω], *nursling, creature*.
θρεπτικός, ή, όν [τρέφω], *nutritive, promoting growth*; θρεπτικόν, οῦ, τό, *nutritive faculty*. 316
θρίξ (θριχ: 367), τριχός, ἡ [**trichinosis**], *hair* (388). 118
θυγάτηρ, τρός, ἡ, DAUGHTER (393). 124
θῡμός, οῦ, ὁ, *soul, heart, spirit*. 89
θύρᾱ, ᾱς, ἡ, DOOR; plur., DOOR with two wings, *gate*. 72
θύω (θῡ, θυ), θύσω, ἔθῡσα, τέθυκα, τέθυμαι, ἐτύθην (367), *sacrifice*; θυτέος, ᾱ, ον (verbal adj.), *to be sacrificed*. 101
θώρᾱξ, ᾱκος, ὁ, *corslet*, **thorax**.

I

ἰάομαι, ἰάσομαι, ἰᾱσάμην, *heal, cure, treat*.
ἰᾱτρεύω, ἰάτρευσα, ἰάτρευκα [ἰᾱτρός], *treat medically, cure*. 89
ἰᾱτρικός, ή, όν [ἰᾱτρός, **pediatrics**], *medical*; ἰᾱτρική (sc. τέχνη), *medicine*.
ἰᾱτρός, οῦ, ὁ [psychi**atry**], *healer, physician, surgeon*. 89
ἰδέᾱ, ᾱς, ἡ [**ideo**logy, **ideo**gram], *form, kind*, **idea**, FORMA, SPECIES. 167
ἴδιος, ᾱ, ον (or ος, ον) [**idiom, idiot**], *one's own, separate*; ἴδιον, ου, τό, *property, peculiarity*, PROPRIUM. 258
ἱερός, ά, όν (or ός, όν) [**hiero**phant], *holy*; ἱερόν, οῦ, τό, *shrine, temple*.
ἵημι (σι-ση-μι, σε: 98.2), ἥσω, ἧκα, εἷκα, εἷμαι, εἵθην, *send*; mid., *send oneself, rush* (472). 283
ἱκανός, ή, όν, *competent, sufficient* (with inf.); ἱκανῶς (adv.), *sufficiently*. 174
ἱκετεύω, ἱκετεύσω, etc., *implore*.
Ἰλιάς, άδος, ἡ, **Iliad**.
ἱμάτιον, ου, τό, *cloak*.
ἵνα (rel. adv.), *where*; as final particle, *that, in order that*. 229
ἱππεύς, έως, ὁ, *horseman, knight*. 130
Ἱπποκράτης, ους, ὁ, **Hippocrates** (physician, ss. v-iv B.C.).
ἵππος, ου, ὁ [**hippo**drome, Phil**ip**, Lat. EQUUS], *horse*; ἡ, *mare, cavalry* (384). 66

ἴσμεν, see οἶδα.
Ἰσοκράτης, ους, ὁ, **Isocrates** (orator, ss. v-iv B.C.).
ἴσος, η, ον [**iso**sceles], *equal to, equal*; ἴσως (adv.), *equally, perhaps.* 81
ἵστημι (σι-στη-μι, στα: 98.2) (460), στήσω, ἔστησα and ἔστην (463), ἔστηκα (σέστηκα; plupf. εἱστήκη: 467), ἕσταμαι, ἐστάθην [Lat. STO], *make to* STAND; STAND (intrans.) *in 2d aor., in 2d pf., and in fut. pf.* ἑστήξω (93) *I shall be standing*; στατός, ή, όν (verbal adj.), *placed*; στατέον (verbal adj.), *one must set.* 271
ἱστορίᾱ, ᾱς, ἡ [**history**], *inquiry, knowledge obtained by inquiry, written account of inquiry*; Ἱστορίαι, *title of Thucydides' history.* 263
ἱστορικός, ή, όν, *exact,* **historic**; ἱστορικός, οῦ, ὁ, **historian**. 263
ἰσχῡρός, ά, όν, *strong, hard.*
ἰχθῦς, ύος, ὁ (epicene) [**ichthy**ology], *fish* (396). 130
Ἰωάννης, ου, ὁ, **John**.

K

καθαίρεσις, εως, ἡ [καθ-αιρέω], *a pulling down, reduction, exhaustion.*
καθάπερ [κατά + ὅσπερ] (adv.), *exactly as.* 240
κάθαρσις, εως, ἡ [καθαίρω (καθαρ) *purify,* **cathartic**], *purification, evacuation.* 130
καθ-έζομαι (σεδ: 477), impf. ἐκαθεζόμην (70) [Lat. SEDEO], *sit down.*
καθ-εύδω (εὐδ, εὑδη), impf. ἐκάθευδον (70) and καθηῦδον, καθευδήσω, *sleep.* 323
κάθ-ημαι, *sit, have sat* (473). 283
καθ-ίζω (σι-σ(ε)δ), impf. ἐκάθιζον (70), καθιῶ (48.4), ἐκάθισα, SEAT, SIT, Lat. SIDO.
καθό [κατὰ ὅ] (conj.), *in so far as.*
καθόλου [κατὰ ὅλου, **catholic**] (adv.), *in general*; τὰ καθόλου, *universals,* UNIVERSALIA. 263
καί (copul. conj.), *and*; as adv., *also, even*; καὶ . . . καὶ, *both . . . and.* 28
καίπερ (particle sometimes labeling concessive ptc.), *although.* 174
καίω, variant of κάω.
κακίᾱ, ᾱς, ἡ [κακός], *badness, cowardice, vice.* 28
κακόνους, ουν [κακός + νοῦς], *ill-disposed* (41, 404). 251
κακός, ή, όν [**caco**phony], *bad, cowardly* (212). 28
καλέω (καλε, κλη), καλῶ (48.2), ἐκάλεσα, κέκληκα, κέκλημαι, ἐκλήθην [ec**clesia**, CALENDAR], *call, summon, name.* 240
Κάλλαισχρος, ου, ὁ, **Callaeschrus**, father of Critias.

Καλλίμαχος, ου, ὁ, **Callimachus** (critic and poet, s. iii B.C.).
Κάλλιππος, ου, ὁ, **Callippus** (philosopher, s. iv B.C.).
κάλλος, ους, τό, *beauty.*
καλός, ή, όν [**cali**sthenics], *beautiful, noble, honorable* (211); καλῶς (adv.), *beautifully.* 28
κάμνω (καμ, κμη: 478), καμοῦμαι (105), ἔκαμον, κέκμηκα, *work, toil, be sick.*
κἄν = καὶ ἐάν.
καρδίᾱ, ᾱς, ἡ [**cardiac**], HEART, Lat. COR. 263
καρπός, οῦ, ὁ [endo**carp**, HARVEST, Lat. CARPERE], *fruit.* 263
κατά [**cata**strophe] (prep.), *down from, in respect of* (with gen.); *down along, along, according to* (with acc.). 152
κατα-βαίνω, *go down.* 182
κατα-βάλλω, *cast down.*
κατ-άγνῡμι (Ϝαγ: 478), κατάξω, κατέᾱξα, κατεάχθην or κατεάγην, *break* (trans.).
κατ-άγω, *lead* or *bring down, lead back.* 182
κατα-λαμβάνω, *seize, overtake find* (with ptc. not in indir. disc. or with ptc. in indir. disc.).
καταντικρύ (adv.), *right opposite* (with gen.).
κατα-πατέω, *trample under foot.*
κατα-πίπτω, *fall down.*
κατα-τήκω, κατατήξω, κατέτηξα (trans.), κατατέτηκα (intrans.), *dissolve, waste away.*
κατάφασις, εως, ἡ [κατάφημι], *affirmation.*
καταφατικός, ή, όν [κατάφημι], *affirmative.* 275

κατά-φημι, *affirm.*
κατέναντα (adv.), *opposite* (with gen.).
κατ-έχω, *hold fast, occupy.*
κατ-ηγορέω, κατηγορήσω, κατηγόρησα, etc. (as though it were a compound vb.), *be an accuser* (κατήγορος) *of* (with gen.); *bring as a charge, indicate, predicate* (τί τινος). 306
κατηγόρημα, ατος, τό, *accusation, predicate.*
κατηγορίᾱ, ᾱς, ἡ, *accusation, form of predication,* **category.** 306
κατηγορικός, ή, όν, *accusatory, affirmative,* **categorical.** 306
κάτω [adv. of κατά], *down, downwards, below.* 205
καυστικός, ή, όν [κάω], *capable of burning* (trans.).
καυστός, see κάω.
κάω or καίω (καϜ, καυ), καύσω, ἔκαυσα, κέκαυκα, κέκαυμαι, ἐκαύθην, *kindle, burn* (trans.); καυστός, ή, όν [**caustic**] (verbal adj.), *burnt, capable of being burnt.*
κεῖμαι, κείσομαι [κώμη, **cemetery**], *lie, be laid* (serves as pf. pass. of τίθημι) (473). 283
κελεύω, κελεύσω, ἐκέλευσα, κεκέλευκα, κεκέλευσμαι, ἐκελεύσθην [pro**celeusmatic**], *order, command, urge* (with acc. of person and inf.). 37 174
κενός (κενϜος), ή, όν [**ceno**taph], *empty.* Compar. κενότερος, superl. κενότατος. κενόν, οῦ, τό, *void.* 217
κέντρον, ου, τό [**centre**], *goad, prick.*
κέρας (κερᾱτ), ᾱτος, τό [rhino**ceros**], HORN, Lat. CORNU. 124
κέρας (κερασ), κέρως, τό, *wing* of an army, Lat. CORNU; ἐπὶ κέρως, *in column* (395). 124
κεφαλή, ῆς, ἡ [**cephalic**, CHAPTER], HEAD.
κηρός, οῦ, ὁ, *wax*, Lat. CERA.
κῆρυξ, ῡκος, ὁ, *herald* (388). 118
κιθαρίζω (477), κιθαριῶ (48.4), *play* the **cithara.** 81
κιθαριστής, οῦ, ὁ, **cithara** *player.* 81
κινδῡνεύω, κινδῡνεύσω, etc. [κίνδῡνος], *face danger, risk* (with cognate acc. or with inf.). 81
κίνδῡνος, ου, ὁ, *danger, risk.* 81
κῑνέω, κῑνήσω, etc. [**cinema**], *move* (trans.), *set in motion*; κῑνητός, ή, όν (verbal adj.), *movable, changeable.* 217
κίνησις, εως, ἡ, in wide sense, *change* (μεταβολή); in narrow sense, *motion, MOTUS* (excluding generation and destruction). 217
κῑνητικός, ή, όν [**kinetic**], *moving, movable.* 217
κλέπτω (κλεπ, κλοπ, κλαπ: 477), κλέψω, ἔκλεψα, κέκλοφα, κέκλεμμαι, ἐκλάπην [**clepto**maniac, LIFT, shopLIFTER], *steal.* 52
κλῆθρον, ου, τό, *bar* for fastening door.
κλίνη, ης, ἡ [**clinic**], *bed.*
κλοπή, ῆς, ἡ [κλέπτω, LIFT], *theft.*
κλώψ, κλωπός, ὁ [κλέπτω], *thief* (388). 118
κοιμάω, κοιμήσω, etc. [κεῖμαι, **cemetery**], *put to sleep.*
κοινός, ή, όν [**coeno**bite], *common, common to* (with dat. or with poss. gen.); κοινῇ (dat. as adv.), *in common.* 240
κοινωνέω, κοινωνήσω, etc. [κοινωνός *partner*], *share* (with partit. gen. of thing and dat. of person). 240
κοινωνίᾱ, ᾱς, ἡ [κοινωνός *partner*], *communion, association.* 240
κομιδή, ῆς, ἡ, *care,* a *getting*; κομιδῇ (dat. of manner as adv.), *quite, all.*
κομίζω (κομιδ: 477), κομιῶ (48.4), etc., *care for, carry*; mid., *get for oneself.*
κόσμος, ου, ὁ [**cosmic, cosmetic**], *order, ornament, universe, world.* 263
κοῦφος, η, ον, *light* in weight.
κράτιστος, superl. of ἀγαθός (212).
κράτος, ους, τό [demo**crat**], *strength.* 323
κρέας (κρεασ), κρέως, τό [**creo**sote], *meat.* 124
κρείττων, compar. of ἀγαθός (212).
κρῑ́νω (κριν, κρι: 477), κρινῶ (105), ἔκρῑνα, κέκρικα, κέκριμαι, ἐκρίθην [**critic, crisis**], *distinguish, pick out, judge, try* in court, Lat. CERNO. 108
Κριτίᾱς, ου, ὁ, **Critias** (one of the Thirty Tyrants, pupil of Socrates).
κριτικός, ή, όν [κρίνω], *able to discern,* **critical** (with object. gen.). 323
κτάομαι, κτήσομαι, ἐκτησάμην, κέκτημαι, ἐκτήθην, *acquire.*
κτείνω (κτεν, κτον: 477), κτενῶ (105), ἔκτεινα, ἀπ-έκτονα, *kill.*
κτῆμα, ατος, τό [κτάομαι], a *possession.* 118
κτῆσις, εως, ἡ [κτάομαι], *acquisition, possession.*

Κῡδίᾱς, ου, ὁ, **Cydias** (choral poet, s. vi B.C.).
κύκλος, ου, ὁ, *circle, orbit,* **cycle,** WHEEL. 267
κύριος, ᾱ, ον (or ος, ον), *having authority over* (with gen.), *having authority, real, actual, proper;* κῡρίως (adv.), *in the proper sense.* 283

Κύρου Ἀνάβασις, *Expeditio* **Cyri** (work of Xenophon).
κύων, κυνός, ὁ, ἡ [**cynic,** HOUND], *dog,* Lat. CANIS (398). 245
κωλύω, κωλύσω, etc., *hinder, prevent* (with acc., or acc. and inf.). 72
κώμη, ης, ἡ, *village* (382). 62
κωμῳδίᾱ, ᾱς, ἡ, **comedy.**

Λ

λακτίζω (477), ἐλάκτισα, λελάκτικα, *kick* (with acc., or πρός and acc.).
λα-μ-β-άν-ω (ληβ, λαβ: 478), λήψομαι, ἔλαβον, εἴληφα, εἴλημμαι, ἐλήφθην [syl**lable,** cata**lepsy**], *take, capture, secure, understand;* ληπτέος, ᾱ, ον (verbal adj.), *to be taken.* 160
λα-ν-θ-άν-ω (ληθ, λαθ: 478), λήσω, ἔλαθον, λέληθα [**Alastor, Lethe**], *escape the notice of* (with acc.), *lie hid* (172.3); mid., *forget* (with partit. gen.). 167
λέγω, λέξω, ἔλεξα, (εἴρηκα), λέλεγμαι, ἐλέχθην [dia**lect**], *say* (with acc. or ὅτι or ὡς; in pass., *be said,* with inf. or ὅτι or ὡς); *mention* (with acc.); *call* (with double acc.), *mean* (with double acc.); λεκτός, ή, όν (verbal adj.), *sayable, said;* λεκτέος, ᾱ, ον (verbal adj.), *to be said.* 52
λείπω (λειπ, λοιπ, λιπ), λείψω, ἔλιπον (445), λέλοιπα (446), λέλειμμαι, ἐλείφθην [**lipo**gram, ec**lipse**], *leave* (trans.), *be missing* (intrans.). 52
λευκαίνω, *make white* (λευκός); pass., *be* or *become white.*
λευκός, ή, όν [**leuco**rrhea, Lat. LUX], LIGHT, *white.* 271

λέων, οντος, ὁ, *male* LION.
λίθινος, η, ον, *made of stone.*
λίθος, ου, ὁ [mono**lith**], *stone.* 66
λίμνη, ης, ἡ, *marshy lake.*
Λογγῖνος, ου, ὁ, *Longinus* (reputed author of *De Sublimitate*).
λογισμός, οῦ, ὁ [λόγος], *calculation, reasoning power.* 279
λόγος, ου, ὁ [λέγω, **logic**], *sentence, discourse, story, reason, ratio, rule, rational principle, definition.* 66
λοιδορέω, λοιδορήσω, etc., *revile* (with acc.); mid. and pass., *rail at, banter* (with dat.).
λοιπός, ή, όν [λείπω], *remaining;* τοῦ λοιποῦ, *in the future.*
Λύκειον, ου, τό, **Lyceum** (gymnasium at Athens).
λῡπέω, λῡπήσω, etc. [λύπη], *pain, grieve* (trans.). 240
λύπη, ης, ἡ, *pain, grief.* 240
λῡπηρός, ά, όν [λύπη], *painful.* 267
λύω (λῡ, λυ), λύσω, ἔλῡσα, λέλυκα, λέλυμαι, ἐλύθην [ana**lyse,** LOSE, Lat. LUO], LOOSE, *break, destroy.* 52

M

μαθηματικός, ή, όν, *fond of learning, scientific,* **mathematical;** μαθηματικός, οῦ, ὁ, **mathematician.**
μάθησις, εως, ἡ [μανθάνω], *act of learning.* 160
μακάριος, ᾱ, ον (or ος, ον), *blessed, prosperous;* ὦ μακάριε, *my dear sir.* 295
μακαριότης, ητος, ἡ, *bliss.* 295
μακρός, ά, όν [**macron, macro**cosm], *long.* 28

μάλα (adv.), *much.* Compar. μᾶλλον; superl. μάλιστα. 217
μαλακός, ή, όν [**Malac**ostraca], *soft,* Lat. MOLLIS.
μα-ν-θ-άν-ω (μαθ, μαθη: 478), μαθήσομαι, ἔμαθον, μεμάθηκα [poly**math**], *learn* (with acc., ptc. in indir. disc., or ὅτι or ὡς). 160
μανικός, ή, όν [**mania**], *mad, extravagant.*

μανός, ή, όν [**mano**meter], *rare* (as opposed to *dense*).

Μαργίτης, ου, ὁ, **Margites** (satirical epic attributed to Homer).

μάτην (adv.), *in vain, at random, idly.* 295

Ματθαῖος, ου, ὁ, **Matthew**.

μάχαιρα, ᾱς, ἡ [μάχη], *sabre, knife* (381). 57

μάχη, ης, ἡ [logo**machy**], *battle* (382). 62

μάχομαι (μαχ, μαχη, μαχε), μαχοῦμαι (48.2), ἐμαχεσάμην, μεμάχημαι, *fight* (with dat.: 328.2). 229

μέγας, μεγάλη, μέγα [**megalo**mania, MUCH], *great, large, tall,* Lat. MAGNUS (410, 212); μέγα (acc. as adv.), *greatly.* Compar. μείζων, superl. μέγιστος. 205

μέγεθος, ους, τό, *greatness,* MAGNITUDE. 267

μεθ-ίημι, *let go, abandon.*

μεθ-ίστημι, *displace.*

μέθοδος, ου, ἡ [μετά + ὁδός, **method**], a *following after, pursuit of knowledge, inquiry* (384). 66

μείζων, compar. of μέγας (212).

μειράκιον, ου, τό, *lad, stripling.*

μέλᾱς, μέλαινα, μέλαν [**melan**choly], *black* (406, 208). 205

μέλει (μελ, μελη), μελήσει, ἐμέλησε, μεμέληκε (impers.), *concern* (with dat.).

μέλλω (μελλ, μελλη), μελλήσω, ἐμέλλησα, *be going to, be likely to* (with pres. or fut. inf., rarely the aor.); *delay* (with pres. inf.). 258

μέλος, ους, τό, *limb, song, lyric poem, tune,* **mel**o*dy.* 334

μέν (postpos. particle), *on the one hand.* Often not to be translated; its function is to contrast the word or clause or sentence in which it stands with something that is to follow (with δέ: 45). 57

Μένανδρος, ου, ὁ, **Menander** (writer of New Comedy, ss. iv-iii B.C.).

μέντοι [μέν τοι] (adversative particle, postpos.), *yet, nevertheless, of course.* 279

μένω (μεν, μενη), μενῶ (105), ἔμεινα, μεμένηκα, *re*MAIN, *last,* Lat. MANEO. 108

μεριστός, ή, όν (verbal adj. of μερίζω *divide*), *divided, divisible.* 160

μέρος, ους, τό [**merism**, poly**meric**], *share, part*; τὰ κατὰ μέρος, *particulars.* 160

μέσος, η, ον [**Meso**potamia], MIDDLE, Lat. MEDIUS (in attrib. position); *the* MIDDLE *of* (in pred. position); μέσον, ου, τό, MIDDLE *term of a syllogism.* 167

μεσότης, ητος, ἡ, *mean.* 167

μετά (prep.), *with, in company with* (with gen.); *behind, after* (with acc.). In composition, sharing *in* or *with,* time *after,* search *after,* or change *from one place to another* (as in μεταφορά *a transference* [of a word] *from one application to another*). Τὰ Μετὰ τὰ Φυσικά, **Metaphysica** (work of Aristotle). 57

μετα-βαίνω, *pass over* (to another place or subj.), *shift one's ground.*

μετα-βάλλω, *change* (trans. and intrans.); μεταβλητός, ή, όν (verbal adj.), *subject to local change.* 251

μεταβλητικός, ή, όν, *able to produce change.*

μεταβολή, ῆς, ἡ [**metabolism**], *change.* 251

μεταξύ (adv.), *between* (with gen.). 167

μετα-πέμπω (act. or mid.), *send after* (to get), *send for.* 142

μεταφορά, ᾶς, ἡ [μετα-φέρω *carry across*], *trans*FERENCE, **metaphor**. 22

μεταφορητός, ή, όν (verbal adj. of μεταφορέω, frequentative of μετα-φέρω *carry across*), *portable.* 312

μετ-έχω, μεθέξω, etc., *share in* (with partit. gen.). 81

μετρέω, μετρήσω, etc. [μέτρον], *measure*; μετρητός, ή, όν (verbal adj.), *measurable, measured.* 245

μέτρον, ου, τό, *measure,* **metre**. 245

μέχρι (adv.), *as far as*; as prep., *as far as, until* (with gen.); as conj., *until, while* (298-299). 300

μή (neg. particle), *not* (in protases of conditions [481-489], with subjv., with impv., and with inf. except in indir. disc.); as final particle, *lest* (neg. μὴ οὐ). 37 229

μηδέ (copul. conj.), *and not, nor*; as adv., *not even, not . . . either.* 152

μηδείς, μηδεμία, μηδέν [μηδέ +εἷς], *not one, nobody* (423). 199

μηθείς, variant of μηδείς.

μηδέποτε (adv.), *never*. 300
μηκέτι (adv.), *no longer*. 152
μῆκος, ους, τό [μακρός], *length*. 245
μήν, μηνός, ὁ [MOON], MONTH, Lat. MENSIS (391). 124
μήν (postpos. particle), *surely, truly*. 124
μήποτε (adv.), *never*. 240
μήτε (copul. conj.), *and not*, Lat. NEQUE; μήτε... μήτε, *neither... nor*. 108
μήτηρ, τρός, ἡ, MOTHER, Lat. MATER (393). 124
μία, see εἷς.
μῖκρός, ά, όν [**micro**phone], *small, little, slight* (399, 212). 22
μικτός, ή, όν (verbal adj. of μείγνῡμι MIX), MIXED.
Μῑλήσιος, ᾱ, ον, **Milesian**.
μῑμέομαι, μῑμήσομαι, ἐμῑμησάμην, μεμίμημαι, ἐμῑμήθην, *imitate, represent*. 323
μίμημα, ατος, τό, *copy, likeness*. 323
μίμησις, εως, ἡ, *imitation, representation*. 323
μῑμητικός, ή, όν, *imitative*, **mimetic**. 323
μιμνήσκω (μνη: 98.2, 479), μνήσω, ἔμνησα [**mnemonic**, Lat. MEMINI, MONEO], *re*MIND; μνήσομαι, μέμνημαι, with gen., *remember that something is* (with ὅτι or ὡς or with ptc. in indir. disc.), *remember to do something* (with complem. inf.); ἐμνήσθην, *mentioned*.
μνᾶ, μνᾶς, ἡ, **mina** (a weight, slightly less than a pound; a sum of money = ca. $18: 386). 245
μνήμη, ης, ἡ [**mnemonic**, MIND], *memory*, MENTION. 323
μόγις (adv.), *with an effort, scarcely*.
μοῖρα, ας, ἡ [μέρος, μόριον], *portion*.
μόνος, η, ον [**mono**type], *alone, only*; μόνον (adv.), *only*. 258
μονόστιχος, ον [μόνος + στίχος *verse*], *consisting of one verse*.
μονόω, μονώσω, etc. [μόνος], *isolate*.
μονώτης, ου, ὁ [μόνος], *solitary* (noun as adj.).
μόριον, ου, τό [dimin. of μόρος *portion*, μέρος], *part, member*. 312
μορφή, ῆς, ἡ (**morpho**logy], *form*. 28
Μοῦσα, ης, ἡ, **Muse** (382).
μουσικός, ή, όν, **musical**, *scholarly*; μουσική (sc. τέχνη), **music**, *letters*. 334

N

ναῦς, νεώς, ἡ [**nautical, nausea**], *ship*, Lat. NAVIS (397). 130
νεᾱνίᾱς, ου, ὁ [νέος], *young man* (383). 81
νεᾱνίσκος, ου, ὁ, (dimin. of νεᾱνίᾱς), *young man*.
νεβρός, οῦ, ὁ, ἡ, *fawn*.
νεκρός, ά, όν [**necro**polis], *dead*; νεκρός, οῦ, ὁ, *corpse*. 235
νέος (νεϝος), ᾱ, ον (NEW, Lat. NOVUS], *young* (400). 66
νευρά, ᾶς, ἡ [**neur**algia, NERVE], *bowstring*. 22
νεῦσις, εως, ἡ, *a swimming*.
νή (affirm. particle, with acc. of god), *by*.
νῆσος, ου, ἡ [Pelopon**nese**], *island* (384). 76
νῑκάω, νῑκήσω, etc. [νίκη], *conquer*. 187
νίκη, ης, ἡ, *victory*.
Νῑκομάχειος, ᾱ, ον, **Nicomachean**, *pertaining to* **Nicomachus** (son of Aristotle).
νοέω, νοήσω, etc. [νοῦς, **noumenon**], *think, apprehend* (abs., with acc., with obj. inf., but not with indir. disc.); νοητός, ή, όν (verbal adj.), *thinkable, mental*. 251
νόημα, ατος, τό [νοέω], *that which is thought, concept*. 271
νομίζω (477), νομιῶ (48.4), etc. [νόμος], *think, consider* (with inf. in indir. disc. or with ὡς and finite vb.: 286-294). 217
νόμος, ου, ὁ [metro**nome**], *custom, law*. 108
νοσέω, νοσήσω, etc. [νόσος], *be sick* (in body or mind). 334
νόσημα, ατος, τό, *disease*.
νόσος, ου, ἡ, *sickness* (of body or mind). 334
νοῦς, νοῦ, ὁ, *mind, intuitive reason*, INTELLECTUS (386). 251
νῦν (adv. and particle), NOW, *at present, as things are*, Lat. NUNC. τὰ νῦν, *moments*, NOWadays. 52
νύν (inferential conj., encl.), NOW.
νυνδή (adv.), *just* NOW.
νύξ, νυκτός, ἡ, NIGHT, Lat. NOX (389). 118

Ξ

ξένος, ου, ὁ, *stranger, guest, host, guest-friend.* 89
Ξενοφῶν, ῶντος, ὁ, **Xenophon** (writer of ss. v-iv B.C.).

ξηρός, ά, όν [**xerosis**], *dry.* 235
ξύλον, ου, τό [**xylo**phone], *wood.*

Ο

ὁ, ἡ, τό (def. art.), THE (27, 425). Had originally dem. force, which it retained in certain phrases, e.g. ὁ μὲν … ὁ δέ *the one … the other,* οἱ μὲν … οἱ δέ *some … others,* ὁ μὲν … ἡ δέ *he … she,* ὁ δέ *and he.* Used as a weak poss. in cases where it is plain who the possessor is: πέμπει τὸν ἀδελφόν *he sends his brother.* Often generic: τὰ φυτά *plants.* 45
ὄγδοος, η, ον, EIGHTH.
ὄγκος, ου, ὁ, *bulk, dignity, pretension.*
ὅδε, ἥδε, τόδε (dem. pronom. adj.), *this, the following* (430). τόδε or τόδε τι, *substance, a determinate something;* ὧδε (adv.), *thus, as follows.* 160 37
ὁδί, ἡδί, τοδί, deictic form of ὅδε; ὡδί (adv.).
ὁδός, οῦ, ἡ [ex**odus**, met**hod**, peri**od**], *road, journey.* 45
ὅθεν (rel. pronom. adv.), *whence.* 295
οἵ, see οὗ.
οἶδα (Fειδ, Foιδ, Fιδ; 2d pf. as pres.), plpf. ᾔδη (468), εἴσομαι [εἶδον], *know that something is* (with ὅτι or ὡς or with ptc. in indir. disc.), *know how to do something* (with obj. inf.), *know a person* (with acc.). 295
οἴκαδε (adv.), *homeward, home.* 191
οἰκεῖος, ᾱ, ον, *domestic, related, one's own* (as contrasted with ἀλλότριος), *suitable.* 191
οἰκέω, οἰκήσω, etc. [οἶκος, di**ocese**], *inhabit* (with obj. acc.), *dwell* (with ἐν and dat.). 191
οἰκία, ᾱς, ἡ, *house.* 62
οἰκοδομέω, οἰκοδομήσω, etc. [οἰκοδόμος], *build.* 191
οἰκοδόμησις, εως, ἡ, *a building.*
οἰκοδομικός, ή, όν [οἰκοδόμος], *skilled in building;* οἰκοδομική (sc. τέχνη), *art of building.*

οἰκοδόμος, ου, ὁ [οἶκος + δέμω], *builder.* 191
οἴκοθεν (adv.), *from home.* 191
οἴκοι (adv.: 14), *at home.* 191
οἶκος, ου, ὁ [**eco**nomy, WICK (*village*), VICINITY], *house, dwelling.* 76
οἶνος, ου, ὁ, *wine.* 89
οἴομαι or οἶμαι (οἰ, οἰη), οἰήσομαι, ᾠήθην, *think, suppose* (with inf. in indir. disc. or with ὡς and finite vb.: 286-294). 217
οἷος, ᾱ, ον (rel. pronom. adj.), *of which sort, as* (in *such as*); οἷον (adv.), *as, inasmuch as* (when a causal ptc. follows, the implication is that the cause assigned is one in which the speaker believes; cf. ὡς 229), *just as, for instance;* οἷός τε. *able* (with inf.); οἷόν τε, *possible* (with inf.). 235
οἶστρος, ου, ὁ, *gadfly, sting,* **oestrus**.
οἰωνός, οῦ, ὁ, *bird, omen.*
ὀκτώ (indecl.), EIGHT.
ὀλιγαρχίᾱ, ᾱς, ἡ [ὀλίγος + ἀρχή], **oligarchy**. 283
ὀλίγος, η, ον [**olig**archy], *little, few* (212); ὀλίγον (acc. as adv.), *a little.* 152
ὅλος, η, ον [**holo**caust, **holo**graph, cath**olic**], *whole, TOTUS;* ὅλως (adv.), *wholly, altogether, in general.* 160
Ὀλυμπιονῖκαι, *Victors at* **Olympia** (title of one book of Pindar's odes).
ὁμαλής, ές, *level, regular.*
Ὅμηρος, ου, ὁ, **Homer**.
ὄμμα, ατος, τό [ὄψομαι], *eye.*
ὄμνῡμι (ὀμ, ὀμο: 478), ὀμοῦμαι (ὀμ-εσ-ο-μαι; hence ὀμεῖ, ὀμεῖται, etc.), ὤμοσα, ὀμώμοκα, ὀμώμοσμαι, ὠμόθην or ὠμόσθην, *swear,* (with obj. inf. or inf. in indir. disc., neg. μή: 294), *swear by* (with acc. of person or of thing). 275
ὁμόζυξ, υγος [ὁμός SAME + ζυγόν YOKE] (masc. and fem. adj.), *fellow.*

ὅμοιος, ᾱ, ον [**homoeo**pathy], *like, similar* (with dat.); ὁμοίως (adv.), *in like manner.* 101

ὁμοιότης, ητος, ἡ, *likeness.*

ὁμολογέω, ὁμολογήσω, etc., *agree with* (with dat.), *agree to* (with acc.), *agree* (with inf. in indir. disc.). 312

ὁμωνύμως [ὁμός SAME + ὄνυμα = ὄνομα] (adv.), *in an equivocal sense.*

ὅμως (particle), *all the same, nevertheless.* 101

ὄνομα, ατος, τό [syn**onym**], NAME, NOUN, *word*, Lat. NOMEN, *NOMEN*. 118

ὀξύτονος, ον [ὀξύς *sharp* + τόνος **tone**], **oxytone**, *having acute accent on ultima.*

ὄπισθεν (adv.), *behind, after* (of space and time, with gen.).

ὁπλίζω (477), ὥπλισα, ὥπλικα, ὥπλισμαι, ὡπλίσθην, *arm.*

ὁποιοσοῦν, ᾱοῦν, ονοῦν (generalizing indef. pron.), *of what kind soever.*

ὁπόσος, η, ον (indef. rel. and indir. interrog. pronom. adj.), *as much as, as great as, as many as, how much, how great, how many.*

ὁπόταν = ὁπότε ἄν. 300

ὁπότε (indef. rel. and indir. interrog. pronom. adv.), *when* (298-299). 300

ὁποτεροσοῦν, ᾱοῦν, ονοῦν (generalizing indef. pron.), *which ever of the two;* as indef. pronom. adj., *either of the two.*

ὅπου (indef. rel. and indir. interrog. pronom. adv.), *where.* 295

ὅπως (indef. rel. and indir. interrog. pronom. adv.), *how;* as final particle, *that, in order that.* 229

ὁράω (Ϝορα, ὀπ, Ϝιδ), impf. ἑώρων (ἑώραον: 69), ὄψομαι, εἶδον (ἐϜιδον), ἑόρᾱκα or ἑώρᾱκα, ἑώρᾱμαι or ὦμμαι, ὤφθην [pan**orama**, **optic**, **idea**], *see*, Lat. VIDEO (when literal, with ptc. in indir. disc.; when figurative, with ptc. in indir. disc. or with ὅτι); ὁρᾱτός, ή, όν (verbal adj.), *visible*, *VISIBILIS.* 187

ὄργανον, ου, τό [ἔργον, **organ**], *instrument.* 66

ὀργανικός, ή, όν, **organized**, *possessed of* **organs**, *instrumental.*

ὀρέγω, ὀρέξω, ὤρεξα, *reach, hand;* mid., *reach for, desire* (with gen.); ὀρεκτός, ή, όν (verbal adj.), *stretched out, desired.* 306

ὀρεκτικός, ή, όν, *desiderative;* ὀρεκτικόν, οῦ, τό, *the desiring element.* 306

ὄρεξις, εως, ἡ [ὀρέγω], *desire, appetency.* 279

ὀρθός, ή, όν [**ortho**dox], *erect, straight, just;* ὀρθῶς (adv.), *rightly.* 267

ὁρίζω (477), ὁριῶ (48.4), etc. [ὅρος, **horizon**], act. and mid., *bound, divide, determine, define, DEFINIO.* 182

ὁρισμός, οῦ, ὁ, *definition.*

ὁρμάω, ὁρμήσω, etc., *start* (trans. and intrans.).

ὁρμή, ῆς, ἡ, *onset, impulse.*

ὄρνῑς, ῑθος, ὁ, ἡ [**ornitho**logy], *bird* (389). 118

ὄρος, ους, τό [**oread**], *mountain.* 182

ὅρος, ου, ὁ, *boundary, limit, term* of a proposition, *premise, definition, TERMINUS.* 182

ὀρύττω (ὀρυχ: 477), ὀρύξω, ὤρυξα, ὀρώρυχα (98.1c), ὀρώρυγμαι, ὠρύχθην, *dig.*

ὅς, ἥ, ὅ (rel. pron.), *who, which, what* (432); ἦ δ᾽ ὅς (as dem.), *said he.* 182

ὅσος, η, ον (rel. pronom. adj.), *as great as, as many as, as* (as correlative with τοσοῦτος); as indir. interrog. pronom. adj., *how great, how many.* 300

ὅσπερ, ἥπερ, ὅπερ (emphatic rel. pron.), *the very one who, the very thing which.* 182

ὅστις, ἥτις, ὅ τι (indef. rel. and indir. interrog. pronom. adj.), *whoever, whatever, who, what* (433). 182

ὁστισοῦν, ἡτισοῦν, ὁτιοῦν (generalizing indef. pron.), *anybody whatsoever, anything whatsoever.* 182

ὅταν = ὅτε ἄν. 229

ὅτε (rel. pronom. adv.), *when* (298-299). 199

ὁτέ (indef. pronom. adv.), *sometimes.* 199

ὅτι [ὅ τι] (conj.), *that, because.* (Does not suffer elision.) ὅτι τάχιστα, *as quickly as possible.* 52

οὐ before consonant, οὐκ before smooth breathing, οὐχ before rough breathing, οὔ at end of clause (neg. particle, procl.), *not.* 37

οὗ, dat. οἷ (pers. pron. used as indir.

reflex.), *of himself, of herself, of itself*, Lat. sui (428). 199
οὗ (gen. sing. of ὅς as rel. pronom. adv.), *where.*
οὐδέ (copul. conj.), *and not, nor*; as adv., *not even, not ... either* (p. 178.8). 152
οὐδείς, οὐδεμία, οὐδέν [οὐδέ + εἷς], *not one, nobody* (423). 199
οὐδέποτε (adv.), *never.* 300
οὐδέτερος, ᾱ, ον (neg. pronom. adj.), *neither*; οὐδετέρως (adv.), *in neither way.*
οὐθείς, variant of οὐδείς.
οὐκέτι (adv.), *no longer.* 152
οὐκοῦν (inferential particle), *so, then, therefore.* 182
οὔκουν (inferential particle), *so ... not, then ... not, therefore ... not.* 182
οὖν (inferential particle, postpos.), *in fact, therefore, accordingly*; δὲ οὖν, *at any rate.* 52
οὔποτε (adv.), *never.* 240
οὔπω (adv.), *not yet.* 142

οὐρά, ᾶς, ἡ [sq**uirrel**, cynos**ure**], *tail.* 263
οὐρανός, οῦ, ὁ [**uranian**], *heaven, sky, universe.* 263
οὐσίᾱ, ᾱς, ἡ [ὀντ, stem of pres. ptc. of εἰμί], *being, substance,* essence, *SUBSTANTIA, ESSENTIA, ENS.* 224
οὔτε, (copul. conj.), *and not*, Lat. neque; οὔτε ... οὔτε, *neither ... nor.* 108
οὗτος, αὕτη, τοῦτο (dem. pronom. adj.), *this, the aforesaid* (430); οὕτως before vowel, οὕτω before consonant (adv.), *thus, so, as aforesaid.* 160 37
οὑτωσί (adv.), deictic form of οὕτως.
ὄφελος, τό (only in nom. and acc. sing.), *help, avail.*
ὀφθαλμός, οῦ, ὁ [ὄψομαι, **ophthalmic**], *eye.* 187
ὄχλος, ου, ὁ [**ochlo**cracy], *crowd.*
ὄψις, εως, ἡ [ὄψομαι, thanat**opsis**], *aspect, sight, vision, VISUS.* 187
ὄψομαι, see ὁράω.

Π

πάγκαλος, η, ον, *all-beautiful.*
πάθημα, ατος, τό [Lat. patior], *anything that befalls one, suffering, affection.* 124
παθητικός, ἡ, όν, *capable of feeling,* impassioned, passive (as opposed to ποιητικός).
πάθος, ους, τό [**pathos**, sym**pathy**, Lat. patior], *anything that befalls one, experience, accident, suffering,* passion. 124
παιδείᾱ, ᾱς, ἡ [παῖς], *training, instruction.* 258
παιδεύω, παιδεύσω, etc. [παῖς], *train, instruct*; παιδευτέος, ᾱ, ον (verbal adj.), *to be instructed.* 37
παιδίον, ου, τό (dimin. of παῖς), *little child.* 279
παιδοτρίβης, ου, ὁ [παῖς + τρίβω *rub*], *gymnastic master, trainer* (383). 81
παῖς, παιδός, ὁ, ἡ [**ped**agogue, ortho**paedic**], *child, boy, girl* (398). 130
παίω, παίσω, ἔπαισα, πέπαικα, ἐπαίσθην [ana**paest**], *strike.* 81
πάλαι [**palaeo**graphy] (adv.), *long ago, formerly.*
παλαίστρᾱ, ᾱς, ἡ, *wrestling-school,* **palaestra**.

Παλατῖνος, η, ον, *Palatine, pertaining to the Palatinate.*
πάλιν [**palin**drome, **palim**psest] (adv.), *back, again.* 160
Παλλάδᾱς, ᾱ, ὁ, **Palladas** (epigrammatist, s. vi).
παντάπᾱσι(ν) (adv.), *wholly.*
πανταχοῦ (adv.), *everywhere.*
παντελῶς (adv.), *utterly.*
πάντῃ (adv.), *in every way, in all directions.*
πάντως (adv.), *in all ways, no doubt.*
πάνυ (adv.), *very, wholly.* 101
παρά [**par**allel] (prep.), *from the side of* (with gen.); *at the side of* (with dat.); *to the side of, along by, beyond, besides, contrary to* (with acc.). 62
παρα-γίγνομαι, *be beside, be present* (with dat.).
παράδειγμα, ατος, τό [παραδείκνῡμι], *pattern, example,* **paradigm**.
παρα-δίδωμι, *hand down.*
παρα-καθέζομαι, sit *near.*
παράλογος, ον [παρά + λόγος], *beyond calculation, contrary to rule.*
παρασκευάζω (477), παρασκευάσω, *prepare, provide, render.* 81

πάρ-ειμι [παρά + εἰμί], be prεsεnt, stand by (with dat.). 279
πάρ-ειμι [παρά + εἶμι], go by (abs. or with acc.), come forward (serves as fut. of παρέρχομαι). 279
παρ-έρχομαι, go by (abs. or with acc.), come forward. 279
παρ-έχω, hand over.
παρρησιάζομαι (477), παρρησιάσομαι, ἐπαρρησιασάμην, πεπαρρησίασμαι [παρρησίᾱ freedom of speech, from πᾶς + ῥῆσις speech], speak freely.
πᾶς, πᾶσα, πᾶν [**panto**graph, **pants**], every, all, whole, the whole of, with the art. in the same position as in English; τὸ διὰ πᾱσῶν (sc. χορδῶν strings, notes), the octave, the **diapason** (405). 167
πάσχω (πενθ, πονθ, παθ; in πάθ-σκω, when the θ disappears before σ, the aspiration is transferred to the χ), πείσομαι (πενθ-σ-ο-μαι), ἔπαθον, πέπονθα [πάθος], experience, suffer, PATIOR; κακῶς πάσχω, be badly treated. 199
πατήρ, τρός, ὁ, fathεr, Lat. patεr (393). 124
πάτρη, ης, ἡ, fathεrland.
παύω, παύσω, etc. [**pause**, fεw], stop (trans.); mid., stop (intrans.); with gen. of separation or with ptc. 72 167
πεδίον, ου, τό (dimin. of πέδον ground), plain. 72
πείθω (πειθ, ποιθ, πιθ), πείσω, ἔπεισα, πέπεικα and πέποιθα (93), πέπεισμαι, ἐπείσθην [Lat. fido], persuade (with acc. or with acc. and inf. or with acc. and ὡς and finite vb.); mid. and pass., be persuaded, obey, trust (with dat. of indir. obj.); πιστέον (verbal adj.), one must persuade, one must obey, one must trust. 52 229
πεῖρα, ᾱς, ἡ [em**pirical**], trial, attempt, εxpεriεncε (382). 62
πειραστικός, ή, όν, tentative, critical. 187
πειράω, πειράσω, ἐπείρᾱσα, πεπείρᾱκα, πεπείρᾱμαι, ἐπειράθην [πεῖρα, **pirate**] (act., mid. deponent, and pass. deponent), try, test (with inf. or with gen. of person); πειρατέον (verbal adj.), one must try. 187
πέλεκυς, εως, ὁ, axe.
πέμπω (πεμπ, πομπ), πέμψω, ἔπεμψα, πέπομφα, πέπεμμαι (449), ἐπέμφθην [πομπή], send; πεμπτός, ή, όν (verbal adj.), sendable, sent; πεμπτέος, ᾱ, ον (verbal adj.), to be sent. 37
περαίνω (περαν: 477), περανῶ (105), ἐπέρᾱνα, πεπέρασμαι, ἐπεράνθην [πέρας], accomplish. 108
πέρας, ατος, τό [περαίνω], limit, end (390). 118
περί [**peri**od, **peri**scope] (prep.), concerning, about (with gen.); round, about (of persons, with dat.); round, about (of place, person, or thing, with acc.). (Never suffers elision.) Περὶ Οὐρανοῦ, De Caelo (treatise of Aristotle). Περὶ Ὕψους, De Sublimitate (treatise attributed to Longinus). 89
Περίανδρος, ου, ὁ, **Periander** (tyrant of Corinth, ss. vii-vi B.C.).
περι-έχω, encompass, contain.
περικάρπιον, ου, τό [περί + καρπός], **pericarp**.
περι-λαμβάνω, encompass, include.
περι-πατέω, walk about.
περι-ρρέω (ρευ, ρεϝ, ρυ, ρυη), περιρρεύσομαι, περιέρρευσα, περιερρύηκα, περιερρύην [cata**rrh**, **rheum**, strεam], flow around (with acc.).
περισπώμενον, ου, τό (from ptc. of περισπάω draw around), **perispomenon**, word having circumflex accent on ultima.
Πέρσης, ου, ὁ, **Persian** (383). 81
Περσικός, ή, όν, **Persian**. 28
πέρυσι(ν) (adv.), a year ago, last year.
πῇ (interrog. pronom. adv.), which way. 152
πή (indef. pronom. adv., encl.), some way. 152
πηχυαῖος, ᾱ, ον [πῆχυς cubit], a cubit long.
πικρός, ά, όν [**picric**], sharp, bitter, harsh. 217
Πίνδαρος, ου, ὁ, **Pindar** (lyric poet, ss. vi-v B.C.).
πίπτω (πι-πτ-ω, πετ, πεσ, πτω: 98.2), πεσοῦμαι, ἔπεσον, πέπτωκα, fall. 323
πιστεύω, πιστεύσω, etc. [πιστός], trust (with dat. or with inf. in indir. disc.), Lat. fido. 66
πίστις, εως, ἡ [πείθω], trust, faith, assurance. 229
πιστός, ή, όν [πείθω], trustworthy, faithful. 66

πλάγιος, ᾱ, ον (or ος, ον), *placed sideways*.
πλάτος, ους, τό [**plate**], *breadth, width*. 245
Πλάτων, ωνος, ὁ, **Plato**.
πλεῖστος, superl. of πολύς.
πλείων, compar. of πολύς; ἐπὶ πλεῖον, *to a greater extent*.
πλέκω (πλεκ, πλοκ, πλακ), ἔπλεξα, πέπλεγμαι, ἐπλάκην, PLAIT, Lat. PLICO.
πλεοναχῶς (adv.), *in various ways or senses*.
πλέω (πλεϝ: 185, 129.3), πλεύσομαι or πλευσοῦμαι (πλεϝ-σέ-ο-μαι: 48.3), ἔπλευσα, πέπλευκα, πέπλευσμαι [πλοῖον], *sail* (intrans.). 267
πλέων, variant of πλείων.
πληγή, ῆς, ἡ [πλήττω], *blow, stroke*. 152
πλῆθος, ους, τό [πλήρης, **plethora**] (the noun corresponding to πολύς), *multitude, plurality, quantity, magnitude*. 205
πλήν (adv.), *except*; as prep., *except* (with gen.); as conj., *except that*. 187
πλήρης, ες [πλῆθος, PLENTY], FULL, Lat. PLENUS. 205
πλησίον (adv.), *nearby*; ὁ πλησίον (sc. ὤν), *one's neighbor*.
πλήττω (πληγ, πλαγ: 477), πλήξω, ἔπληξα πέπληγα, πέπληγμαι, ἐπλήγην or ἐπλάγην (apo**plexy**], *strike*.
πλοῖον, ου, τό [πλέω], *boat*. 76
πλοῦς, πλοῦ, ὁ [πλέω], *voyage* (387). 251
πλούσιος, ᾱ, ον, *wealthy*.
πλουτέω, ἐπλούτησα, πεπλούτηκα [πλοῦτος], *be rich*.
πλοῦτος, ου, ὁ [**pluto**crat], *wealth*. 258
ποθέω, ποθήσω, etc., *long for* (with acc.). 312
ποιέω, ποιήσω, etc., *make, do*; ποιητέος, ᾱ, ον (verbal adj.), *to be made, to be done*; κακῶς ποιῶ, *treat badly*. 191
ποίησις, εως, ἡ, *making*, **poetry**. 191
ποιητής, οῦ, ὁ, *maker*, **poet** (383). 81
ποιητικός, ή, όν, *productive*, **poetical**; ποιητική (sc. τέχνη), *art of* **poetry**. 191
ποῖος, ᾱ, ον (interrog. pronom. adj.), *of what sort*. 235
ποιός, ά, όν (indef. pronom. adj.), *of some sort* (often ποιός τις); ποιόν, οῦ, τό, *quality*. 235
ποιότης, ητος, ἡ, *quality*. 235
πολέμιος, ᾱ, ον (or ος, ον) [πόλεμος], *hostile*; οἱ πολέμιοι, *the enemy*. 72

πόλεμος, ου, ὁ [**polemic**], *war*. 72
πόλις, εως, ἡ [acro**polis**, metro**polis**, necro**polis**], *state, city* (396). 130
πολῑτείᾱ, ᾱς, ἡ [πολίτης], *citizenship, government, form of government*, **polity**, *constitution*; Πολῑτείᾱ, *Res Publica* (work of Plato). 199
πολίτης, ου, ὁ [πόλις], *citizen* (383). 81
πολῑτικός, ή, όν [πολίτης], *relating to citizens*, **political**, *civil*; πολῑτική (sc. τέχνη or ἐπιστήμη), *science of* **politics**; τὰ πολῑτικά, *public matters*. 263
πολλάκις [πολύς] (adv.), *many times, often*. 205
πολλαπλάσιος, ᾱ, ον, *many times as large, many times as many* (with ἤ or gen.). 267
πολλαχῶς [πολύς] (adv.), *in many ways or senses*. 205
πολύς, πολλή, πολύ [**poly**gon], *much, many* (410, 212); οἱ πολλοί, *the many, the greater number*; ὡς ἐπὶ τὸ πολύ, *for the most part*; πολύ (adv.), *much*. 205
πομπή, ῆς, ἡ [πέμπω, **pomp**], *procession*. 28
πονηρίᾱ, ᾱς, ἡ, *bad state, wickedness*.
πορείᾱ, ᾱς, ἡ [ἄ-πορος], *gait, journey, progression*. 323
πορεύω, πορεύσω, etc. [FORD, FARE], *make to go*; pass. deponent, *go, walk about, journey*; πορευτέος, ᾱ, ον (verbal adj.), *to be traversed*. 323
πορίζω (477), ποριῶ (48.4), etc., *furnish, impart*.
πόρρω (adv.), *far off*.
πόρρωθεν (adv.), *from a distance*.
ποσαχῶς (interrog. pronom. adv.), *in how many ways or senses*.
πόσος, η, ον (interrog. pronom. adj.), *how big, how much, how many*; πόσου, *at what price*. 245
ποσός, ή, όν (indef. pronom. adj.), *of a certain quantity or magnitude or number*; ποσόν, οῦ, τό, *quantum*. 245
ποσότης, ητος, ἡ, *quantity*. 300
ποταμός, οῦ, ὁ [Meso**potamia**], *river* (384). 45
πότε (interrog. pronom. adv.), *when*. 152
ποτέ (indef. pronom. adv., encl.), *sometime, ever, once*; χρόνῳ ποτέ, *at last*. 152
Ποτείδαια, ᾱς, ἡ, **Potidaea** (city of Chalcidice).

πότερον ... ἤ, *whether* ... *or* (in altern. questions, dir. or indir.). 229

ποτέρως (interrog. pronom. adv.), *in which way* (of two).

ποτόν, οῦ, τό [sym**posium**, POTION], *drink* (385). 52

ποῦ (interrog. pronom. adv.), *where.* 57

πού (indef. pronom. adv., encl.), *somewhere.* 152

πούς, ποδός, ὁ [**pod**agra, tri**pod**], FOOT, Lat. PES (389). 160

πρᾶγμα, ατος, τό [πράττω, **pragmatic**], *deed, matter;* plur., *circumstances, affairs, trouble.* 295

πρᾱκτικός, ή, όν, **practical**, *able to effect* (with object. gen.). 295

πρᾶξις, (πρᾱγ-σις), εως, ή, *a doing, a doing well* or *ill.* 130

πράττω (πρᾱγ: 477), πράξω, ἔπρᾱξα, πέπρᾱχα and πέπρᾱγα (93), πέπρᾱγμαι, ἐπράχθην [**practice**], *do, fare;* πρᾱκτός, ή, όν (verbal. adj.), *realizable, done.* 72 295

πρέπω, πρέψω, etc., *be fitting.*

πρίν (adv.), *before, formerly;* as conj., *until, before* (298-299). 300

πρό [**pro**logue, FOR, FORE, Lat. PRO] (prep.) (of place or time), *in behalf of, in preference to* (with gen.). (Never suffers elision.) 101

προαίρεσις, εως, ή [προαιρέομαι], *choice, purpose.* 224

προαιρετικός, ή, όν, *deliberately choosing, purposive.* 224

προ-αιρέω, *bring forth;* mid., *choose deliberately;* προαιρετός, ή, όν (verbal adj.), *deliberately chosen, voluntary.*

προ-βαίνω, *advance.* 300

προ-δίδωμι, *give up, forsake, betray.* 267

πρόδρομος, ον [ἔδραμον, hippo**drome**], *running ahead;* πρόδρομος, ου, ὁ, *precursor.*

πρό-ειμι [πρό + εἶμι], *go forward.* 279

προ-κλίνω (κλιν: 477) [**proclitic**], *lean forward.*

Προμηθεύς Δεσμώτης, **Prometheus Vinctus** (play of Aeschylus).

προ-πίνω (πω, πι,: 478), προπίομαι, προπέπωκα [POTION], *drink to* (with dat.).

πρός [**pros**elyte] (prep.), *from a position facing, by* (in swearing, with gen.); *in a position facing, near, at, besides* (with dat.); *to a position facing, to, against* (with acc.). 101

προσ-αγορεύω, προσαγορεύσω, etc. [ἀγορεύω *harangue*], *address, greet; address as, greet as, call* (with double acc.). 101

πρόσ-ειμι [πρός + εἰμί], *be present also* (with dat.).

πρόσ-ειμι [πρός + εἶμι], *come up, approach* (with dat. or with πρός and acc.).

προσ-έρχομαι, *come to, go to* (with dat. or with πρός and acc.).

προσ-έχω, *apply* (trans.).

προσ-ήκω, *have come, belong to, be fitting.*

πρόσθεν (adv.), *before* (of space or time, with gen.).

πρόσθεσις, εως, ή, *application, addition.* 267

προσ-λαμβάνω, *take in addition, add.*

προσ-ποιέομαι, *attach to oneself* (with dat. and acc.), *lay claim to* (with acc.), *pretend* (with acc. or inf.).

προσ-τίθημι [**prosthetic**], *put to, impose, add;* mid., *side with* (with dat.), *win over* (with acc.). 263

προσ-φέρω, *apply* (trans.).

πρότασις, εως, ή [προ-τείνω], PRO*position, premise.* 275

προ-τείνω, *put forward as a proposition.*

προτεραῖος, ᾱ, ον, *previous, previous to* (with gen. of compar.); τῇ προτεραίᾳ, *the day before, yesterday.*

πρότερος, ᾱ, ον, *former, earlier;* πρότερον (adv.), *before, earlier;* οἱ πρότερον (sc. ὄντες), *the predecessors.* 279

προτρεπτικός, ή, όν [προ-τρέπω], *hortatory.*

προ-ϋπάρχω, *take the initiative in, pre-exist.*

προχειρίζομαι (477), προχειριοῦμαι (48.4), προκεχείρισμαι, προυχειρίσθην, *make ready for oneself* (πρό-χειρος), *take in hand.*

πρῴην (adv.), *lately, the day before yesterday.*

Πρωταγόρας, ου, ὁ, **Protagoras** (sophist, s. v. B.C.).

Πρώταρχος, ου, ὁ, **Protarchus** (probably a pupil of the sophist Gorgias, ss. vi-v B.C.).

πρῶτος, η, ον, FIRST; πρῶτον (acc. as adv.), FIRST, *at* FIRST. 76

πρώτως (adv.), PRIMARILY.

πτῆσις, εως, ἡ [πέτομαι *fly*], *flight*.
πυκνός, ή, όν, *dense*.
πυ-ν-θ-άν-ο-μαι (πευθ, πυθ: 478), πεύσομαι, ἐπυθόμην, πέπυσμαι, *learn by hearsay*, *learn by inquiry*, *inquire* (with gen. and ptc. [of physical) perception], or acc. and ptc. [of intellectual perception], or acc. and inf. in indir. disc., or ὅτι, or indir. question); *learn about* (with acc.). 334
πῦρ, πυρός, τό (sing. only) [**pyre**], FIRE (392). 124
πώ (indef. pronom. adv., encl.), *up to this time, yet*. 142
πῶς (interrog. pronom. adv.), *how*. 142
πώς (indef. pronom. adv., encl.), *somehow*. 142

P

ῥᾴδιος, ᾱ, ον, *easy*; ῥᾳδίως (adv.), *easily*.
ῥάχις, εως, ἡ, *spine*.
ῥηθείς, see εἴρω.
ῥῆμα, ατος, τό, WORD, *phrase*, VERBUM. 124
Ῥῆσος, ου, ὁ, **Rhesus** (play of Euripides).
ῥήτωρ, ορος, ὁ [ῥῆμα, **rhetoric**], *speaker* (392). 121
ῥίζα, ης, ἡ, *root*. 62
ῥίπτω (ῥῑπ: 477), ῥίψω, ἔρρῑψα, ἔρρῑφα, ἔρρῑμμαι, ἐρρίφθην, *throw*.
ῥυθμός, οῦ, ὁ, **rhythm**. 334

Σ

σαφῶς (adv.), *clearly*.
σεαυτοῦ or σαυτοῦ, σεαυτῆς or σαυτῆς (reflex. pron.), *of* THY*self* (427). 199
σέβω, ἐσέφθην, *revere*; σεπτός, ή, όν (verbal adj.), *capable of being revered, revered*.
σελήνη, ης, ἡ, *moon*. 267
σημαίνω (σημαν: 477), σημανῶ (105), ἐσήμηνα, σεσήμασμαι, ἐσημάνθην, *show by a sign, give a sign, indicate* (with obj. inf. or ὅτι or ὡς). 271
σημαντικός, ή, όν [**semantics**], *significant, having a meaning*. 271
σημεῖον, ου, τό, *sign*. 271
σθένος, ους, τό, *strength, force*. 334
σῑγή, ῆς, ἡ, *silence*; σῑγῇ (dat. of manner as adv.), *in silence*. 295
Σιμωνίδης, ου, ὁ, **Simonides** (lyric poet, ss. vi-v B.C.).
σῖτος, ου, ὁ [para**site**] (plur. σῖτα, τά), *grain, food*. 76
σκέπασμα, ατος, τό, *a covering*.
σκηνή, ῆς, ἡ [**scene**], *tent, booth, stage*. 28
σκληρός, ά, όν, *hard* (as opposed to *soft*).
σκοπέω (in Attic this usually replaces σκέπτομαι), σκέψομαι, ἐσκεψάμην, ἔσκεμμαι [**scope, sceptic**], *look at, look into*; σκεπτέος, ᾱ, ον (verbal adj.), *to be looked into*. 251
σκοπός, οῦ, ὁ [**scope**], *watcher, mark*. 263
σκότος, ου, ὁ, *darkness*.
Σκῦρος, ου, ἡ, **Scyros** (Aegean island). 275
σκῡτεύς, έως, ὁ, *cobbler*.
σμῑκρός, variant of μῑκρός.
Σόλων, ωνος, ὁ, **Solon** (Athenian lawgiver, ss. vii-vi B.C.).
σός, σή, σόν (poss. adj.), THY, THINE, Lat. TUUS. 258
σοφίᾱ, ᾱς, ἡ, *wisdom, knowledge*. 72
σοφιστικός, ή, όν [σοφός], *of or for a* **sophist, sophistical**; σοφιστικῶς (adv), **sophistically**; σοφιστική (sc. τέχνη), **sophistry**. 160
Σοφοκλῆς, έους, ὁ, **Sophocles** (tragic poet, 495-406 B.C.).
σοφός, ή, όν [**sophist**, philo**sopher**], *wise, clever*. 72
σπάω (σπα for σπασ), σπάσω, ἔσπασα, ἔσπακα, ἔσπασμαι, ἐσπάσθην [**spasm**], *draw, pull*. 187
σπέρμα, ατος, τό, *seed*, **sperm**. 199
σπεύδω, σπεύσω, ἔσπευσα [σπουδή], *hasten* (trans. and intrans.). 57
σπουδαῖος, ᾱ, ον, *serious, good*. 306

σπουδή, ῆς, ἡ, *haste, zeal*; σπουδῇ (dat. of manner as adv.), *hastily, zealously*.
στάδιον, ου, τό, **stade** (600 Greek feet).
στάθμη, ης, ἡ, *carpenter's line* (rubbed with red chalk).
σταθμητός, ή, όν (verbal adj. of σταθμάω *measure*), *measurable*.
στάσις, εως, ἡ [ἵστημι], *setting*, STANDING, STATIONARINESS, *faction*.
στέλλω (στελ, σταλ: 477), στελῶ (105), ἔστειλα, ἔσταλκα, ἔσταλμαι, ἐστάλην [apo**stle**], *send*.
στενός (στενϝος), ή, όν [**steno**graphy], *narrow* (399). Compar. στενότερος, superl. στενότατος. 45 217
στερέω, στερήσω, etc., *deprive* (with acc. of person and gen. of thing).
στέρησις, εως, ἡ, *privation*.
στιγμή, ῆς, ἡ [a**stigma**tism], *point*.
στοιχεῖον, ου, τό, *element*. 300
στολή, ῆς, ἡ, *robe, dress*, **stole**. 28
στόμα, ατος, τό, *mouth*, **stoma**.
στράτευμα, ατος, τό, *army*.
στρατηγικός, ή, όν [στρατηγός], **strategic**, *of a general*; στρατηγική (sc. τέχνη), **strategy**.
στρατηγός, οῦ, ὁ [στρατός *army* + ἄγω], *general*.
στρατιά, ᾶς, ἡ [**strat**egy], *army*. 22
στρατιώτης, ου, ὁ [στρατιά], *soldier*. 81
στρατόπεδον, ου, τό [στρατός *army* + πέδον *ground*], *camp, army*.
στρέφω (στρεφ, στροφ, στραφ), στρέψω, ἔστρεψα, ἔστραμμαι, ἐστρέφθην or ἐστράφην [**strophe**], *turn, twist* (trans. and intrans.).
Στρεψιάδης, ου, ὁ, **Strepsiades**, character in Aristophanes' *Clouds*.
σύ, σοῦ (pers. pron.), THOU, Lat. TU (426). 199
συγγένεια, ᾶς, ἡ, *relationship*.
συγγενής, ές [σύν + γένος], *related*, AKIN. 217
σύγ-κειμαι, *be composed*.
συγ-χωρέω, συγχωρήσω, συνεχώρησα, *come together, make room*.
συλ-λαμβάνω, *comprehend, seize, arrest*. 331
συλ-λέγω, συλλέξω, συνέλεξα, συνείλοχα, συνείλεγμαι, συνελέχθην or συνελέγην, *bring together, collect*; pass. deponent, *come together*. 331

συλλογισμός, οῦ, ὁ, **syllogism**. 275
συμ-βαίνω, *come to pass, happen, result*; συμβεβηκός, ότος, τό, *accident, concomitant, attribute*, ACCIDENS. κατὰ συμβεβηκός, *by accident*, PER ACCIDENS. 258
συμ-βουλεύω [**symbouleutic**], *plan with, advise* (with dat. of pers. and acc. of thing); mid., *consult with* (with dat. of pers.). 160
συμπέρασμα, ατος, τό [συμ-περαίνω, *conclude*], *conclusion*. 306
συμπλοκή, ῆς, ἡ [συμ-πλέκω *plait together*], COMPLICATION, *combination*.
Συμπόσιον, ου, τό [συμ-πίνω *drink together*], **Symposium** (work of Plato).
συμ-πράττω, *help do* (with dat. of pers. and acc. of thing).
συμ-φέρω, *bring together, be useful*. 258
σύμ-φημι, *assent, agree* (with inf. in indir. disc.).
σύν [**syn**od, **sym**pathy] (prep.), *with, with the help of* (with dat.). 57
συν-αγείρω (ἀγερ: 477), συνήγειρα, *gather together* (trans.).
συν-άπτω, *join together* (trans.), *be in contact with* (with dat.).
συν-αριθμέω, *reckon in*.
συν-αρτάω, συνήρτησα, συνήρτημαι, *join together* (trans.).
σύν-ειμι [σύν + εἰμί], *be with* (with dat.).
σύνεσις, εως, ἡ [συνίημι *understand*], *sagacity, knowledge*. 300
συνετός, ή, όν (verbal adj. of συν-ίημι *understand*), *intelligent, intelligible*. 316
συνεχής, ές [συνέχω], *continuous, in unbroken contact*.
συν-έχω, *hold together, confine*. 101
συνήθης, ες [σύν + ἦθος], *accustomed*.
σύνθεσις, εως, ἡ [συν-τίθημι *put together*], a *putting together, composition*, **synthesis**. 263
σύνθετος, η, ον (or ος, ον) [συν-τίθημι *put together*], *composite*. 263
συν-ίστημι, *set together, compose, combine, form, introduce*; 2d aor. and 2d pf., *be composed*. 271
συνώνυμος, ον [σύν + ὄνυμα = ὄνομα], *having the same* NAME, *having the same* NAME *and the same nature and definition*. 167
Συρίᾱ, ᾶς, ἡ, **Syria**.

συ-σπεύδω, *assist zealously* (with dat.).
σφαῖρα, ᾱς, ἡ, *ball*, **sphere**. 263
σφενδόνη, ης, ἡ, *sling, bezel.*
σφόδρα (adv.), *vehemently.*
σχεδόν [ἔχω] (adv.), *about, practically, roughly speaking.* 331
σχῆμα, ατος, τό [ἔχω, **scheme**], *shape, form, appearance.* 118
σῴζω (σω), σώσω, ἔσωσα, σέσωκα, σέσωμαι, ἐσώθην [creo**sote**], *save, preserve.* 72

Σωκράτης, ους, ὁ, **Socrates**.
σῶμα, ατος, τό [**somatic**, chromo**some**], *body* (390). 118
σωματικός, ή, όν, *corporeal.*
σωτήρ, ῆρος, ὁ [σῴζω, **soterio**logy], *saviour* (392). 160
σωφρονέω, σωφρονήσω, etc., *be of sound mind, temperate* (σώφρων).
σωφροσύνη, ης, ἡ, *soundness of mind, temperance.* 306

T

τάξις (ταγ-σις), εως, ἡ [τάττω, **taxi**dermy, syn**tax**], *arrangement, order, division, battle line.* 130
ταπεινός, ή, όν, *low, humble.*
τάττω (ταγ: 477), τάξω, ἔταξα, τέταχα, τέταγμαι, ἐτάχθην [**tactics**], *post, assign, order, marshal.* 101
Ταυρέᾱς, ου, ὁ, **Taureas** (builder of a palaestra at Athens).
ταχύς (θαχυς), εῖα, ύ [**tachy**graphy], *swift* (212); τάχα (adv.), *quickly, perhaps.* 217
τε (τ' or θ' in elision) [Lat. -QUE] (copul. conj., encl.), *and*; τε ... καί or τε καί, *both ... and.* 28
τείνω (τεν, τα: 477, 86), τενῶ (105), ἔτεινα, τέτακα, τέταμαι, ἐτάθην, *stretch, e*x**tend**, Lat. TENDO (trans. and intrans.). 108
τεῖχος, ους, τό, *wall.*
τέκνον, ου, τό, *child* (385). 66
τέκτων, ονος, ὁ, *carpenter.*
τέλειος, ᾱ, ον (or ος, ον) [τέλος], *perfect, complete, final.* 217
τελειόω, τελειώσω, etc., *make perfect* (τέλειος), *complete.* 217
τελευταῖος, ᾱ, ον [τελευτή], *last.* 217
τελευτή, ῆς, ἡ [τέλος], *completion, end.* 217
τέλος, ους, τό [**teleo**logy], *completion, end, FINIS*; διὰ τέλους, *continuously*; τέλος (acc. as adv.), *finally.* 217
τέμνω (τεμ, ταμ, τμη: 478), τεμῶ (105), ἔταμον, τέτμηκα, τέτμημαι, ἐτμήθην [**atom**, ana**tomy**, en**tomo**logy, **tome**], *cut.* 174
τέταρτος, η, ον, FOURTH. 245
τετράκις[**tetra**gon](adv.),FOUR*times*. 245
τέτταρες, α, FOUR (423). 224

τεχναστός, ή, όν (verbal adj. of τεχνάζω *make by art*), *made by art.*
τέχνη, ης, ἡ [**technical**], *art.* 72
τεχνίτης, ου, ὁ [τέχνη], *craftsman.*
τῇ (dat. sing. fem. of ὁ, as dem. pronom. adv.), *there, here, this way*; τῇ μέν ... τῇ δέ, *in one way ... in another, in one sense ... in another.* 271
τῇδε (dat. sing. fem. of ὅδε, as dem. pronom. adv.), *here.*
τηλικοῦτος, αὕτη, οῦτο(ν) (dem. pronom. adj.), *of such an age, so large.*
τί ἦν εἶναι (τό), ESSENCE.
τίθημι (θη, θε: 458), θήσω, ἔθηκα (461), τέθηκα, τέθειμαι, ἐτέθην [**do**], *put, establish, lay down, regard as, make*; θετέον (verbal adj.), *one must lay down.* 263
τῑμάω (452-453), τῑμήσω, etc. [τῑμή], *honor, set a price on, assess*; τῑμητέος, ᾱ, ον (verbal adj.), *to be honored.* 187
τῑμή, ῆς, ἡ [**timo**cracy], *honor, worth, price.* 187
τίμιος, ον (or ᾱ, ον), *honored, valued, costly, honorable.*
τίς, τί (interrog. pron. and adj.), WHO, WHAT, Lat. QUIS (434); τί (acc. sing. neut. as adv.), *why.* 182
τις, τι (indef. pron. and adj., encl.), *somebody, something, some, any, a certain*, Lat. QUIS (435). ὁ τις ἄνθρωπος, *the individual man* (whoever he may be). 182
τοί (ethical dat. of σύ, as encl. particle), *look you.*
τοίνυν [τοί νυν] (inferential particle, postpos.), *therefore, accordingly.*
τοῖος, variant of τοιοῦτος.

τοιόσδε, τοιάδε, τοιόνδε (dem. pronom. adj.), *such as this, such as follows, of such and such a kind.* 331
τοιοσδί, τοιαδί, τοιονδί (dem. pronom. adj.), *such as this* (deictic). 235
τοιοῦτος, τοιαύτη, τοιοῦτο(ν) (dem. pronom. adj.), *such as this.* 235
τόπος, ου, ὁ [**topo**graphy, **topic**], *place, region* (as opposed to χώρα *space*). 66
τοσόσδε, τοσήδε, τοσόνδε (dem. pronom. adj.), *so great, so much, so many*; τὸ τοσόνδε, *quantity.*
τοσοῦτος, τοσαύτη, τοσοῦτο(ν) (dem. pronom. adj.), *so great, so many, as great, as many.* 235
τότε (dem. pronom. adv.), *at that time, then* (always temporal). 45
τραγέλαφος, ου, ὁ, *goat-stag,* HIRCO-CERVUS. 271
τραγῳδία, ας, ἡ [τράγος *he-goat* + ᾠδός *singer*], **tra**g**edy.** 130
τράπεζα, ης, ἡ [**trapeze, trapezoid**], *table.* 174
τρεῖς, τρία, THREE (423). 245
τρέπω (τρεπ, τροπ, τραπ), τρέψω, ἔτρεψα, τέτροφα, τέτραμμαι, ἐτρέφθην, *turn* (trans.). 45
τρέφω (θρεφ, θροφ, θραφ: 367), θρέψω, ἔθρεψα, τέτροφα, τέθραμμαι, ἐτράφην [a**troph**y], *nourish, support.* 235
τρέχω (τρεχ, δραμ, δραμη), δραμοῦμαι (105), ἔδραμον, δεδράμηκα, δεδράμη-

μαι, [**trochee**, hippo**drome**], *run.* 174
τρίγωνον, ου, τό [τρι- THRICE + γωνία *angle*], TRI**angle.** 271
τριήρης, ους, ἡ, TRIREME (394). 124
τρίπηχυς, υ, gen. εος [τρίς + πῆχυς *cubit*], THREE *cubits long* or *tall* (41, 407).
τρίπους, ποδος, ὁ, **tripod.**
τρίς [**tris**octahedron] (adv.), THRICE. 245
τρίτος, η, ον, THIRD. 245
τριχῶς, *in* THREE *ways* or *senses.* 251
τροπή, ῆς, ἡ [**trope,** helio**trope, trophy,** Lat. **tropaeum,** Late Lat. **trophaeum**], *turn, rout.* 28
τρόπος, ου, ὁ [τρέπω, τροπή, **trope**], *turn, fashion, sort, character*; κατὰ τρόπον, *properly.* 283
τροφή, ῆς, ἡ [τρέφω], *nourishment, nurture.* 235
τυ-γ-χ-άν-ω (τευχ, τυχ, τυχη: 478), τεύξομαι, ἔτυχον, τετύχηκα [τύχη], *happen* (with ptc.: 172.3a); *hit, obtain* (with gen.). 167
τύπος, ου, ὁ [τύπτω], *blow, form, outline,* **type**; τύπῳ (dat. of manner as adv.), *in outline, roughly.*
τύπτω (τυπ, τυπτη: 477), τυπτήσω, *strike.* 275
τυραννίς, ίδος, ἡ, **tyranny.** 167
τύραννος, ου, ὁ, ἡ, **tyrant.** 167
τύχη, ης, ἡ, *chance,* **Tyche.** 167

Υ

ὑγιάζω (477), *cure.*
ὑγιαίνω (ὑγιαν: 477), ὑγιανῶ (105), ὑγίανα [ὑγίεια], *be healthy, become healthy.* 300
ὑγίεια, ᾶς, ἡ [**hygiene**], *health.* 57
ὑγιής, ές, gen. οῦς, *healthy.*
ὑγρός, ά, όν [**hygro**meter], *wet.* 235
ὕδωρ, ατος, τό [**hydro**gen, WET, Lat. UNDA], WATER (390). 118
υἱός (or ὑός), οῦ, ὁ, SON. 89
ὕλη, ης, ἡ [**hylo**zoism], *forest, timber, material, matter,* MATERIES. 167
ὑμεῖς, see σύ.
ὑμέτερος, ᾱ, ον [ὑμεῖς] (poss. adj.), YOUR, YOURS. 258
ὑπαρχή, ῆς, ἡ [ὑπάρχω], *beginning.*

ὑπ-άρχω, *begin, be in the beginning, belong as an attribute*; τὰ ὑπάρχοντα, *existing circumstances, existing resources.* 263
ὑπέρ [**hyper**bole, Lat. SUPER] (prep.), OVER, *in behalf of* (with gen.); OVER, *beyond* (with acc.). 152
ὑπερ-βάλλω, *throw beyond, excel, exceed.*
ὑπερβολή, ῆς, ἡ [ὑπερβάλλω], *a throwing beyond, excess,* **hyperbole.** 334
ὑπεροχή, ῆς, ἡ [ὑπερέχω], *projection, superiority, excess.*
ὑπερφυῶς [ὑπερφυής OVER**grown**] (adv.), *exceedingly.*
ὑπ-ισχνέομαι [ὑπό + σι-σχ-νε-ο-μαι strengthened form of ἔχω: 98.2, 478],

ὑποσχήσομαι, ὑπεσχόμην, ὑπέσχημαι, *promise* (with obj. inf. or inf. in indir. disc. [neg. μή: 294]). 295
ὕπνος, ου, ὁ [**hypno**tism], *sleep*, Lat. SOMNUS. 240
ὑπό [**hypo**thesis, Lat. SUB] (prep.), *under*, *by* (denoting agency with pass. verbs; with gen.); *under* (with dat.); *to a place under* (with acc.). 152
ὑπο-δέω, ὑποδέδεμαι [ὑπό + δέω *bind*], *underbind*, *shoe*.
ὑπόθεσις, εως, ἡ, SUG*gestion*, *purpose*, SUG*gested subject*, **hypothesis**. 263
ὑπό-κειμαι, *lie under*, *be established*, *be assumed* (serves as pf. pass. of ὑποτίθημι); ὑποκείμενον, ου, τό, SUB*stratum*, SUB*ject*, *SUBIECTUM*. 283
ὑπο-λαμβάνω, *take up*, *take* (with acc.); *understand*, *assume*, SUP*pose* (with inf. in indir. disc. or with ὡς and finite vb.). 240
ὑπο-μένω, *persist*.
ὑπ-οπτεύω, ὑποπτεύσω, ὑπώπτευσα, *be* SUS*picious*, SUS*pect* (with acc. or with inf. in indir. disc.). 300
ὑπο-τίθημι, *place under*, SUG*gest*; mid., *lay down to begin with*, *advise*, *warn*.
ὕστερος, ᾱ, ον [**hysteresis**], *behind*, *latter*, *later*; ὕστερον (adv.), *later*. Superl. ὕστατος. 283
ὑφαίνω (ὑφαν: 477), ὑφανῶ (105), ὕφηνα, ὕφασμαι, ὑφάνθην [WEB], WEAVE. 108
ὑφαίρεσις, εως, ἡ [ὑφ-αιρέω], a *taking away from under*, *omission* of a letter.
ὕψος, ους, τό, *height*, *sublimity*. 245

Φ

φαίνω (φαν: 477), φανῶ (105, 443), ἔφηνα (444), πέφαγκα (*have shown*) and πέφηνα (*have appeared*: 93), πέφασμαι (448), ἐφάνθην or ἐφάνην [φανερός, **phenomenon**, dia**phanous**], *bring to light*, *show*; mid., *appear* (with inf. in indir. disc.), *be plainly* (with ptc. in indir. disc.). 199
φάλαγξ, αγγος, ἡ [**phalanx**], *battle line* (388). 118
φανερός, ά, όν [**phanero**gam], *visible*, *evident*. 45
φαντασίᾱ, ᾱς, ἡ [φαίνω, **phantasy**], *appearance*.
φάρμακον, ου, τό [**pharmacy**], *drug*, *cure* (385). 66
φαῦλος, η, ον (or ος, ον), *paltry*, *ordinary*, *bad*.
φέρω (φερ, οἰ, ἐνεκ, ἐνεγκ), οἴσω, ἤνεγκα (98.3) and ἤνεγκον (trans. by exception; cf. 85), ἐνήνοχα, ἐνήνεγμαι, ἠνέχθην [meta**phor**, BURDEN, BIER, BIRTH, Lat. FERO, FUR], BEAR, *bring*, *carry*. 108
Φειδιππίδης, ου, ὁ, **Pheidippides** (son of Strepsiades), character in Aristophanes' *Clouds*.
φεύγω (φευγ, φυγ), φεύξομαι, ἔφυγον, πέφευγα [φυγή, BOW (*bend*), BOW (*weapon*), BOUT, BUXOM], *flee*, *avoid*, *escape*, Lat. FUGIO (abs. or with acc.). 279
φημί (φη, φα), φήσω, ἔφησα [pro**phet**, Lat. FOR, FAMA], *say*, *declare* (parenthetically or with inf. in indir. disc.) (469). 279
φθάνω (φθη, φθα: 478), φθήσομαι, ἔφθασα or ἔφθην (both aorists trans., by exception; cf. 85), *anticipate* (with acc. or ptc. [172.3a] or both). 167
φθείρω (φθερ, φθορ, φθαρ: 477), φθερῶ (105), ἔφθειρα, ἔφθαρκα, ἔφθαρμαι, ἐφθάρην [φθορά], *destroy*; φθαρτός, ή, όν (verbal adj.), *destructible*, *perishable*. 108 334
φθίνω (φθι: 478) [**phthisis**], *decay*, *wane*, *waste away*; φθιτός, ή, όν (verbal adj.), *capable of being decreased*. 240 331
φθίσις, εως, ἡ [φθίνω], *waning*, *decrease*, **phthisis**. 331
φθορά, ᾶς, ἡ [φθείρω], *destruction*, *decay*, *passing away*, *CORRUPTIO*. 108
φιάλη, ης, ἡ [**phial**], *bowl*, *saucer*.
φιλέω (454-455), φιλήσω, etc. [φίλος], *love*, *kiss*, *be accustomed*. 191
φιλίᾱ, ᾱς, ἡ [φίλος], *friendship*. 235
φίλιος, ᾱ, ον (or ος, ον), *friendly* (as opposed to what belongs to the enemy; used esp. of countries). 66
Φιλοκτήτης, ου, ὁ, **Philoctetes** (play of Sophocles).

φίλος, η, ον [**Phil**ip, Anglo**phile**], *friendly, dear* (401, 212); φίλος, ου, ὁ, *friend.* 66

φιλοσοφίᾱ, ᾶς, ἡ, **philosophy**, *PHILOSOPHIA.* 160

φιλόσοφος, ον, **philosophic**; φιλόσοφος, ου, ὁ, **philosopher**, *PHILOSOPHUS.*

Φιλόστρατος, ου, ὁ, *Flavius* **Philostratus** (sophist, ss. ii-iii).

φλέγω [**phlegm**, FLAME], *burn* (trans. and intrans.).

φλέψ, φλεβός, ἡ [**phlebitis**, **phlebot**omy], *vein* (388). 118

φοβερός, ά, όν [φόβος], *fearful, terrible.* 89

φοβέω, φοβήσω, etc. [φόβος], *frighten*; pass. deponent, *fear* (with obj. acc. or with obj. clause introduced by μή or μὴ οὐ: 228.2, 239.2). 191

φόβος, ου, ὁ [hydro**phobia**], *fear, terror.* 89

φοιτάω, *stalk, go.*

φορά, ᾶς, ἡ [BEAR, Lat. FERO], *locomotion, movement, TRANSLATIO.* 22

φορητός, ή, όν (verbal adj. of φορέω, frequentative of φέρω), *capable of being carried along.*

φράζω (φραδ: 477), φράσω, ἔφρασα, πέφρακα, πέφρασμαι (451), ἐφράσθην [**phrase**], *tell* (with obj. acc. or with ὅτι or ὡς); φραστέος, ᾱ, ον (verbal adj.), *capable of being told.* 37

φρήν, φρενός, ἡ, *diaphragm, heart* (as seat of passions or of mental faculties) (391). 124

φρόνησις, εως, ἡ [φρήν], *practical wisdom, prudence.* 224

φρόνιμος, ον [φρήν], *prudent.* 224

φροντιστής, οῦ, ὁ [φροντίζω *consider*], *thinker.* 316

φυγάς, άδος, ὁ, ἡ [φεύγω], FUGITIVE, *exile.* 312

φυγή, ῆς, ἡ [FUGITIVE], *flight,* Lat. FUGA. 28

φυλακή, ῆς, ἡ [pro**phylactic**], *garrison, guard.* 37

φύλαξ, ακος, ὁ, ἡ, *watcher, guard.* 142

φυλάσσω, variant of φυλάττω.

φυλάττω (φυλακ: 477), φυλάξω, ἐφύλαξα, πεφύλαχα, πεφύλαγμαι, ἐφυλάχθην, *guard*; mid., *be on one's guard against* (with obj. acc.). 142

φύλλον, ου, τό, *leaf,* Lat. FOLIUM. 72

φυσικός, ή, όν [φύσις], *natural,* **physical**; φυσικός, οῦ, ὁ, **physicist**; τὰ Φυσικά, Aristotle's **Physica** i-iv (the Greek title of **Physica** i-viii is Φυσικὴ Ἀκρόᾱσις); φυσικῶς (adv.), *in the manner of natural science.* 271

φυσιολόγος, ου, ὁ [**physiologist**], **physicist**.

φύσις, εως, ἡ [φύω], *nature, thing, entity, NATURA.* 130

φυτικός, ή, όν [φυτόν], *of plants*; φυτικόν, οῦ, τό, *vegetative principle.* 334

φυτόν, οῦ, τό [φύω, neo**phyte**], *plant.* 45

φύω, φύσω, ἔφυσα [BE], *produce*; ἔφυν (465), *grew* (intrans.); πέφῡκα, *be by nature*; τὰ φυόμενα, *plants.* 101

φωνή, ῆς, ἡ [tele**phone**], *sound, voice, speech.* 28

φῶς (φάος), φωτός, τό (gen. pl. φώτων) [**photo**graph], *light, daylight.* 240

X

Χαιρεφῶν, ῶντος, ὁ, **Chaerephon** (friend and pupil of Socrates).

χαίρω (χαρ, χαρη, χαιρη: 477), χαιρήσω, κεχάρηκα, κεχάρημαι, ἐχάρην (as act.) [χάρις], *rejoice, enjoy* (with dat. of cause or with ptc.). 167

χαλεπαίνω (χαλεπαν: 477), χαλεπανῶ (105), ἐχαλέπηνα, ἐχαλεπάνθην (as act.), *be angry at* (with dat.), *be annoyed.* 312

χαλεπός, ή, όν, *difficult, hard to deal with*; χαλεπῶς (adv.), *hardly, with difficulty*; χαλεπῶς φέρω, *be distressed at* (with dat. of cause). 312

χαλκός, οῦ, ὁ, *copper, bronze.* 316

χαμαί (adv.), *on the ground,* Lat. HUMI.

χάρις, ιτος, ἡ [eu**charist**], *favor, gratitude* (389); χάριν ἔχω, *be grateful*; χάριν (acc. as adv., usually postpos.), *for the sake of* (with gen.). 118

Χαρμίδης, ου, ὁ, **Charmides** (nephew of Plato and friend of Socrates).

χείρ, χειρός, ἡ [**chiro**graphy, **surgeon**], *hand* (398). 312

χείριστος, superl. of κακός (212).

χειρόκμητος, ον [χείρ + κάμνω *labor*], *made by hand.*

χείρων, compar. of κακός (212).
χελῑδών, όνος, ἡ (epicene), *swallow*. 334
χόω, χώσω, ἔχωσα, κέχωκα, κέχωσμαι, ἐχώσθην, *heap up*.
χράομαι (185.2), χρήσομαι, ἐχρησάμην, κέχρημαι, ἐχρήσθην [χρή], *use* (with instrumental dat.); χρηστέον (verbal adj.), *one must use*. 258
χρεών (indecl.), τό, *necessity*; χρεών (ἐστί) = χρή. 334
χρή (indecl. subst. used as 3d sing. pres. ind. act. of impers. vb.), *one ought* (with inf. or with acc. and inf.). (Impf. χρῆν or ἐχρῆν; subjv. χρῇ; opt. χρείη; inf. χρῆναι; indecl. ptc. χρεών.) 258
χρῆμα, ατος, τό [χράομαι], *thing that one uses*; plur., *things, property, money*. 258
χρήσιμος, η, ον (or ος, ον) [χράομαι], *useful*. 258
χρῆσις, εως, ἡ [cata**chresis**], *use*. 258
χρόνος, ου, ὁ [**chrono**meter], *time*; διὰ χρόνου, *after some time*. 152
χρῶμα, ατος, τό [**chromatic**, **chromo**some], *color*. 118
χώρᾱ, ᾱς, ἡ, *country, space* (as opposed to τόπος *place*) (382). 62
χωρίζω (477), ἐχώρισα, κεχώρισμαι, ἐχωρίσθην [χωρίς], *separate, divide*; χωριστός, ή, όν (verbal adj.), *separable, abstract*. 245
χωρίον, ου, τό (dimin. of χώρᾱ), *place*.
χωρίς (adv.), *separately, apart from* (with gen.). 245

Ψ

ψευδής, ές [ψεῦδος], *lying, false*; ψευδῶς (adv.), *falsely*. 205
ψεῦδος, ους, τό [**pseudo**nym], *falsehood*. 142
ψεύδω, ψεύσω, ἔψευσα, ἔψευσμαι, *deceive*; mid., *say falsely*. 142
ψοφέω, ψοφήσω, etc. (ψόφος), *sound*.
ψόφος, ου, ὁ, *noise*. 258
ψῡχή, ῆς, ἡ [**psycho**logy], *soul, life, ANIMA*. 28
ψῡχρός, ά, όν [**psychro**meter], *cold*. 235

Ω

ὦ (interj., with voc.), **O** (usually not to be translated). 22
ὧδε, see ὅδε. 37
ᾠδή, ῆς, ἡ, *song*, **ode**.
ὡδί, see ὁδί.
ὠθέω (Ϝωθ, Ϝωθη), ὤσω, ἔωσα, ἔωσμαι, ἐώσθην, *push*.
ὤν, οὖσα, ὄν [**onto**logy], *being* (pres. ptc. of εἰμί: 470). 174
ὥρᾱ, ᾱς, ἡ [**horo**scope, YEAR], *season*, HOUR, Lat. HORA. 152
ὡς (rel. pronom. adv.), *as* (when a causal ptc. follows, there is no implication that the cause assigned is one in which the speaker believes; cf. οἷον 235), *how*; as rel. or dem. adv. intensifying adverbs (ὡς ἁπλῶς *absolutely*) or superlatives (ὡς ἥδιστα *in the pleasantest way possible*); as conj., *that* (introducing finite verb in indir. disc.); as conjunctive adv., *as soon as* (298-299); as final particle, *that, in order that* (228.1, 239.1). 101 229
ὥσπερ (emphatic rel. pronom. adv.), *just as*. 101
ὡσαύτως [adv. of ὁ αὐτός], *in the same way*. 235
ὥστε (conj. introducing result clause), *so as* (with inf.; emphasis on main clause); *so that* (with finite vb.; emphasis on dependent clause). 235
ὠφελέω, ὠφελήσω, etc. [ὄφελος *help*], *help* (with acc.). 283

ENGLISH-GREEK VOCABULARY

This Vocabulary comprises those words only which have occurred in the lesson vocabularies. It sometimes puts under the same heading two words of very different meaning, e.g. γράφω and σπάω under *draw*; or two different parts of speech, e.g. οὐκοῦν and οὕτω under *so*; it does not give the principal parts of verbs nor the genitive or gender of nouns; it does not indicate the cases that follow verbs or prepositions; and it does not distinguish synonyms. To get full value from this Vocabulary the student, before referring to the Greek-English Vocabulary, should himself attempt to supply the missing information and so to increase his command over the language.

A

abandon, ἀπολείπω, ἐκλείπω
able, δυνατός, οἷός τε
be able, δύναμαι
about, σχεδόν, ἀμφί, περί
absolutely, ἁπλῶς
abstract, χωριστός
accept, ἐνδέχομαι
accident, πάθος, συμβεβηκός
by accident, κατὰ συμβεβηκός
accomplish, περαίνω
according to, κατά
accordingly, ἄρα, οὖν
on account of, διά, ἕνεκα
written account of inquiry, ἱστορίᾱ
give an account of, ἀποδίδωμι
action, δρᾶμα
be in action, ἐνεργέω
activity, ἐνέργεια
actual, κύριος
actuality, ἐντελέχεια, ἐνέργεια
actualization, ἐνέργεια
actually, ἐντελεχείᾳ
accusation, κατηγορίᾱ
accusatory, κατηγορικός
accuse, κατηγορέω
be accustomed, εἴωθα, φιλέω
add, προστίθημι
addition, πρόσθεσις
address, προσαγορεύω
adjacent, ἐφεξῆς
admit of, ἐνδέχομαι
advance, προβαίνω
advise, συμβουλεύω

affairs, πράγματα
affection, πάθημα
affirmative, καταφατικός, κατηγορικός
aforesaid, οὗτος
as aforesaid, οὕτω
after, μετά, διά
again, πάλιν
against, ἐπί, πρός
agree, ὁμολογέω
air, ἀήρ
akin, συγγενής
alien, ἀλλότριος
all, πᾶς, ἅπας
aloft, ἄνω
alone, μόνος
along, κατά
along by, παρά
already, ἤδη
also, καί
although, καίπερ
altogether, ὅλως
always, ἀεί
amaze, ἐκπλήττω
amount to, δύναμαι
and, καί, δέ, τε
be angry at, χαλεπαίνω
animal, ζῷον
wild animal, θήρ, θηρίον
announce, ἀγγέλλω
be annoyed, χαλεπαίνω
another, ἄλλος, ἕτερος
belonging to another, ἀλλότριος
in another way *or* sense, τῇ δέ

ENGLISH-GREEK VOCABULARY

of one another, ἀλλήλων
answer, ἀποκρίνομαι
anticipate, φθάνω
any, τὶς
anybody whatsoever, ὁστισοῦν
apart from, χωρίς
take apart, διαιρέω
appear, ἔοικα, φαίνομαι
appearance, σχῆμα
appetency, ὄρεξις
application, πρόσθεσις
apply oneself to, ἐπιτίθεμαι
apprehend, νοέω
archon, ἄρχων
aristocracy, ἀριστοκρατίᾱ
Aristotle, Ἀριστοτέλης
army, στρατιά
arrangement, τάξις
arrest, συλλαμβάνω
art, τέχνη
as, ὡς, οἷον
as great as, ὅσος
as many as, ὅσοι
exactly as, καθάπερ

such as, οἷος
be ashamed, αἰσχύνομαι
ask, αἰτέω, δέομαι, ἐρωτάω
aspect, ὄψις
assess, τῑμάω
assign, τάττω
association, κοινωνίᾱ
assume, ὑπολαμβάνω
be assumed, ὑπόκειμαι
assurance, πίστις
go asunder, ἀμφισβητέω
at, ἐπί, πρός
Athenian, Ἀθηναῖος
son of Atreus, Ἀτρείδης
attack, ἐπέρχομαι, ἐπιτίθεμαι
attempt, πεῖρα
attention, ἐπιμέλεια
attribute, συμβεβηκός
belong as an attribute, ὑπάρχω
having authority, κύριος
avoid, φεύγω
be away, ἄπειμι
go away, ἄπειμι
aye, ἀεί

B

back, πάλιν
bad, κακός
badness, κακίᾱ
ball, σφαῖρα
barbarian, βάρβαρος
barbaric, βαρβαρικός
battle, μάχη
battle line, φάλαγξ, τάξις
be, εἰμί
be away, ἄπειμι
be by nature, πέφῡκα
be in the beginning, ὑπάρχω
be plainly, φαίνομαι
bear, φέρω, γεννάω
beautiful, καλός
because, ὅτι, ἐπεί, ἐπειδή
become, γίγνομαι
anything that befalls one, πάθημα, πάθος
before, πρότερον, πρίν, πρό
beget, γεννάω
begin, ἄρχω, ὑπάρχω
in behalf of, πρό, ὑπέρ
behind, ὕστερος, μετά

being, οὐσίᾱ
come into being, γίγνομαι
coming into being, γένεσις
below, κάτω
besides, ἐπί, παρά, πρός
rule of the best, ἀριστοκρατίᾱ
betray, προδίδωμι
between, μεταξύ
beyond, παρά, ὑπέρ
how big, πόσος
bird, ὄρνῑς
birth, γενεά
bitter, πικρός
black, μέλᾱς
blame, αἰτίᾱ
blessed, μακάριος
bliss, μακαριότης
blood, αἷμα
red-blooded animals, ἔναιμα
with blood in one, ἔναιμος
blow, πληγή
boat, πλοῖον
body, σῶμα
booth, σκηνή

be born in, ἐγγίγνομαι
both, ἀμφότεροι, ἄμφω
both ... and, καί ... καί, τε ... καί, τε καί
bound, ὁρίζω, διορίζω
boundary, ὅρος
bowstring, νευρά
boy, παῖς
brave, ἀγαθός
breadth, εὖρος, πλάτος
break, λύω
bribe, δῶρον

brief, βραχύς
bring, φέρω
bring back, ἀνάγω
bring together, συλλέγω, συμφέρω
bronze, χαλκός
brother, ἀδελφός
build, οἰκοδομέω
builder, οἰκοδόμος
but, ἀλλά, δέ
buy, ἀγοράζω
by, ἐπί, πρός, ὑπό
stand by, πάρειμι

C

calculation, λογισμός
call, καλέω, λέγω, προσαγορεύω
capable, δεκτικός
capture, λαμβάνω
care, ἐπιμέλεια
take care of *or* that, ἐπιμελέομαι
carry, φέρω
in the case of, ἐπί
catch, αἱρέω, θηρεύω
categorical, κατηγορικός
category, κατηγορίᾱ
cause, αἰτίᾱ, αἴτιον
final cause, τὸ οὗ ἕνεκα
cavalry, ἵππος
cease, ἀπολείπω
a certain, τὶς
chance, τύχη
change, μεταβολή, κίνησις, μεταβάλλω
changeable, κῑνητός
character, τρόπος
moral character, ἦθος
charge, κατηγορέω
child, παῖς, τέκνον
little child, παιδίον
choice, προαίρεσις
choose, αἱρέομαι
deliberately choosing, προαιρετικός
circle, κύκλος
circumstances, πράγματα
existing circumstances, τὰ ὑπάρχοντα
cithara player, κιθαριστής
play the cithara, κιθαρίζω
citizen, πολίτης
relating to citizens, πολῑτικός
citizenship, πολῑτείᾱ
city, πόλις

civil, πολῑτικός
class, γένος
clever, σοφός
cold, ψῡχρός
collect, ἀθροίζω, συλλέγω
color, χρῶμα
in column, ἐπὶ κέρως
combine, συνίστημι
come, ἔρχομαι
come after *or* against, ἔπειμι
come forward, πάρειμι, παρέρχομαι
come on, ἐπέρχομαι
come together, συλλέγομαι
come upon, ἔπειμι, ἐπέρχομαι
have come, ἥκω
command, κελεύω
commander, ἄρχων
common, κοινός
communion, κοινωνίᾱ
competent, ἱκανός
complete, τέλειος, τελειόω, ἀπεργάζομαι
completion, τελευτή, τέλος
compose, συνίστημι
composite, σύνθετος
composition, σύνθεσις
comprehend, συλλαμβάνω
concept, νόημα
concerning, ἀμφί, περί
conclusion, συμπέρασμα
concomitant, συμβεβηκός
confine, συνέχω
conquer, νῑκάω
consider, ἐπισκοπέω, νομίζω
constitution, πολῑτείᾱ
constraint, ἀνάγκη
consult with, συμβουλεύομαι

ENGLISH-GREEK VOCABULARY

consummate, ἄκρος
contemplate, θεωρέω
contemplation, θεωρίᾱ
contemplative, θεωρητικός
contest, ἀγών
continuously, διὰ τέλους
contrariwise, ἐναντίως
contrary, ἐναντίος
contrary to, παρά
be convicted, ἁλίσκομαι
copper, χαλκός
copy, μίμημα
corpse, νεκρός
corruption, φθορά
count, ἀριθμέω

country, ἀγρός, χώρᾱ
courage, ἀρετή
of course, μέντοι
cow, βοῦς
cowardice, κακίᾱ
cowardly, κακός
creature, ζῷον
critical, κριτικός, πειραστικός
crossable, διαβατός
two cubits long, δίπηχυς
cure, φάρμακον, ἰᾱτρεύω
custom, ἔθος, ἦθος, νόμος
cut, τέμνω
cycle, κύκλος

D

danger, κίνδῡνος
face danger, κινδῡνεύω
daughter, θυγάτηρ
day, ἡμέρᾱ
daylight, φῶς
dead, νεκρός
dear, φίλος
death, θάνατος
be put to death, ἀποθνῄσκω
decay, φθορά, φθίνω
deceive, ἀπατάω, ψεύδω
decide, γιγνώσκω
declare, φημί
decrease, φθίσις
capable of being decreased, φθαρτός
deed, δρᾶμα, ἔργον, πρᾶγμα
deep, βαθύς
defect, deficiency, ἔλλειψις
define, ὁρίζω, ἀφορίζω, διορίζω
definition, λόγος, ὅρος
delay, διατρίβω
democracy, δημοκρατίᾱ
demonstrate, ἀποδείκνῡμι
demonstration, ἀπόδειξις
depth, βάθος
deserts, δίκη
desiderative, ὀρεκτικός
desire, ἐπιθῡμίᾱ, ὄρεξις, ἐπιθῡμέω, ὀρέγομαι
desiring, ἐπιθῡμητικός
despot, δεσπότης
destroy, λύω, φθείρω, ἀπόλλῡμι
destructible, φθαρτός
destruction, φθορά

determine, ἀφορίζω, διορίζω, ὁρίζω
diaeresis, διαίρεσις
diapason, τὸ διὰ πᾱσῶν
diaphragm, φρήν
die, ἀποθνῄσκω, θνῄσκω
die off, ἀποθνῄσκω
differ, διαφέρω
difference, διαφορά
differently, ἄλλως
difficult, ἄπορος, χαλεπός
difficulty, ἀπορίᾱ, ἀπορούμενον
be raised as a difficulty, ἀπορέομαι
dimension, διάστημα
dip, βάπτω
disagree, ἀμφισβητέω
able to discern, κριτικός
be discontinuous, διαλείπω
discourse, λόγος
disembark, ἀποβαίνω
disgrace, dishonor, αἰσχῡ́νω
display, ἐπιδείκνῡμι
dispute, ἀμφισβητέω
distinguish, ἀποκρῑ́νω, ἀφορίζω, διαιρέω, διορίζω, κρῑ́νω
distress, ἀνάγκη
be distressed at, χαλεπῶς φέρω
distribute, ἀπονέμω
divide, διαιρέω, ὁρίζω, χωρίζω
divided, μεριστός
divine, θεῖος
divinity, δαίμων
divisible, διαιρετός, μεριστός
division, διαίρεσις, τάξις
do, δράω, ποιέω, πράττω

dog, κύων
doing, πρᾶξις
domestic, οἰκεῖος
door, θύρᾱ
dose, δόσις
double, διττός
down, κάτω
down along *or* from, κατά
downwards, κάτω
drama, δρᾶμα

draw, γράφω, σπάω,
dress, στολή
drink, ποτόν
drive, ἄγω, ἐλαύνω
drive out, ἐξελαύνω
drug, φάρμακον
dry, ξηρός
dwell, οἰκέω
dwelling, οἶκος
dye, βάπτω

E

each, ἑκάτερος, ἕκαστος
earlier, πρότερος
earth, γῆ
effect, ἐνεργέω
able to effect, πρᾱκτικός
either, οὐδέ
either . . . or, εἴτε . . . εἴτε, ἢ . . . ἢ
either party, ἑκάτεροι
element, στοιχεῖον
eligible, αἱρετός
ellipse, ἔλλειψις
else, ἄλλος
elude, διαφεύγω
empty, κενός
end, πέρας, τελευτή, τέλος
enemy, πολέμιοι
enjoy, χαίρω
entity, φύσις
epistle, ἐπιστολή
equal, ἴσος
erect, ὀρθός
escape, διαφεύγω, φεύγω
escape the notice of, λανθάνω
essence, οὐσίᾱ
establish, τίθημι
be established, ὑπόκειμαι

estrange, διαβάλλω
eternal, ἀΐδιος
evacuation, κάθαρσις
even, καί
not even, οὐδέ, μηδέ
ever, ἀεί, ποτέ
everlasting, ἀΐδιος
every, πᾶς, ἅπᾱς
evident, δῆλος, φανερός
make evident, δηλόω
exact, ἱστορικός
examine, ἐπισκοπέω
except, πλήν, ἀλλ' ἤ
excess, ὑπερβολή
exclude, ἀφορίζω
exercise, γυμνάζω
exile, φυγάς, ἐκβάλλω
expect, ἐλπίζω
expectation, δόξα
expel, ἐκβάλλω
experience, πάθος, πεῖρα, πάσχω
extend, τείνω
extension, διάστημα
extremity, ἔσχατον
extremity of, ἔσχατος
eye, ὀφθαλμός

F

from, in, to a position facing, πρός
in fact, οὖν
faculty, δύναμις
faith, πίστις
faithful, πιστός
fall, πίπτω
false, ψευδής

falsehood, ψεῦδος
say falsely, ψεύδομαι
fame, δόξα
as far as, μέχρι
in so far as, ᾗ
fare, πράττω
fashion, τρόπος

fasten, ἅπτω
fasten oneself to, ἅπτομαι
father, πατήρ
favor, χάρις
fear, φόβος, δέδοικα, φοβέομαι
fearful, φοβερός
few, ὀλίγοι
field, ἀγρός
living in the fields, ἄγριος
fight, μάχομαι
final cause, τὸ οὗ ἕνεκα
finally, τέλος
find, εὑρίσκω
finish off, ἀπεργάζομαι
fire, πῦρ
first, πρῶτος, πρῶτον
at first, πρῶτον
be first, ἄρχω
fish, ἰχθῦς
fitting, εἰκός
flee, φεύγω
flight, φυγή
follow, ἕπομαι
a following after, μέθοδος
as follows, ὧδε
the following, ὅδε
such as follows, τοιόσδε
food, σῖτος
foot, πούς
for, γάρ
force, βίᾱ, σθένος
forced, forcible, ἀναγκαῖος
foreign, βαρβαρικός, βάρβαρος
foreigner, βάρβαρος
forest, ὕλη
forget, λανθάνομαι
form, εἶδος, ἰδέᾱ, μορφή, σχῆμα, συν-
  ίστημι
former, πρότερος
formerly, πρίν
forsake, προδίδωμι
four, τέτταρες
four times, τετράκις
fourth, τέταρτος
free-spirited, ἐλευθέριος
friend, φίλος
friendly, φίλιος, φίλος
friendship, φιλίᾱ
frighten, ἐκπλήττω, φοβέω
from, ἀπό
fruit, καρπός
fugitive, φυγάς
full, πλήρης
function, ἔργον
further, ἔτι

G

gait, πορείᾱ
games, ἀγών
garrison, φυλακή
gate, θύραι
in general, καθόλου, ὅλως
generation, γένεσις
genus, γένος
get, ἀπολαμβάνω, ἔχω
get up, ἀνίσταμαι
giant, γίγᾱς
gift, δῶρον, δόσις
girl, παῖς
give, δίδωμι, ἀποδίδωμι
give back, ἀποδίδωμι
give up, προδίδωμι
gladly, ἡδέως
go, βαίνω, εἶμι, ἔρχομαι, πορεύομαι
go away, ἄπειμι
go by, πάρειμι, παρέρχομαι
go down, καταβαίνω
go forward, πρόειμι
go into, δύω
make to go, πορεύω
goat-stag, τραγέλαφος
god, θεός
goddess, θεά, θεός
be going to, μέλλω
good, ἀγαθός, σπουδαῖος
goodness, ἀρετή
government, πολῑτείᾱ
grain, σῖτος
grasp, ἅπτομαι
be grateful, χάριν ἔχω
gratitude, χάρις
great, μέγας
as great as, ὅσος
so *or* as great, τοσοῦτος
greatness, μέγεθος
Greece, Ἑλλάς
Greek, Ἑλληνικός
greet, προσαγορεύω
grief, λύπη

grieve, λῡπέω
on the ground, ἐπίπεδος
grow, φύω
growing, αὐξητικός
growth, αὔξησις
promoting growth, αὐξητικός, θρεπτικός

guard, φυλακή, φύλαξ, φυλάττω
guest, guest-friend, ξένος
guide, ἡγεμών
gymnastic master, παιδοτρίβης
of gymnastic exercises, γυμνικός
gymnastics, γυμναστική

H

habit, ἔθος, ἕξις
hair, θρίξ
half, ἥμισυς
cause to halt, ἐφίστημι
hand, χείρ, ὀρέγω
on the one hand, μέν
happen, τυγχάνω, συμβαίνω
happiness, εὐδαιμονίᾱ
happy, εὐδαίμων
be happy, εὐδαιμονέω
hard to deal with, χαλεπός
hardly, χαλεπῶς
harm, βλάπτω
harmony, ἁρμονίᾱ
harsh, πικρός
hasten, σπεύδω
haunt, ἦθος
have, ἔχω
a having, ἕξις
healer, ἰᾱτρός
health, ὑγίεια
be or become healthy, ὑγιαίνω
hear, ἀκούω
heart, καρδίᾱ, φρήν, θῡμός
heat, θερμότης
heaven, οὐρανός
hegemony, ἡγεμονίᾱ
height, ὕψος
help, ὠφελέω
with the help of, σύν
hence, ἐντεῦθεν
her, αὐτήν

herald, κῆρυξ
here, ἐνταῦθα, τῇ
herself, ἑαυτήν, ἕ (see οὗ)
lie hid, λανθάνω
him, αὐτόν
himself, ἑαυτόν, ἕ (see οὗ)
hinder, κωλύω
historical, ἱστορικός
hit, τυγχάνω
hold oneself fast to, ἔχομαι
hold together, συνέχω
home, οἴκαδε
at home, οἴκοι
from home, οἴκοθεν
homeward, οἴκαδε
honor, τῑμή, τῑμάω
honorable, καλός
hope, ἐλπίς, ἐλπίζω
horn, κέρας
horse, ἵππος
horseman, ἱππεύς
host, ξένος
hostile, πολέμιος
hot, θερμός
hour, ὥρᾱ
house, οἰκίᾱ, οἶκος
how, ᾗ, ὡς, πῶς, ὅπως
human, ἀνθρωπικός, ἀνθρώπινος
human being, ἄνθρωπος
hunt, θηρεύω
hyperbole, ὑπερβολή
hypothesis, ὑπόθεσις

I

I, ἐγώ
idea, εἶδος, ἰδέᾱ
idly, μάτην
if, εἰ, ἐάν
ignorance, ἄγνοια

ill-disposed, κακόνους
imitate, μῑμέομαι
imitation, μίμησις
imitative, μῑμητικός
immortal, ἀθάνατος

immovable, ἀκίνητος, ἀμετακίνητος
impassable, ἀδιάβατος
impose, ἐπιτίθημι, προστίθημι
impossible, ἀδύνατος
in, ἐν
inasmuch as, οἷον
increasable, αὐξητός
increase, αὐξάνω
increase in size, αὔξησις
increased, αὐξητός
indefinite, ἀδιόριστος
indicate, κατηγορέω, σημαίνω
induction, ἐπαγωγή
inexperienced, ἄπειρος
infinite, ἄπειρος
inhabit, οἰκέω
injure, ἀδικέω
injustice, ἀδικίᾱ
inquire, ζητέω, πυνθάνομαι
inquiry, γνῶσις, ἱστορίᾱ, μέθοδος

inside, εἴσω
for instance, οἷον
instead of, ἀντί
instruct, παιδεύω
instruction, παιδείᾱ
instrument, ὄργανον
intellectual, διανοητικός
intelligent, διανοητικός, συνετός
intelligible, συνετός
intermit, διαλείπω
interval, διάστημα
stand at intervals, διαλείπω
into, εἰς
introduce, συνίστημι
intuitive reason, νοῦς
invade, ἔπειμι
irrational, ἄλογος
island, νῆσος
it, αὐτό
itself, ἑαυτό

J

journey, ὁδός, πορείᾱ, πορεύομαι
judge, κρίνω
just, δίκαιος, ὀρθός

just as, ὥσπερ, οἷον
justice, δίκη

K

kill, ἀποκτείνω
kind, εἶδος, ἰδέᾱ
kindly, εὔνους
king, βασιλεύς
be king, βασιλεύω
kiss, φιλέω
knee, γόνυ
knife, μάχαιρα

knight, ἱππεύς
know, γιγνώσκω, οἶδα
know how, ἐπίσταμαι
not know, ἀγνοέω
knowledge, γνῶσις, ἐπιστήμη, σοφίᾱ, σύνεσις
knowledge obtained by inquiry, ἱστορίᾱ
well-known, γνώριμος

L

lack, ἀπορίᾱ
be laid, κεῖμαι
large, μέγας
last, ἔσχατος, τελευταῖος, μένω
later, latter, ὕστερος
law, νόμος
lay down, τίθημι
lead, ἄγω

lead away, ἀπάγω
lead back, ἀπάγω, κατάγω
lead down, κατάγω
lead up, ἀνάγω
leader, ἡγεμών
leaf, φύλλον
learn, μανθάνω, πυνθάνομαι
act of learning, μάθησις

at least, γε
leave, λείπω, ἀπολείπω, ἐκλείπω
length, μῆκος
lest, μή
let alone, let go, ἐάω
letter, ἐπιστολή
letters, μουσική
liberal, ἐλευθέριος
liberality, ἐλευθεριότης
lie, κεῖμαι
lie under, ὑπόκειμαι
life, βίος, ζωή, ψῡχή
light, λευκός, φῶς
bring to light, φαίνω
like, ὅμοιος
likely, εἰκός
be likely to, μέλλω
likeness, μίμημα
limb, μέλος

limit, ὅρος, πέρας, ἀφορίζω
without limit, ἄπειρος
line, γραμμή
little, μῑκρός, ὀλίγος
live, ζάω
locomotion, φορά
long, μακρός
long for, ποθέω
no longer, οὐκέτι, μηκέτι
look, θεωρέω
look at *or* into, σκοπέω
loose, λύω
lord, δεσπότης
lose, ἀπόλλῡμι
be at a loss, ἀπορέω
love, ἔρως, φιλέω
lying, ψευδής
lyric poem, μέλος

M

magnitude, μέγεθος, πλῆθος
of a certain magnitude, ποσός
make, ποιέω, τίθημι
make so and so, ἀπεργάζομαι
maker, ποιητής
making, ποίησις
man, ἀνήρ, ἄνθρωπος
many, πολλοί
many times, πολλάκις
many times as large *or* many, πολλαπλάσιος
as many as, ὅσοι
how many, πόσοι
in many ways *or* senses, πολλαχῶς
so *or* as many, τοσοῦτοι
march, ἐλαύνω
march on, ἐξελαύνω
mare, ἵππος
mark, σκοπός
market, ἀγορά
marshal, τάττω
master, δεσπότης
material, ὕλη
matter, πρᾶγμα, ὕλη
maxim, γνώμη
mean, μεσότης, λέγω
having a meaning, σημαντικός
measurable, μετρητός
measure, μέτρον, μετρέω
in measure, ἔμμετρος

without measure, ἄμετρος
meat, κρέας
melody, μέλος
member, μόριον
memory, μνήμη
mental, νοητός
mention, μνήμη, λέγω, εἶπον
mentioned, ἐμνήσθην
messenger, ἄγγελος
metaphor, μεταφορά
metre, μέτρον
in metre, ἔμμετρος
without metre, ἄμετρος
middle, μέσος
middle term, μέσον
mimetic, μῑμητικός
mina, μνᾶ
mind, νοῦς
have in mind, διανοέομαι
be missing, λείπω
moments, τὰ νῦν
money, χρήματα
month, μήν
moon, σελήνη
moral, ἠθικός
mortal, θνητός
for the most part, ὡς ἐπὶ τὸ πολύ
mother, μήτηρ
motion, κίνησις
mountain, ὄρος

ENGLISH-GREEK VOCABULARY

movable, κῑνητικός
move, κῑνέω
movement, φορά
moving, κῑνητικός
much, πολύς, μάλα
how much, πόσος

multitude, πλῆθος
music, ἁρμονίᾱ, μουσική
musical, μουσικός
my, ἐμός
myself, ἐμαυτόν

N

name, ὄνομά, καλέω
having the same name, συνώνυμος
narrow, στενός
nation, ἔθνος
natural, φυσικός
in the manner of natural science, φυσικῶς
nature, φύσις
near, πρός
necessary, ἀναγκαῖος
it is necessary, δεῖ
necessity, ἀνάγκη, χρεών
need, δέομαι
there is need of, δεῖ
negative, ἀποφατικός
neither . . . nor, οὔτε . . . οὔτε, μήτε . . . μήτε
never, οὔποτε, οὐδέποτε, μήποτε, μηδέποτε
nevertheless, μέντοι, ὅμως
next, ἐφεξῆς

come next to, ἔχομαι
night, νύξ
noble, καλός
nobody, οὐδείς, μηδείς
noise, ψόφος
nonportable, ἀμετακίνητος
nor, οὐδέ, μηδέ
not, οὐ, μή
notable, γνώριμος
escape the notice of, λανθάνω
noun, ὄνομα
nourish, τρέφω
nourishment, τροφή
now, δή, νύν, οὖν, νῦν
nowadays, τὰ νῦν
number, ἀριθμός, ἀριθμέω
of a certain number, ποσοί
numerable, ἀριθμητός
nurture, τροφή
nutritive, θρεπτικός
nutritive faculty, θρεπτικόν

O

O, ὦ
O if or that, εἰ γάρ, εἴθε
obey, πείθομαι
obtain, τυγχάνω
on any particular occasion, ἀεί
octave, τὸ διὰ πᾱσῶν
often, πολλάκις
old man, γέρων
old woman, γραῦς
oligarchy, ὀλιγαρχίᾱ
on, ἐπί
once, ἅπαξ, ποτέ
one, εἷς
one after another, ἐφεξῆς
one of two, ἕτερος
in one way, ἑτέρως
in one way or sense, τῇ μέν

the one, ὁ μέν
one's own, ἴδιος, οἰκεῖος
only, μόνος
opinion γνώμη, δόξα
opposite, ἐναντίος
be opposite to, ἀντίκειμαι
or, ἤ, ἤτοι
orator, ῥήτωρ
orbit, κύκλος
order, κόσμος, τάξις, κελεύω, τάττω
in order, ἐφεξῆς
in order that, ἵνα, ὡς, ὅπως
origin, γένεσις
originable, γενητός
ornament, κόσμος
other, ἄλλος, ἕτερος
the other, ὁ δέ

in the other way, ἑτέρως
of each other, ἀλλήλων
others, οἱ δέ
otherwise, ἄλλως
one ought, χρή
our, ἡμέτερος
out of, ἐξ

outermost, ἄκρος
outside, ἔξω, ἔξωθεν
from outside, ἔξωθεν
over, ἀνά, ὑπέρ
one's own, ἴδιος, οἰκεῖος
ox, βοῦς

P

pain, λύπη, λυπέω
free from pain, ἄλυπος
painful, λυπηρός
paint, γράφω
palace, βασίλεια
palpable, ἐναργής
part, μέρος, μόριον
particulars, τὰ καθ' ἕκαστα, τὰ κατὰ μέρος
pass over, διαβαίνω
come to pass, συμβαίνω
without passage, ἄπορος
passing away, φθορά
passion, πάθος
past, γενόμενον
pay, ἀποδίδωμι
peculiarity, ἴδιον
pelt, βάλλω
perceive, αἰσθάνομαι
perception, αἴσθησις
perfect, τέλειος
make perfect, τελειόω
perhaps, ἴσως, τάχα
perishable, φθαρτός
permit, ἐάω
Persian, Περσικός, Πέρσης
persuade, πείθω
philosopher, φιλόσοφος
philosophic, φιλόσοφος
philosophy, φιλοσοφίᾱ
phrase, ῥῆμα
phthisis, φθίσις
physical, φυσικός
physician, ἰᾱτρός
physicist, φυσικός, φυσιολόγος
pick out, κρίνω
pity, ἔλεος
place, τόπος
plain, δῆλος, πεδίον
be plainly, φαίνομαι
plan, βουλή, βουλεύω
plan with, συμβουλεύω

plane, ἐπίπεδος, ἐπίπεδον
plant, φυτόν
plants, φυόμενα
of plants, φυτικός
play the cithara, κιθαρίζω
pleasant, ἡδύς
make pleasant, ἡδύνω
be pleased, ἥδομαι
pleasure, ἡδονή
with pleasure, ἡδέως
plot, βουλή, βουλεύω
plunder, ἁρπάζω
plurality, πλῆθος
poet, ποιητής
poetical, ποιητικός
poetry, ποίησις
art of poetry, ποιητική
point out, δείκνῡμι, ἀποδείκνῡμι, ἐπιδείκνῡμι
political, πολῑτικός
science of politics, πολῑτική
polity, πολῑτείᾱ
portable, μεταφορητός
position, θέσις
possession, κτῆμα
possible, δυνατός, οἷόν τε
be possible, ἐνδέχομαι
post, τάττω
potentiality, δύναμις
potentially, δυνάμει
power, δύναμις
powerful, δυνατός
practical, πρᾱκτικός
practically, σχεδόν
praise, αἰνέω, ἐπαινέω
predecessors, οἱ πρότερον ὄντες
predicate, κατηγορέω
form of predication, κατηγορίᾱ
in preference to, πρό
premise, ὅρος, πρότασις
prepare, παρασκευάζω
prepare oneself, ἀνάγομαι

in the presence of, ἐναντίον
at present, νῦν
be present, πάρειμι
preserve, σῴζω
prevent, κωλύω
price, τῑμή
set a price on, τῑμάω
at what price, πόσου
principle, ἀρχή
rational principle, λόγος
procession, πομπή
produce, γεννάω, φύω
productive, ποιητικός
progression, πορείᾱ
promise, ὑπισχνέομαι
proof, ἀπόδειξις
proper, κύριος
in the proper sense, κυρίως
properly, κατὰ τρόπον
property, ἴδιον, χρήματα
proposition, πρότασις
prosperity, εὐδαιμονίᾱ

prosperous, εὐδαίμων, μακάριος
be prosperous, εὐδαιμονέω
prove to be, ἀποβαίνω, γίγνομαι
provide, παρασκευάζω
prudence, φρόνησις
prudent, φρόνιμος
public matters, τὰ πολῑτικά
pull, σπάω
be punished, δίκην δίδωμι
purification, κάθαρσις
purpose, γνώμη, προαίρεσις, ὑπόθεσις
purposive, προαιρετικός
pursue, διώκω
pursuit of knowledge, μέθοδος
put, τίθημι
put away, ἀφίστημι
put on, ἐπιτίθημι
put oneself on, ἐπιτίθεμαι
put to, προστίθημι
a putting, θέσις
a putting together, σύνθεσις

Q

qua, ᾗ
quality, ποιόν, ποιότης
quantity, πλῆθος, ποσότης
of a certain quantity, ποσός

quantum, ποσόν
queen, βασίλεια
question, ἐρωτάω
quickly, τάχα

R

race, γενεά, γένος
at random, μάτην
ratio, λόγος
reach, ὀρέγω
real, κύριος
reality, ἐντελέχεια
realizable, πρᾱκτός
really, τῇ ἀληθείᾳ
reason, λόγος
intuitive reason, νοῦς
reasoning power, λογισμός
receive, δέχομαι
receptacle, ἀγγεῖον
receptive, δεκτικός
recover, ἀπολαμβάνω
regard as, τίθημι
as far as regards, ἕνεκα
region, τόπος

rejoice, χαίρω
related, οἰκεῖος, συγγενής
related by blood, ἀναγκαῖος
remain, μένω
remember, μιμνῄσκομαι
remind, μιμνῄσκω
render, ἀποδίδωμι, παρασκευάζω
report, ἀγγέλλω
represent, μῑμέομαι
representation, μίμησις
reputation, δόξα
resemble, ἔοικα
existing resources, τὰ ὑπάρχοντα
without resources, ἄπορος
in respect of, κατά
responsibility, αἰτίᾱ
responsible, αἴτιος
the rest, ὁ ἄλλος

result, ἀποβαίνω, συμβαίνω
revolt, ἀφίσταμαι
rhythm, ῥυθμός
ride, ἐλαύνω
right, δίκαιος, δίκη
rightly, ὀρθῶς
risk, κίνδυνος, κινδυνεύω
river, ποταμός
road, ὁδός
robe, στολή
root, ῥίζα

roughly speaking, σχεδόν
round, περί
rout, τροπή
rub through, διατρίβω
rulable, ἀρκτός
rule, ἀρχή, λόγος, ἄρχω, βασιλεύω
ruled, ἀρκτός
ruler, ἄρχων
run, τρέχω
run away, ἀποδιδράσκω
rush, ἵεμαι

S

sabre, μάχαιρα
sacrifice, θύω
sagacity, σύνεσις
sail, πλέω
for the sake of, ἕνεκα, χάριν
salt, ἅλς
same, αὐτός
all the same, ὅμως
at the same time, ἅμα
in the same way, ὡσαύτως
save, σῴζω
saviour, σωτήρ
say, λέγω, φημί, εἶπον
say falsely, ψεύδομαι
scale, ἁρμονία
scholarly, μουσικός
science, ἐπιστήμη
Scyros, Σκῦρος
sea, θάλαττα, ἅλς
put to sea, ἀνάγομαι
search into, ζητέω
season, ὥρα, ἡδύνω
seat, καθίζω
second, δεύτερος
secure, λαμβάνω
see, ὁράω
seed, σπέρμα
seek, ζητέω
seem, seem best, δοκέω
seize, αἱρέω, ἁρπάζω, συλλαμβάνω
be seized, ἁλίσκομαι
self, αὐτός
senate, βουλή
send, πέμπω, ἵημι
send after or for, μεταπέμπω
send away or off, ἀποπέμπω
sensation, αἴσθησις

in the proper sense, κυρίως
in two senses, διχῶς, διττῶς
sense-organ, αἰσθητήριον
sensitive, αἰσθητικός
sentence, λόγος
separable, χωριστός
separate, ἴδιος, ἀποκρίνω, χωρίζω
separately, χωρίς
serious, σπουδαῖος
serve, θεραπεύω
set, ἵστημι
set together, συνίστημι
set up or upon, ἐφίστημι
be set over against, ἀντίκειμαι
shameful, αἰσχρός
shape, σχῆμα
share, μέρος, κοινωνέω
share in, μετέχω
sharp, πικρός
ship, ναῦς
shoot, βάλλω
short, βραχύς
a falling short, ἔλλειψις
show, δηλόω, φαίνω
show forth, ἀποδείκνυμι, δείκνυμι
shrink, ἀφίσταμαι
be sick, νοσέω
be sickly, ἀσθενέω
sickness, νόσος
side with, προστίθεμαι
from the side of, at the side of, to the side of, παρά
sight, θέα, ὄψις
sign, σημεῖον
give a sign, σημαίνω
significant, σημαντικός
silence, σιγή

ENGLISH-GREEK VOCABULARY

similar, ὅμοιος
simple, ἁπλοῦς
since, ἐπεί, ἐπειδή
sink, δύω
my dear sir, ὦ μακάριε
sit, κάθημαι, καθίζω
six, ἕξ
sky, οὐρανός
slander, διαβάλλω
slave, δοῦλος
sleep, ὕπνος, καθεύδω
slight, small, μῑκρός
so, οὐκοῦν, οὕτω
so as *or* that, ὥστε
soldier, στρατιώτης
some, ἔνιοι, οἱ μέν, τὶς
somebody, τὶς
somehow, πώς
something, τὶ
a determinate something, τόδε, τόδε τι
sometime, ποτέ
sometimes, ὁτέ
somewhere, πού
son, υἱός
song, μέλος
sophistical, σοφιστικός
sophistry, σοφιστική
sort, τρόπος
of some sort, ποιός
of what sort, ποῖος
of which sort, οἷος
soul, ψῡχή, θῡμός
sound, φωνή
soundness of mind, σωφροσύνη
space, χώρᾱ
so to speak, ὡς εἰπεῖν
speaker, ῥήτωρ
species, εἶδος, ἰδέᾱ
spectacle, θέᾱ
be a spectator, speculate, θεωρέω
speculation, θεωρίᾱ
speculative, θεωρητικός
speech, φωνή
speechless, ἄλογος
sperm, σπέρμα
sphere, σφαῖρα
spirit, θῡμός
spontaneous, αὐτόματος
spring, ἔαρ
stage, σκηνή
stand, ἵστημι
stand away, ἀφίσταμαι
stand near *or* upon, ἐφίσταμαι

make to stand, ἵστημι
make to stand up, ἀνίστημι
star, ἀστήρ, ἄστρον
state, ἕξις, πόλις
statue, ἀνδριάς
steal, κλέπτω
step across, διαβαίνω
step in, ἐμβαίνω
still, ἔτι
stock, γένος
stole, στολή
stone, λίθος
stop, παύω
story, λόγος
straight, εὐθύς, ὀρθός
straight line, εὐθεῖα
straightway, εὐθύς
strange, ἀλλότριος
stranger, ξένος
strength, κράτος, σθένος
stretch, τείνω
stricken, βλητός
strike, παίω, τύπτω
strike out of one's senses, ἐκπλήττω
stroke, πληγή
to be struck, βλητέος
study, θεωρίᾱ
subject, substratum, ὑποκείμενον
suggested subject, ὑπόθεσις
sublimity, ὕψος
substance, οὐσίᾱ, τόδε, τόδε τι
such as, οἷος
such as this, τοιόσδε, τοιοσδί, τοιοῦτος
of such and such a kind, τοιόσδε
suffering, πάθημα, πάθος
sufficient, ἱκανός
suggestion, ὑπόθεσις
suitable, οἰκεῖος
summon, καλέω
suffer, πάσχω
support, τρέφω
suppose, οἴομαι, ὑπολαμβάνω
to be sure, δή
surely, μήν
surgeon, ἰᾱτρός
surpass, διαφέρω
suspect, ὑποπτεύω
swallow, χελῑδών
swear, ὄμνῡμι
sweet, γλυκύς, ἡδύς
swift, ταχύς
syllogism, συλλογισμός
synthesis, σύνθεσις

T

table, τράπεζα
tactile, ἁπτικός
tail, οὐρά
take, αἱρέω, λαμβάνω, ὑπολαμβάνω
take away, ἀφαιρέω
be taken, ἁλίσκομαι
tall, μέγας
taste, γεῦσις
tell, φράζω
temperance, σωφροσύνη
ten, δέκα
tend, θεραπεύω
have a tendency, βούλομαι
tent, σκηνή
tentative, πειραστικός
term of a proposition, ὅρος
terrible, φοβερός
terror, φόβος
test, πειράω
than, ἤ
that, ἐκεῖνος, ὅτι, ἵνα, ὡς, ὅπως
the, ὁ
then, ἄρα, οὖν, οὐκοῦν, ἔπειτα, τότε
thence, ἐντεῦθεν
there, αὐτοῦ, ἐκεῖ, ἐνταῦθα, τῇ
therefore, οὐκοῦν, οὖν
thereupon, ἐντεῦθεν, ἔπειτα
thesis, θέσις
thief, κλώψ
thing, φύσις
things, χρήματα
as things are, νῦν
think, διανοέομαι, νοέω, δοκέω, νομίζω, οἴομαι
thinkable, νοητός
thinker, φροντιστής
thinking faculty, διάνοια
power of thinking, διανοητικόν
third, τρίτος
this, ὅδε, οὗτος
this way, τῇ
thou, σύ
thought, διάνοια
that which is thought, νόημα
three, τρεῖς
in three ways or senses, τριχῶς
thrice, τρίς
through, διά
throughout, ἀνά

throw, βάλλω
throw across, διαβάλλω
throw out, ἐκβάλλω
a throwing beyond, ὑπερβολή
thus, οὕτω, ὧδε
thy, σός
thyself, σεαυτόν
timber, ὕλη
time, χρόνος
to, ἐπί, πρός
topmost, ἄκρος
touch, ἁφή, ἅπτομαι
endowed with touch, ἁπτικός
town, ἄστυ
tragedy, τραγῳδία
train, παιδεύω
train naked, γυμνάζω
trainer, παιδοτρίβης
training, παιδεία
transference, μεταφορά
translation, φορά
treat badly, κακῶς ποιέω
be badly treated, κακῶς πάσχω
treat medically, θεραπεύω, ἰατρεύω
tree, δένδρον
trial, πεῖρα
without trial, ἄπειρος
triangle, τρίγωνον
tribe, ἔθνος
trireme, τριήρης
trouble, πράγματα
true, ἀληθής
truly, ἀληθῶς, μήν
trust, πίστις, πείθομαι, πιστεύω
trustworthy, πιστός
truth, ἀλήθεια
in truth, δή
speak truth, ἀληθεύω
try, πειράω
try in court, κρίνω
tune, μέλος
turn, τροπή, τρόπος, τρέπω
turn out to be, ἀποβαίνω, γίγνομαι
twice, δίς
twice the size of, διπλάσιος
two, δύο
twofold, διπλάσιος, διττός
tyranny, τυραννίς
tyrant, τύραννος

U

ugly, αἰσχρός
unable, ἀδύνατος
be unable, ἀδυνατέω
undefined, ἀδιόριστος
under, ὑπό
understand, ἐπίσταμαι, λαμβάνω, ὑπολαμβάνω
undying, ἀθάνατος
universals, τὰ καθόλου
universe, κόσμος, οὐρανός
unjust, ἄδικος
unmoved, ἀκίνητος
until, ἕως, μέχρι, πρίν

untrustworthy, ἄπιστος
unwilling, ἄκων
up, ἄνω, ἀνά
up to this time, πώ
upon, ἐπί
upwards, ἄνω
urge, κελεύω
use, χρῆσις, χράομαι
useful, χρήσιμος
be useful, συμφέρω
thing that one uses, χρῆμα
utmost, ἔσχατος

V

in vain, μάτην
vegetative principle, φυτικόν
vein, φλέψ
very, πάνυ
the very one who, ὅσπερ
vessel, ἀγγεῖον
vice, κακία
viewing, θεωρία

village, κώμη
violently, βίᾳ
virtue, ἀρετή
visible, ἐναργής, ὁρατός, φανερός
vision, ὄψις
voice, φωνή
void, κενόν
voyage, πλοῦς

W

walk about, πορεύομαι
wane, φθίνω
waning, φθίσις
want, δέομαι
war, πόλεμος
waste, διατρίβω
waste away, φθίνω
watcher, σκοπός, φύλαξ
water, ὕδωρ
in the same way, ὡσαύτως
some way, πῇ
which way, πῇ
in two ways, διχῶς
be weak, ἀσθενέω
wealth, πλοῦτος
weave, ὑφαίνω
well, εὖ, ἀλλά
well-disposed, εὔνους
wet, ὑγρός
what, τί

when, ἐπεί, ἐπειδή, ὅτε, πότε, ὁπότε
whence, ὅθεν
where, ᾗ, ἵνα, ποῦ, ὅπου
wherefore, διό
whether, εἰ
whether . . . or, εἴτε . . . εἴτε, πότερον . . . ἤ
which, ὅς
while, ἕως, μέχρι
white, λευκός
who, ὅς, τίς
whoever, ὅστις
whole, ὅλος, πᾶς, ἅπας
wholly, πάνυ
why, τί
wicked, ἄδικος
width, εὖρος, πλάτος
wife, γυνή
wild, ἄγριος
willing, ἑκών
be willing, ἐθέλω

win over, προστίθεμαι
wine, οἶνος
wing, κέρας
wisdom, σοφίᾱ
practical wisdom, φρόνησις
wise, σοφός
wish, βούλησις, βούλομαι, ἐθέλω
with, μετά, σύν
without, ἄνευ

woman, γυνή
word, ὄνομα, ῥῆμα
work, ἔργον
world, κόσμος
worth, ἄξιος, τῑμή
worthy, ἄξιος
write, γράφω
do wrong, ἀδικέω
wrongdoing, ἀδικίᾱ

Y

yet, ἔτι, μέντοι, πώ
not yet, οὔπω
young, νέος

young man, νεᾱνίᾱς
your, ῡ̔μέτερος

ENGLISH INDEX

(The references are to sections)

Ablatival genitive, 321
Ablative, 18, 326
Absolute accusative, 315.7; gen., 322.6
Accent, 9-16; recessive, 35, 55; of nouns, 55, 60, 65, 113, 122.4; of adjectives, 55, 65, 75; of verbs, 55; of infinitives, 87, 100; of act. participles, 163-164; of enclitics, 179; in elision, 50; not affected by contraction, 185.4, 190.9; of ἐστί, 118[1]; of τίς, 178; of τριήρης, 123.6
Accompaniment, dative of, 328.2
Accountability, genitive of, 322.2
Accusative, uses of, 315
Adjectives, of second and first declensions, 41-43, 65, 399-403; of third and first declensions, 202, 405-407; of third, second, and first declensions, 410; of third declension, 203, 408-409; of two endings, 41, 404, 408-409; compound, 41; accent of, 55, 65, 75; comparison of, 208-213
Advantage, dative of, 327.2a
Adverbial accusative, 315.4
Adverbs, of manner, formation of, 215; of place, with gen., 322.3; comparison of, 215; numeral, 424
Agent, expressed by ὑπό and gen., 151; by dat., 151, 311, 327.2d
Alphabet, 1
Antecedent of relative, not expressed, 186
Aorist, force of, 84-85; first and second, 85; weak and strong, 85; first aor. system of Ω-verbs, 438; first aor. system of nasal verbs, 106, 444; second aor. system of Ω-verbs, 445; second aor. system of MI-verbs, 461-463, 472; non-thematic second aor. system of Ω-verbs, 465; first pass. system, 442; second pass. system, 447; ind. act. of Ω-verbs, 86; ind. act. of MI-verbs, 262.6, 266.6, 270.2, 274.1; ind. mid. of Ω-verbs, 146; ind. mid. of MI-verbs, 270.6, 274.4; ind. pass., 147; inf. act. of Ω-verbs, 87; inf. act. of MI-verbs, 262.8, 266.8, 270.8, 274.5; inf. mid. and pass., 148; act. ptc., 413-414; mid. ptc., 171; pass. ptc., 170, 416
Aristophanes of Byzantium, 9
Article, 27; declined, 425; dem., 45; poss., 45; generic, 58[1]; with persons or places well known, 125[1]; omitted in poetry, 268[1]; indef. lacking, 22[3]
Attic alphabet, 1; reduplication, 98.1c
Attributive genitive, 320
Attributive positions, 44, 195-196
Augment, 32, 69-70; double, 69-70

Barytone, 10. See *Accent*.
Boldface type, use of, 22[2], p. 265
Breathings, 4

Cardinal numbers, 423-424
Case endings of third declension, 111, 116, 121-122, 129
Cases, 18

Cause, genitive of, 321.3; dat. of, 328.1c
Cognate accusative, 315.2
Cognates, how indicated, 22[2], p. 265
Comparative, uses of, 216
Comparison, of adjectives, 208-213; of adverbs, 215; gen. of, 216, 321.2
Compensatory lengthening, 34, 104, 106, 115
Compound adjectives, 41
Compound nouns, 80
Compound verbs, 70; gen. with, 322.5
Conditional relative sentences, 482-486, 488-489, 228.4, 239.4, 299
Conditional sentences, 481-489, 228.3, 239.3, 243
Consonants, 5-7; in elision, 50; consonant change, 355-380, 507, 122, 123.5, 140
Contract nouns and adjectives, 386-387, 403-404, 248-249; participles, 412; verbs, 452-457, 185, 190, 227, 238, 255

Dative, uses of, 326-330; of place where, 18; of instrument, 18; of possession, 56; of interest, 151; of manner, 216; with adjectives, 206[1]
Declensions, 18
Degree of difference, how indicated, 216; dat. of, 328.1b
Deliberation, subjunctive of, 223.3
Demonstrative pronominal adjectives, 156-159, 430
Dependent verb, position of, 38[1]
Deponent verbs, 150
Derivatives, how indicated, 22[2], p. 265
Digamma, 129.3, 380
Diphthongs, 3-4
Direct object, 315.1
Direct question, order of words in, 30[1]
Disadvantage, dative of, 327.2a
Double consonants, 7
Doubt, subjunctive of, 223.3
Dual, use of, 18

Elision, 50, 70
Enclitics, 16, 179
Epicene nouns, 19
Ethical dative, 327.2a
Exhortation, expressed by subjv., 223; by ὅπως and fut. ind., 250.4
Extent, accusative of, 315.5

Final consonants, 5
First declension, gender of nouns of, 19; fem. nouns, 20-21, 25-26, 55, 60, 248, 381-382; masc. nouns, 79-80, 383; adjectives, 41-42, 65
Future active, 48, 105; mid., 145; pass., 147
Future infinitive, active, 49; mid. and pass., 148
Future participle, active, 163; mid. and pass., 171, 147
Future perfect, ind. act., 93; ind. mid. and pass., 133, 136, 140; inf. mid. and pass., 139; ptc. mid. and pass., 171
Future system of Ω-verbs, 437; of nasal verbs, 443

Gamma nasal, 6, 369
Gender, 19
Generic article, 58[1]

ENGLISH INDEX

Genitive, uses of, 319-322; of compar., 216; partit., 44; of possession, 56; of separation, 18; abs., 172
Hair spaces, use of, 296[1], p. 265

Imperative, formation of, 254-255; endings, 474; uses of, 256-257; neg. with, 257
Imperfect of Ω-verbs, 69-71, 146; of contr. verbs 452-457, 185, 190; of MI-verbs, 458-460, 464, 469-473; philosophic, p. 158[17]
Indefinite pronoun, 178, 435
Indefinite relative pronoun, 180, 433
Indirect discourse, 286-294; with ὅτι or ὡς, 286-288; inf. in, 286, 290, 292-294; aor. inf. in, 87; opt. in, 239.5, 287-288; ptc. in 286, 291-293; negatives in, 294; verbs introducing, 490
Indirect interrogative pronoun, 180, 433
Indirect object, dative of, 327.1
Indirect questions, 289
Indirect reflexive pronoun, 194, 428
Infinitive, formation of, 303; of Ω-verbs, 36, 49, 87, 100, 139, 148; of MI-verbs, 262.8, 266.8, 270.8, 274.5; endings, 474; origin of, 304; uses of, 305; as verbal noun, 175[1], 304; verbs followed by, in ind. disc., 490; neg. with, 305
Infixes of verb, 160[1]
Instrument, dative of, 18, 328.1a
Instrumental case, 18, 326; dat., 326, 328
Intensive pronoun, 155, 431
Interest, dative of, 327.2
Indirect questions, 287-289; opt. in, 239.5
Internal object, accusative of, 315.2
Interrogative pronoun, direct, 178, 434; indirect, 180, 433
Ionic alphabet, 1
Iota subscript, 3
Italic capitals, use of, 22[2], p. 265

Locative case, 18, 326; dat., 326, 329

Manner, dative of, 328.1b
Material, genitive of, 320.4
Means, dative of, 328.1a
Measure, genitive of, 320.5
Minuscule book hand, 1
Modifiers of nouns, positions of, 44
Mood sign of optative, 32, 232-233, 262.4, 266.4, 270.4
Moods, 31
Mutes, 5-6, 355-367; in elision, 50; correspondences in, 507

N vocalic, α developed from, 104
Negatives with subjunctive, 222; with inf., 305; with opt., 234; with ptc., 173; in indir. disc., 239.5, 294, 305; in temporal clauses, 299.2; double, 198
Neuter words, inflection, 43; plurals with verbs in sing., 46[1]
Nouns, accent of, 21, 55, 60, 65, 113; compound, 80; suffixes, 480; indicating nationality, 80
Number, 18, 31
Numerals, 423-424, 244; numeral adverbs, 424

Object clauses after verbs of fearing, 228.2, 239.2; after verbs of striving for, 250
Objective genitive, 320.3

Oblique cases, 18
Optative, formation of, 232-233, 238; mood sign in, 32, 232-233, 262.4, 266.4, 270.4; uses of, 234, 239; neg. with. 234
Ordinal numbers, 424
Oxytones, 10, 21; in elision, 50. See *Accent*

Paroxytones, 10, 60, 65. See *Accent*
Participles, active, 163-164, 411-415, 419-422; mid. and pass., 170-171, 416-418; endings, 474; uses of, 172; verbs followed by, in ind. disc., 490; neg. with, 173
Partitive genitive, 320.6; position of, 44
Perfect, force of, 92
Perfect active system, 92-100, 107, 439; second pf. system, 446, 466-468; first and second perfects, 93-100
Perfect middle system, 133-141, 440-441; of nasal and liquid verbs, 448; of mute verbs, 449-451
Perfect infinitive active, 100; mid. and pass., 139, 148
Perfect active participle, 415; second pf. ptc. of ἵστημι and θνήσκω, 421; mid. and pass., 171, 418
Periphrastic forms, 220, 232
Perispomena, 10. See *Accent*
Personal endings, 32, 474; of impv., 254-255
Personal pronouns, 194, 426
Philosophic imperfect, p. 158[17]
Pitch, 9-10
Place where, dative of, 18, 329.1
Pluperfect, force of, 92; act. first and second, 93, 95, 98-99; mid. and pass., 133, 135, 137-138, 140-141
Positions of modifiers of nouns, 44
Possession, dative of, 327.2c
Possessive genitive, 320.1
Postpositives, 28[1]
Potential optative, 234.2
Predicate accusative, 315.6; gen., 56, 320
Predicate position, 44, 194
Prefixes of verb, 32
Prepositions, genitive with, 322.5
Present stems, 475-479
Present system of Ω-verbs, 436, 33-36, 104, 145; of contr. verbs, 452-457; of MI-verbs, 458-460, 464; of irregular MI-verbs, 469-473
Present tense stem, 34; formation of, 104, 475-479
Present infinitive, formation of, 36, 148
Present active participle of Ω-verbs, 163, 411-412; of MI-verbs, 419-420, 422
Present middle and passive participle, 171, 417
Price, genitive of, 322.1
Principal parts, 32; of deponent verbs, 150
Proclitics, 15, 43
Prohibitions, 223.2, 257
Pronominal adjectives, demonstrative, 156-159, 430
Pronouns, indefinite, 178, 435; indef. rel., 180, 433; indir. interrog., 180, 433; indir. reflex., 194, 428; intensive, 155, 431; interrog., 178, 434; pers. 194, 426; reciprocal, 429; reflex., 195, 427; rel., 177, 432
Pronunciation, 1-3, 5-7
Proparoxytones, 10, 55, 65. See *Accent*

Properispomena, 10, 60, 75. See *Accent*
Punctuation, 17
Purpose expressed by subjunctive, 228.1; by opt., 239.1

Recessive accent, 35, 55
Reciprocal pronoun, 196, 429
Reduplication, 32, 98; "Attic", 98.1c; in pf. system, 98.1, 270.10; in pres. system, 98.2, 262.1, 266.1, 270.1, 472; in aor. systems, 98.3
Reflexive pronouns, 195, 427; indir., 194, 428
Relation, dative of, 327.2b
Relative pronouns, 177, 432; attracted to case of antecedent, 186; indef., 180, 433
Respect, dative of, 328.1b

Second declension, 65, 75, 384-385, 387; gender of nouns of, 40; adjectives, 41-42, 65; accent, 65
Separation, genitive of, 18, 321.1
Small capitals, use of, 22[2], p. 265
Source, genitive of, 321.4
Specification, accusative of, 315.3
Square brackets, use of, 78[1]
Stem of verb, 32
Stops. See *Mutes*
Subjective genitive, 320.2
Subjunctive, formation of, 220-221, 227, 262.2, 266.2, 270.2; uses of, 222-223, 228; neg. with, 222
Suffixes of verb, 32, 474
Superlative, uses of, 216
Syllables, 8

Temporal clauses, 298-299; negatives in, 299.2
Tense sign, 32; pres., 104, 475-479; fut., 48, 105, 136, 147; aor. act., 86, 106, 220, 262.6, 266.6; aor. pass., 147, 170, 221, 233.1; pf. act., 94-95, pluf. act., 95
Tense stem, present, 34, 36, 71, 145-146, 475-479; fut., 48-49, 145; aor., 86-87, 146; pf., 94, 96-97; pf. mid., 134, 139; aor. pass., 147-148
Tenses, 31
Thematic vowel, 32
Third declension, nouns with mute stems, 111-117, 388-390; nouns with nasal or liquid or Σ stems, 121-123, 391-395; nouns with vowel or diphthong stems, 127-129, 396-397; nouns of one syllable, 113; irregular nouns, 398; adjectives, 203, 408-409
Time when, dative of, 329.2; time within which, gen. of, 322.4, extent of time, acc. of, 315.5

Variable vowel, 32
Verbal adjectives, 309-311
Verbs, general description, 31-32; Ω-verbs distinguished from MI-verbs, 31[1]; Ω-verbs with stems in λ, μ, ν, ρ, 104-107; contr., 452-457, 185, 190, 227, 238, 255; MI-verbs, 261-262, 266, 270, 274, 278, 282; deponent, 150; compound, 70; accent of, 35; endings, 474; present stems, 475-479; position of dependent verbs, 38[1]; sing. with neut. pl. subjects, 46[1]; introducing indir. disc., 490

Voices, 31
Vowels, 2; vowel gradation, 86, 160[1]

Warning, expressed by ὅπως and fut. ind., 250.4
Wish, expressed by optative, 234.1; by ind., see εἴθε
Word lists, 491-506

Y, 104, 376-379

GREEK INDEX

(The references are to sections)

α, developed from vocalic *n*, 104
αι, when short for accent, 14
ε in verb stem often changed to o in second perfect, 97; in verb stem often corresponds to o in sister noun or adjective, 37[1]
εἰκάζω, augment of, 69[1]
ἐστί, accent of, 118[1]
ϝ = digamma, 129.3
θεία *aunt*, genitive plural of, 75
ν movable, 51
οι, when short for accent, 14
ὅτι, not elided, 50; verbs followed by, in indirect discourse, 490
περί, not elided, 50, 70
πρό, not elided, 50, 70
σσ, resulting from inflection, 123.5
ὡς, verbs followed by, in indirect discourse, 490